普通高等教育"十一五"国家级规划教材
普通高等教育土建学科专业"十一五"规划教材

建设法规教程

清华大学　朱宏亮　主编

中国建筑工业出版社

图书在版编目（CIP）数据

建设法规教程/朱宏亮主编. —北京：中国建筑工业出版社，2009

普通高等教育"十一五"国家级规划教材. 普通高等教育土建学科专业"十一五"规划教材

ISBN 978-7-112-11143-5

Ⅰ. 建… Ⅱ. 朱… Ⅲ. 建筑法-中国-高等学校-教材 Ⅳ. D922.297

中国版本图书馆CIP数据核字（2009）第119352号

本书对我国建设领域内现行的工程建设程序、从业资格管理、工程建设标准、城乡规划和土地管理、工程勘察设计、工程发包承包、工程质量管理、工程安全管理、城市房地产开发和交易、城市房屋拆迁与物业管理、市政工程建设和城市公用事业管理、风景名胜区管理等方面的法律规定作了全面、系统的介绍，并从法理角度进行了一定解释。本书对世界上一些国家和地区的建设法律制度也作了相关介绍。

本书内容全面、新颖，具有较强的系统性和实用性。章节安排符合人们对工程建设法律规定的认识规律，语言通俗易懂，便于自学，适合作为高等院校建筑类专业建设法规课程的教材，也可作为建设系统机关工作人员、企事业单位管理人员、技术人员学习了解建设法律法规的参考书。

* * *

责任编辑：张 晶 牛 松
责任设计：郑秋菊
责任校对：刘 钰 孟 楠

普通高等教育"十一五"国家级规划教材
普通高等教育土建学科专业"十一五"规划教材

建 设 法 规 教 程

清华大学 朱宏亮 主编

*

中国建筑工业出版社出版、发行（北京西郊百万庄）
各地新华书店、建筑书店经销
北京红光制版公司制版
北京同文印刷有限责任公司印刷

*

开本：787×1092毫米 1/16 印张：21 字数：524千字
2009年8月第一版 2018年9月第十四次印刷
定价：35.00元
ISBN 978-7-112-11143-5
(18388)

版权所有 翻印必究
如有印装质量问题，可寄本社退换
（邮政编码 100037）

前　言

随着我国市场经济体制的逐步建立与完善,我国经济得到飞速发展。与此同时,我国工程建设的规模越来越大,投资越来越多,对经济增长、社会安定的作用越来越明显,而竞争也越来越激烈。尤其在加入WTO后,在我国建筑企业大量走出国门、进入国际建筑市场的同时,我国国内市场也向世界开放,真正出现了国内市场国际化、国内外建筑市场竞争都日趋白热化的局面。为确保社会公共利益以及建筑市场的公平竞争,各国及各地区都颁行了工程建设领域的法律法规,用以规范工程建设主体的行为。自20世纪80年代开始,我国工程建设法律制度也迅速建立起来,并正在不断完善过程中,这为维护我国建筑市场秩序、保证建筑工程质量和建筑行业健康发展提供了有力的保障。每一个工程建设活动的参与者,为使自己在激烈的竞争中获得更多的自由和主动,成为竞争中的优胜者,都必须对建设法规的相关规定有充分的了解。

1996～2002年,在建设部人事教育司和政策法规司的组织、领导下,先后出版了两本《建设法规教程》,为广大在校师生、建设系统的机关工作人员、企事业单位的管理人员及技术人员提供了很好的学习、了解建设法规相关内容的教材。但自2002年以来,我国又先后颁布施行了《中华人民共和国安全生产法》、《中华人民共和国建设工程安全生产管理条例》、《土地调查条例》、《房屋登记办法》等法律法规,原《中华人民共和国城市规划法》、《中华人民共和国土地管理法》、《中华人民共和国城市房地产管理法》等一系列法律法规也进行了相关修订。因此,原书中的有些内容已与现行的法律法规不尽相符。另外,由于工程建设的复杂性,在颁行建设法律时往往一部法可能要规定多个工程建设方面的问题,而工程建设中的一个问题又可能在多部法中都有规定。原书编写时是以一部部法为基础进行的,使得读者在了解某个工程建设相关问题的法律规定时要从多个章节中寻找,多有不便。

为克服上述问题,我们对《建设法规教程》重新进行了编写,除增加新的法律法规相关内容外,还对原书的体系进行了改动:对于内容相对独立的法律规定,仍单独成章介绍;而内容较多且又有所重叠的法律规定,则以工程建设中的具体问题为纲,将各法律法规中的相关规定集中编写,以方便读者学习。另外,全书的章节也尽量按工程建设时遇到问题的先后顺序加以安排,以更符合读者的学习习惯和需求。此外,本书还增加了我国工程建设程序法律规定的内容,以便读者对工程建设全过程的相关规定有更全面的了解。本书对世界上一些国家和地区的建设领域相关法律制度也作了简要介绍,以满足读者对国外建设法律制度了解的需要。

全书共十四章,撰稿分工如下:

朱宏亮(清华大学),第六、十一、十二章;

何红锋（南开大学），第一、四、五、十三章；

张伟（华中科技大学），第二、三、七、十、十四章；

刘华（西安建筑科技大学），第八、九章。

全书由朱宏亮修改定稿，清华大学谢娜博士对资料收集、书稿的文字整理做了许多工作。

由于编者水平有限，书中肯定存在不足之处，欢迎广大读者指正。

目 录

第一章 建设法规概述 ... 1
- 第一节 建设法规概念 ... 1
- 第二节 建设法规体系 ... 5
- 第三节 建设法规立法原则及实施 ... 10

第二章 工程建设程序法律制度 ... 18
- 第一节 概述 ... 18
- 第二节 工程建设程序阶段的划分 ... 21
- 第三节 工程建设前期阶段及准备阶段 ... 22
- 第四节 工程建设实施阶段及保修阶段 ... 26

第三章 工程建设执业资格法律制度 ... 35
- 第一节 概述 ... 35
- 第二节 工程建设从业单位资质管理 ... 37
- 第三节 工程建设专业技术人员执业资格管理 ... 54
- 第四节 现场施工人员资格管理 ... 61

第四章 工程建设标准法律制度 ... 66
- 第一节 概述 ... 66
- 第二节 工程建设标准的制定 ... 69
- 第三节 工程建设标准的实施 ... 74

第五章 城乡规划法律制度 ... 81
- 第一节 概述 ... 81
- 第二节 城乡规划的制定 ... 83
- 第三节 城乡规划的实施 ... 95
- 第四节 城乡规划的修改 ... 101

第六章 土地管理法律制度 ... 105
- 第一节 概述 ... 105
- 第二节 土地利用和保护 ... 107
- 第三节 建设用地 ... 112
- 第四节 违反土地管理法的责任和处理 ... 117

第七章 工程发包与承包法律制度 ... 122
- 第一节 概述 ... 122
- 第二节 建设工程招标 ... 125
- 第三节 建设工程投标 ... 131
- 第四节 开标、评标与中标 ... 134

第五节　建设工程招标的管理机构及其职责⋯⋯⋯⋯⋯⋯⋯⋯⋯⋯⋯⋯⋯⋯⋯⋯⋯　139
第八章　建设工程勘察设计法律制度⋯⋯⋯⋯⋯⋯⋯⋯⋯⋯⋯⋯⋯⋯⋯⋯⋯⋯⋯⋯⋯　142
　　　第一节　概述⋯⋯⋯⋯⋯⋯⋯⋯⋯⋯⋯⋯⋯⋯⋯⋯⋯⋯⋯⋯⋯⋯⋯⋯⋯⋯⋯⋯　142
　　　第二节　工程勘察设计标准⋯⋯⋯⋯⋯⋯⋯⋯⋯⋯⋯⋯⋯⋯⋯⋯⋯⋯⋯⋯⋯⋯　143
　　　第三节　设计文件的编制与审批⋯⋯⋯⋯⋯⋯⋯⋯⋯⋯⋯⋯⋯⋯⋯⋯⋯⋯⋯⋯　145
　　　第四节　建设工程勘察设计的监督管理⋯⋯⋯⋯⋯⋯⋯⋯⋯⋯⋯⋯⋯⋯⋯⋯⋯　152
第九章　建设工程质量管理法律制度⋯⋯⋯⋯⋯⋯⋯⋯⋯⋯⋯⋯⋯⋯⋯⋯⋯⋯⋯⋯⋯　160
　　　第一节　概述⋯⋯⋯⋯⋯⋯⋯⋯⋯⋯⋯⋯⋯⋯⋯⋯⋯⋯⋯⋯⋯⋯⋯⋯⋯⋯⋯⋯　160
　　　第二节　建设行为主体的质量责任与义务⋯⋯⋯⋯⋯⋯⋯⋯⋯⋯⋯⋯⋯⋯⋯⋯　161
　　　第三节　建设工程返修与损害赔偿⋯⋯⋯⋯⋯⋯⋯⋯⋯⋯⋯⋯⋯⋯⋯⋯⋯⋯⋯　165
　　　第四节　质量体系认证制度⋯⋯⋯⋯⋯⋯⋯⋯⋯⋯⋯⋯⋯⋯⋯⋯⋯⋯⋯⋯⋯⋯　166
　　　第五节　政府对建设工程质量的监督管理⋯⋯⋯⋯⋯⋯⋯⋯⋯⋯⋯⋯⋯⋯⋯⋯　169
第十章　建设工程安全生产管理法律制度⋯⋯⋯⋯⋯⋯⋯⋯⋯⋯⋯⋯⋯⋯⋯⋯⋯⋯⋯　185
　　　第一节　概述⋯⋯⋯⋯⋯⋯⋯⋯⋯⋯⋯⋯⋯⋯⋯⋯⋯⋯⋯⋯⋯⋯⋯⋯⋯⋯⋯⋯　185
　　　第二节　工程建设安全生产的基本方针和相关制度⋯⋯⋯⋯⋯⋯⋯⋯⋯⋯⋯⋯　186
　　　第三节　相关主体的安全责任及从业人员的权利义务⋯⋯⋯⋯⋯⋯⋯⋯⋯⋯⋯　191
　　　第四节　工程建设安全事故的调查处理及责任追究⋯⋯⋯⋯⋯⋯⋯⋯⋯⋯⋯⋯　197
第十一章　城市房地产管理法律制度⋯⋯⋯⋯⋯⋯⋯⋯⋯⋯⋯⋯⋯⋯⋯⋯⋯⋯⋯⋯⋯　206
　　　第一节　概述⋯⋯⋯⋯⋯⋯⋯⋯⋯⋯⋯⋯⋯⋯⋯⋯⋯⋯⋯⋯⋯⋯⋯⋯⋯⋯⋯⋯　206
　　　第二节　房地产开发用地⋯⋯⋯⋯⋯⋯⋯⋯⋯⋯⋯⋯⋯⋯⋯⋯⋯⋯⋯⋯⋯⋯⋯　209
　　　第三节　房地产开发⋯⋯⋯⋯⋯⋯⋯⋯⋯⋯⋯⋯⋯⋯⋯⋯⋯⋯⋯⋯⋯⋯⋯⋯⋯　214
　　　第四节　房地产交易⋯⋯⋯⋯⋯⋯⋯⋯⋯⋯⋯⋯⋯⋯⋯⋯⋯⋯⋯⋯⋯⋯⋯⋯⋯　218
　　　第五节　城市房屋拆迁⋯⋯⋯⋯⋯⋯⋯⋯⋯⋯⋯⋯⋯⋯⋯⋯⋯⋯⋯⋯⋯⋯⋯⋯　224
　　　第六节　房地产权属登记管理⋯⋯⋯⋯⋯⋯⋯⋯⋯⋯⋯⋯⋯⋯⋯⋯⋯⋯⋯⋯⋯　228
　　　第七节　物业管理⋯⋯⋯⋯⋯⋯⋯⋯⋯⋯⋯⋯⋯⋯⋯⋯⋯⋯⋯⋯⋯⋯⋯⋯⋯⋯　232
　　　第八节　房地产管理中的法律责任⋯⋯⋯⋯⋯⋯⋯⋯⋯⋯⋯⋯⋯⋯⋯⋯⋯⋯⋯　236
第十二章　风景名胜区法律制度⋯⋯⋯⋯⋯⋯⋯⋯⋯⋯⋯⋯⋯⋯⋯⋯⋯⋯⋯⋯⋯⋯⋯　241
　　　第一节　概述⋯⋯⋯⋯⋯⋯⋯⋯⋯⋯⋯⋯⋯⋯⋯⋯⋯⋯⋯⋯⋯⋯⋯⋯⋯⋯⋯⋯　241
　　　第二节　风景名胜区的保护⋯⋯⋯⋯⋯⋯⋯⋯⋯⋯⋯⋯⋯⋯⋯⋯⋯⋯⋯⋯⋯⋯　243
　　　第三节　风景名胜区的规划与建设⋯⋯⋯⋯⋯⋯⋯⋯⋯⋯⋯⋯⋯⋯⋯⋯⋯⋯⋯　246
　　　第四节　风景名胜区的管理⋯⋯⋯⋯⋯⋯⋯⋯⋯⋯⋯⋯⋯⋯⋯⋯⋯⋯⋯⋯⋯⋯　248
第十三章　市政公用事业法律制度⋯⋯⋯⋯⋯⋯⋯⋯⋯⋯⋯⋯⋯⋯⋯⋯⋯⋯⋯⋯⋯⋯　252
　　　第一节　概述⋯⋯⋯⋯⋯⋯⋯⋯⋯⋯⋯⋯⋯⋯⋯⋯⋯⋯⋯⋯⋯⋯⋯⋯⋯⋯⋯⋯　252
　　　第二节　市政工程法律制度⋯⋯⋯⋯⋯⋯⋯⋯⋯⋯⋯⋯⋯⋯⋯⋯⋯⋯⋯⋯⋯⋯　257
　　　第三节　城市公用事业法律制度⋯⋯⋯⋯⋯⋯⋯⋯⋯⋯⋯⋯⋯⋯⋯⋯⋯⋯⋯⋯　265
　　　第四节　城市市容和环境卫生法律制度⋯⋯⋯⋯⋯⋯⋯⋯⋯⋯⋯⋯⋯⋯⋯⋯⋯　275
　　　第五节　城市园林绿化法律制度⋯⋯⋯⋯⋯⋯⋯⋯⋯⋯⋯⋯⋯⋯⋯⋯⋯⋯⋯⋯　283
第十四章　其他国家以及我国台湾和香港地区建设法律制度简介⋯⋯⋯⋯⋯⋯⋯⋯⋯　294
　　　第一节　美国建设法律制度简介⋯⋯⋯⋯⋯⋯⋯⋯⋯⋯⋯⋯⋯⋯⋯⋯⋯⋯⋯⋯　294

第二节　英国建设法律制度简介 …………………………………… 296
第三节　德国建设法律制度简介 …………………………………… 299
第四节　日本建设法律制度简介 …………………………………… 300
第五节　韩国建设法律制度简介 …………………………………… 304
第六节　台湾地区建设法律制度简介 ……………………………… 310
第七节　香港特区建设法律制度简介 ……………………………… 318

参考文献 ……………………………………………………………… 326

第一章 建设法规概述

第一节 建设法规概念

一、建设法规的定义

建设法规是调整国家行政管理机关、法人、法人以外的其他组织、公民在建设活动中产生的社会关系的法律规范的总称。从部门法的分类看，建设法规是经济法的组成部分。建设法规是以市场经济中建设活动产生的社会关系为基础，规范国家行政管理机关对建设活动的监管、市场主体之间经济活动的法律法规。"建设"一词在我国的使用范围很广，汉语词典的解释是"（国家或集体）设立新事业或增加新设施"，既可以是有形的设施建设，如工程建设，也可以是无形的事业，如精神文明建设。但在本书中使用的"建设"一词，只限于有形的工程建设，包括与工程建设有关的规划、设计、咨询，以及工程的养护、管理等。从涉及的行业来说，包括了城市建设、乡村建设、工程建设、建筑业、房地产业、市政公用事业等，从涉及的工程类别来说，则包括了房屋建筑工程、市政工程、水利工程、公路工程、港口与航道工程等。

二、建设法规的调整对象

建设法规调整的是国家行政管理机关、法人、法人以外的其他组织、公民在建设活动中产生的社会关系，具体包括以下几个方面：

（一）建设行政监督管理关系

建设行政监督管理关系是指国家行政机关或者其正式授权的有关机构对建设活动的组织、监督、协调等形成的关系。建设活动事关国计民生，与国家、社会的发展，公民的工作、生活以及生命财产的安全等，都有直接的关系。因此，国家必然要对建设活动进行监督和管理，古今中外，概莫能外。在公元前18世纪，巴比伦奴隶制国家颁布的《汉穆拉比法典》，因建筑师造的房屋不坚固而倒塌压死人的，要依法严惩。在我国，2000多年前的秦代，秦简《擅兴律》规定："修城、筑堤必须上报尚书省，不准擅自兴造。"到了近、现代，国家对建设活动的监督管理更多、更严格。一些国家的建筑法规中规定："政府有关部门在特定时间内对建筑工地进行检查，检查的时间为：开工、基础完工、承重结构和高耸构筑物完工后、项目竣工后。"

我国也一直很重视对建设活动的监督管理。在国务院和地方各级人民政府都设有专门的建设行政管理部门，对建设活动的各个阶段进行监督管理，包括立项、计划、资金筹集、勘察、设计、施工、验收等。国务院和地方各级人民政府的其他行政管理部门，也承担了一些对建设活动进行监督管理的任务。具体包括两个方面的工作：第一，是规划、组织、指导、协调、服务等；第二，是检查、监督、控制。行政机关在这些监督管理中形成的社会关系就是建设行政监督管理关系。

（二）建设民事法律关系

建设民事法律关系，是建设活动中由民事法律规范所调整的社会关系。建设民事法律关系也具有民事法律关系的共有特点，即：第一，建设民事法律关系是主体之间的民事权利和民事义务关系。民法调整一定的财产关系和人身关系，是赋予当事人以民事权利和民事义务，在民事法律关系产生以后，民事法律规范所确定的抽象的民事权利和民事义务便落实为约束当事人行为的具体的民事权利和民事义务。以民事权利和民事义务为内容，正是民事关系与其他法律关系的重要区别。第二，民事关系是平等主体之间的关系。民法调整平等主体之间的财产关系和人身关系，这就决定了参加民事关系的主体地位平等，他们相互独立、互不隶属。同时，由于主体地位平等，决定了其权利义务一般也是对等的，一方在享受权利的同时，也要承担相应的义务。第三，民事关系主要是财产关系。民法以财产关系为其主要调整对象，因此，民事关系也主要表现为财产关系。虽然民事关系也有人身关系，但在数量上只占一小部分。第四，民事关系的保障措施具有补偿性和财产性。民法调整对象的平等性和财产性，也表现在民事关系的保障手段上，即民事责任以财产补偿为主要内容，惩罚性和非财产性责任不是主要的民事责任形式。民事关系是所有建设法律关系的基础。在建设活动中，各类民事主体，如建设单位、施工单位、勘察设计单位、监理单位等，都是通过合同建立起相互的关系，合同关系就是一种民事关系。

当然，建设活动中的民事关系也必须符合法律、法规的规定。

（三）建设关系主体内部管理关系

建设关系主体内部管理关系，是指建设关系主体进行内部管理时产生的社会关系。建设法规不仅对建设关系主体的外部行为进行监督管理，对有些内部管理行为也要进行监督管理。如《建设工程质量管理条例》第 30 条规定："施工单位必须建立、健全施工质量的检验制度，严格工序管理，做好隐蔽工程的质量检查和记录。隐蔽工程在隐蔽前，施工单位应当通知建设单位和建设工程质量监督机构。"这是对施工企业内部管理关系的严格要求。建设法规对建设关系主体内部管理关系的监督管理主要是涉及建设工程的质量、安全以及劳动关系。

三、建设法律关系的概念和特征

（一）建设法律关系的概念

法律关系是一定的社会关系在相应的法律规范的调整下形成的权利义务关系。法律关系的实质是法律关系主体之间存在特定的权利义务关系。

建设法律关系是指由建设法规调整的，在工程建设和工程建设的管理过程中所产生的权利、义务关系。

（二）建设法律关系的特征

1. 综合性

在工程建设活动中，适用的法律规范具有多样性，因此产生的法律关系也是复杂的，具有明显的综合性。建设行政主管机关在对建设活动进行管理时要产生建设行政法律关系，如国家建设行政主管部门行使组织、管理、监督的职权，就会产生建设行政法律关系，这种法律关系是以建设行政主管部门行使国家行政管理权力、有关民事主体对指令的服从为特征。平等的民事主体在建设活动中会产生建设民事法律关系，如建设单位和承包单位通过订立合同产生工程承包合同关系，建设单位与建设材料和设备的供应商通过订立合同产生买卖合同关系等。在建设活动和建设的管理中如果触犯了刑律，还会产生建设刑事法律关系。

2. 计划性

建设法律关系是以受国家计划制约的建设管理、建设过程中形成的权利和义务为内容的。国家制定的建设项目计划是指令性的，是有关各方进行工程建设的基础。建设单位及承包单位都必须严格遵守国家的建设计划，国家对一个建设项目从资金落实到勘察设计、施工、安装等都有严格的计划管理。

四、建设法律关系的构成要素

建设法律关系是由建设法律关系主体、建设法律关系客体和建设法律关系内容三要素构成的。这三要素构成了建设法律关系，缺少其中任何一个要素都不能构成建设法律关系。

（一）建设法律关系主体

建设法律关系主体，是参加建设活动或者建设管理活动，受有关法律法规规范和调整，享有相应权利、承担相应义务的当事人。建设法律关系主体包括国家机关、社会组织、公民个人。

1. 国家机关

能够成为建设法律关系主体的国家机关，包括国家权力机关和行政机关。国家机关一般是由于进行建设管理活动而成为建设法律关系主体的。对建设活动进行管理的主要是行政机关。作为建设法律关系主体的行政机关，则包括国家建设行政主管部门、国家计划主管部门、国家建设监督机关、国家各业务的主管部门等。国家权力机关则由于对国家建设计划和国家预决算进行审查和批准，制定和颁布建设法律法规，因而成为建设法律关系的主体。

2. 社会组织

国家的建设活动主要是由社会组织完成的，因而社会组织是最广泛、最主要的建设法律关系主体。参加建设法律关系的社会组织一般应当是法人，但有时法人以外的其他组织也可以成为建设法律关系的主体。可以作为建设法律关系主体的社会组织包括建设单位、勘察设计单位、施工单位、监理单位等。

法人是具有民事权利能力和民事行为能力，依法独立享有民事权利和承担民事义务的组织。法人是与自然人相对应的概念，是法律赋予社会组织具有人格的一项制度。这一制度为保障社会组织的权利、便于社会组织独立承担责任提供了基础。法人应当具备的条件包括：第一，依法成立。法人不能自然产生，它的产生必须经过法定的程序。法人的设立目的和方式必须符合法律的规定，设立法人必须经过政府主管机关的批准或者核准登记。第二，有必要的财产或者经费。有必要的财产或者经费是法人进行民事活动的物质基础，它要求法人的财产或者经费必须与法人的经营范围或者设立目的相适应，否则不能被批准设立或者核准登记。第三，有自己的名称、组织机构和场所。法人的名称是法人相互区别的标志和法人进行活动时使用的代号。法人的组织机构是指对内管理法人事务、对外代表法人进行民事活动的机构。法人的场所则是法人进行业务活动的所在地，也是确定法律管辖的依据。第四，能够独立承担民事责任。法人必须能够以自己的财产或者经费承担在民事活动中的债务，在民事活动中给其他主体造成损失时能够承担赔偿责任。

法人以外的其他组织是指合法成立，有一定的组织机构和财产，但又不具备法人资格的组织，包括：①依法登记领取营业执照的私营独资企业、合伙组织；②依法登记领取营业执照的合伙型联营企业；③依法登记领取我国营业执照的中外合作经营企业、外资企业；④经民政部门核准登记领取社会团体登记证的社会团体；⑤法人依法设立并领取营业执照的分支机构；⑥中国人民银行、各专业银行设在各地的分支机构；⑦中国人民保险公司设在各地的分支机构；⑧经核准登记领取营业执照的乡镇、街道、村办企业；⑨符合本规定条件的其他组织。在民事诉讼中，法人非依法设立的分支机构，或者虽依法设立，但没有领取营业执照的分支机构，以设立该分支机构的法人为当事人。

3. 公民

建设活动不仅包括社会组织的建设活动，也应包括公民个人的建设活动。公民个人的建设活动也应接受国家的管理，从而成为建设法律关系的主体。随着公民个人建设活动的增加，对公民个人的建设管理也将逐步完善。另外，在建设关系主体内部，公民个人以劳动者的身份与单位建立劳动关系，此时，公民个人也是建设法律关系的主体。

（二）建设法律关系的客体

建设法律关系客体，是指参加建设法律关系的主体享有的权利和承担的义务所共同指向的对象。建设法律关系的客体主要包括物、行为、智力成果。

1. 物

法律意义上的物是指可为人们控制，并具有经济价值的生产资料和消费资料。如建筑材料、建筑设备、建筑物等都可能成为建设法律关系的客体。

2. 行为

法律意义上的行为是指人的有意识的活动。在建设法律关系中，行为多表现为完成一定的工作，如勘察设计、施工安装等，这些行为都可以成为建设法律关系的客体。

3. 智力成果

智力成果是通过人的智力活动所创造出的精神成果，包括知识产权、技术秘密及在特定情况下的公知技术。如专利权、工程设计等，都有可能成为建设法律关系的客体。

（三）建设法律关系的内容

建设法律关系的内容是指建设权利和建设义务。建设法律关系的内容是建设单位的具体要求，决定了建设法律关系的性质，它是连接主体的纽带。

1. 建设权利

建设权利是指建设法律关系主体在法定范围内，根据国家建设管理要求和自己业务活动需要有权进行的各种建设活动。权利主体可要求其他主体作出一定的行为和不为一定的行为，以实现自己的有关权利。

2. 建设义务

建设义务是指建设法律关系主体必须按法律规定或约定承担应负的责任。建设义务和建设权利是相互对应的，相应主体应自觉履行相对应的义务。

五、建设法律事实

（一）建设法律事实的概念

建设法律关系并不是由建设法律规范本身产生的，建设法律关系只有在具有一定的情况和条件下才能产生、变更和消灭。能够引起建设法律关系产生、变更和消灭的客观现象和事实，就是建设法律事实。建设法律事实包括行为和事件。

建设法律关系是不会自然而然地产生的，也不能仅凭法律规范规定就可在当事人之间发生具体的建设法律关系。只有一定的法律事实存在，才能在当事人之间发生一定的建设法律关系，或使原来的建设法律关系发生变更或消灭。

（二）行为

行为是指法律关系主体有意识的活动，是能够引起法律关系发生变更和消灭行为，它包括作为和不作为两种表现形式。

行为还可分为合法行为和违法行为。凡符合国家法律规定或为国家法律所认可的行为是合法行为，如：在建设活动中，当事人订立合法有效的合同，会产生建设工程合同关系；建设行政管理部门依法对建设活动进行的管理活动，会产生建设行政管理关系。凡违反国家法律规定的行为是违法行为，如：建设工程合同当事人违约，会导致建设工程合同关系的变更或者消灭。

此外，行政行为和发生法律效力的法院判决、裁定以及仲裁机关发生法律效力的裁决等，也是一种法律事实，也能引起法律关系的发生、变更、消灭。

（三）事件

事件是指不以建设法律关系主体的主观意志为转移而发生的，能够引起建设法律关系产生、变更、消灭的客观现象。这些客观事件的出现与否，是当事人无法预见和控制的。

事件可分为自然事件和社会事件两种。自然事件是指由于自然现象所引起的客观事实，如地震、台风等。社会事件是指由于社会上发生了不以个人意志为转移的、难以预料的重大事变所形成的客观事实，如战争、罢工、禁运等。无论自然事件还是社会事件，它们的发生都能引起一定的法律后果。即导致建设法律关系的产生或者迫使已经存在的建设法律关系发生变化。

第二节　建设法规体系

一、建设法规体系的概念

法律体系也称法的体系或部门法律体系，通常指由一个国家现行的各个部门法构成的有机联系的统一整体。在我国法律体系中，根据所调整的社会关系性质不同，可以划分为不同的部门法，如宪法、行政法、刑法、民商法、经济法、诉讼法等。在部门法的组成上，建设法规属于经济法的重要部分。建设法规具有综合性的特点，虽然是经济法的组成部分，但同时还包括了行政法、民商法的内容。实际上，不但建设法规如此，经济法的其他组成部分也都有这样的特点。这是由经济法的调整对象决定的，因为经济法调整的就是国家在干预、监督市场经济中的经济活动时所产生的社会关系。

建设法规同时又具有一定的独立性和完整性，具有自己的完整体系。建设法规体系，是指把已经制定和需要制定的建设法律、建设行政法规、建设部门规章和地方建设法规有机结合起来，形成一个相互联系、相互补充、相互协调的完整统一的体系。

二、建设法规的渊源

法律的渊源是指法律创制方式和外部表现形式。它包括四层含义：法律规范创制机关的性质及级别；法律规范的外部表现形式；法律规范的效力等级；法律规范的地域效力。法的渊源决定于法的本质。在世界历史上存在过的法律渊源主要有：习惯法、宗教法、判例、规范性法律文件、国际惯例、国际条约等。但在我国，习惯法、宗教法、判例不是法的渊源。

我国建设法规的渊源是制定法形式，具体的建设法规渊源可分为以下几类：

（一）宪法

宪法是由全国人民代表大会依特别程序制定的具有最高效力的根本法。宪法是集中反映统治阶级的意志和利益，规定国家制度、社会制度的基本原则，具有最高法律效力的根本大法，其主要功能是制约和平衡国家权力，保障公民权利。宪法是我国的根本大法，在我国法律体系中具有最高的法律地位和法律效力，是我国最高的法律渊源。宪法主要由两个方面的基本规范组成：一是《中华人民共和国宪法》；二是其他附属的宪法性文件，主要包括：主要国家机关组织法、选举法、民族区域自治法、特别行政区基本法、国籍法、国旗法、国徽法、保护公民权利法及其他宪法性法律文件。

同时，宪法也是建设法规的最高渊源，是国家进行建设管理、监督的权力基础。如《宪法》第89条规定："国务院行使下列职权：……（六）领导和管理经济工作和城乡建设"；第107条规定："县级以上地方各级人民政府依照法律规定的权限，管理本行政区域内的……城乡建设事业……行政工作，发布决定和命令，任免、培训、考核和奖惩行政工作人员。"

（二）法律

法律是指由全国人民代表大会和全国人民代表大会常务委员会制定颁布的规范性法律文件，即狭义的法律，其法律效力仅次于宪法。法律分为基本法律和一般法律（非基本法律、专门法）两类。基本法律是由全国人民代表大会制定的调整国家和社会生活中带有普遍性的社会关系的规范性法律文件的统称，如刑法、民法、诉讼法以及有关国家机构的组织法等法律。一般法律是由全国人民代表大会常务委员会制定的调整国家和社会生活中某种具体社会关系或其中某一方面内容的规范性文件的统称。依照《立法法》的规定，下列事项只能制定法律：①国家主权的事项；②各级人民代表大会、人民政府、人民法院和人民检察院的产生、组织和职权；③民族区域自治制度、特别行政区制度、基层群众自治制度；④犯罪和刑罚；⑤对公民政治权利的剥夺、限制人身自由的强制措施和处罚；⑥对非国有财产的征收；⑦民事基本制度；⑧基本经济制度以及财政、税收、海关、金融和外贸的基本制度；⑨诉讼和仲裁制度；⑩必须由全国人民代表大会及其常务委员会制定法律的其他事项。

法律是建设法规中的核心，既包括专门的建设领域的法律，也包括与建设活动相关的其他法律。前者有《中华人民共和国城乡规划法》、《中华人民共和国建筑法》、《中华人民共和国城市房地产管理法》等，后者有《中华人民共和国民法通则》、《中华人民共和国合同法》、《中华人民共和国行政许可法》等。

（三）行政法规

行政法规是国家最高行政机关国务院根据宪法和法律就有关执行法律和履行行政管理职权的问题，以及依据全国人大的特别授权所制定的规范性文件的总称。其法律地位和法律效力仅次于宪法和法律，但高于地方性法规和法规性文件。依照《立法法》的规定，国务院根据宪法和法律，制定行政法规。行政法规可以就下列事项作出规定：①为执行法律的规定需要制定行政法规的事项；②宪法规定的国务院行政管理职权的事项。应当由全国人民代表大会及其常务委员会制定法律的事项，国务院根据全国人民代表大会及其常务委员会的授权决定先制定的行政法规，经过实践检验，制定法律的条件成熟时，国务院应当及时提请全国人民代表大会及其常务委员会制定法律。

目前的建设行政法规包括《建设工程质量管理条例》、《建设工程安全生产管理条例》、《城市房地产开发经营管理条例》等，是建设法规中的中坚。

（四）地方性法规、自治条例和单行条例

省、自治区、直辖市的人民代表大会及其常务委员会根据本行政区域的具体情况和实际需要，在不同宪法、法律、行政法规相抵触的前提下，可以制定地方性法规。较大的市的人民代表大会及其常务委员会根据本市的具体情况和实际需要，在不同宪法、法律、行政法规和本省、自治区的地方性法规相抵触的前提下，可以制定地方性法规，报省、自治区的人民代表大会常务委员会批准后施行。较大的市是指省、自治区的人民政府所在地的市，经济特区所在地的市和经国务院批准的较大的市。地方性法规可以就下列事项作出规定：①为执行法律、行政法规的规定，需要根据本行政区域的实际情况作具体规定的事项；②属于地方性事务需要制定地方性法规的事项。

经济特区所在地的省、市的人民代表大会及其常务委员会根据全国人民代表大会的授权决定，制定法规，在经济特区范围内实施。民族自治地方的人民代表大会有权依照当地民族的政治、经济和文化的特点，制定自治条例和单行条例。自治区的自治条例和单行条例，报全国人民代表大会常务委员会批准后生效。自治州、自治县的自治条例和单行条例，报省、自治区、直辖市的人民代表大会常务委员会批准后生效。

目前各地方都制定了大量的规范建设活动的地方性法规、自治条例和单行条例，如《北京市建筑市场管理条例》、《天津市建筑市场管理条例》、《新疆维吾尔自治区建筑市场管理条例》等。

（五）部门规章

国务院各部、委员会、中国人民银行、审计署和具有行政管理职能的直属机构，以及省、自治区、直辖市人民政府和较大的市的人民政府所制定的规范性文件称规章。部门规章规定的事项应当属于执行法律或者国务院的行政法规、决定、命令的事项，它的名称可以是"规定"、"办法"和"实施细则"等。目前大量的建设法规都是以部门规章的方式发布的，如国家住房和城乡建设部发布的《房屋建筑和市政基础设施工程施工招标投标管理办法》、《建设工程勘察质量管理办法》、《中华人民共和国注册建筑师条例实施细则》，国家发展和改革委员会发布的《招标公告发布暂行办法》、《工程建设项目招标范围和规模标准规定》等。

涉及两个以上国务院部门职权范围的事项，应当提请国务院制定行政法规或者由国务院有关部门联合制定规章。目前，在建设法规中，也有许多是以国务院有关部门联合制定规章的方式发布的，如：2001年7月5日国家计委、国家经贸委、建设部、铁道部、交通部、信息产业部、水利部联合发布《评标委员会和评标方法暂行规定》。

（六）地方规章

省、自治区、直辖市和较大的市的人民政府，可以根据法律、行政法规和本省、自治区、直辖市的地方性法规，制定地方规章。地方政府规章可以就下列事项作出规定：①为执行法律、行政法规、地方性法规的规定需要制定规章的事项；②属于本行政区域的具体行政管理事项。目前，省、自治区、直辖市和较大的市的人民政府都十分重视地方法规的建设，制定了大量地方规章。如：重庆市人民政府令第 99 号《重庆市建设工程造价管理规定》、安徽省人民政府令第 145 号《安徽省建设工程造价管理办法》、宁夏回族自治区人民政府令第 61 号《宁夏回族自治区建设工程造价管理规定》、宁波市人民政府令第 61 号《宁波市建设工程造价管理办法》等。

（七）国际条约

国际条约指我国与外国缔结、参加、签订、加入、承认的双边、多边的条约、协定和其他具有条约性质的文件（国际条约的名称，除条约外还有公约、协议、协定、议定书、宪章、盟约、换文和联合宣言等）。这些文件的内容除我国在缔结时宣布持保留意见不受其约束的以外，都与国内法具有一样的约束力，所以也是我国法的渊源。例如，我国加入 WTO 后，WTO 中与工程建设有关的协定也对我国的建设活动产生约束力。

三、建设法规的构成

建设法规调整的是工程建设、城市建设、村镇建设、建筑业、房地产业、市政公用事业等领域的社会关系。建设法律体系由相关建设法律、建设行政法规、建设地方性法规和相关部门规章构成。其中，建设法律计划颁行八部，即城乡规划法、工程设计法、建筑法、市政公用事业法、城市房地产法、住宅法、村镇建设法、风景名胜区法。目前，城乡规划法、建筑法、城市房地产法已经发布施行，其他五部法律还在酝酿之中。

（一）城乡规划法

1. 立法目的

加强城乡规划管理，协调城乡空间布局，改善人居环境，促进城乡经济社会全面协调可持续发展。1989 年 12 月 26 日，第七届全国人民代表大会常务委员会第一次会议通过了《中华人民共和国城市规划法》；2007 年 10 月 28 日，第十届全国人民代表大会常务委员会第三十次会议通过了《中华人民共和国城乡规划法》（以下简称《城乡规划法》），并于 2008 年 1 月 1 日起生效，同时，《中华人民共和国城市规划法》废止。

2. 调整范围

调整城乡规划活动及其产生的社会关系。城乡规划，包括城镇体系规划、城市规划、镇规划、乡规划和村庄规划。城市规划、镇规划分为总体规划和详细规划。详细规划分为控制性详细规划和修建性详细规划。

（二）工程设计法

1. 立法目的

全国七届人大三次会议代表提出制定《工程设计法》的提案，其目的是为了加强工程设计的管理，提高工程设计水平，适应我国社会主义现代化建设的需要。

2. 调整范围

调整工程设计的资质管理、质量管理、技术管理，以及制定设计文件全过程活动及其社会关系。

（三）建筑法

1. 立法目的

为了加强对建筑活动的监督管理，维护建筑市场秩序，保证建筑工程的质量和安全，促进建筑业健康发展。《中华人民共和国建筑法》（以下简称《建筑法》）已于 1997 年 11

月1日第八届全国人民代表大会常务委员会第二十八次会议通过，1998年3月1日起生效。

2. 调整范围

调整建筑企业的资质管理、经营管理、工程承包管理和建筑市场管理等活动及其社会关系。《建筑法》对建筑许可、建筑工程发包与承包、建筑工程监理、建筑安全生产管理、建筑工程质量管理等内容作出了全面的规定。

（四）市政公用事业法

1. 立法目的

为了加强市政公用事业的统一管理，保证城市建设和管理工作的顺利进行，发挥城市多功能的作用，以适应现代化建设的需要。

2. 调整范围

调整城市的市政设施、公用事业、市容环境卫生、园林绿化等建设、管理活动及其社会关系。

（五）城市房地产法

1. 立法目的

加强对城市房地产的管理，维护房地产市场秩序，保障房地产权利人的合法权益，促进房地产业的健康发展。《中华人民共和国城市房地产管理法》（以下简称《城市房地产管理法》）已于1994年7月5日第八届全国人民代表大会常务委员会第八次会议通过，2007年8月30日第十届全国人民代表大会常务委员会第二十九次会议对该法作出修改。

2. 调整范围

调整城市房地产业和各项房地产经营活动及其社会关系。在城市规划区国有土地范围内取得房地产开发用地的土地使用权，从事房地产开发、房地产交易，实施房地产管理，应当遵守该法。该法所称房屋，是指土地上的房屋等建筑物及构筑物。该法所称房地产开发，是指在依据本法取得国有土地使用权的土地上进行基础设施、房屋建设的行为。该法所称房地产交易，包括房地产转让、房地产抵押和房屋租赁。

（六）住宅法

1. 立法目的

为了保障公民享有住房的权利，保护住宅所有者和使用者的合法权益，促进住宅建设发展，不断改善公民的住房条件和提高居住水平。

2. 调整范围

调整城乡住宅的所有权、建设、资金与融通、优惠、买卖与租赁、管理与维修等活动及其社会关系。

（七）村镇建设法

1. 立法目的

为了加强村镇建设管理，不断改善村镇的环境，促进城乡经济、社会协调发展，推动社会主义新村镇的建设。

2. 调整范围

调整村庄、集镇在规划、综合开发、设计、施工、公用基础设施、住宅和环境管理等项活动及其社会关系。

（八）风景名胜区法

1. 立法目的

为了加强风景名胜区的管理、保护、利用和开发风景名胜资源，1985年6月，国务院发布了《风景名胜区管理暂行条例》，目前已经实施20多年，在此基础上有条件上升为法律。

2. 调整范围

调整人们在保护、利用、开发和管理风景名胜资源各项活动中产生的各种社会关系。

第三节 建设法规立法原则及实施

建设法规立法的基本原则，是指建设法规立法时所必须遵循的基本准则或要求。

一、建设法规的立法原则

（一）法制统一的原则

法制统一原则是现代社会法治国家共同提倡和遵守的一个重要原则，其含义包括：第一，一切法律、法规、规范性法律文件以及非规范性法律文件的制定，必须符合宪法的规定或者不违背宪法的规定。凡是违背宪法者，即不具有法律效力。第二，在所有法律渊源中，下位法的制定必须有宪法或上位法作为依据，下位法不得同上位法抵触。第三，在不同类法律渊源中（如法律和行政法规），在同一类法律渊源中（如在行政法规之间）和同一个法律文件中（如在行政诉讼法中），以及规范性法律文件中都不得相互抵触。第四，各个法律部门之间的规范性法律文件不得冲突、抵触或重复，应该相互协调和补充。

建设法律体系是国家法律体系的重要组成部分。同时，建设法律体系又相对自成体系，具有相对独立性。这就要求建设法律体系必须服从国家法律体系的总要求，建设方面的法律必须与宪法和相关的法律保持一致，行政法规、部门规章和地方性法规、规章不得与宪法、法律以及上一层次的法规相抵触。

（二）协调配套的原则

建设事业是一个大的系统工程，工程建设、城市建设、村镇建设、建筑业、房地产业、市政公用事业既互相联系，又各有特点。同时，它又是整个社会系统工程的一个子系统，与相关的行业、领域关联密切，调整范围相当广泛、复杂。因此，应当科学规划建设法律体系的框架结构和立法项目，使之完整、协调、配套。

建设法律体系中的法律、行政法规和部门规章，应能覆盖建设事业的各个行业、领域以及建设行政管理的全过程，使建设活动的各个方面都有法可依、有章可循，使建设行政管理的每一个环节都纳入法制轨道。在建设法律体系内部，纵向不同层次的法规之间，应当相互衔接，不能抵触；横向同层次的法规之间，应当协调配套，不能互相矛盾、重复或者留有"空白"。此外，建设法律体系作为国家法律体系的一个子系统，还应当考虑与其他法律体系的相互衔接。

（三）实用有效的原则

一切从实际出发，这是历史唯物主义的一个基本原理，也是建设法规立法的一项重要原则。世界上许多国家一般都是先由议会制定法律，然后再据以制定法规和规章。我国则不尽相同。从这一实际情况出发，建设法规体系在某些立法项目上可以先制定部门规章或者行政法规，待条件成熟后再上升为高一层次的行政法规或法律。此外，建设立法还要从我国目前正处于社会主义初级阶段的国情出发，从建设行政管理的实际需要出发，根据建设事业和社会主义法制建设的发展规律，既考虑到每个建设立法项目的必要性，又要考虑到立法后实施的可行性，做到制定一个法规，就成功一个法规。

（四）科学借鉴的原则

建设法规立法，既要总结国内建设立法的经验与教训，广泛学习各地和其他部门的先进经验，还应科学借鉴国外的成功做法。随着对外开放政策的进一步实行，我国与国外的交往和合作日益增多。科学、合理地借鉴国外对我国有用的立法经验，包括法律体系、立法项目、立法技术等，是十分必要和有益的。这既可以避免走弯路，又可以使我国在国际交往中有较多的共同规范，有利于推动我国的建设事业走向世界。

（五）遵循市场经济规律的原则

"国家实行社会主义市场经济"，这一原则已经被我国宪法所确认。市场经济，是指市场对资源配置起基础性作用的经济体制。市场经济有其自身的规律：第一，市场经济是货币经济。在市场制度条件下，一切经济活动都直接或间接地表现为商品交换活动，即以货币为媒介进行各种交换。生产者和消费者的决策，生产与消费、供给与需求之间关系的协调、社会资源配置和收入分配，都是建立在商品交换原则的基础上。第二，市场经济是自主经济。市场经济下产权明确、利益独立的多元化主体，决定市场主体企业和消费者必须拥有完全的自主权，从而可以自觉面对市场，及时对市场信号作出灵敏的反应，自主地进入或退出市场。第三，市场经济是竞争经济。在市场制度下，市场竞争是市场主体之间经济实力的较量，是经济利益的争夺。竞争主要表现为产品价格、质量和市场占有率。第四，市场经济是法制经济。市场经济利益主体的多元化和决策分散化，利益的竞争关系，以及制约市场运作的因素的复杂性，决定了整个经济运行需要有一个比较健全的法制基础，由法律来引导、规范、保障和约束经济主体的市场行为，使市场的运转有秩序有规则，成为有序的市场。第五，市场经济是开放性经济。利益主体的多元化和社会分工的深化，以及社会生产和增长，必然要求市场容量的扩大，要求突破地区、部门直至国界的限制，形成全国性的统一市场，参与国际分工和国际经济接轨。

建设法规的立法要反映市场经济的这些基本规律，具体表现为：应当建立完善的、全国统一的建设市场；完善市场主体的监督体系；鼓励市场主体之间的良性竞争；政府行政机关对建设市场的干预主要通过宏观调控措施完成。

二、建设法规的实施

建设法规的实施是指建设法规规范在社会生活中的具体应用和实现。其实质就是将建设法规规范中设定的权利与义务关系转化为现实生活中的权利与义务关系，进而将体现在法律规范中的国家意志转化为建设法律关系主体的行为。这个转化过程，就是法的实施过程。任何法律，一经制定，就有一个付诸实施的问题。有法不依，等于无法，建设法规也是如此。因此，从某种意义上可以说，制定法律规范重要，实施法律规范更重要。法律的实施方式主要有两种：一种是国家机关及其工作人员在自己的职权范围内依据法律来解决具体问题，推动工作的开展，包括执法与司法；另一种是国家机关以及包括国家机关工作人员在内的全体公民自觉遵守法律规范，用法律规范来规范自己的活动和行为。这两种方式是法律实施的有机组成部分，对于法律的实施都是不可缺少的。

(一) 建设法规的遵守

建设法规的遵守，是指公民、社会组织和国家机关以法律为自己的行为准则，依照法律行使权利，履行义务的活动。建设法规的遵守并不仅仅是消极的、被动的，而是行使权利和履行义务两个方面的结合。法律法规的遵守，要求一切组织和个人都必须严格守法，具体的要求为：公民应当自觉守法；国家公职人员特别是各级领导和执法人员要做守法的模范；一切国家机关、武装力量、各政党和社会团体、各企业事业单位都要遵守宪法和法律。

(二) 建设法规的执行

广义的执法，或法的执行，是指所有国家行政机关、司法机关及其公职人员依照法定职权和程序实施法律的活动，包括行政执法和司法。建设法规的执行也是如此。建设法规的执行是以国家的名义对社会进行全面管理，具有国家权威性。建设法规的执行主体，是国家行政机关及其公职人员。建设法规的执行具有国家强制性，行政机关执行法律的过程同时是行使执法权的过程。建设法规的执行具有主动性和单方面性。

1. 建设行政执法

建设行政执法是指国家建设行政机关（或者授权机构）及其公职人员依法行使管理职权、履行职责、实施法律的活动。建设行政执法必须遵守以下原则：第一，依法行政的原则。这是指国家建设行政机关（或者授权机构）及其公职人员必须根据法定权限、法定程序和法治精神进行管理，越权无效。第二，讲求效能的原则。这是指国家建设行政机关（或者授权机构）及其公职人员应当在依法行政的前提下，讲究效率，主动有效地行使其权能，以取得最大的行政执法效益。建设行政执法包括建设行政决定、建设行政检查和建设行政处罚。

2. 建设司法

建设司法是指人民法院和人民检察院依照法定的职权与程序适用法律处理建设诉讼案件的专门活动。此外，仲裁机构是国家设立的裁决经济、贸易及财产纠纷的机构。其活动具有一定的司法性和准司法性质，如果是对建设纠纷的仲裁，也应列入建设司法的范围。

案 例 分 析

【案例1】 新华日报社诉南京华厦实业有限公司相邻权纠纷案

【案情摘要】

原告：新华日报社。

被告：南京华厦实业有限公司。

原告新华日报社因与被告南京华厦实业有限公司（以下简称"华厦公司"）相邻关系侵权损害赔偿纠纷一案，向江苏省高级人民法院提起诉讼。

原告新华日报社诉称，被告在建设与原告相距20米的华荣大厦过程中进行基础工程施工期间，因施工大量抽排地下水，使原告印刷厂地面下沉，厂房墙体多处开裂，厂内3台进口印刷机和4台国产印刷机的基础移位，印刷机受到严重损伤，造成经济损失1399万元，请求法院判令被告赔偿并承担有关诉讼费用。

被告华厦公司辩称，原告损失是华荣大厦基础工程施工单位造成的，应由施工单位赔偿；原告超过了诉讼时效起诉已丧失胜诉权；原告的请求应交由行政部门处理。要求驳回原告的诉讼请求。

江苏省高级人民法院经审理查明，被告华厦公司投资建设的华荣大厦与原告新华日报社相邻。1991年1月15日，南京市房地产开发总公司与香港某投资有限公司合资的南京市华厦房产开发建设有限公司（后更名为"华厦公司"）正式成立。同年4月，该公司投资建设的华荣大厦的基础工程根据被告及有关单位论证通过的施工方案开始施工，一个月后发现施工现场附近地面下沉即停止施工。同年6月15日，被告及有关单位又论证通过了施工修改方案后，基础工程继续施工。10月中旬，新华日报社发现其印刷厂厂房墙壁、地面开裂，3台德国进口的胶印机出现异常，报纸印刷质量明显下降，印刷机严重受损，厂房墙体损害并危及人员安全。对此，南京市人民政府派员召集有关单位、专家商讨，采取补救措施后，新华日报社印刷厂地面沉降才得到有效控制，但厂房、印刷机受损方面的处理并未涉及。经新华日报社委托的南京市土木建筑学会、国家印刷机械质量监督检验中心及某省地震局等单位鉴定认为，新华日报社印刷厂厂房和厂内印刷机受损的直接原因是华荣大厦基础工程施工大量抽排地下水造成。1992年7月10日，新华日报社向南京市人民政府报告，要求华厦公司赔偿损失，但未得到解决，遂直接向华厦公司索赔，经交涉未果。1994年6月30日，新华日报社向法院起诉，要求华厦公司赔偿财物损失。

【审裁结果】
一、一审判决理由和判决结果

江苏省高级人民法院审理查明：①新华日报社已损失为：请国内外专家调校修理印刷机费用179504元；在专家修理调校印刷机期间请他人代印部分报纸费用差额31893元；德国专家来该市修理印刷机食宿费6796.4元；南京市土木建筑学会鉴定费3000元；国家印刷机械质量监督检验中心鉴定费、评估费、交通费、食宿费共计11.81万元；其他有关单位咨询、鉴定费4.76万元。②新华日报社必将继续受损失的为：修理进口印刷机必须进口的零部件购置费765万元，购置该零部件需交关税及增值税244万元；拆除印刷机需拆除费、运输费、保管费、安装费、调校费等计190万元；维修加固厂房和重做印刷机基础所需工程费1506686.38元。原告上述已损失和即将损失总计人民币13883580.28元。

以上事实，有双方当事人陈述、有关证人证言、鉴定结论、工程预算书票据等证据证实。经当庭质证，被告对原告委托的有关部门作出的鉴定结论和评估预算等亦未要求重新鉴定。

江苏省高级人民法院认为，被告华厦公司建设的华荣大厦与原告新华日报社印刷厂厂房相邻。华厦公司在建设华荣大厦时，未充分考虑邻近建筑物的安全，于施工期间大量抽排地下水，并于初期发现问题后又未能及时采取必要的防护措施，使新华日报社印刷厂地面发生沉降，损坏了印刷厂房屋基础，致该厂房及屋内印刷机械受损。事实清楚，证据充分，足以认定。华厦公司违背《中华人民共和国民法通则》第八十三条关于"不动产的相邻各方，应当按照有利生产，方便生活，团结互助，公平合理的精神，正确处理截水、排水、通行、通风、采光等方面的相邻关系"的规定建设房屋，给新华日报社造成了巨大损失，应负全部赔偿责任。所建华荣大厦系华厦公司的所有权，新华日报社的印刷厂房和印刷机的损害，系华厦公司基础工程施工抽排地下水造成；至于华厦公司与施工单位还有纠纷，系另一法律关系，本案不予审理。因此，其主张"应由施工单位赔偿"的理由不予采纳。新华日报社的权益被侵害后，于1992年7月30日即向南京市人民政府报告，并一直要求华厦公司予以赔偿,未获解决,直到 1994 年 6 月 30 日向法院提起诉讼,符合《中华人民共和国民法通则》第一百三十五条关于"向人民法院请求保护民事权利的诉时效期间为 2 年"的规定,并未超过法定的诉讼时效,华厦公司关于新华日报社"超过了诉讼时效起诉,已丧失胜诉权"的主张,不能成立。新华日报社其余损失因自动放弃,故不予认定。据此,该院于 1994 年 11 月 28 日判决如下:

华厦公司于本判决生效后 30 日内,赔偿新华日报社各项损失计人民币 13883580.28 元。本案诉讼费 79428 元,诉讼保全费 70520 元,合计人民币 149948 元由华厦公司负担。

二、二审抗辩主张和事实认定

华厦公司不服一审判决,向最高人民法院提出上诉,其理由是:被上诉人胶印车间的设计使用不合理,胶印机基础下未做砂石垫层、胶印机运转后无沉降观测记录,因此不能证明不均匀沉降只是华荣大厦施工抽水所致,请求撤销一审判决,在分清双方当事人责任程度、合理计算被上诉人损失的前提下,改判由双方分担民事责任。

新华日报社答辩认为,原审认定的事实完全符合实际,该社厂房和机器受损原因完全是华荣大厦施工中长期、大量抽排地下水造成的,请求维持原判,驳回上诉人的上诉请求。

最高人民法院认为,上诉人华厦公司在被上诉人新华日报社厂房相邻处建设华荣大厦,本应充分考虑相邻建筑物的安全,但该公司违反《中华人民共和国民法通则》关于处理相邻关系的原则,未作维护工程,即开始敞开式开挖,大量抽排地下水。当初期发现问题后虽采取了补救措施,亦未能完全阻止不均匀沉降,致使新华日报社印刷厂和设备基础地面发生沉降,厂房及胶印机严重受损,故其应对此负全部责任。关于上诉人所持上诉理由,法院审理期间,即根据上诉人的申请,委托了某省技术监督建设工程质量检验站(以下简称质检站)就华荣大厦施工中抽取地下水对新华日报社印刷车间厂房及进口胶印机基础有哪些影响等问题进行了鉴定。质检站鉴定认为:华荣大厦施工大量抽排地下水是造成新华日报社胶印车间下沉开裂和胶印机不能正常运行、遭受损伤的直接原因。鉴定针对上诉人提出的新华日报社厂房基础和设备基础的设计和使用均存在问题的主张作出了"该厂房基础和设备基础的结构形式对沉降反应敏感,对环境变化适应性差,但事故发生前三年来的使用尚没有发现问题,在华荣大厦基坑施工期间如不抽水不致突然发生这个事故"的结论。故原审法院认定事实清楚,适用法律正确,其上诉理由不能成立。据此,最高人民法院于 1996 年 5 月 13 日依照《中华人民共和国民事诉讼法》第一百五十三条第一款(一)项之规定,判决如下:

驳回上诉,维持原判。

二审诉讼费 79248 元,鉴定费 232751.7 元均由上诉人华厦公司承担。

【分析评论】

一、关于适格被告问题

本案首先涉及的是法律关系中的主体问题。诉讼中谁是适格被告产生了激烈争论。即华荣大厦工程的施工单位珠海特区中新建筑公司是否是本案的单一被告、或共同被告、或追加的第三人问题。本案在一审中,华厦公司极力强调其不是本案的合格的当事人,而真正的被告应是负责承建的施工单位中新建筑公司。其理由是:新华日报社印刷厂地面沉降,造成 3 台德国进口的卷筒纸胶印机严重受损、厂房墙体损害并危及人员安全的直接责任者是施工单位,是由大楼建造挖掘地层的施工而引起的,故此,新华日报社的损失应由承建的施工单位中新建筑公司承担,与本公司无关。华厦公司在本案应列中新建筑公司为单一被告的理由被一审法院否决并已判决由其承担责任后,在二审中又极力提出追加中新建筑公司为本案的第三人,二审法院对此亦未予采纳。

华厦公司提出的上述理由是不能成立的,理由有以下几点:第一,本案涉及的法律关系是不动产的相邻关系。按照《民法通则》第83条的规定:"不动产的相邻各方,应当按照有利生产,方便生活,团结互助,公平合理的精神,正确处理截水、排水、通行、通风、采光等方面的相邻关系"而与新华日报社相邻的是对华荣大厦享有所有权的华厦公司;第二,华荣大厦的建造是由华厦公司这个法人独立投资的,中新建筑公司只是受华厦公司的委托,负责承建施工,即中新建筑公司是为华厦公司进行工作的,如果没有特殊约定,即使中新建筑公司在施工中有过错也应当先由华厦公司对新华日报社承担责任,再由中新建筑公司对华厦公司承担责任;第三,从客观事实上讲,中新建筑公司是按华厦公司的大楼设计和施工方案进行施工的,在施工中没有改变该设计和施工方案。因此,在大楼基础工程的施工中,采取敞开式挖掘地层深土,大量抽排地下水,致使新华日报社的厂房地面发生沉降,损坏了该厂房及屋内印刷机械,应由华厦公司承担此民事赔偿责任。至于中新建筑公司在施工中的有关操作问题,可由华厦公司根据"承建施工合同"另案起诉;第四,华荣大厦的施工是否会对相邻各方造成损失,应当由华厦公司进行技术和经济论证。

二、关于是否超过诉讼时效的问题

虽然新华日报社的权益是在1991年被侵害的,当然也是其知道或者应当知道自己的权益被侵害的时间,即诉讼时效起算的时间;但是新华日报社的权益被侵害后,于1992年7月30日即向南京市人民政府报告,并一直要求华厦公司予以赔偿,未获解决,直到1994年6月30日向法院提起诉讼,这样诉讼时效就发生了中断,故未超过两年的诉讼时效期限。因此,新华日报社仍然享有胜诉权。

三、关于混合过错问题

关于混合过错问题,即新华日报社印刷厂及印刷机械遭损,是华厦公司在建造华荣大厦中的单方过错造成的,还是由包括新华日报社印刷厂本身在建造时自身基础工程不坚固而混合过错造成的。华厦公司在上诉中强调:新华日报社胶印车间的设计使用不合理、胶印机基础下未做砂石垫层、胶印机运转后无沉降观测记录等,以证明不均匀沉降不仅仅是华荣大厦施工抽水所致,要求二审法院分清双方当事人的责任程度,双方分担民事责任。华厦公司这种"混合过错"的理由也是不能成立的。在一、二审法院审理中查明,新华日报社印刷厂印刷机械在华厦公司建造华荣大厦前已正常使用了三年以上未出现任何问题,设计、使用不存在不合理之处。至于胶印机基础下是否未做砂石垫层,华厦公司亦无法举出证据。二审法院根据华厦公司的申请,委托了江苏省技术监督建筑工程质量检验站就华荣大厦施工中抽取地下水对新华日报社印刷厂车间厂房及进口胶印机基础有哪些影响等问题进行了鉴定,鉴定认为:华荣大厦施工大量抽排地下水是造成新华日报社胶印车间下沉开裂和胶印机不能正常运行、遭受损伤的直接原因。因此,二审法院亦认定为单一过错而不是混合过错。本案被告华厦公司违背"保护先建筑原则",在开挖地层取土、抽地下水之前,四周没有打护栏桩,因而一、二审判决其赔偿原告的损失,是正确的。

四、关于民事诉讼与行政赔偿的关系

在诉讼中一定要分清法律关系。华荣大厦是经过政府规划管理部门和施工管理部门批准的工程项目,这是华厦公司请求本纠纷应当交由行政机关处理的依据。有些同志认为在这样的情况下,否决行政管理部门的批件是提起行政诉讼的前提条件。笔者不同意这一观点,理由如下:第一,在我国目前的客观条件下,尚无条件要求必须在完全不损害其他相邻各方利益的情况下进行工程建设,我国的城市规划标准也不是在这一基础上进行的。因此,在有些情况下,符合城市规划的工程项目会损害第三人的利益,此时,行政管理部门的许可只是解决可以进行工程建设的问题,而与受损害一方的民事赔偿问题只能通过民事纠纷的解决程序解决,如果不能通过其他渠道解决则可以通过诉讼程序解决。第二,行政管理部门的审查仅仅是程序上的,并无能力进行技术上的实质审查。以本纠纷为例,建设单位完全有可能通过采取其他的技术手段避免损害新华日报社的权益。华厦公司有义务、有责任找到这一技术方案,如果没有采取适当的技术手段,则应当对被损害一方承担赔偿责任。

【案例2】 对不可抗力认定的分歧

某施工单位与某房地产开发公司签订了一份建设工程施工合同,合同约定了大风或暴雨等恶劣天气属于不可抗力,工期可以顺延。合同签订后,承包人按照合同约定的开工时间进场施工,工程竣工后,由于发包人拖欠承包人工程款,承包人起诉发包人要求发包人支付工程款,发包人提起反诉要求承包人承担工期违约金。法院经审理后查明,施工合同约定的竣工日期为2005年5月30日,实际竣工日期为2005年11月30日,比约定的竣工日期逾期将近180多天。按照当事人的约定,工期每逾期一天承包人应向发包人支付2万元的违约金。在庭审过程中,承发包双方当事人就工期是否可以顺延发生了激烈的争论。承包人在反诉中抗辩说,工期延期是因为施工期间发生了大风或暴雨等恶劣天气,按照合同约定,工期应该予以顺延,承包人不应承担工期逾期违约金。发包人则认为施工期间,虽然发生了大风或暴雨天气,但由于大风或暴雨的等级及持续时间均不足以影响施工,不属于合同约定的不可抗力的范畴,因此工期不予顺延。法院审理后认为,当事人已经在合同中约定大风或暴雨等恶劣天气属于不可抗力,工期可以顺延。发包人虽然主张大雨或暴风的等级及持续时间均不足以影响施工,但没有相应证据。因此,应根据合同约定,工期予以顺延。

【分析】 本案中的不可抗力就是本章介绍的建设法律事实中的事件。事件可分为自然事件和社会事件两种。自然事件是指由于自然现象所引起的客观事实,如地震、台风等。双方当事人在合同中约定,大风或暴雨等恶劣天气属于不可抗力。当事人的这种约定,意味着大风或暴雨等恶劣天气属于自然事件。但是,事件的出现与否,是当事人无法预见和控制的。因此,天气必须要恶劣到一定程度才可能被认定为事件,对于当事人能够或者已经预见的恶劣天气,就不应当认定为事件。由于发生纠纷后,双方均承认在施工期间发生了大风或暴雨等恶劣天气,因此,合同工期应当予以顺延。至于发包人提出的大风或暴雨的等级及持续时间均不足以影响施工的抗辩,由于合同中未对大风或暴雨的等级进行约定,发包人又不能对自己的抗辩提供有力的证据,只能承担举证不能的法律后果。

从上述案例可以看出,在约定大风或暴雨等作为不可抗力时,应进一步约定,暴雨的

降雨量或大风的等级及持续时间，这样，何种类型、等级的大风、暴雨天气属于不可抗力就比较容易界定。

思 考 题

1. 何谓建设法律关系，其构成要素是什么？
2. 建设法规有哪些表现形式？建设法规是如何构成的？
3. 建设行政法律和建设民事法律各有什么特征？
4. 简述建设法律关系的特征。
5. 建设法规的实施方式有哪几种，其具体内容是什么？

第二章 工程建设程序法律制度

第一节 概 述

一、概念

1. 工程建设

工程建设这一名词是工程和建设的组合，因此对工程建设这一概念的界定应建立在准确理解工程、建设含义的基础上。工程、建设概念的内涵都很广。工程可看作将自然科学原理应用到工农业生产部门中而形成的各学科的总称，如土木建筑工程、水利工程、冶金工程、机电工程、化学工程、海洋工程、生物工程等。建设则可泛指政治、经济各方面的兴建活动，如建设国家、建设家乡、建设港口等。本书中的建设是指具体基本建设项目中的生产活动。依据《建设工程质量管理条例》、《建设工程安全生产管理条例》的规定：工程，是指土木工程、建筑工程、线路管道和设备安装工程及装修工程；建设，则是指建设工程的新建、扩建、改建、拆除等有关活动。

因此，工程建设，是指土木工程、建筑工程、线路管道和设备安装工程及装修工程等工程项目的新建、扩建和改建，是形成固定资产的基本生产过程及其与之相关联的其他建设工作的总称。

其中，土木工程包括矿山、铁路、公路、市政道路、港口、码头、隧道、桥梁、堤坝、飞机场、运动场等工程。建筑工程是指房屋建筑工程，即有顶盖、梁柱、墙壁、基础以及能够形成内部空间，满足人们生产、生活、公共活动的工程实体，包括公共建筑、住宅、厂房、剧院、旅馆、商店、学校、医院等工程。线路管道和设备安装工程，包括电力、通信线路、石油、燃气、给水、排水、供热等管道系统和各类机械设备、装置的安装工程。装修工程，是指对建筑物内、外进行的以美化、舒适化、增加使用功能为目的的工程建设活动。

新建，是指从基础开始建造的建设项目。扩建，是指在原有基础上加以扩充的项目，如房屋建筑在原有基础上加层加高。改建，是指不增加建筑物或建设项目体量，在原有基础上，为提高生产效率、改进产品质量，或改变产品方向，或改善建筑物使用功能、改变使用目的等，对原有工程进行改造的建设项目。拆除，是指拆除原有建筑物和构筑物的活动，也是建设活动的一种，也应遵守相关的法律规定。

工程建设概念不仅将房屋建筑、水利、公路、铁路、港口、码头、隧道、桥梁等不同的工程类型纳入进来，也覆盖了工程项目的勘察、设计、施工、设备安装、装饰装修等不同阶段。建设概念内涵覆盖了建设工程的全项目周期，包括了工程的策划、报批、勘察、设计、施工、竣工验收、试运行、后评价，以及相关的征地、拆迁、市政等建设活动。工程建设概念是经过不断探讨、研究和扩展的，其内涵从1997年《建筑法》立法时指代房屋建筑工程的勘察、设计、施工阶段，扩展到了现有建设法规体系的建设工程的全项目周期。这为工程建设程序的系统性、完备性奠定了基础。

2. 工程建设程序

工程建设程序，是指一项建设工程从设想、提出到决策，经过设计、施工，直至投产或交付使用的整个过程中，各项工作应当遵循先后顺序。

按照建设工程的内在规律，投资建设一项工程应当经过建设前期、建设准备、建设实施及竣工使用四个阶段。每个阶段又可分为若干个环节，各环节以及每个环节内的各项工作之间存在着不能随意颠倒的先后顺序关系。科学的建设程序就是遵循工程建设的内在规律，严格按照这些先后顺序来制定的。

用法律对工程建设程序作出具体规定，具有重要意义：

（1）依法管理工程建设，保证正常建设秩序。

建设工程涉及国计民生，并且投资大、工期长、内容复杂，是一个庞大的系统。实践证明，坚持了建设程序，建设工程就能顺利进行、健康发展。反之，不按建设程序办事，建设工程就会受到极大的影响。因此，坚持建设程序，是依法管理工程建设的需要，是建立正常建设秩序的需要。

（2）科学决策，保证投资效果。

建设程序明确规定，建设前期应当做好项目建议书和可行性研究工作。在这两个阶段，由具有资格的专业技术人员对项目是否必要、条件是否可行进行研究和论证，并对投资效益进行分析，对项目的选址、规模等进行方案比较，提出技术上可行、经济上合理的可行性研究报告，为项目决策提供依据，而项目审批又从综合平衡方面进行把关。如此，可最大限度地避免决策失误并力求决策优化，从而保证投资效果。

（3）顺利实施建设工程，保证工程质量。

建设工程强调先勘察、后设计、再施工的原则。根据真实、准确的勘察成果进行设计，根据深度、内容合格的设计进行施工，在做好准备的前提下合理地组织施工活动，使整个建设活动能够有条不紊地进行，这是工程质量得以保证的基本前提。事实证明，坚持建设程序，就能顺利实施建设工程并保证工程质量。

二、立法概况

当前，我国工程建设的各阶段都有相关的程序性立法。关于工程建设程序的法律规定分散于二十余部法律法规中，其中，由人大颁布的法律和由国务院颁布的行政法规占少数，而由以国家发改委（原国家计委）和住房和城乡建设部（原建设部）为首的中央部门规章数量较多，规定也较为详细，为工程建设活动开展提供了有效的依据和准则。

在工程建设程序法律法规中，《建筑法》、《城乡规划法》等国家法律、《关于投资体制改革的决定》、《关于基本建设程序的若干规定》、《工程建设项目实施阶段程序管理暂行规定》的有关内容是应该重点掌握的。

1. 法律

《建筑法》于1997年11月1日颁布，是工程建设领域的基本法。《建筑法》对建筑工程施工阶段的建设程序作了规定，明确了建筑工程的用地批准、规划许可、拆迁、招投标、设计、施工许可、施工等建设程序。但由于《建筑法》调整范围主要局限于房屋建筑工程的施工阶段，已滞后于现行建设法规体系的发展，其所明确的建设程序也是不完备的。目前《建筑法》正在修订过程中。

《城乡规划法》于 2007 年 10 月 28 日颁布，它对与工程建设相关的城乡规划编制、建设工程选址和布局、建设用地规划许可证等内容作了规定。

《中华人民共和国土地管理法》（以下简称《土地管理法》）于 1986 年 6 月 25 日颁布，并于 1988、1998、2004 年经过三次修订。它对与工程建设相关的土地利用总体规划、建设用地许可、征地补偿、土地出让、土地划拨、土地使用等内容作了规定。

《城市房地产管理法》于 1994 年 7 月 5 日颁布，并于 2007 年修订。它对与房地产开发项目建设程序相关的土地使用权出让、土地使用权划拨、设计、施工、竣工验收等内容作了规定。

《中华人民共和国招标投标法》（以下简称《招标投标法》）于 1999 年 8 月 30 日颁布。它对工程建设过程中的勘察、设计、施工、监理、材料供应等单位招标投标的程序进行了规定，具体包括发布招标公告、资格预审、发布招标文件、投标、评标、选定中标人、签订合同等。

《中华人民共和国环境影响评价法》（以下简称《环境影响评价法》）于 2002 年 10 月发布，它适应了我国经济建设和社会发展对日趋重要的环境保护的需要。该法对建设项目环境影响评价的概念、主管部门、评价方式、审批程序、后评价与跟踪等作出了规定。随着该法颁布，环境影响评价成为工程建设项目中一个必不可少的环节。

2. 行政法规

《建设工程勘察设计管理条例》于 2000 年 9 月 25 日颁布，它对工程建设勘察设计活动应遵循的程序进行了规定，具体包括勘察设计发包、先勘察后设计、勘察设计文件编制、勘察设计文件实施等。

《关于投资体制改革的决定》于 2004 年 7 月 16 日由国务院颁布。该决定更合理地划分了工程建设项目的审批权限。对政府投资项目，采用直接投资和资本金注入方式的，从投资决策角度只审批项目建议书和可行性研究报告；采用投资补助、转贷和贷款贴息等方式的，只审批资金申请报告。对私人投资项目实行核准或备案。这一审批程序的简化，将提高工程建设的投资效率，促进经济和社会事业发展。

3. 部门规章

《关于基本建设程序的若干规定》是由原国家计委于 1978 年颁布的，是国家对于基本建设活动程序最早的规定。它将基本建设程序划分为八个阶段，即计划任务书、建设地点选择、设计文件、建设准备、计划安排、施工、生产准备、竣工验收与交付生产。这一划分奠定了我国工程项目全过程建设程序的基础。

《关于编制建设前期工作计划的通知》是由原国家计委于 1982 年颁布的。它明确了建设项目的勘测、科研、试验、可行性研究，设计任务书和初步设计三方面的程序及基本要求，并规定了前期工作计划编制和审批的管理办法。

《关于建设项目进行可行性研究的试行管理办法》是由原国家计委于 1983 年颁布的。它对项目建议书、可行性研究报告的编制程序、编制内容、预审、复审、批准等内容作了规定。

《关于简化基本建设项目审批手续的通知》是由原国家计委于 1984 年颁布的。它将基本建设大中型项目原有的五道审批手续（项目建议书、可行性研究报告、设计任务书、初步设计和开工报告）简化为两道手续（项目建议书、设计任务书），而将可行性研究报告内容合并到设计任务书中。这满足了当时简化基本建设审批程序的需要，但调整幅度过大，不利于政府管理。经过反复调整，基本建设程序基本延续了向项目建议书、可行性研究报告、初步设计、建筑施工许可的审批机制。

《关于大中型和限额以上固定资产投资项目建议书审批问题的通知》是由原国家计委于 1988 年颁布的。它对大中型和限额以上固定资产投资项目建议书的编制内容、报批程序、主管部门等作了规定。

《工程建设项目报建管理办法》是由建设部于 1994 年颁布的。它对工程建设报建内容、报建程序、报建管理进行了规定，其中报建内容包括工程名称、建设地点、投资规模、资金来源、当年投资额、工程规模、开工、竣工日期、发包方式和工程筹建情况。

《工程建设项目实施阶段程序管理暂行规定》是由建设部于 1995 年颁布的。它将工程建设实施阶段划分为施工准备阶段、施工阶段和竣工阶段。施工准备阶段分为工程建设项目报建、委托建设监理、招标投标、施工合同签订；施工阶段分为建设工程施工许可证领取、施工；竣工阶段分为竣工验收及期内保修。该规定主要针对建设工程的施工阶段，对相关建设程序作了较为具体的规定。

《公路建设项目后评价工作管理办法》是由交通部于 1996 年颁布的。它对公路项目后评价管理体制和后评价报告的编制、审核、审查费用等予以了规定。

《房屋建筑工程和市政基础设施工程竣工验收备案管理暂行办法》是由建设部于 2000 年颁布的。它明确了房屋建筑工程和市政基础设施工程竣工验收备案的程序为：提交工程竣工验收备案表和验收报告等文件，备案机关验证文件，工程质量监督机构提交工程质量监督报告，正式办理备案手续。

《房屋建筑工程和市政基础设施工程竣工验收暂行规定》是由建设部于 2000 年颁布的。它对竣工验收条件、程序、竣工验收报告及附件、工程质量监督等内容作了规定。

《建设工程价款结算暂行办法》由建设部于 2004 年颁布，是专为规范工程款支付，防范拖欠工程款问题而制定的。它对工程合同款约定、合同款调整、工程预付款结算、工程进度款支付、工程竣工结算、争议处理等的程序和内容作了详细规定。

《关于建设项目经济评价工作的若干规定》是由国家发改委于 2006 年颁布的。它对建设项目财务评价和国民经济评价的原则、深度、依据、方法等内容予以了规定。

第二节　工程建设程序阶段的划分

新中国建立以来，我国的工程建设程序经过了一个不断完善的过程。目前我国的建设程序与计划经济时期相比较，已经发生了重要变化。其中，关键性的变化一是在投资决策阶段实行了项目决策咨询评估制度，二是实行了工程招标投标制度，三是实行了建设工程监理制度，四是实行了项目法人责任制度。建设程序中的这些变化，使我国工程建设程序进一步适应了市场经济的要求，并且与国际惯例趋于一致。

目前，我国工程建设程序可分为四个阶段，每个阶段又包含若干环节，如图 2-1 所示。各阶段、各环节的工作应按规定顺序进行。当然，工程项目的性质不同，规模不一，同一阶段内各环节的工作会有一些交叉，有些环节还可省略，在具体执行时，可根据本行业、本项目的特点，在遵守工程建设程序的大前提下，灵活开展各项工作。

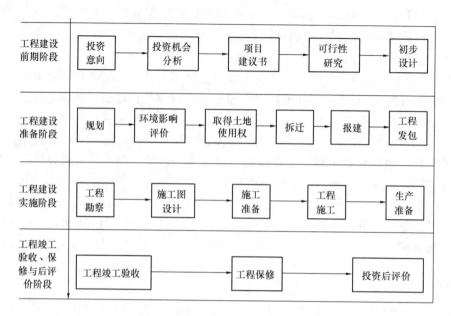

图 2-1 工程建设程序的阶段划分

第三节 工程建设前期阶段及准备阶段

一、工程建设前期阶段

1. 投资意向

投资意向是投资主体发现社会存在合适的投资机会所产生的投资愿望。它是工程建设活动的起点。

不同投资者的投资意向是不同的。一般来说，政府机关、公共组织、社会团体等的投资意向往往是一些具有社会效益、经济效益偏弱的公共、集体使用或基础设施项目，如水库、市政设施、办公楼等，具有一定的公共使用功能，可服务于社会生产、人们生活和经济发展；而私人投资者的投资意向大都是一些经济效益好的项目，如房地产开发项目、工业项目、电站等，其主要目的是获得利润。

2. 投资机会分析

投资机会分析是投资主体对若干可选择的投资机会进行考察和分析，从中优选具有发展前景、贡献较大、投资效益高、可行性大的"投资机会"，作为形成项目构思的设想，是项目生成的萌芽。起初可以丰富多彩、广泛地设想，随后应从经济、技术、自然情况、社会条件、环境影响等方面分析其可行性。

例如，对工业项目的机会研究，应从以下方面研究、优选"投资机会"：

(1) 在加工和制造方面，具有潜力的自然资源的新发现。

(2) 可作为工业原材料的农产品生产格局与趋势。

(3) 由于人口或购买力增长，具有需求增长潜力的产品及类似新产品的预期。

(4) 具有发展前景的新技术的采用可能性。

(5) 现有经济系统潜在的不平衡，如原材料工业与加工制造业的不平衡。

(6) 现有各工业行业前向或后项扩展与完善的可能性。
(7) 现有工业生产能力扩大的可能性、多种经营的可能性和生产技术改造的可能性。
(8) 进口情况以及替代进口的可能性。
(9) 投资环境,包括宏观经济政策、产业政策等。
(10) 生产要素的成本和可得性。
(11) 出口的可能性。

机会研究证明效果不佳的项目,就不再进行下一步工作。

3. 项目建议书

项目建议书是拟建项目单位向国家提出的要求建设某一项目的建议文件,是对工程项目建设的轮廓设想。项目建议书的主要作用是推荐一个拟建项目,论述其建设的必要性、建设条件的可行性和获利的可能性,供国家决策机构选择并确定是否进行下一步工作。

项目建议书的内容视项目的不同有繁有简,但一般应包括以下几方面的内容:
(1) 项目提出的必要性和依据。
(2) 产品方案、拟建规模和建设地点的初步设想。
(3) 资源情况、建设条件、协作关系和设备引进国别、厂商的初步分析。
(4) 投资估算、资金筹措及还贷方案设想。
(5) 项目进度安排。
(6) 经济效益和社会效益的初步估计。
(7) 环境影响的初步评价。

对于政府投资项目,项目建议书要求编制完成后,应根据建设规模和限额划分分别报有关部门审批。项目建议书批准后,可以进行详细的可行性研究报告,但并不表示项目非上不可,批准的项目建议书不是项目的最终决策。

根据国务院《关于投资体制改革的决定》,对于企业不使用政府资金投资建设的项目,政府不再进行投资决策性质的审批,项目实行核准制或登记备案制,企业不需要编制项目建议书而可直接编制项目可行性研究报告。

4. 可行性研究

可行性研究是指在项目决策之前,通过调查、研究、分析与项目有关的工程、技术、经济等方面的条件和情况,对可能的多种方案进行比较论证,同时对项目建成后的经济效益进行预测和评价的一种投资决策分析研究方法和科学分析活动。

(1) 作用。可行性研究的主要作用是为建设项目投资决策提供依据,同时也为建设项目设计、银行贷款、申请开工建设、建设项目实施、项目评估、科学实验、设备制造等提供依据。

(2) 内容。可行性研究是从项目建设和生产经营全过程分析项目的可行性,应完成以下工作内容:
1) 市场研究,以解决项目建设的必要性问题。
2) 工艺技术方案的研究,以解决项目建设的技术可行性问题。
3) 财务和经济分析,以解决项目建设的经济合理性问题。

凡是可行性研究报告未通过审批的项目,不得进行下一步工作。

(3) 项目投资决策审批制度。

根据国务院《关于投资体制改革的决定》，政府投资项目和私人投资项目分别实行审批制、核准制和备案制。

1）政府投资项目。对采用直接投资和资本金注入方式的，从投资决策角度只审批项目建议书和可行性研究报告，除特殊情况外不再审批开工报告，同时还要严格审批其初步设计和概算；采用投资补助、转贷和贷款贴息等方式的，只审批资金申请报告。

政府投资项目一般都要经过符合资质要求的咨询中介机构的评估论证，特别重大的项目还应实行专家评议制度。国家将逐步实行政府投资项目公示制度，以广泛听取各方面的意见和建议。

2）私人投资项目。对于企业不使用政府投资建设的项目，一律不再实行审批制，区别不同情况实行核准制和备案制。

企业投资建设《政府核准的投资项目目录》（以下简称《目录》）中的项目，仅需向政府提交项目申请报告，不再经过批准项目建议书、可行性研究报告和开工报告的程序。政府对企业提交的项目申请报告，主要从维护经济安全、合理开发利用资源、保护生态环境、优化重大布局、保障公共利益、防止出现垄断等方面进行核准。对于外商投资项目，政府还要从市场准入、资本项目管理等方面进行核准。

对于《目录》以外的企业投资项目，实行备案制，除国家另有规定外，由企业按照属地原则向地方政府投资主管部门备案。备案制的具体实施办法由省级人民政府自行制定。国务院投资主管部门要对备案工作加强指导和监督，防止以备案的名义变相审批。

为扩大大型企业集团的投资决策权，对于基本建立现代企业制度的特大型企业集团投资建设《目录》内的项目，可以按项目单独申报核准，也可编制中长期发展建设规划，规划经国务院或国务院投资主管部门批准后，规划中属于《目录》内的项目不再另行申报核准，只需办理备案手续。企业集团要及时向国务院有关部门报告规划执行和项目建设情况。

5. 初步设计

设计是对拟建工程在技术和经济上进行全面的安排，是工程建设计划的具体化，是组织施工的依据。设计质量直接关系到建设工程的质量，是建设工程的决定性环节。

一般工程设计分为两个阶段，即初步设计和施工图设计。有些工程，根据需要可在两阶段之间增加技术设计。

初步设计是根据批准的可行性研究报告和设计基础资料，对工程进行系统研究，概略计算，作出总体安排，拿出具体实施方案。其目的是在指定的时间、空间等限制条件下，在总投资控制的额度内和质量要求下，作出技术上可行、经济上合理的设计和规定，并编制工程总概算。

初步设计不得随意改变批准的可行性研究报告所确定的建设规模、产品方案、工程标准、建设地址和总投资等基本条件。如果初步设计提出的总概算超过可行性研究报告总投资的10%以上，或者其他主要指标需要变更时，应重新向原审批单位报批。

二、工程建设准备阶段

1. 规划

在规划区内建设的工程，必须符合城市规划或村庄、集镇规划的要求，其工程选址和布局，必须取得城市规划行政主管部门或村、镇规划主管部门的同意、批准。在城市规划区内建设的，要依法先后领取城市规划行政主管部门核发的"选址意见书"、"建设用地规划许可证"方能进行征地、设计；在取得规划行政主管部门核发的"建设工程规划许可证"后，方能办理工程开工手续进行施工。

2. 环境影响评价

环境影响评价，是指对规划和建设项目实施后可能造成的环境影响进行分析、预测和评估，提出预防或者减轻不良环境影响的对策和措施，进行跟踪监测的方法与制度。

依据《环境影响评价法》规定，国家根据建设项目对环境的影响程度，对建设项目的环境影响评价实行分类管理。建设单位应当按照下列规定组织编制环境影响报告书、环境影响报告表或者填报环境影响评价文件：

（1）可能造成重大环境影响的，应当编制环境影响报告书，对产生的环境影响进行全面评价。

（2）可能造成轻度环境影响的，应当编制环境影响报告表，对产生的环境影响进行分析或者专项评价。

（3）对环境影响很小、不需要进行环境影响评价的，应当填报环境影响登记表。

建设项目的环境影响报告书应当包括下列内容：①建设项目概况；②建设项目周围环境现状；③建设项目对环境可能造成影响的分析、预测和评估；④建设项目环境保护措施及其技术、经济论证；⑤建设项目对环境影响的经济损益分析；⑥对建设项目实施环境监测的建议；⑦环境影响评价的结论。

建设项目的环境影响评价文件，由建设单位按照国务院的规定报有审批权的环境保护行政主管部门审批；建设项目有行业主管部门的，其环境影响报告书或者环境影响报告表应当经行业主管部门预审后，报有审批权的环境保护行政主管部门审批。

建设项目的环境影响评价文件未经法律规定的审批部门审查或者审查后未予批准的，该项目审批部门不得批准其建设，建设单位不得开工建设。

3. 取得土地使用权

我国《土地管理法》规定：农村和城市郊区的土地（除法律规定属国家所有者除外）属于农民集体所有，其余的土地都归国家所有。任何单位和个人进行建设，需要使用土地的，必须依法申请使用国有土地；但是，兴办乡镇企业和村民建设住宅经依法批准使用本集体经济组织农民集体所有的土地的，或者乡（镇）村公共设施和公益事业建设经依法批准使用农民集体所有的土地的除外。

建设占用土地，涉及农用地转为建设用地的，应当办理农用地转用审批手续。国家征收农田等土地时，应按照被征收土地的原用途给予补偿。例如，征收耕地的补偿费用包括土地补偿费、安置补助费以及地上附着物和青苗的补偿费，具体标准在《土地管理法》中有规定。

经批准的建设项目需要使用国有建设用地的，建设单位应当持法律、行政法规规定的有关文件，向有批准权的县级以上人民政府土地行政主管部门提出建设用地申请，经土地行政主管部门审查，报本级人民政府批准。

建设单位使用国有土地，应当以出让等有偿使用方式取得；但是，下列建设用地，经县级以上人民政府依法批准，可以以划拨方式取得：

（1）国家机关用地和军事用地。

(2) 城市基础设施用地和公益事业用地。
(3) 国家重点扶持的能源、交通、水利等基础设施用地。
(4) 法律、行政法规规定的其他用地。

以出让等有偿使用方式取得国有土地使用权的建设单位，按照国务院规定的标准和办法，缴纳土地使用权出让金等土地有偿使用费和其他费用，取得土地使用权证后，方可使用土地。

由国家划拨取得土地使用权的，虽不用向国家支付出让金，但在城市要承担拆迁费用，在农村和郊区要承担土地原使用者的补偿费和安置补助费，其标准由各省、直辖市、自治区规定。

4. 拆迁

在城市进行工程建设，一般都要对建设用地上的原有房屋和附属物进行拆迁。国务院颁发的《城市房屋拆迁管理条例》规定，任何单位和个人需要拆迁房屋的，都必须持有国家规定的批准文件、拆迁计划和拆迁方案，向县级以上人民政府房屋拆迁主管部门提出申请，经批准并取得房屋拆迁许可证后，方可拆迁。

拆迁人应与被拆迁人签订书面协议。被拆迁人必须服从城市建设的需要，在规定的拆迁期限内完成搬迁；拆迁人应对被拆迁人（被拆迁房屋及附属物的所有人、代管人及国家授权的管理人）依法给予补偿，并对被拆迁房屋的使用人进行安置。对违章建筑，超过批准期限的临时建筑的被拆迁人和使用人，则不予补偿和安置。

5. 报建

建设单位在工程项目可行性研究报告或其他立项文件被批准后，须向当地建设行政主管部门或其授权机构进行报建，交验工程项目立项的批准文件，包括银行出具的资信证明以及批准的建设用地等其他有关文件。

工程建设项目的报建内容主要包括：①工程名称；②建设地点；③投资规模；④资金来源；⑤当年投资额；⑥工程规模；⑦开工、竣工日期；⑧发包方式；⑨工程筹建情况。

工程建设项目的报建程序为：

(1) 建设单位到建设行政主管部门或其授权机构领取《工程建设项目报建表》。

(2) 按报建表的内容及要求认真填写。

(3) 向建设行政主管部门或其授权机构报送《工程建设项目报建表》，并按要求进行招标准备。

6. 工程发包与承包

建设单位或其代理机构在上述准备工作完成后，须对拟建工程进行发包，以择优选定工程勘察设计单位、施工总承包商、监理单位、指定专业分包商。工程发包有直接发包和招标投标两种方式。为鼓励公平竞争，建立公正的竞争秩序，国家提倡招标投标方式，并通过立法，明确了必须实行招标投标的工程建设项目范围，具体内容参见第七章。

第四节 工程建设实施阶段及保修阶段

一、工程建设实施阶段

1. 工程勘察

工程勘察是为工程项目在设计前查明建设场地的地形、地貌、地层、岩性、地质构造、水文地质条件和各种自然地质现象而进行的测量、测绘、测试、地质调查以及综合性的评价和研究工作，以便为工程项目的策划、选址、设计和施工提供基本的、科学的、可靠的依据，是工程项目建设安全、顺利、成功、效益的重要保证。

工程勘察的主要工作内容包括现场实地测量，现场定位测量，建筑物沉降、倾斜、裂缝观测，选址勘察、设计勘察、施工勘察等。

2. 施工图设计

在初步设计或技术设计基础上进行施工图设计，使设计达到施工安装的要求。施工图设计应结合实际情况，完整、准确地表达出建筑物的外形、内部空间的分割、结构体系以及建筑系统的组成和周围环境的协调。

《建设工程质量管理条例》规定，建设单位应将施工图设计文件报县级以上人民政府建设行政主管部门或其他有关部门审查，未经审查批准的施工图设计文件不得使用。

3. 施工准备

在工程项目正式开始施工之前，建设单位、施工单位应做好以下方面的准备工作。

(1) 建设单位取得施工许可证。

依据《建筑法》，建筑工程开工前，建设单位应当按照国家有关规定向工程所在地县级以上人民政府建设行政主管部门申请领取施工许可证；但是，国务院建设行政主管部门确定的限额以下的小型工程除外。按照国务院规定的权限和程序批准开工报告的建筑工程，不再领取施工许可证。

申请领取施工许可证，应当具备下列条件：

1) 已经办理该建筑工程用地批准手续。
2) 在城市规划区的建筑工程，已经取得规划许可证。
3) 需要拆迁的，其拆迁进度符合施工要求。
4) 已经确定建筑施工企业。
5) 有满足施工需要的施工图纸及技术资料。
6) 有保证工程质量和安全的具体措施。
7) 建设资金已经落实。
8) 法律、行政法规规定的其他条件。

建设单位应当自领取施工许可证之日起三个月内开工。因故不能按期开工的，应当向发证机关申请延期；延期以两次为限，每次不超过三个月。既不开工又不申请延期或者超过延期时限的，施工许可证自行废止。

(2) 施工单位技术和物质方面的准备。

工程施工涉及的因素很多，过程也十分复杂，所以施工单位在接到施工图后，必须做好细致的施工准备工作，以确保工程项目顺利完成。具体包括：取得土地使用权、拆迁和场地平整，三通一平，熟悉、审查图纸，编制施工组织设计，向下属单位进行计划、技术、质量、安全、经济责任的交底，下达施工任务书，组织材料、设备订货等。

4. 工程施工

工程施工是指施工队伍具体地配置各种施工要素，将工程设计转化为建筑产品的过程，也是投入劳动量最大、所费时间较长的工作。其管理水平的高低、工作质量的好坏对建设项目的质量和所产生的效益起着十分重要的作用。

工程施工管理具体包括施工调度、施工安全、文明施工、环境保护等几方面的内容。

施工调度是进行施工管理,掌握施工情况,及时处理施工中存在的问题,严格控制工程的施工质量、进度和成本的重要环节。施工单位的各级管理机构均应配备专职调度人员,建立和健全各级调度机构。

施工安全是指在施工活动中,对职工身体健康与安全、机械设备使用的安全及物资的安全等应有的保障制度和所采取的措施。根据《建设工程施工现场管理规定》,施工单位必须执行国家有关安全生产和劳动保护的法规,建立安全生产责任制,加强规范化管理,进行安全交底、安全教育和安全宣传,严格执行安全技术方案,定期检修、维修各种安全设施,做好施工现场的安全保卫工作,建立和执行防火管理制度,切实保障工程施工的安全。

文明施工是指施工单位应推行现代管理方法,科学组织施工,保证施工活动整洁、有序、合理地进行。具体内容有按施工总平面布置图设置各种临时设施,施工现场设置明显标牌,主要管理人员佩戴身份标志,机械操作人员持证上岗,用电设施的安装使用和现场水源、道路的设施符合规范要求等。

环境保护是指施工单位必须遵守国家有关环境保护的法律、法规,采取措施控制各种粉尘、废气、噪声等对环境的污染和危害。如不能控制在规定的范围内,应事先报请有关部门批准。

5. 生产准备

工程投产前,建设单位应当做好各项生产准备工作。生产准备阶段是由建设阶段转入生产经营阶段的重要衔接阶段。在本阶段,建设单位应当做好相关工作的计划、组织、指挥、协调和控制工作。

生产准备阶段主要工作有:

(1) 组建管理机构,制定有关制度和规定。

(2) 招聘并培训生产管理人员,组织有关人员参加设备安装、调试、工程验收。

(3) 签订供货及运输协议。

(4) 进行工具、器具、备品、备件等的制造和订货。

(5) 其他需要做好的有关工作。

二、工程竣工验收与保修阶段

1. 工程竣工验收

建设工程按设计文件规定的内容和标准全部完成,并按规定将工程内外全部清理完毕后,达到竣工验收条件,建设单位即可组织竣工验收,勘察、设计、施工、监理等有关单位应参加竣工验收。竣工验收是考核建设成果、检验设计和施工质量的关键步骤,是由投资成果转入生产或使用的标志。竣工验收合格后,建设工程方可交付使用。

根据《建筑法》和《建设工程质量管理条例》等相关法规,交付竣工验收的工程必须具备下列条件:

(1) 完成建设工程设计和合同约定的各项内容。

(2) 有完整的技术档案和施工管理资料。

(3) 有工程使用的主要建筑材料、建筑构配件和设备的进场试验报告。

（4）有勘察、设计、施工、工程监理等单位分别签署的质量合格文件。

（5）有施工单位签署的工程保修书。

竣工验收的依据是已批准的可行性研究报告，初步设计或扩大初步设计、施工图和设备技术说明书以及现行施工技术验收的规范和主管部门（公司）有关审批、修改、调整的文件等。

竣工验收后，建设单位应及时向建设行政主管部门或其他有关部门备案并移交建设项目档案。

2. 工程保修

建设工程实行质量保修制度。建设工程承包单位在向建设单位提交工程竣工验收报告时，应当向建设单位出具质量保修书。质量保修书中应当明确建设工程的保修范围、保修期限和保修责任等。

在正常使用条件下，建设工程的最低保修期限：

（1）基础设施工程、房屋建筑的地基基础工程和主体结构工程，为设计文件规定的该工程的合理使用年限。

（2）屋面防水工程、有防水要求的卫生间、房间和外墙面的防渗漏，为5年。

（3）供热与供冷系统，为2个采暖期、供冷期。

（4）电气管线、给水排水管道、设备安装和装修工程，为2年。

其他项目的保修期限由发包方与承包方约定。

建设工程的保修期，自竣工验收合格之日起计算。

建设工程在保修范围和保修期限内发生质量问题的，施工单位应当履行保修义务，并对造成的损失承担赔偿责任。保修完成后，由建设单位或者房屋建筑所有人组织验收。涉及结构安全的，应当报当地建设行政主管部门备案。

三、投资后评价

建设项目投资后评价是工程竣工投产、生产运营一段时间内，对项目的立项决策、设计施工、竣工投产、生产运营等全过程进行系统评价的一种技术经济活动。它是工程建设管理的一项重要内容，也是工程建设程序的最后一个环节。它可使投资主体总结经验、吸取教训、改进工作，不断提高项目决策水平和投资效益。目前，我国的投资后评价一般分为建设单位的自评价、项目所属行业主管部门的评价以及各级投资主管部门的评价三个层次。

对于不同专业类型的建设项目，相应的行业主管部门对投资后评价有不同规定。例如，原交通部颁布的《公路建设项目后评价工作管理办法》规定了公路建设项目后评价的范围、条件、程序等。

国家重点公路建设项目或符合下列条件之一的公路建设项目是后评价工作的重点：

（1）40公里以上的国道主干线项目或100公里以上的国道及省道高等级公路项目。

（2）利用外资的公路项目。

（3）特大型独立公路桥隧项目。

（4）上级主管部门指定的项目。

进行项目后评价的必备条件为：①根据预定目标已全部建成并通过竣工验收；②至少经过2～3年的通车运营实践。

后评价管理工作实行"统一领导，分级管理"，进行后评价的项目分为地方、部、国家三个管理层次。地方管理的项目，其后评价报告由项目法人或建设单位报省、自治区、直辖市、计划单列市交通行政主管部门，由省、自治区、直辖市、计划单列市交通行政主管部门组织审查，并将修改后的报告连同审查意见报交通运输部综合计划司备案。部管理的项目，其后评价报告一般先由省、自治区、直辖市、计划单列市交通行政主管部门进行初审，初审通过后，再由省、自治区、直辖市、计划单列市交通行政主管部门报交通运输部，由部组织有关部门进行正式审查，并写出《建设项目后评价审查报告》，报国家发改委备案。国家发改委确定的后评价项目，按国家发改委有关规定组织审查。

案 例 分 析

【案例1】 圆明园防渗工程环境影响评价

1. 圆明园防渗工程事件源起

2005年3月22日，兰州大学生命科学学院客座教授张正春参观圆明园时，发现园内正在进行大规模铺设防渗膜的工程。由于担心铺设防渗膜将破坏圆明园的整体生态系统和古典园林风格，张正春立即将此事告知媒体。

经媒体报道后，圆明园防渗工程引发极大的争议。3月30日，海淀区政府组织专家召开论证会。随后，环保局、文物局、水务局等多家部门相继卷入争论之中。

对于一片质疑之声，圆明园管理处认为防渗工程方案是经过反复论证的。据测算，圆明园开放区湖底年渗漏量近700万立方米。如果圆明园开放区要想保持常年1.5米的水深，用于购买环境用水的资金每年将达两千余万元，南水北调后用于购买环境用水的资金将更高。圆明园管理处组织相关单位和专家组深入研究、论证，制定了《圆明园水资源可持续利用规划》以及圆明园节水灌溉工程、雨洪利用工程、东部湖底防渗工程、内湖补水工程等四个项目建议书及可行性研究报告，最终选定了东部湖底防渗工程方案。2004年11月7日和1月17日，圆明园的环境整治工程得到了国家文物局和市文物局的正式批复，湖底防渗工程就是圆明园环境整治工程中的一项。

此外，圆明园管理处辩称圆明园防渗工程不会影响环境。防渗工程范围主要集中在重点景区的湖底，只做底层防渗，不做侧防渗，保持有部分侧渗量，以保护原有的驳岸遗址和沿岸植物的生存环境。在防渗工程的技术处理手段上，采取了复合土工膜防渗技术，可以栽植水生植物，以保持良好的水生态环境。此外，对防渗后的湖面，将采取有效措施进行水质处理，并对水生植物、动物以及微生物菌种加以培养和维护，从而达到圆明园水面自身的生态平衡。

2. 环境专家给出技术评价

对于圆明园管理处的"不影响环境"说，北京地球纵观环境科普研究中心主任李皓博士给予了评价。他认为湖底防渗将给圆明园带来三大灾难：

灾难一：圆明园的水系是圆明园的"命根子"，破坏圆明园的水系等于要了圆明园的"命"。圆明园可持续发展和生态平衡已经接受了几百年的历史考验，园林水系和外部水系、地下水系的沟通是最重要的"生态流"。湖底防渗会彻底破坏园林固有的水系结构，把圆明园的"活水"变成"死水"，一园死水与园林草木相隔绝，园林树木将面临严重干旱而大片死亡。由塑料包裹的一潭死水将成为一个相对缺氧的环境，大量厌氧微生物如甲烷细菌等所排放的有毒气体，对于水底土壤中的生物群落、水生生物，包括水生鱼类、水禽和游园的人们也是一种危害。

灾难二：北京市上游水口的水源涵养功能将被削弱，圆明园和北大、清华的生态环境质量将受到重大影响。圆明园的湖水渗漏是圆明园、北大、清华一带海淀区生态环境的救命水。如果湖底防渗完成，圆明园过去300多年所形成的植物、动物、水生物共存的生态链条将遭到破坏，这对北京北部的生态都可能造成不可逆转的影响。

灾难三：将彻底破坏"天人合一"的意境，圆明园那种"浑然天成"、"自然天真"、"恬淡清雅"的美学感受将荡然无存。

3. 环保总局认定防渗工程违反建设程序

3月30日，国家环保总局环境影响评价司有关负责人表示，圆明园湖底铺设防渗膜工程至今未进行建设项目环境影响评价，属擅自开工，应该立即停止建设，并依法补办环境影响评价审批手续。

据国家环保总局环评司相关负责人介绍，圆明园湖底防渗项目未依法报批建设项目环境影响评价文件，为擅自开工建设。根据《环境影响评价法》有关规定，应停止建设，立即依法补办环境影响评价审批手续。

该负责人说，圆明园湖底防渗项目是在国家重点文物保护单位内开工建设的，环境敏感程度高，环境影响特殊，并且受到社会各界的广泛关注。按《环境保护行政许可听证暂行办法》的规定，在批准该项目环境影响评价报告书之前，应由环保总局组织听证会，征询有关单位、专家和公众的意见。

4. 环保总局组织召开环评听证会

4月13日，国家环保总局举行了圆明园防渗工程听证会，引起了媒体和社会的广泛关注，公众对关注圆明园，更对国家环保总局举行的第一次听证会高度赞赏。与会代表以及公众在接受采访时表示，希望能加强环保领域的公众参与。

这次听证会也吸引了公众的巨大关注，在央视东方时空调查中，百分之五十八被调查者希望通过本次听证会，最后达到撤掉防渗膜，恢复原生态的结果。尽管听证会已经结束，但在互联网上人们的评论还是滚滚如潮，仅新浪网的听证会实录就有超过四百人参与评论。一位网友说："我们终于看到，公众参与由口号式的倡导，终于开始落地了。虽然这种听证还有待完善，而且在一个讲求要建立法制社会的国家，它来得有点迟，但还是终于来了。这是值得鼓掌的一件事。"

中国农业科学院博士生导师姜文来说，国家环保总局以圆明园整治工程为契机，举办一场别开生面听证会，在中国环境影响评价史上具有划时代的意义。圆明园作为全国重点保护单位，世人关注，民众对其整治工程了解更加迫切，对其进行听证，走出中国民众参与环境保护的最大的一步，必将对中国环境影响评价及环境保护产生极大的深远影响。

国家环保总局副局长潘岳表示，今后与公众关系密切的重大工程，还将举行环境影响听证会。

【简析】 环境影响评价，是指对规划和建设项目实施后可能造成的环境影响进行分析、预测和评估，提出预防或者减轻不良环境影响的对策和措施，进行跟踪监测的方法与制度。它是国家实施可持续发展战略，预防因规划和建设项目实施后对环境造成不良影响，促进经济、社会和环境的协调发展的重要措施，也是工程建设项目可行性研究审批之后、开工建设之前的必经审批环节。

《环境影响评价法》第16条规定：国家根据建设项目对环境的影响程度，对建设项目的环境影响评价实行分类管理。

建设单位应当按照下列规定组织编制环境影响报告书、环境影响报告表或者填报环境影响登记表（以下统称环境影响评价文件）：

（一）可能造成重大环境影响的，应当编制环境影响报告书，对产生的环境影响进行全面评价。

（二）可能造成轻度环境影响的，应当编制环境影响报告表，对产生的环境影响进行分析或者专项评价。

（三）对环境影响很小、不需要进行环境影响评价的，应当填报环境影响登记表。

建设项目的环境影响评价分类管理名录，由国务院环境保护行政主管部门制定并公布。

可见，任何建设项目都应通过环境影响评价程序，只是随项目类型、复杂程度等不同，环境影响评价的程序严格程度不同而已。

《环境影响评价法》第二十一条规定：除国家规定需要保密的情形外，对环境可能造成重大影响、应当编制环境影响报告书的建设项目，建设单位应当在报批建设项目环境影响报告书前，举行论证会、听证会，或者采取其他形式，征求有关单位、专家和公众的意见。

建设单位报批的环境影响报告书应当附具对有关单位、专家和公众的意见采纳或者不采纳的说明。

圆明园防渗工程这样的项目，不仅影响周边居民用水、生活，影响周边水环境，而且具有较大的社会影响，符合征求公众意见的项目范围。圆明园防渗工程案后续的专家咨询、听证会、勒令停工等处理措施，都是对前述工程建设程序缺乏的一个弥补。即便如此，还是体现了整个社会对环境保护的重视和意识、保护手段的进度。

【案例2】 瀛丹大厦无施工许可开发预售案

无预售房许可证，无施工许可证，也没对工程投资，就背着合作公司销售房产。昨日，涉嫌合同诈骗罪的景浓荣，在市一中院受到审理。检方指控他从2003年10月至2005年8月，将瀛丹大厦的部分房产销售给了29户业主，获房款506万余元，且拒不说明赃款去向。

(1) 停工之后，两公司联建大厦。

检方指控称，1999年，重庆瀛丹物业（集团）有限公司（以下简称瀛丹公司）在新牌坊开发新建渝北瀛丹大厦，2000年11月因故停工。

2002年7月，景浓荣经人介绍，认识了瀛丹公司总经理张瀛丹，谎称自己有资金投入瀛丹大厦。经过商谈，当月26日，景以内江市第四建筑有限公司的名义与瀛丹公司签订了《瀛丹大厦联建合同书》。甲方瀛丹公司委托乙方以工程承包的形式修建工程。建成后，乙方得房57%；乙方办理施工许可证和预售房许可证。

(2) 没有凭证，竟对外私售房产。

合同签订后，瀛丹公司为尽快施工，同意景以内部认购等方式销售瀛丹大厦房产，允许其刻制、保管、使用瀛丹公司的合同章、售房财务专用章各一枚，用于房产销售和产权登记。

在此期间，瀛丹公司还向景浓荣提交了"重庆渝北瀛丹大厦"立项的《批复》等相关文件，等待景履行合同。景不能向相关部门提供建设资金证明，无法取得施工许可证，但他却在没办理相关手续的情况下，开始对外销售瀛丹大厦的房产。

（3）29户业主被骗五百余万元。

瀛丹公司发现后，于2003年11月在重庆市多家媒体上刊登声明，解除与景及其公司的合作关系，并要求返还其克制、使用的瀛丹公司的合同专用章和售房财务专用章等物。

从2003年10月至2005年8月，景将瀛丹大厦的部分房产销售给了29户业主，收取售房款506万余元，且拒不说明钱款去向。

案发后，景浓荣于去年9月归案。

（4）庭审：被告律师作无罪辩护。

在庭审中，被告辩护律师称，景的行为并未构成诈骗罪，也不构成其他任何犯罪。据称，在该案中，景浓荣并没有以非法占有为目的。他销售房屋（假定成立），也是一种代理行为，且是以瀛丹公司的名义销售的，并不是以他本人的名义在销售。景浓荣也从来没有隐瞒自己并无资金投入瀛丹大厦建设的事实。

另外，律师提出购房人并没有被欺骗。根据检方向法庭提交的购房人证言表明，购房人在签订合同前，都被告知无预售许可证，是内部销售。

（5）业主：希望能早日住上新房。

昨天一早，得知景浓荣涉嫌合同诈骗一案要开庭，购买了房屋的29位业主便纷纷来到法庭，旁听该案的审理。

据业主余女士称，29位业主中，有部分业主是全额付款的，另有部分业主交了部分房款或交了定金。购房者中，有的家庭条件相当困难。没想到，购房都两年了，房屋至今还没修好。昨日，购房的29位业主纷纷表示，他们希望能早日拿到房屋，搬进新家。

（6）瀛丹公司自称也是受害者。

瀛丹公司的法律顾问张元炳律师称，在这个案件中，瀛丹公司其实也是受害者。早在2003年11月，瀛丹公司就登报声明，解除了与景浓荣的合作关系，景却仍然持有瀛丹公司的专用章，向市民销售房屋。张律师认为，景的行为是典型的诈骗。

【简析】　本案例中的法律关系超出了施工许可，而是涉及了合同法、代理等方面的内容。下面一一分析。

（1）无资质施工、售房应追究哪一方的责任？

在工程建设项目实施过程中，有一些必经程序，是由政府有关部门控制，有助于保护社会公共利益的。这些程序包括公共项目可行性研究报告审批、建设工程规划许可、建设用地规划许可、土地使用许可、环境影响评价、施工图审查、施工许可、房屋拆迁许可、房屋预售许可等。这些程序不办理导致了法律纠纷或对第三方财产的损失，未办理相关手续的单位要承担法律责任。

本案例中，瀛丹公司与内江四建签订的《瀛丹大厦联建合同书》本质上是施工承包合同，其中瀛丹公司是建设单位，内江四建是承包商。而我国《建筑法》、《城市商品房预售管理办法》规定办理施工许可证、商品房预售许可证都是建设单位的任务。瀛丹大厦在合同中约定由乙方办理施工许可证、商品房预售许可证，是不合法的；也不能以此合同推卸自己无证施工、预售的法律责任。

(2) 内江四建是否不承担责任？

应注意的是，虽然案例中所述的案情都是与景浓荣这个人直接相关，那么内江四建是否没有责任呢？不是的。实际上，瀛丹公司是与内江四建签订的联建合同，而景浓荣正是以内江四建的名义承揽工程的。如果瀛丹公司实质上未承担施工任务，这种行为就构成了"借用资质"行为，也就是俗称的"挂靠"。

有关建设行政主管部门可以依据《招标投标法》等法律，追究内江四建的行政责任。

(3) 景浓荣、瀛丹公司在预售中的关系。

景浓荣在房屋预售时是得到了瀛丹公司许可的，并且持有瀛丹公司的合同专用章、财务专用章。景浓荣实际上是以瀛丹公司名义预售房屋，构成了"表见代理"。因此，购房人可直接追究瀛丹公司的责任。

景浓荣的无证预售行为是瀛丹公司知情的，且实际上得到了瀛丹公司许可，故不构成诈骗罪。

(4) 购房人如何讨回公道？

购房人作为善意第三人，也是房屋销售中的弱者，应有明确的维权渠道。应该说，这起案件中，瀛丹公司是主要责任方。由于其无证施工、无证预售，购房人可要求退房，瀛丹公司应退回房款并赔偿相应损失。至于瀛丹公司在2003年11月公告与景浓荣解除合同关系后的损失，是可以向景追偿的。

思 考 题

1. 什么是工程建设程序？坚持工程建设程序的意义是什么？
2. 如何理解工程建设的概念？
3. 我国工程建设程序分为哪几个阶段？
4. 工程建设前期包括哪几个环节？各环节的主要工作内容是什么？
5. 申请建设工程施工许可证的条件是什么？
6. 工程建设准备阶段分为哪几个环节？各环节的主要内容是什么？
7. 工程建设实施阶段的主要环节和内容是什么？
8. 交付竣工验收的工程应具备哪些条件？竣工验收的依据是什么？

第三章　工程建设执业资格法律制度

第一节　概　　述

一、工程建设执业资格制度的概念

工程建设执业资格制度，是指事先依法取得相应资质或资格的单位和个人，才允许其在所规定的范围内从事一定建筑活动的制度。工程建设执业资格制度包括单位执业资质制度和个人执业资格制度两部分。对此我国《建筑法》分别有明确规定：

从事建筑活动的建筑施工企业、勘察单位、设计单位和工程监理单位，按照其拥有的注册资本、专业技术人员、技术装备和已完成的建筑工程业绩等资质条件，划分为不同的资质等级，经资质审查合格，取得相应等级的资质证书后，方可在其资质等级许可的范围内从事建筑活动。

从事建筑活动的专业技术人员，应当依法取得相应的执业资格证书，并在获准注册后，在执业资格证书许可的范围内从事建筑活动。

二、工程建设执业资格制度的必要性

1. 保证工程建设主体的能力和水平

随着技术进步和经济发展，社会对建设工程的规模、技术水准、使用性能、质量等要求都越来越高，使得工程建设过程日趋复杂，已不再是一般的包工队伍能完成，而是要由掌握一定工程建设专业知识和具有一定工程建设实践经验的技术人员及其所组建的单位来承担。正因为如此，世界上绝大多数国家都对从事建设活动的主体资格作了严格限定，我国也不例外。

2. 规范工程建设主体行为和市场秩序

工程建设执业资格制度的建立，可以对工程建设单位和个人执业形成良好的制约。首先，单位和个人在申请执业资格时，便要经受有关业绩、履约记录、完成工作质量等方面的考察，只有能力、信誉都合格的单位和个人才能获得执业资格。其次，已经获得执业资格的单位和个人的履约行为也会被记录到档案，加上一些执业资格的年审制度，促使各主体合法、合格地承担业务。

3. 有利于对工程建设主体的管理

只有获得执业资格的单位和个人，才能从事相应的工程建设活动，并要在相关文件上签字、盖章才能证明其行为的合法性。一旦建设工程勘察、设计、施工、监理、造价咨询等任何一个环节出了问题，都能迅速、准确地找出应该承担法律责任的单位和个人，依法追究责任，实施及时有效的管理。

三、工程建设执业资格的立法概况

1. 基本现状

随着市场经济发展和管理理念的进步，经济、社会各领域的管理都越来越重视"以人

为本",工程建设行业也不例外。《建筑法》作为建设行业的基本法律,有专门的条款对工程建设执业资格管理制度作了规定,确立了其作为建设市场管理的一项基本制度的重要地位。

随着我国建设行业的从业主体专业划分日趋细致和完整,建立和健全工程建设执业资格管理制度显得更加重要,而相关立法工作也一直没有停止。自从 1995 年国务院首次颁布《注册建筑师条例以来》,建设部、国家发改委等主管部委先后颁布了约 30 部关于工程建设执业资格的部门规章,这还不包括期间颁布的、现已废止的暂行规定。这些法规除了《注册建筑师条例》为行政法规之外,其余都是部门规章。其中,国家发改委作为重大建设项目决策、监督的部门,颁布了关于注册咨询工程师、工程咨询单位的资格管理规章;建设部作为建设领域经济活动的行政管理部门,主持颁布了其余的部门规章。

2. 工程建设从业单位资质管理法规

2005 年 3 月,国家发改委发布了《工程咨询单位资格认定办法》。它对工程咨询单位的定义、资质等级及要求、专业类别、服务范围、资格认定和管理的主管部门及程序等作了规定。2007 年 4 月,国家安全生产监督管理总局发布了《安全生产检测检验机构管理规定》,其规定也适用于建筑施工领域。

从 2000 年至今,建设部一直致力于完善工程建设执业资格的部门立法,所发布的主要法规如表 3-1 所示。

建设部关于工程建设单位资质等级的规章 表 3-1

发布部门	发布年份	规 章 名 称
建设部	2000	《房地产开发企业资质管理规定》
	2001	《城市房地产中介服务管理规定》
	2001	《城市规划编制单位资质管理规定》
	2001	《施工总承包企业资质等级标准》
	2001	《专业承包企业资质等级标准》
	2001	《建筑业劳务分包企业资质标准》
	2004	《物业管理企业资质管理办法》
	2005	《建设工程质量检测管理办法》
	2006	《工程造价咨询企业管理办法》
	2007	《建筑业企业资质管理规定》
	2007	《房地产估价机构管理办法》
	2007	《工程监理企业资质管理规定》
	2007	《建设工程勘察设计资质管理规定》
	2007	《工程建设项目招标代理机构资格认定办法》
建设部、对外经济贸易合作部	2002	《外商投资建设工程设计企业管理规定》
	2002	《外商投资建筑业企业管理规定》
	2003	《外商投资城市规划服务企业管理规定》

3. 工程建设从业人员资格管理法规

工程建设从业人员资质管理方面,当前仅有一部国务院行政法规——《注册建筑师条例》。它于 1995 年发布,为后续的从业资格管理法规提供了良好的参照。

国家发改委于 2001 年和 2002 年,分别发布了《注册咨询工程师(投资)执业资格制度暂行规定》和《注册咨询工程师（投资）执业资格考试实施办法》，对注册咨询工程师（投资）的定义、资质等级、资质条件、业务范围、考试办法、注册程序、权利和义务等予以了详细规定。国家安全生产监督管理总局于2007年发布了《注册安全工程师管理规定》，各类规定也适用于建筑施工行业。

其余有关工程建设从业人员资格的规章都由建设部发布，如表3-2所示。

建设部关于工程建设从业人员资格的规章　　　　　　　表3-2

发布部门	发布年份	规　章　名　称
建设部	1997	《注册结构工程师执业资格制度暂行规定》
	1999	《注册城市规划师执业资格制度暂行规定》
	2001	《房地产经纪人员执业资格制度暂行规定》
	2005	《勘察设计注册工程师管理规定》
	2005	《物业管理师制度暂行规定》
	2006	《注册房地产估价师管理办法》
	2006	《注册监理工程师管理规定》
	2006	《注册建造师管理规定》
	2006	《注册造价工程师管理办法》

为了加强对工程建设中的关键技术岗位管理，保障特种作业人员生命安全，维护社会公共利益，国家标准局于1985年发布了《特种作业人员安全技术考核管理规则》（GB 5036—1985），对特种作业人员定义、专业类别、资格条件、安全教育与培训、考试和发证、复审、奖惩等予以了规定。

第二节　工程建设从业单位资质管理

一、工程建设从业单位的划分

依据我国现行法律法规，从事工程建设活动的从业单位可以被划分为建设单位、设计单位、施工单位、咨询服务机构。

（一）建设单位

建设单位，是《建筑法》及相关建设法规对项目建设阶段实施负责单位的正式表述。《建筑法释义》对"建设单位"的解释为："建设单位为建设项目的管理单位"。随着我国投资体制改革深入和项目投资方式、组织方式的变化，建设单位在不同类型项目中有着不同的含义。

在私人投资项目中，建设单位一般就是投资者，它既是项目最终的所有者，同样也是项目前期策划、建设、运营等全过程的负责单位。私人投资项目最典型的是房地产开发项目，其建设单位最典型的是房地产开发商。

在政府投资项目中，如采用使用单位自建的模式，建设单位可以是党政工团、人大、政协、公检法司等政府机关，也可以是事业机构、人民团体等；如采用专门组建工程指挥部或项目公司的模式，建设单位就是专门组建的工程指挥部或项目公司；如采用代建制，根据《国务院关于投资体制改革的决定》，建设单位是由政府投资主管部门或其他部门委托的代建单位。

1. 房地产开发企业

房地产开发商,是指在城市及村镇从事土地开发、房屋及基础设施和配套设备开发经营业务,具有企业法人资格的经济实体。

2. 代建单位

代建单位,是指接受政府委托,负责政府投资建设项目实施,严格控制项目投资、质量和工期,竣工验收后移交给使用单位的专业化项目管理单位。代建业务对项目前期咨询、设计管理、施工管理全过程协调管理的要求较高,可以由具备较强人员和技术实力的工程咨询单位、设计院、施工总承包商、监理单位等承担。当前,尽管浙江省等地方政府颁布了代建单位资质管理的相关法规,但中央部委还未颁布这方面的规章,因此对代建单位的资质管理仍缺乏有充分效力的法律规定。

(二) 勘察设计单位

工程勘察设计单位,是指依法取得资格,从事工程勘察、工程设计活动的企业。

工程勘察分为岩土工程、水文地质勘察和工程测量共 3 个专业,其中岩土工程是包括岩土工程勘察、岩土工程设计、岩土工程测试和检测、岩土工程咨询和监理、岩土工程治理。

工程设计分为 21 个行业,包括:①煤炭;②化工石化医药;③石油天然气;④电力;⑤冶金;⑥军工;⑦机械;⑧商物粮;⑨核工业;⑩电子通信广电;⑪轻纺;⑫建材;⑬铁道;⑭公路;⑮水运;⑯民航;⑰市政;⑱海洋;⑲水利;⑳农林;㉑建筑。

(三) 建筑业企业

建筑业企业也称为施工单位,是指从事土木工程、建筑工程、线路管道设备安装工程、装修工程的新建、扩建、改建等活动的企业。建筑业企业资质分为施工总承包、专业承包和劳务分包三个序列。

1. 施工总承包企业

施工总承包企业,是指从事工程施工阶段总承包活动的企业。它可对工程实行施工总承包或者对主体工程实行施工承包。对其所承包的工程,它可全部自行施工,也可将主体工程以外的其他工程及劳务作业分包给具有相应专业承包资质或劳务分包资质的其他建筑业企业。

根据专业范围,施工总承包企业分为 12 类别,包括:①房屋建筑工程;②公路工程;③铁路工程;④港口与航道工程;⑤水利水电工程;⑥电力工程;⑦矿山工程;⑧冶炼工程;⑨化工石油工程;⑩市政公用工程;⑪通信工程;⑫机电安装工程。一个施工总承包企业在获得一类工程施工资质作为本企业的主项资质同时,还可以再申请其他工程种类的施工总承包资质或专业承包资质,但其他工程种类的资质级别不得高于主项资质的级别。

2. 专业承包企业

专业承包企业,是指从事工程施工中的专业分包活动的企业。对其承接的专业工程,它可全部自行施工,也可将劳务作业分包给具有相应劳务分包资质的劳务分包企业,但不得进行工程施工总承包活动。

根据专业范围,专业承包企业分为 60 个类别,包括:①地基与基础工程;②土石方工程;③建筑装修装饰工程;④建筑幕墙工程;⑤预拌商品混凝土;⑥混凝土预制构件;⑦园林古建筑工程;⑧钢结构工程;⑨高耸构筑物工程;⑩电梯安装工程;⑪消防设施工程；⑫建筑防水工程；⑬防腐保温工程；⑭附着升降脚手架；⑮金属门窗工程；⑯预应力工程；⑰起重设备安装工程；⑱机电设备安装工程；⑲爆破与拆除工程；⑳建筑智能化工程；㉑环保工程；㉒电信工程；㉓电子工程；㉔桥梁工程；㉕隧道工程；㉖公路路面工程；㉗公路路基工程；㉘公路交通工程；㉙铁路电务工程；㉚铁路铺轨架梁工程；㉛铁路电气化工程；㉜机场场道工程；㉝机场空管工程及航站楼弱电系统工程；㉞机场目视助航工程；㉟港口与海岸工程；㊱港口装卸设备安装工程；㊲航道工程；㊳通航建筑工程；㊴通航设备安装工程；㊵水上交通管制工程；㊶水工建筑物基础处理工程；㊷水工金属结构制作与安装工程；㊸水利水电机电设备安装工程；㊹河湖整治工程；㊺堤防工程；㊻水工大坝工程；㊼水工隧洞工程；㊽火电设备安装工程；㊾送变电工程；㊿核工程；51炉窑工程；52冶炼机电设备安装工程；53化工石油设备管道安装工程；54管道工程；55无损检测；56海洋石油工程；57城市轨道交通工程；58城市及道路照明工程；59体育场地设施工程；60特种专业工程。

专业承包企业在获得一类主项资质的同时，还可在各自资质序列内申请类别相近的其他专业承包资质，但其他工程种类的资质级别不得高于主项资质的级别。

3. 劳务分包企业

劳务分包企业，是指从事工程施工活动中劳务作业的企业，它只能进行劳务分包，不得从事工程施工总承包及专业分包活动。根据其专业范围，劳务分包企业分为13个类别，包括：①木工作业；②砌筑作业；③抹灰作业；④石制作；⑤油漆作业；⑥钢筋作业；⑦混凝土作业；⑧脚手架作业；⑨模板作业；⑩焊接作业；⑪水暖电安装作业；⑫钣金作业；⑬架线作业。

劳务分包企业在获得一类主项资质的同时，还可在各自资质序列内申请类别相近的其他专业承包资质，但其他工程种类的资质级别不得高于主项资质的级别。

（四）咨询服务机构

1. 工程咨询单位

工程咨询单位，是指在中国境内设立的开展工程咨询业务并具有独立法人资格的企业、事业单位。其中，工程咨询是指遵循独立、公正、科学的原则，运用多学科知识和经验、现代科学技术和管理方法，为政府部门、项目业主及其他各类客户提供社会经济建设和工程项目决策与实施的智力服务，以提高经济和社会效益，实现可持续发展。

工程咨询单位根据专业范围，划分为31个类别：①公路；②铁路；③城市轨道交通；④民航；⑤水电；⑥核电、核工业；⑦火电；⑧煤炭；⑨石油天然气；⑩石化；⑪化工、医药；⑫建筑材料；⑬机械；⑭电子；⑮轻工；⑯纺织、化纤；⑰钢铁；⑱有色冶金；⑲农业；⑳林业；㉑通信信息；㉒广播电影电视；㉓水文地质、工程测量、岩土工程；㉔水利工程；㉕港口河海工程；㉖生态建设和环境工程；㉗市政公用工程；㉘建筑；㉙城市规划；㉚综合经济（不受具体专业限制）；㉛其他（按具体专业填写）。

申请单位可以按照条件申请一项或多项专业、一个或多个服务范围的咨询资格。

2. 城市规划编制单位

城市规划编制单位，是指依法取得《城市规划编制资质证书》，并在《资质证书》规定的业务范围内承担城市规划编制任务的单位。

3. 房地产估价机构

房地产估价机构，是指依法设立并取得房地产估价机构资质，从事房地产估价活动的中介服务机构。其中，房地产估价活动包括土地、建筑物、构筑物、在建工程、以房地产为主的企业整体资产、企业整体资产中的房地产等各类房地产评估，以及因转让、抵押、城镇房屋拆迁、司法鉴定、课税、公司上市、企业改制、企业清算、资产重组、资产处置等需要进行的房地产评估。

4. 工程监理企业

工程监理企业，是指依法取得监理资质证书，并在资质证书许可的范围内从事工程监理活动的企业。它必须是具有独立法人资格的企业，应与所有政府机构和事业单位脱钩，实行自主经营、自负盈亏、自担责任。

根据专业范围不同，工程监理企业划分为14个类别，包括：①房屋建筑工程；②冶炼工程；③矿山工程；④化工石油工程；⑤水利水电工程；⑥电力工程；⑦农林工程；⑧铁路工程；⑨公路工程；⑩港口与航道工程；⑪航天航空工程；⑫通信工程；⑬市政公用工程；⑭机电安装工程。每一个工程监理企业可以同时申请一类或多类工程监理资质。

5. 工程造价咨询企业

工程造价咨询企业，是指接受委托，对建设项目投资、工程造价的确定与控制提供专业咨询服务的企业。

6. 工程招标代理机构

工程建设项目招标代理简称工程招标代理，是指工程招标代理机构接受招标人的委托，从事工程的勘察、设计、施工、监理以及与工程建设有关的重要设备（进口机电设备除外）、材料采购招标的代理业务。

7. 工程质量检测机构

工程质量检测机构，是指接受委托，依据国家有关法律、法规和工程建设强制性标准，对涉及结构安全项目进行抽样检测和对进入施工现场的建筑材料、构配件进行见证取样检测的机构。它必须是具有独立法人资格的中介机构，依法取得相应的资质证书，并在资质证书许可的范围内承担质量检测业务。

检测机构资质按照其承担的检测业务内容分为专项检测机构资质和见证取样检测机构资质。

8. 安全生产检测检验机构

安全生产检测检验机构，是指依法取得安全生产检测检验资质，并在资质有效期和批准的检测检验业务范围内独立开展检测检验活动的机构。

9. 物业管理企业

物业管理企业，是指依法设立、具有独立法人资格，从事物业管理服务活动的企业。物业管理是建设工程项目实施的延伸阶段，对提高购房者生活质量、保护公众利益有重要意义。

二、工程建设从业单位的资质等级及其标准

根据《建筑法》规定，从事建筑活动的建筑施工企业、勘察单位、设计单位和工程监理单位，都应有符合国家规定的注册资本、与其从事的建筑活动相适应的具有法定执业资格的专业技术人员、从事相关建筑活动所应有的技术装备，以及法律、行政法规规定的其他条件。而根据其他相关法规，房地产开发商、工程咨询服务机构等获得一定的资质等级、承担相应的工程业务，也需要具备一定的条件。

（一）房地产开发商

1. 资质等级

房地产开发企业按照企业条件分为一、二、三、四共四个资质等级。

2. 资质要求

房地产开发企业资质条件中，对注册资本、质量合格率、专业管理人员、质量保证体系等的要求是重要内容。开发企业必须具备足够的注册资本，才能开发相应规模的项目，并及时向承包商支付工程款；必须有足够的专业管理人员，才能确保所开发项目的工程质量；而只有保证了工程质量，才能保障广大商品房购买者的合法权益。因此，房地产开发企业的资质条件是按照开发企业的经营特点来设定的，其他各类工程建设从业单位也是如此。

例如，房地产开发企业一级资质应具备以下条件：

（1）注册资本不低于5000万元。

（2）从事房地产开发经营5年以上。

（3）近3年房屋建筑面积累计竣工30万平方米以上，或者累计完成与此相当的房地产开发投资额。

（4）连续5年建筑工程质量合格率达100%。

（5）上一年房屋建筑施工面积15万平方米以上，或者完成与此相当的房地产开发投资额。

（6）有职称的建筑、结构、财务、房地产及有关经济类的专业管理人员不少于40人，其中具有中级以上职称的管理人员不少于20人，持有资格证书的专职会计人员不少于4人。

（7）工程技术、财务、统计等业务负责人具有相应专业中级以上职称。

（8）具有完善的质量保证体系，商品住宅销售中实行了《住宅质量保证书》和《住宅使用说明书》制度。

（9）未发生过重大工程质量事故。

（二）工程勘察、设计企业

1. 资质等级

（1）工程勘察企业。

工程勘察资质分综合类、专业类和劳务类。综合类包括工程勘察所有专业；专业类是指岩土工程、水文地质勘察、工程测量等专业中的某一项，其中岩土工程专业类可以是岩土工程勘察、设计、测试监测检测、咨询监理中的一项或全部；劳务类是指岩土工程治理、工程钻探、凿井等。

工程勘察综合类资质只设甲级；工程勘察专业类资质原则上设甲、乙两个级别，确有必要设置丙级勘察资质的地区经建设部批准后方可设置专业类丙级；工程勘察劳务类资质不分级别。

（2）工程设计企业。

工程设计资质分为工程设计综合资质、工程设计行业资质、工程设计专业资质和工程设计专项资质。工程设计综合资质是指涵盖21个行业的设计资质。工程设计行业资质是指涵盖某个行业资质标准中的全部设计类型的设计资质。工程设计专业资质是指某个行业资质标准中的某一个专业的设计资质。工程设计专项资质是指为适应和满足行业发展的需求，对已形成产业的专项技术独立进行设计以及设计、施工一体化而设立的资质。

工程设计综合资质只设甲级。工程设计行业资质和工程设计专业资质设甲、乙两个级别。根据行业需要，建筑、市政公用、水利、电力（限送变电）、农林和公路行业可设立工程设计丙级资质，建筑工程设计专业资质设丁级。建筑行业根据需要设立建筑工程设计事务所资质。工程设计专项资质可根据行业需要设置等级。

2. 资质要求

工程勘察、设计企业承揽的勘察、设计工作都具有很强的专业性和技术性，因此工程勘察、设计企业资质对技术力量、管理水平、业务成果等的要求较高。例如，工程设计综合资质应满足以下条件：

（1）资历和信誉。

1）具有独立企业法人资格。

2）注册资本不少于6000万元人民币。

3）近3年年平均工程勘察设计营业收入不少于1亿元人民币，且近5年内2次工程勘察设计营业收入在全国勘察设计企业排名列前50名以内；或近5年内2次企业营业税金及附加在全国勘察设计企业排名列前50名以内。

4）具有2个工程设计行业甲级资质，且近10年内独立承担大型建设项目工程设计每行业不少于3项，并已建成投产。

或同时具有某1个工程设计行业甲级资质和其他3个不同行业甲级工程设计的专业资质，且近10年内独立承担大型建设项目工程设计不少于4项。其中，工程设计行业甲级相应业绩不少于1项，工程设计专业甲级相应业绩各不少于1项，并已建成投产。

（2）技术条件。

1）技术力量雄厚，专业配备合理。

企业具有初级以上专业技术职称且从事工程勘察设计的人员不少于500人，其中具备注册执业资格或高级专业技术职称的不少于200人，且注册专业不少于5个，5个专业的注册人员总数不低于40人。

企业从事工程项目管理且具备建造师或监理工程师注册执业资格的人员不少于4人。

2）企业主要技术负责人或总工程师应当具有大学本科以上学历、15年以上设计经历，主持过大型项目工程设计不少于2项，具备注册执业资格或高级专业技术职称。

3）拥有与工程设计有关的专利、专有技术、工艺包（软件包）不少于3项。

4）近10年获得过全国级优秀工程设计奖、全国优秀工程勘察奖、国家级科技进步奖的奖项不少于5项，或省部级（行业）优秀工程设计一等奖（金奖）、省部级（行业）科技进步一等奖的奖项不少于5项。

5）近10年主编2项或参编过5项以上国家、行业工程建设标准、规范、定额。

（3）技术装备及管理水平

1）有完善的技术装备及固定工作场所，且主要固定工作场所建筑面积不少于10000平方米。

2）有完善的企业技术、质量、安全和档案管理，通过ISO 9000族标准质量体系认证。

3) 具有与承担建设项目工程总承包或工程项目管理相适应的组织机构或管理体系。

(三) 建筑业企业

1. 资质等级

(1) 施工总承包企业。

施工总承包企业的 12 个类别中，房屋建筑工程、公路工程等大部分类别分为特级、一级、二级和三级，而港口与航道工程等少数类别只设特级、一级和二级。

(2) 专业承包企业。

专业承包企业资质的 60 个专业类别中，资质级别的划分不完全一样，例如地基与基础工程、土石方工程、建筑装饰装修等类资质分为一级、二级、三级，电梯安装工程资质分为一级、二级，还有水上交通管制工程等少数专业承包资质不分等级。

(3) 劳务分包企业。

劳务分包企业的 13 个专业类别中，木工作业、砌筑作业、钢筋作业、脚手架作业、模板作业、焊接作业的劳务分包企业资质分为一级、二级，而抹灰作业、石制作、油漆作业、混凝土作业、水暖电安装作业、钣金作业、架线作业的劳务分包企业资质都不分等级。

2. 资质要求

施工总承包企业、专业承包企业、劳务分包企业由于承担的业务性质、项目规模、技术含量等的差异，资质要求的具体内容也有明显差别。

(1) 施工总承包企业。

施工总承包企业资质条件中，对注册资金、承揽项目经验、技术和管理人员实力是相对重视的。施工总承包企业只有具备雄厚的资金实力，才能承担施工总承包相应的风险和经济责任；只有具备充分的承揽项目的经验，才能有效地组织一定规模项目的施工活动，协调与业主、专业承包商、劳务分包商的业务关系，也才能顺利解决施工中出现的各种问题；而技术和管理人员数量和水平，更是一个施工总承包企业的核心竞争力之所在。

例如，房屋建筑工程施工总承包特级资质的条件如下：

1) 企业注册资本金 3 亿元以上。
2) 企业净资产 3.6 亿元以上。
3) 企业近 3 年年平均工程结算收入 15 亿元以上。
4) 企业其他条件均达到一级资质标准。

房屋建筑工程施工总承包一级资质应满足以下条件：

1) 企业近 5 年承担过下列 6 项中的 4 项以上工程的施工总承包或主体工程承包，工程质量合格。

①25 层以上的房屋建筑工程；
②高度 100 米以上的构筑物或建筑物；
③单体建筑面积 3 万平方米以上的房屋建筑工程；
④单跨跨度 30 米以上的房屋建筑工程；
⑤建筑面积 10 万平方米以上的住宅小区或建筑群体；
⑥单项建安合同额 1 亿元以上的房屋建筑工程。

2）企业经理具有 10 年以上从事工程管理工作经历或具有高级职称；总工程师具有 10 年以上从事建筑施工技术管理工作经历并具有本专业高级职称；总会计师具有高级会计职称；总经济师具有高级职称。

企业有职称的工程技术和经济管理人员不少于 300 人，其中工程技术人员不少于 200 人；工程技术人员中，具有高级职称的人员不少于 10 人，具有中级职称的人员不少于 60 人。

企业具有的一级资质项目经理不少于 12 人。

3）企业注册资本金 5000 万元以上，企业净资产 6000 万元以上。

4）企业近 3 年最高年工程结算收入 2 亿元以上。

5）企业具有与承包工程范围相适应的施工机械和质量检测设备。

（2）专业承包企业。

专业承包企业承担的施工活动具备很强的专业性，因此其资质等级对承担专业化施工活动的经验和专业性技术管理人员有明确的要求。例如，地基与基础工程专业承包企业一级资质的要求如下：

1）企业近 5 年承担过下列 5 项中的 3 项以上所列工程的施工，工程质量合格。

①25 层以上房屋建筑或高度超过 100 米构筑物的地基与基础工程；

②深度超过 15 米的软弱地基处理；

③单桩承受荷载在 6000kN 以上的地基与基础工程；

④深度超过 11 米的深大基坑围护及土石方工程；

⑤单项工程造价 500 万元以上地基与基础工程 2 个或 200 万元以上地基与基础工程 4 个。

2）企业经理具有 10 年以上从事工程管理工作经历或具有高级职称；总工程师具有 10 年以上从事地基与基础施工技术管理工作经历并具有相关专业高级职称；总会计师具有中级以上会计职称。

企业有职称的工程技术和经济管理人员不少于 60 人，其中工程技术人员不少于 50 人；工程技术人员中，地下、岩土、机械等专业人员不少于 25 人，具有中级以上职称的人员不少于 20 人。

企业具有的一级资质项目经理不少于 6 人。

3）企业注册资本金 1500 万元以上，企业净资产 1800 万元以上。

4）企业近 3 年最高年工程结算收入 5000 万元以上。

5）企业具有专用施工设备 20 台以上和相应的运输、检测设备。

（3）劳务分包企业。

由于劳务分包企业承担的劳务工作也具有较强的技术性，因此劳务分包企业资质对技术人员、管理人员、施工机具都有相应要求；此外还应具有足够的劳务分包工作经验。例如，木工作业分包企业一级资质的要求如下：

1）企业注册资本金 30 万元以上。

2）企业具有相关专业技术员或本专业高级工以上的技术负责人。

3）企业具有初级以上木工不少于 20 人，其中，中、高级工不少于 50%；企业作业人员持证上岗率 100%。

4) 企业近 3 年最高年完成劳务分包合同额 100 万元以上。

5) 企业具有与作业分包范围相适应的机具。

(四) 咨询服务机构

1. 资质等级

工程咨询服务机构资质分为若干等级，各级咨询服务机构应按有关规定和业务要求，在资质证书许可范围内开展业务。

工程咨询单位、城市规划编制单位的资质分为甲级、乙级和丙级；工程造价咨询企业和安全生产检测检验机构的资质分为甲级、乙级；房地产估价机构和物业管理机构的资质分为一、二、三级；工程招标代理机构资格分为甲级、乙级和暂定级；质量检测机构资质按照其承担的检测业务内容分为专项检测机构资质和见证取样检测机构资质。

工程监理企业资质分为综合资质、专业资质和事务所资质。其中，综合资质、事务所资质不分级别。专业资质分为甲级、乙级；其中，房屋建筑、水利水电、公路和市政公用专业资质可设立丙级。

2. 资质要求

工程咨询服务行业是智力密集型行业，从业单位必须对提供咨询服务的工程实务十分熟悉。例如，工程咨询单位需要熟悉工程建设程序、项目策划、实施方案、营销方案等；工程监理企业需要熟悉工程施工的质量控制、成本控制、工期控制的具体环节和内容；工程造价咨询机构需要熟悉建设工程项目造价的构成、单价与综合单价的计算公示、工程量清单的编制方法等内容。因此，咨询服务机构对技术管理人员数量和素质、承担咨询服务业务经验的要求很高，对技术设备等硬件的要求相对低一些。

例如，工程咨询单位甲级资质要求的条件如下：

(1) 基本条件。

1) 从事工程咨询业务不少于 5 年，申请专业的服务范围相应咨询成果均不少于 5 项，无不良记录；

2) 注册资金不低于 500 万元（事业单位除外）；

3) 有固定的办公场所，人均使用面积不少于 6 平方米；

4) 主持或参与制定过相关行业标准和技术规范的从优。

(2) 技术力量。

1) 专职从事工程咨询业务的技术人员不得少于 60 人，其中具有高级专业技术、经济职称的人员不得少于 30%，注册咨询工程师（投资）不得低于技术人员总数的 15%，聘用专职离退休专业技术人员不得高于技术人员总数的 10%，以上人员不得同时在两个及以上工程咨询单位执业；

2) 每个专业领域配备相应的专业技术人员不少于 5 人和至少 2 名注册咨询工程师（投资）；

3) 主要技术负责人应具有注册咨询工程师（投资）执业资格，从事工程咨询及相关业务不少于 10 年。

(3) 技术水平和技术装备。

1) 掌握现代工程技术和项目管理方法，技术装备先进，具有较完整的专业技术资料积累，以及处理国内外相关业务信息的手段；

2) 具有独立或与国内外工程咨询单位合作承接国外工程咨询业务的能力;

3) 直接从事业务的专业技术人员人均配备计算机不少于 1 台,通信及信息处理手段完备,能应用工程技术和经济评价系统软件开展业务,全部运用计算机和系统软件完成工程咨询成果文件编制和经济评价。

(4) 管理水平。

1) 有完善的组织结构,健全的管理制度;

2) 有严格的质量管理体系和制度,已通过 ISO 9000 族质量管理体系认证的从优。

三、工程建设从业单位资质管理办法

(一) 房地产开发企业

1. 业务范围

一级资质的房地产开发企业承担房地产项目的建设规模不受限制,可以在全国范围承揽房地产开发项目。二级资质及二级以下资质的房地产开发企业可以承担建筑面积 25 万平方米以下的开发建设项目,承担业务的具体范围由省、自治区、直辖市人民政府建设行政主管部门确定。各资质等级企业应当在规定的业务范围内从事房地产开发经营业务,不得越级承担任务。

2. 资质申请和审批程序

新设立的房地产开发企业应当自领取营业执照之日起 30 日内,持有关文件到房地产开发主管部门备案。房地产开发主管部门应当在收到备案申请后 30 日内向符合条件的企业核发《暂定资质证书》。《暂定资质证书》有效期 1 年,房地产开发主管部门可以视企业经营情况依法延长《暂定资质证书》有效期。房地产开发企业应当在《暂定资质证书》有效期满前 1 个月内向房地产开发主管部门申请核定资质等级。房地产开发主管部门应当根据其开发经营业绩核定相应的资质等级。

房地产开发企业资质等级实行分级审批。一级资质由省、自治区、直辖市人民政府建设行政主管部门初审,报国务院建设行政主管部门审批。二级资质及二级以下资质企业的审批办法由省、自治区、直辖市人民政府建设行政主管部门制定。

3. 资质证书管理

经资质审查合格的企业,由资质审批部门发给相应等级的资质证书。资质证书由国务院建设行政主管部门统一制作。资质证书分为正本和副本,资质审批部门可以根据需要核发资质证书副本若干份。任何单位和个人不得涂改、出租、出借、转让、出卖资质证书。

(二) 工程勘察、设计企业

1. 业务范围

取得工程勘察综合资质的企业,可以承接各专业(海洋工程勘察除外)、各等级工程勘察业务;取得工程勘察专业资质的企业,可以承接相应等级相应专业的工程勘察业务;取得工程勘察劳务资质的企业,可以承接岩土工程治理、工程钻探、凿井等工程勘察劳务业务。

取得工程设计综合资质的企业,可以承接各行业、各等级的建设工程设计业务;取得工程设计行业资质的企业,可以承接相应行业相应等级的工程设计业务及本行业范围内同级别的相应专业、专项(设计施工一体化资质除外)工程设计业务;取得工程设计专业资质的企业,可以承接本专业相应等级的专业工程设计业务及同级别的相应专项工程设计业

务（设计施工一体化资质除外）；取得工程设计专项资质的企业，可以承接本专项相应等级的专项工程设计业务。

2. 资质申请与审批程序

申请工程勘察甲级资质、工程设计甲级资质，以及涉及铁路、交通、水利、信息产业、民航等方面的工程设计乙级资质的，应当向企业工商注册所在地的省、自治区、直辖市人民政府建设主管部门提出申请。其中，国务院国资委管理的企业应当向国务院建设主管部门提出申请；国务院国资委管理的企业下属一层级的企业申请资质，应当由国务院国资委管理的企业向国务院建设主管部门提出申请。省、自治区、直辖市人民政府建设主管部门应当自受理申请之日起20日内初审完毕，并将初审意见和申请材料报国务院建设主管部门。国务院建设主管部门应当自省、自治区、直辖市人民政府建设主管部门受理申请材料之日起60日内完成审查，公示审查意见，公示时间为10日。其中，涉及铁路、交通、水利、信息产业、民航等方面的工程设计资质，由国务院建设主管部门送国务院有关部门审核，国务院有关部门在20日内审核完毕，并将审核意见送国务院建设主管部门。

工程勘察乙级及以下资质、劳务资质、工程设计乙级（涉及铁路、交通、水利、信息产业、民航等方面的工程设计乙级资质除外）及以下资质许可由省、自治区、直辖市人民政府建设主管部门实施。具体实施程序由省、自治区、直辖市人民政府建设主管部门依法确定。省、自治区、直辖市人民政府建设主管部门应当自作出决定之日起30日内，将准予资质许可的决定报国务院建设主管部门备案。

3. 资质证书管理

工程勘察、工程设计资质证书分为正本和副本，正本一份，副本六份，由国务院建设主管部门统一印制，正、副本具备同等法律效力。资质证书有效期为5年。

（三）建筑业企业

1. 业务范围

不同资质等级的建筑业企业，所承担的工程规模和技术难度都是不一样的。例如房屋建筑工程施工总承包特级企业可承担各类房屋建筑工程的施工。而房屋建筑工程施工总承包一级企业可承担单项建安合同额不超过企业注册资本金5倍的下列房屋建筑工程的施工：

（1）40层及以下、各类跨度的房屋建筑工程；

（2）高度240米及以下的构筑物；

（3）建筑面积20万平方米及以下的住宅小区或建筑群体。

再如，钢结构工程专业承包一级企业可承担各类烟囱、冷却塔、筒料仓、电视塔以及附属工程和其他高耸构筑物工程的施工。二级企业可承担单项合同额不超过企业注册资本金5倍，且高度180米及以下高耸构筑物和淋水面积3500平方米及以下冷却塔及附属工程的施工。而三级企业只能承担单项合同额不超过企业注册资本金5倍，且高度120米及以下高耸构筑物和淋水面积2000平方米及以下冷却塔及附属工程的施工。

2. 资质申请与审批程序

不同序列和等级的建筑业企业资质许可的程序是不同的。根据企业资质序列差异、业务范围大小和资质等级的高低，建筑业企业资质的审批有由国务院建设主管部门许可，由企业工商注册所在地省、自治区、直辖市人民政府建设主管部门许可和由企业工商注册所在地设区的市人民政府建设主管部门许可三种形式。

由国务院建设主管部门许可的建筑业企业资质包括：

（1）施工总承包序列特级资质、一级资质；

（2）国务院国有资产管理部门直接监管的企业及其下属一层级的企业的施工总承包二级资质、三级资质；

（3）水利、交通、信息产业方面的专业承包序列一级资质；

（4）铁路、民航方面的专业承包序列一级、二级资质；

（5）公路交通工程专业承包不分等级资质、城市轨道交通专业承包不分等级资质。

由企业工商注册所在地省、自治区、直辖市人民政府建设主管部门许可的资质包括：

（1）施工总承包序列二级资质（不含国务院国有资产管理部门直接监管的企业及其下属一层级的企业的施工总承包序列二级资质）；

（2）专业承包序列一级资质（不含铁路、交通、水利、信息产业、民航方面的专业承包序列一级资质）；

（3）专业承包序列二级资质（不含民航、铁路方面的专业承包序列二级资质）；

（4）专业承包序列不分等级资质（不含公路交通工程专业承包序列和城市轨道交通专业承包序列的不分等级资质）。

由企业工商注册所在地设区的市人民政府建设主管部门许可的资质包括：

（1）施工总承包序列三级资质（不含国务院国有资产管理部门直接监管的企业及其下属一层级的企业的施工总承包三级资质）；

（2）专业承包序列三级资质；

（3）劳务分包序列资质；

（4）燃气燃烧器具安装、维修企业资质。

3. 资质证书管理

建筑业企业资质证书分为正本和副本，正本一份，副本若干份，由国务院建设主管部门统一印制，正、副本具备同等法律效力。资质证书有效期为5年。

（四）咨询服务机构

1. 业务范围

（1）工程咨询单位

工程咨询单位可承担的业务范围很广，可涵盖工程项目从策划、规划直到竣工验收、试运行的全过程，具体包括：

1）规划咨询：含行业、专项和区域发展规划编制、咨询；

2）编制项目建议书（含项目投资机会研究、预可行性研究）；

3）项目可行性研究报告、项目申请报告和资金申请报告；

4）咨询：含项目建议书、可行性研究报告、项目申请报告与初步设计评估，以及项目后评价、概预决算审查等；

5）设计；

6）代理；

7）监理、设备监理；

8）项目管理：含工程项目的全过程或若干阶段的管理服务。

（2）城市规划编制单位

不同资质等级的城市规划编制单位，可承担城市规划业务的地域范围和项目规模都不一样。甲级城市规划编制单位承担城市规划编制任务的范围不受限制。乙级城市规划编制单位可以在全国承担下列任务：

①20万人口以下城市总体规划和各种专项规划的编制（含修订或者调整）；

②详细规划的编制；

③研究拟定大型工程项目规划选址意见书。

而丙级城市规划编制单位只能在本省、自治区、直辖市承担下列任务：

①建制镇总体规划编制和修订；

②20万人口以下城市的详细规划的编制；

③20万人口以下城市的各种专项规划的编制；

④中、小型建设工程项目规划选址的可行性研究。

（3）房地产估价机构

从事房地产估价活动的机构，应当依法取得房地产估价机构资质，并在其资质等级许可范围内从事估价业务。

一级资质房地产估价机构可以从事各类房地产估价业务。二级资质房地产估价机构可以从事除公司上市、企业清算以外的房地产估价业务。三级资质房地产估价机构可以从事除公司上市、企业清算、司法鉴定以外的房地产估价业务。暂定期内的三级资质房地产估价机构可以从事除公司上市、企业清算、司法鉴定、城镇房屋拆迁、在建工程抵押以外的房地产估价业务。

（4）工程监理企业

工程监理综合企业可以承担所有专业工程类别建设工程项目的工程监理业务，还可以开展相应类别建设工程的项目管理、技术咨询等业务。

工程监理专业甲级企业可承担相应专业工程类别建设工程项目的工程监理业务；专业乙级企业可承担相应专业工程类别二级以下（含二级）建设工程项目的工程监理业务；专业丙级企业可承担相应专业工程类别三级建设工程项目的工程监理业务。

工程监理事务所可承担三级建设工程项目的工程监理业务，但是，国家规定必须实行强制监理的工程除外。

（5）工程造价咨询企业

工程造价咨询企业依法从事工程造价咨询活动，不受行政区域限制。甲级工程造价咨询企业可以从事各类建设项目的工程造价咨询业务。乙级工程造价咨询企业可以从事工程造价5000万元人民币以下的各类建设项目的工程造价咨询业务。

工程造价咨询企业可以对建设项目的组织实施进行全过程或者若干阶段的管理和服务，其业务范围包括：

1）建设项目建议书及可行性研究投资估算、项目经济评价报告的编制和审核；

2）建设项目概预算的编制与审核，并配合设计方案比选、优化设计、限额设计等工作进行工程造价分析与控制；

3）建设项目合同价款的确定（包括招标工程工程量清单和标底、投标报价的编制和审核）；合同价款的签订与调整（包括工程变更、工程洽商和索赔费用的计算）及工程款支付，工程结算及竣工结（决）算报告的编制与审核等；

4）工程造价经济纠纷的鉴定和仲裁的咨询；

5）提供工程造价信息服务等。

（6）工程招标代理机构

工程招标代理机构可以跨省、自治区、直辖市承担工程招标代理业务。任何单位和个人不得限制或者排斥工程招标代理机构依法开展工程招标代理业务。

甲级工程招标代理机构可以承担各类工程的招标代理业务。乙级工程招标代理机构只能承担工程总投资1亿元人民币以下的工程招标代理业务。暂定级工程招标代理机构，只能承担工程总投资6000万元人民币以下的工程招标代理业务。

（7）工程质量检测机构

工程质量专项检测机构可承担地基基础工程、主体结构工程、建筑幕墙工程、钢结构工程共四个方面的专项检测工作。

工程质量见证取样检测机构可承担水泥物理力学性能检验、钢筋（含焊接与机械连接）力学性能检验、砂石常规检验、简易土工试验等8项见证取样检测工作。

（8）安全生产检测检验机构

取得甲级资质的检测检验机构可以在全国工矿商贸生产经营单位从事涉及生产安全的设施设备（特种设备除外）及产品的型式检验、安全标志检验、在用检验、监督监察检验、作业场所安全检测和事故物证分析检验等业务。

取得乙级资质的检测检验机构可以在所在省、自治区、直辖市内工矿商贸生产经营单位从事涉及生产安全的设施设备（特种设备除外）在用检验、监督监察检验、作业场所安全检测和重大事故以下的事故物证分析检验等业务。

（9）物业管理企业

一级资质物业管理企业可以承接各种物业管理项目。二级资质物业管理企业可以承接30万平方米以下的住宅项目和8万平方米以下的非住宅项目的物业管理业务。三级资质物业管理企业可以承接20万平方米以下住宅项目和5万平方米以下的非住宅项目的物业管理业务。

2. 资质申请与审批程序

工程咨询服务机构的资质申请和审批都有严格的程序。但不同类别和等级的资质审批主管部门和程序都是有差别的。

工程咨询单位的资格是由国家发改委认定。其具体认定程序为，先由初审机构提出初审意见，再报国家发改委审定批准。根据隶属关系，各省、自治区、直辖市、计划单列市及新疆生产建设兵团发改委、国务院有关主管部门是工程咨询单位资格认定的初审机构。中央管理企业可直接向国家发改委申报。

安全生产检测检验机构的资质管理是由国家安全生产监督管理总局指导、协调和监督。安全生产监管总局还直接负责甲级检测检验机构的资质认定和监督检查。省、自治区、直辖市安全生产监督管理部门指导、协调、监督本行政区域内安全生产检测检验工作；负责本行政区域内乙级非煤矿检测检验机构的资质认定和监督检查。

城市规划编制单位的资质管理是由各级城市规划行政主管部门负责。工程勘察设计单位、科研机构、高等院校及其他非以城市规划为主业的单位，符合本规定资质标准的，均可申请城市规划编制资质。申请甲级资质的，由省、自治区、直辖市人民政府城市规划行政主管部门初审，国务院城市规划行政主管部门审批，核发《资质证书》。申请乙级、丙级资质的，由所在地市、县人民政府城市规划行政主管部门初审，省、自治区、直辖市人民政府城市规划行政主管部门审批，核发《资质证书》，并报国务院城市规划行政主管部门备案。

房地产估价机构、工程监理企业、工程造价咨询企业、工程招标代理机构、工程质量检测机构和物业管理企业的资质管理都是由国务院建设主管部门指导和监督。随着资质等级的不同，资质许可的部门级别和程序也不一样。以房地产估价机构为例，国务院建设行政主管部门负责一级房地产估价机构资质许可。省、自治区人民政府建设行政主管部门、直辖市人民政府房地产行政主管部门负责二、三级房地产估价机构资质许可，并接受国务院建设行政主管部门的指导和监督。

为了规范资质许可中的政府主管部门行为，提高行政许可效率，不同类别和等级的资质许可程序都有严格的法定时间限制。例如，申请核定一级房地产估价机构资质的，应当向省、自治区人民政府建设行政主管部门、直辖市人民政府房地产行政主管部门提出申请，并提交规定的材料。省、自治区人民政府建设行政主管部门、直辖市人民政府房地产行政主管部门应当自受理申请之日起20日内审查完毕，并将初审意见和全部申请材料报国务院建设行政主管部门。国务院建设行政主管部门应当自受理申请材料之日起20日内作出决定。

3. 资质证书管理

工程咨询服务机构的资质证书一律分为正本和副本，由国务院相应主管部门统一印制，正、副本具有同等法律效力。

不同类别的咨询服务机构资质的有效期限是不同的。房地产估价机构、工程造价咨询企业、质量检测机构、安全生产检验检测机构的资质有效期都是3年。工程咨询单位、工程监理企业的资质有效期限都是5年。

工程招标代理机构和物业管理企业的资质有效期限比较特殊。工程招标代理机构甲级、乙级资格证书的有效期为5年，暂定级资格证书的有效期为3年。物业管理企业资质实行年检制度。符合原定资质等级条件的，物业管理企业的资质年检结论为合格。不符合原定资质等级条件的，物业管理企业的资质年检结论为不合格，原资质审批部门应当注销其资质证书，由相应资质审批部门重新核定其资质等级。

工程咨询服务机构的资质证书届满，需要继续从事工程咨询服务活动的，应当在资质证书有效期届满一定期限前，向原资质许可机关申请办理延续手续。不同类别资质的提前申请天数和有效期延长日期是不同的。例如，工程监理企业可在资质证书有效期届满60日前，向原资质许可机关申请办理延续手续。对在资质有效期内遵守有关法律、法规、规章、技术标准，信用档案中无不良记录，且专业技术人员满足资质标准要求的企业，经资质许可机关同意，有效期可延续5年。

四、外国建筑企业在我国从事建筑活动的资质管理

外国建筑企业在我国从事建筑活动的资质管理，由《外商投资建设工程设计企业管理规定》、《外商投资建筑业企业管理规定》和《外商投资城市规划服务企业管理规定》予以规定。

（一）有关概念

1. 外商投资建设工程设计企业的概念

外商投资建设工程设计企业，是指根据中国法律、法规的规定，在中华人民共和国境内投资设立的外资建设工程设计企业、中外合资经营建设工程设计企业以及中外合作经营建设工程设计企业。

2. 外商投资建筑业企业的概念

外商投资建筑业企业，是指根据中国法律、法规的规定，在中华人民共和国境内投资设立的外资建筑业企业、中外合资经营建筑业企业以及中外合作经营建筑业企业。

3. 外商投资城市规划服务企业的概念

外商投资城市规划服务企业，是指在中华人民共和国依法设立，从事城市规划服务的中外合资、中外合作经营企业以及外资企业。

（二）一般规定

1. 市场准入

外国投资者在中华人民共和国境内设立外商投资建设工程设计企业、建筑业企业或城市规划服务企业，并从事建设工程设计活动，应当依法取得对外贸易经济行政主管部门颁发的外商投资企业批准证书，在国家工商行政管理总局或者其授权的地方工商行政管理局注册登记，并取得建设行政主管部门颁发的建设工程设计企业、建筑业企业或城市规划服务企业资质证书。

2. 主管部门

国务院对外贸易经济合作行政主管部门负责外商投资建设工程设计企业、建筑业企业和城市规划服务企业设立的管理工作；国务院建设行政主管部门负责外商投资建设工程设计企业、建筑业企业和城市规划服务企业资质的管理工作。

省、自治区、直辖市人民政府对外贸易经济行政主管部门在授权范围内负责外商投资建设工程设计企业、建筑业企业和城市规划服务企业设立的管理工作；省、自治区、直辖市人民政府建设行政主管部门按照本规定负责本行政区域内的外商投资建设工程设计企业、建筑业企业和城市规划服务企业资质的管理工作。

3. 资质审批

外商投资建设工程设计企业、建筑业企业和城市规划服务企业设立与资质的申请和审批，实行分级、分类管理。

4. 资质条件

外商投资建设工程设计企业、建筑业企业和城市规划服务企业申请建设工程设计企业资质，应当符合建设工程设计企业、建筑业企业和城市规划服务企业资质分级标准要求的条件。

5. 对出资额的限制

中外合资经营建设工程设计企业或建筑业企业、中外合作经营建设工程设计企业或建筑业企业中方合营者的出资总额不得低于注册资本的25%。

6. 外国技术人员的工作时间

外商投资建设工程设计企业中外国服务提供者在中国注册的建筑师、工程师及技术骨干，外商投资城市规划服务企业聘用的外国技术人员，每人每年在中华人民共和国境内累计居住时间应当不少于6个月。

7. 法律约束

外商投资建设工程设计企业、建筑业企业和城市规划服务企业在中国境内从事建设工程设计活动，违反《中华人民共和国建筑法》、《城乡规划法》、《建设工程质量管理条例》、《建设工程勘察设计管理条例》、《建设工程安全生产管理条例》、《建设工程勘察设计企业资质管理规定》等有关法律、法规、规章的，依照有关规定处罚。

（三）特殊规定

1. 外商投资建设工程设计企业

（1）资质审批。

申请设立建筑工程设计甲级资质及其他建设工程设计甲、乙级资质外商投资建设工程设计企业的，其设立由国务院对外贸易经济行政主管部门审批，其资质由国务院建设行政主管部门审批；申请设立建筑工程设计乙级资质、其他建设工程设计丙级及以下等级资质外商投资建设工程设计企业的，其设立由省、自治区、直辖市人民政府对外贸易经济行政主管部门审批，其资质由省、自治区、直辖市人民政府建设行政主管部门审批。

（2）资质条件。

外资建设工程设计企业申请建设工程设计企业资质，其取得中国注册建筑师、注册工程师资格的外国服务提供者人数应当各不少于资质分级标准规定的注册执业人员总数的1/4；具有相关专业设计经历的外国服务提供者人数应当不少于资质分级标准规定的技术骨干总人数的1/4。

中外合资经营、中外合作经营建设工程设计企业申请建设工程设计企业资质，其取得中国注册建筑师、注册工程师资格的外国服务提供者人数应当各不少于资质分级标准规定的注册执业人员总数的1/8；具有相关专业设计经历的外国服务提供者人数应当不少于资质分级标准规定的技术骨干总人数的1/8。

2. 外商投资建筑业企业

（1）资质审批。

申请设立施工总承包序列特级和一级、专业承包序列一级资质外商投资建筑业企业的，其设立由国务院对外贸易经济行政主管部门审批，其资质由国务院建设行政主管部门审批；申请设立施工总承包序列和专业承包序列二级及二级以下、劳务分包序列资质的，其设立由省、自治区、直辖市人民政府对外贸易经济行政主管部门审批，其资质由省、自治区、直辖市人民政府建设行政主管部门审批。

中外合资经营建筑业企业、中外合作经营建筑业企业的中方投资者为中央管理企业的，其设立由国务院对外贸易经济行政主管部门审批，其资质由国务院建设行政主管部门审批。

（2）工程承包范围。

外资建筑业企业只允许在其资质等级许可的范围内承包下列工程：

1）全部由外国投资、外国赠款、外国投资及赠款建设的工程；

2）由国际金融机构资助并通过根据贷款条款进行的国际招标授予的建设项目；

3) 外资等于或者超过50%的中外联合建设项目;及外资少于50%,但因技术困难而不能由中国建筑企业独立实施,经省、自治区、直辖市人民政府建设行政主管部门批准的中外联合建设项目;

4) 由中国投资,但因技术困难而不能由中国建筑企业独立实施的建设项目,经省、自治区、直辖市人民政府建设行政主管部门批准,可以由中外建筑企业联合承揽。

3. 外商投资城市规划服务企业

(1) 资质申请与审批。

申请设立外商投资城市规划服务企业的,应当依法向国家工商行政管理总局或者国家工商行政管理总局授权的地方工商行政管理局,申请拟设立外商投资企业名称的核准。

申请人在取得拟设立外商投资企业名称核准后,向拟设立企业所在地省、自治区、直辖市人民政府对外贸易经济行政主管部门,提出设立外商投资城市规划服务企业申请,并提供有关资料。

(2) 资质条件。

设立外商投资城市规划服务企业,除具备中国有关外商投资企业法律法规规定的条件外,还必须具备以下条件:

1) 外方是在其所在国家或者地区从事城市规划服务的企业或者专业技术人员;

2) 具有城市规划、建筑、道路交通、园林绿化以及相关工程等方面的专业技术人员20人以上,其中外籍专业技术人员占全部专业技术人员的比例不低于25%,城市规划、建筑、道路交通、园林绿化专业的外籍专业技术人员分别不少于1人;

3) 有符合国家规定的技术装备和固定的工作场所。

第三节 工程建设专业技术人员执业资格管理

一、工程建设专业技术人员的划分

1. 注册咨询工程师(投资)

注册咨询工程师(投资),是指通过考试取得《注册咨询工程师(投资)执业资格证书》,经注册登记后,在经济建设中从事工程咨询业务的专业技术人员。注册咨询工程师(投资)英文译称:Registered Consulting Engineer。

2. 注册建筑师

注册建筑师,是指依法取得中华人民共和国注册建筑师证书并从事房屋建筑设计及相关业务的人员。注册建筑师分为一级注册建筑师和二级注册建筑师。

3. 勘察设计注册工程师制度

勘察设计注册工程师,是指经考试取得中华人民共和国勘察设计注册工程师资格证书,并按照本规定注册,取得勘察设计注册工程师注册执业证书和执业印章,从事建设工程勘察、设计及有关业务活动的专业技术人员。

4. 注册结构工程师制度

注册结构工程师,是指取得中华人民共和国注册结构工程师执业资格证书和注册证书,从事房屋结构、桥梁结构及塔架结构等工程设计及相关业务的专业技术人员。注册结构工程师分为一级注册结构工程师和二级注册结构工程师。

5. 注册建造师制度

注册建造师,是指通过考核认定或考试合格取得中华人民共和国建造师资格证书,并按照本规定注册,取得建造师注册证书和执业印章,担任施工单位项目负责人及从事相关活动的专业技术人员。

6. 注册造价工程师制度

注册造价工程师,是指通过全国造价工程师执业资格统一考试或者资格认定、资格互认,取得中华人民共和国造价工程师执业资格,并按照本办法注册,取得造价工程师注册执业证书和执业印章,从事工程造价活动的专业人员。

7. 注册监理工程师制度

注册监理工程师,是指经考试取得中华人民共和国监理工程师资格证书,并按照本规定注册,取得注册监理工程师注册执业证书和执业印章,从事工程监理及相关业务活动的专业技术人员。

8. 注册房地产估价师制度

注册房地产估价师,是指通过全国房地产估价师执业资格考试或者资格认定、资格互认,取得中华人民共和国房地产估价师执业资格,并按照本办法注册,取得房地产估价师注册证书,从事房地产估价活动的人员。

9. 注册房地产经纪人制度

注册房地产经纪人,是指通过全国房地产经纪人执业资格考试,取得房地产经纪人员相应职业资格证书并经注册生效后,在房地产交易中从事居间、代理等经纪活动的人员。

10. 注册城市规划师

注册城市规划师是指通过全国统一考试,取得注册城市规划执业资格证书,并经注册登记后从事城市规划业务工作的专业技术人员。

11. 物业管理师

物业管理师,是指经全国统一考试,取得《中华人民共和国物业管理师资格证书》,并依法注册取得《中华人民共和国物业管理师注册证》,从事物业管理工作的专业管理人员。

12. 注册安全工程师

注册安全工程师是指取得中华人民共和国注册安全工程师执业资格证书,在生产经营单位从事安全生产管理、安全技术工作或者在安全生产中介机构从事安全生产专业服务工作,并按照本规定注册取得中华人民共和国注册安全工程师执业证和执业印章的人员。

二、工程建设专业技术人员的管理制度

(一)执业资格管理机构

执业资格管理机构是指对某一类执业资格考试、注册和执业实施指导和监督的部门。不同执业资格的管理机构是不同的。

注册咨询工程师(投资)资格管理机构是国家人力资源和社会保障部和发展和改革委员会。它们共同负责全国注册咨询工程师(投资)执业资格制度的政策制定、组织协调和监督指导,并成立全国注册咨询工程师(投资)执业资格管理委员会,负责注册咨询工程师(投资)执业资格管理工作,该委员会办事机构设在中国工程咨询协会。

注册安全工程师资格管理机构是各级安全生产监督管理部门。国家安全生产监督管理总局（以下简称安全监管总局）对全国注册安全工程师的注册、执业活动实施统一监督管理。国务院有关主管部门（以下简称部门注册机构）对本系统注册安全工程师的注册、执业活动实施监督管理。省、自治区、直辖市人民政府安全生产监督管理部门对本行政区域内注册安全工程师的注册、执业活动实施监督管理。

注册建筑师、注册结构工程师、注册房地产经纪人、注册城市规划师、物业管理师的资格考试、注册和执业都由国家建设主管部门和人事主管部门共同指导和监督。对注册建筑师、注册结构工程师这两类专业技术性最强的执业资格，国家住房和城乡建设部和人力资源和社会保障部还会组建专门的管理委员会。全国注册建筑师管理委员会和省、自治区、直辖市注册建筑师管理委员会，依照有关规定负责注册建筑师的考试和注册的具体工作。全国和省、自治区、直辖市的注册结构工程师管理委员会可依照有关规定，负责或参照注册结构工程师的考试和注册等具体工作。

注册监理工程师、注册房地产估价师的资格考试、注册和执业活动都由国务院建设主管部门统一实施监督管理。此外，县级以上地方人民政府建设主管部门对本行政区域内的注册监理工程师的注册、执业活动实施监督管理。省、自治区、直辖市人民政府建设（房地产）主管部门对本行政区域内注册房地产估价师的注册、执业活动实施监督管理；市、县、市辖区人民政府建设（房地产）主管部门对本行政区域内注册房地产估价师的执业活动实施监督管理。

勘察设计注册工程师、注册建造师、注册造价工程师由于承担的业务不局限于房屋建筑和市政工程，还涉及水利、交通、铁路等专业工程领域，其执业资格管理体制都是由国务院建设主管部门统一监督管理，国务院铁路、交通、水利等有关部门按照国务院规定的职责分工，负责专业工程相关执业资格的监督管理。省、市等地方各级主管部门对勘察设计注册工程师、注册建造师、注册造价工程师的执业资格管理参照国务院相关部门的管理体制。

（二）执业资格考试

1. 考试形式

对于各类工程建设专业人员执业资格，国家都实行全国统一考试制度。考试实行全国统一大纲、统一命题、统一组织的办法，原则上每年举行一次。

2. 考试办法与内容

各类执业资格的考试办法都由国务院相关主管部门制定。而考试大纲和试题都由相关主管部门组织专家编写和审定。

例如，注册建筑师全国统一考试办法，由国务院建设行政主管部门会同国务院人事行政主管部门商国务院其他有关行政主管部门共同制定，由全国注册建筑师管理委员会组织实施。注册结构工程师的考试大纲、组织命题、培训教材等由住房和城乡建设部负责组织有关专家拟定和编写，并由人力资源和社会保障部负责组织有关专家审定和组织考试。

各类执业资格的考试内容都是结合该项资格的业务范围、专业类型等确定的。例如，一级注册结构工程师资格考试的内容多，分为基础考试和专业考试两部分进行。通过基础考试的人员，从事结构工程设计或相关业务满规定年限，方可申请参加专业考试。其余执业资格考试都是一次进行。

3. 报考条件

各类执业资格考试都必须满足一定的报考条件，报考条件一般都包括学位、从业年限两项，还可能包括其他条件。例如，一级注册建筑师考试的报考条件为：

（1）取得建筑学硕士以上学位或者相近专业工学博士学位，并从事建筑设计或者相关业务2年以上的；

（2）取得建筑学学士学位或者相近专业工学硕士学位，并从事建筑设计或者相关业务3年以上的；

（3）具有建筑学专业大学本科毕业学历并从事建筑设计或者相关业务5年以上的，或者具有建筑学相近专业大学本科毕业学历并从事建筑设计或者相关业务7年以上的；

（4）取得高级工程师技术职称并从事建筑设计或者相关业务3年以上的，或者取得工程师技术职称并从事建筑设计或者相关业务5年以上的；

（5）不具有前四项规定的条件，但设计成绩突出，经全国注册建筑师管理委员会认定达到前四项规定的专业水平的。

4. 考试结果

执业资格考试的结果包括合格和不合格两种。考试合格者即可取得相应行业的执业资格，可获得有关主管部门颁发的执业资格证书。但是取得执业资格后还必须在有关部门进行登记、注册，才能以注册专业技术人员的名义承担相应业务。

（三）执业资格注册

1. 注册负责部门

执业资格考试合格，取得相应的执业资格之后，可以申请注册。

不同类别和等级的执业资格注册的负责部门不同。例如，一级注册建筑师的注册，由全国注册建筑师管理委员会负责；二级注册建筑师的注册，由省、自治区、直辖市注册建筑师管理委员会负责。

2. 注册条件

通过执业资格考试后，要申请注册还需具备的条件。各类工程建设专业技术人员的注册条件比较相似，一般包括道德水平、通过资格考试、身体状况等。

例如，通过城市规划师资格考试后申请注册的人员必须同时具备以下条件：

（1）遵纪守法，恪守注册城市规划师职业道德；

（2）取得注册城市规划师执业资格证书；

（3）所在单位考核同意；

（4）身体健康，能坚持在注册城市规划师岗位上工作。

再如，通过建造师资格考试后申请注册的人员必须同时具备以下条件：

（1）经考核认定或考试合格取得资格证书；

（2）受聘于一个相关单位；

（3）达到继续教育要求；

（4）没有《注册建造师管理规定》中的禁止行为。

3. 不予注册的情形

有些专业技术人员执业资格管理办法未规定注册条件，而是反过来规定了不予注册的情形。这两种表达方式不同,但实质效果是一样的。

例如,有下列情形之一的,不予进行建筑师的注册:

(1) 不具有完全民事行为能力的;

(2) 因受刑事处罚,自刑罚执行完毕之日起至申请注册之日止不满5年的;

(3) 因在建筑设计或者相关业务中犯有错误受行政处罚或者撤职以上行政处分,自处罚、处分决定之日起至申请注册之日止不满2年的;

(4) 受吊销注册建筑师证书的行政处罚,自处罚决定之日起至申请注册之日止不满5年的;

(5) 有国务院规定不予注册的其他情形的。

4. 注册程序

专业技术人员经过考试后注册应遵循法定的程序。例如,依据《注册建造师管理规定》,一级建造师注册应遵循下述流程。

取得一级建造师资格证书并受聘于一个建设工程勘察、设计、施工、监理、招标代理、造价咨询等单位的人员,应当通过聘用单位向单位工商注册所在地的省、自治区、直辖市人民政府建设主管部门提出注册申请。

省、自治区、直辖市人民政府建设主管部门受理后提出初审意见,并将初审意见和全部申报材料报国务院建设主管部门审批;涉及铁路、公路、港口与航道、水利水电、通信与广电、民航专业的,国务院建设主管部门应当将全部申报材料送同级有关部门审核。符合条件的,由国务院建设主管部门核发《中华人民共和国一级建造师注册证书》,并核定执业印章编号。

对申请初始注册的,省、自治区、直辖市人民政府建设主管部门应当自受理申请之日起,20日内审查完毕,并将申请材料和初审意见报国务院建设主管部门。国务院建设主管部门应当自收到省、自治区、直辖市人民政府建设主管部门上报材料之日起,20日内审批完毕并作出书面决定。有关部门应当在收到国务院建设主管部门移送的申请材料之日起,10日内审核完毕,并将审核意见送国务院建设主管部门。

(四) 执业范围

每一种工程建设专业技术人员在获得执业资格并注册之后,能且只能在法定执业范围内从事专业技术工作。

1. 注册咨询工程师(投资)的执业范围

(1) 经济社会发展规划、计划咨询;

(2) 行业发展规划和产业政策咨询;

(3) 经济建设专题咨询;

(4) 投资机会研究;

(5) 工程项目建议书的编制;

(6) 工程项目可行性研究报告的编制;

(7) 工程项目评估;

(8) 工程项目融资咨询、绩效追踪评价、后评价及培训咨询服务;

(9) 工程项目招投标技术咨询;

(10) 国家发展计划委员会规定的其他工程咨询业务。

2. 注册建筑师的执业范围
(1) 建筑设计；
(2) 建筑设计技术咨询；
(3) 建筑物调查与鉴定；
(4) 对本人主持设计的项目进行施工指导和监督；
(5) 国务院建设行政主管部门规定的其他业务。

3. 勘察设计注册工程师的执业范围
(1) 工程勘察或者本专业工程设计；
(2) 本专业工程技术咨询；
(3) 本专业工程招标、采购咨询；
(4) 本专业工程的项目管理；
(5) 对工程勘察或者本专业工程设计项目的施工进行指导和监督；
(6) 国务院有关部门规定的其他业务。

4. 注册结构工程师的执业范围
(1) 结构工程设计；
(2) 结构工程设计技术咨询；
(3) 建筑物、构筑物、工程设施等调查和鉴定；
(4) 对本人主持设计的项目进行施工指导和监督；
(5) 建设部和国务院有关部门规定的其他业务。
其中，一级注册结构工程师的执业范围不受工程规模及工程复杂程度的限制。

5. 注册建造师的执业范围
一级注册建造师可担任大中小型工程项目负责人，二级注册建造师可担任中小型工程项目负责人。但是，大中型工程项目负责人必须由本专业注册建造师担任。

以房屋建筑工程专业为例，一级建造师和二级建造师分别可在不同规模的一般房屋建筑工程、高耸构筑物工程、地基与基础工程、土石方工程、园林古建筑工程、钢结构工程、建筑防水工程、防腐保温工程等工程项目中担任项目负责人。

6. 注册造价工程师的执业范围
(1) 建设项目建议书、可行性研究投资估算的编制和审核，项目经济评价，工程概、预、结、竣工结（决）算的编制和审核；
(2) 工程量清单、标底（或者控制价）、投标报价的编制和审核，工程合同价款的签订及变更、调整、工程款支付与工程索赔费用的计算；
(3) 建设项目管理过程中设计方案的优化、限额设计等工程造价分析与控制，工程保险理赔的核查；
(4) 工程经济纠纷的鉴定。

7. 注册监理工程师制度
注册监理工程师可以从事工程监理、工程经济与技术咨询、工程招标与采购咨询、工程项目管理服务以及国务院有关部门规定的其他业务。

8. 注册房地产估价师制度
注册房地产估价师可以在全国范围内开展与其聘用单位业务范围相符的房地产估价

活动。

9. 注册房地产经纪人制度

房地产经纪人有权依法发起设立或加入房地产经纪机构，承担房地产经纪机构关键岗位工作，指导房地产经纪人协理进行各种经纪业务，经所在机构授权订立房地产经纪合同等重要业务文书，执行房地产经纪业务并获得合理佣金。

房地产经纪人协理有权加入房地产经纪机构，协助房地产经纪人处理经纪有关事务并获得合理的报酬。

10. 注册城市规划师

注册城市规划师在执业资格许可范围内承担城市规划业务工作，并对所经办的城市规划工作成果的图件、文本以及建设用地和建设工程规划许可文件有签名盖章权，并承担相应的法律和经济责任。

11. 物业管理师

（1）制定并组织实施物业管理方案；

（2）审定并监督执行物业管理财务预算；

（3）查验物业共用部位、共用设施设备和有关资料；

（4）负责房屋及配套设施设备和相关场地的维修、养护与管理；

（5）维护物业管理区域内环境卫生和秩序；

（6）法律、法规规定和《物业管理合同》约定的其他事项。

12. 注册安全工程师

（1）安全生产管理；

（2）安全生产检查；

（3）安全评价或者安全评估；

（4）安全检测检验；

（5）安全生产技术咨询、服务；

（6）安全生产教育和培训；

（7）法律、法规规定的其他安全生产技术服务。

（五）权利和义务

工程建设专业技术人员在承担专业技术工作过程中，在享有一定权利的同时，也应履行相应的义务。不同类别专业技术人员享有的权利和履行的义务大体上相同。

1. 工程建设专业技术人员的权利

各类工程建设专业技术人员都应享有下列权利：

（1）使用注册工程师称谓；

（2）在规定范围内从事执业活动；

（3）依据本人能力从事相应的执业活动；

（4）保管和使用本人的注册证书和执业印章；

（5）对本人执业活动进行解释和辩护；

（6）接受继续教育；

（7）获得相应的劳动报酬；

（8）对侵犯本人权利的行为进行申诉。

2. 工程建设专业技术人员的义务

各类工程建设专业技术人员都应履行下列义务：

（1）遵守法律、法规和有关管理规定；
（2）执行工程建设标准规范；
（3）保证执业活动成果的质量，并承担相应责任；
（4）接受继续教育，努力提高执业水准；
（5）在本人执业活动所形成的勘察、设计文件上签字、加盖执业印章；
（6）保守在执业中知悉的国家秘密和他人的商业、技术秘密；
（7）不得涂改、出租、出借或者以其他形式非法转让注册证书或者执业印章；
（8）不得同时在两个或两个以上单位受聘或者执业；
（9）在本专业规定的执业范围和聘用单位业务范围内从事执业活动；
（10）协助注册管理机构完成相关工作。

第四节　现场施工人员资格管理

一、关键岗位从业人员的划分

为了加强特种作业人员的安全技术培训、考核和管理，实现安全生产，提高经济效益，国家标准局于1985年颁布了《中华人民共和国国家标准特种作业人员安全技术考核管理规则》（GB 5036—1985）。

特种作业，是指对操作者本人，尤其对他人和周围设施的安全有重大危害因素的作业。直接从事特种作业者，称为特种作业人员。《特种作业人员安全技术考核管理规则》将我国特种作业人员划分为十一个专业类别。

（1）电工作业，是指发电、送电、变电、配电和电气设备的安装、运行、检修、试验以及维修等作业。

（2）锅炉司炉，是指国务院1982年2月6日颁发的《锅炉压力容器安全监察暂行条例》规定的范围。

（3）压力容器操作，是指国务院1982年2月6日颁发的《锅炉压力容器安全监察暂行条例》规定的范围。

（4）起重机械操作，是指起重机械操作和起重作业挂钩、指挥，即起重机司机和挂钩、指挥工都属特种作业，须经培训考核合格方准独立操作。

（5）爆破作业，是指直接从事爆破作业的人员，不包括爆炸物品的生产、保管和押运人员。

（6）金属焊接（气割）作业，是指锅炉、压力容器、起重机械、船舶等焊接和其他一切符合本标准基本定义的焊接作业。

（7）煤矿井下瓦斯检验，按煤炭部颁发的《煤矿安全规程》规定的范围。

（8）机动车辆驾驶，是指行驶于城市街道和公路的各类机动车辆、农用机动车辆以及厂矿企业内的机动车辆驾驶等。分别由公安、交通、农机和劳动部门考核发证。

（9）机动船舶驾驶和轮机操作，是指驾驶船舶作业的船长、大副、二副、三副、正副驾长、驾驶员等。轮机操作：指轮机长、大管轮、二管轮、三管轮等。

(10) 建筑登高架设作业，是指建筑施工两米以上的脚手架架设、拆除和建筑起重提升设备的架设、拆除作业。

(11) 其他符合特种作业基本定义的作业。

二、关键岗位从业人员的资格管理

1. 特种作业人员应具备的条件

(1) 年满十八岁以上。但从事爆破作业和煤矿井下瓦斯检验的人员，年龄不得低于二十周岁。

(2) 工作认真负责，身体健康，没有妨碍从事本种作业的疾病和生理缺陷。

(3) 具有本种作业所需的文化程度和安全、专业技术知识及实践经验。

2. 特种作业人员的培训

从事特种作业的人员，必须进行安全教育和安全培训。培训方法有三种，即企事业单位自行培训、企事业单位的主管部门组织培训和考核、发证部门或指定的单位培训。

培训的时间和内容，根据国家（或部）颁发的特种作业《安全技术考核标准》和有关规定而定。

专业（技工）学校的毕业生，已按国家（或部）颁发的特种作业《安全技术考核标准》和有关规定进行教学、考核的，可不再进行培训。

3. 特种作业人员的考核和发证

特种作业人员经安全技术培训后，必须进行考核。经考核合格取得操作证者，方准独立作业。考核分为安全技术理论和实际操作两部分。具体内容由发证部门根据国家（或部）颁发的特种作业《安全技术考核标准》和有关规定确定。

特种人员的考核、发证工作，分别由下列有关部门负责：

(1) 锅炉司炉、压力容器操作、电工、起重机械、金属焊接（气割）、建筑登高架设和厂矿企业内的机动车辆驾驶等作业人员，由地、市劳动部门或其指定的单位考核发证。

(2) 爆破作业人员，由县以上公安部门考核发证。

(3) 煤矿井下瓦斯检验人员，由煤炭部门考核发证。

(4) 铁路机车驾驶人员，由铁路部门考核发证。

(5) 行驶于城市街道和公路的各类机动车辆及农用机动车辆的驾驶人员，由公安、交通和农机管理部门，按国家有关规定考核发证。

(6) 机动船舶驾驶、轮机操作人员，按《中华人民共和国轮船船员考试发证办法》和《中华人民共和国渔业船舶驾驶员考试规则》考核发证。

(7) 电业系统的电工作业人员，由电业部门考核发证。

(8) 其他特种作业人员，由各主管部或省、市企事业主管部门指定单位考核发证。

4. 特种作业人员的复审

取得操作证的特种作业人员，必须定期进行复审。复审期限，除机动车辆驾驶和机动船舶驾驶、轮机操作人员，按国家有关规定执行外，其他特种作业人员两年进行一次。复审内容主要包括：

(1) 复试本种作业的安全技术理论和实际操作；

(2) 进行体格检查；

(3) 对事故责任者检查。
(4) 复审由考核发证部门或其指定的单位进行。

5、对特种作业人员奖励和处罚

依据国务院《企业职工奖惩条例》和有关规定，对特种作业人员给予奖励和处罚。

(1) 对在安全生产和预防事故方面做出显著成绩者，所在单位应给予奖励，并记入操作证。

(2) 对违章作业和造成事故者，企业安全机构和有关安全部门，根据违章或事故情节，有权扣证一至十二个月，并记入操作证；对情节严重者，由发证部门吊销操作证，所在单位（有关部门）也可给予经济处罚或行政处分，直至追究刑事责任。

案 例 分 析

【案例1】 承建方主体无资质 合同被判无效定金应返还

因承建方主体资质不符合要求，违反了法律规定，该合同被判无效，4月7日，江西省弋阳县人民法院审结了此起建设工程施工合同纠纷案件，法院一审判令被告江西万方房地产开发有限公司返还原告吕宪根定金人民币4万元整及利息；被告詹金泉、杨忠仁对上述债务承担保证责任。

原告吕宪根为浙江马金建筑工程有限公司项目负责人。2007年4月16日，原告与被告江西万方房地产开发有限公司签订了《协议书》，双方约定：被告将公寓楼交由原告承建，并确保在2个月内开工，原告支付给被告承建定金4万元，协议还对其他内容作了约定。同年4月28日，原告交付被告江西万方房地产开发有限公司4万元，被告江西万方房地产开发有限公司出具了一份收据，内容为"兹收到吕宪根叁万元人民币作为弋阳县赣东北贸易广场三期部分工程定金。另收壹万元，合计肆万元。"被告詹金泉、杨忠仁作为担保人在协议书及收据上签名。同年8月，原告向被告催问协议工程开工事宜，要求返还定金，未果，故起诉至法院，请求判令三被告共同返还原告定金4万元整，并承担利息。

法院经审理认为，原告与被告签订公寓楼建设承包协议，其主体不具备签订建设工程承包合同的资质，违反了有关法律、法规的强制性规定，故双方签订的协议书无效。根据有关法律规定，合同无效后，因该合同取得的财产应返还，被告获取定金及利息均为因合同所取得财产，故应返还给原告。被告詹金泉、杨忠仁系担保人，由于对保证方式没有约定，应按连带责任保证承担保证责任。

【案例2】 建设部对违法经营者处罚案

2007年1月，建设部通报了十起房地产交易秩序违法违规典型案例。在通报的案例中，暴力拆迁、一房多售、中介公司"吃差价款"等行为均受到严厉惩处。

1. 暴力强迁酿成血案

沈阳东宇房产开发有限公司在亚泰花园二期建设用地拆迁过程中，该公司3名高层管理人员雇人进行暴力强迁，造成一人被殴致死。去年12月，直接行凶者被一审判处死刑，缓期2年执行，3名高管被判有期徒刑4年。

2. 欺骗胁迫拆迁被立案

2006年7月，新疆正大房地产开发公司开发建设乌鲁木齐二道湾路住宅项目，拆迁过程中,在未达成补偿安置协议的情况下,采取欺骗、胁迫等手段将被拆迁人带离并拆除了房屋。该案件被移送自治区公安厅立案查处。

3. 一屋四售被判诈骗罪

吉林省伟业房地产开发公司开发建设四平市南一纬路小学还建项目,将36套商品房分别卖给77户,其中1套房屋销售4次,3套房屋销售3次,32套房屋销售2次。同时,公司法定代表人周云伟挪用资金,致使工程中途停建,不能按期交工。四平市中级人民法院以诈骗罪,一审判处该公司法定代表人周云伟有期徒刑17年。

4. 擅自开工被罚45万

新疆沐灿房地产开发有限公司开发建设乌鲁木齐市钱塘江路新疆鞋城项目,在未取得施工证情况下,开工建设。该公司被责令停工、限期整改,并处45万元罚款的行政处罚。

5. 无证售房被责令整改

河北汇丰实业发展公司开发建设石家庄市红旗大街五星丰河苑项目,在未取得预售许可证的情况下,对外销售60套住房,收取预定款100万元。该公司被给予警告、责令限期整改,并处罚款的行政处罚。

6. 无证内部认购被罚款

2006年5月,海南鸿润达置业有限公司开发建设的海口市富豪花园部分项目,在未取得预售许可证的情况下,以内部认购形式预售商品房4套,收取定金2万元。该公司被没收违法所得,并处罚款的行政处罚。

7. 逾期办产权被降资质

宁夏大隆房地产开发公司开发的石嘴山市惠农区宁河园12号商住楼,因竣工验收未通过,导致住户入住4年不能办理房屋权属登记。该公司被责令限期整改,并降低开发资质等级。

8. 夸大宣传被没收广告费

深圳市巨银诚信投资发展有限公司在其开发的诚信华庭项目销售广告中,使用"最全面地享有中心区的良好规划、最快地享有便捷的交通、最近距离享有市政广场的景观、最大限度地享有中心区完美配套"等夸大的广告用语。工商部门对该公司处以责令停止发布违法广告,没收广告费用,并处罚款。

9. 经纪人吃差价被取消资质

苏州市正厦房产信息有限公司负责人王建蓉在与市民蒋先生签订委托认购商品房合同过程中,收受委托合同以外的差价款5万元。该公司被没收不当利益,王建蓉经纪人资格被吊销,并处罚款的行政处罚。

10. 注册隐瞒情况被撤资质

山东枣庄市铸成房屋评估咨询有限公司在申请评估资质时,隐瞒其法定代表人及其他两位估价师为非专职注册估价师。该公司被撤销资质证书、3年内不得再次申请估价资质,三名注册评估师的行为被列入不良记录,在山东住宅与房地产网上公示。

思 考 题

1. 什么是执业资格制度?它有什么意义?
2. 我国对从事工程建设活动的单位是如何划分的?各类单位是如何定义的?

3. 各级勘察设计机构的业务范围是如何规定的？
4. 各级施工总承包企业的业务范围是如何规定？
5. 外商投资建筑业企业在我国承包工程的范围有哪些特殊限制？
6. 我国从事工程建设活动的专业技术人员是如何划分的？各类专业技术人员是如何定义的？
7. 注册咨询工程师（投资）的业务范围是什么？
8. 注册建造师分为几个等级？各级的执业范围是什么？
9. 各类专业技术人员的权利、义务是如何规定的？
10. 工程建设活动中特种作业人员应具备哪些条件？

第四章 工程建设标准法律制度

第一节 概 述

一、工程建设标准的概念和特点

（一）工程建设标准的概念

标准，是对重复性事物和概念所作的统一规定。它以科学、技术和实践经验的综合成果为基础，经有关方面协商一致，由主管机构批准，以特定形式发布，作为共同遵守的准则和依据。工程建设标准是为在工程建设领域内获得最佳秩序，对工程建设活动或其结果规定共同的和重复使用的规则、导则或特性的文件。在我国，工程建设标准一般是由政府机关颁布的，对新建工程项目所做最低限度技术要求的规定，是建设法律、法规体系的重要组成部分。工程建设标准侧重于单项技术要求，主要包括工程项目的分类等级、允许使用荷载、建筑面积及层高层数的限制、防火与疏散以及结构、材料、供暖、通风、照明、给水排水、消防、电梯、通信、动力等的基本要求。

标准化的含义，是在经济、技术、科学及管理等社会实践中，对重复性事物和概念通过制定、实施标准，达到统一，以获得最佳秩序和社会效益的过程。工程建设标准化是为在工程建设领域内获得最佳秩序，以实际的或潜在的问题制定共同的和重复使用的规则的活动。标准立法一般是针对标准制定和实施的全过程的，因此，我国全国人大常委会于1988年12月29日颁布了《标准化法》。

工程建设标准与规范、规程等概念有密切的关系。规范是在工农业生产和工程建设中，对设计、施工、制造、检验等技术事项所做的一系列规定；规程是对作业、安装、鉴定、安全、管理等技术要求和实施程序所做的统一规定。标准、规范、规程都是标准的一种表现形式，习惯上统称为标准，只有针对具体对象才加以区别。当针对产品、方法、符号、概念等时，一般采用标准；当针对工程勘察、规划、设计、施工等技术事项所做的规定时，通常采用规范；当针对操作、工艺、管理等技术要求时，一般采用规程。

（二）工程建设标准的特点

1. 前瞻性

工程建设标准是工程建设中共同的和重复使用的规则、导则或特性的文件，因此，工程建设标准将决定未来工程的要求，具有一定的前瞻性。

2. 科学性

工程建设标准是以科学、技术和实践经验的综合成果为基础制定出来的，揭示了工程建设活动的规律。即制定标准的基础是综合成果，单单是科学技术成果，如果没有经过综合研究、比较、选择、分析其在实践活动中的可行性、合理性或没有经过实践检验，是不能纳入标准之中的，同样，单单是实践检验，如果没有总结其普遍性、规律性或经过科学的论证，也是不能纳入标准的，工程建设标准的制定过程反映了标准的严格的科学性。

3. 民主性

工程建设标准的制定过程应当是民主的。在制定标准的过程中,标准涉及到的各个方面对标准中规定的内容,要征求各方的意见,对于不同的意见要有一个合理的解释。标准的民主性越突出,标准的执行就越顺利,标准就越有生命力。

4. 权威性

标准需要经过一个具有公信力的公认机构批准。在我国,工程建设标准一般是由政府机关颁布的。标准反映了工程建设的客观规律,制定过程民主,以特定的形式批准,保证了标准的严肃性,反映了标准发布后的权威性。

二、工程建设标准的范围

1. 工程建设国家标准的范围

对需要在全国范围内统一的下列技术要求,应当制定国家标准:

（1）工程建设勘察、规划、设计、施工（包括安装）及验收等通用的质量要求;
（2）工程建设通用的有关安全、卫生和环境保护的技术要求;
（3）工程建设通用的术语、符号、代号、量与单位、建筑模数和制图方法;
（4）工程建设通用的试验、检验和评定等方法;
（5）工程建设通用的信息技术要求;
（6）国家需要控制的其他工程建设通用的技术要求。

2. 工程建设行业标准的范围

对没有国家标准而需要在全国某个行业范围内统一的下列技术要求,可以制定行业标准:

（1）工程建设勘察、规划、设计、施工（包括安装）及验收等行业专用的质量要求;
（2）工程建设行业专用的有关安全、卫生和环境保护的技术要求;
（3）工程建设行业专用的术语、符号、代号、量与单位和制图方法;
（4）工程建设行业专用的试验、检验和评定等方法;
（5）工程建设行业专用的信息技术要求;
（6）其他工程建设行业专用的技术要求。

3. 工程建设地方标准的范围

工程建设地方标准项目的确定,应当从本行政区域工程建设的需要出发,并应体现本行政区域的气候、地理、技术等特点。对没有国家标准、行业标准或国家标准、行业标准规定不具体,且需要在本行政区域内作出统一规定的工程建设技术要求,可制定相应的工程建设地方标准。

4. 工程建设企业标准的范围

国家法律法规没有对工程建设企业标准的范围进行限制。工程建设企业标准可以覆盖本企业生产、经营活动各个环节。工程建设企业标准一般包括企业的技术标准、管理标准和工作标准。

三、工程建设标准的种类

工程建设标准可以从不同的角度进行分类。

（一）按照标准的适用范围进行分类

按照标准的适用范围进行分类,工程建设标准可以分为国家标准、行业标准、地方标准、企业标准和国际标准。

1. 工程建设国家标准

工程建设国家标准，是指工程建设领域中需要在全国范围内统一，由国务院工程建设主管部门组织草拟、审批的标准。

2. 工程建设行业标准

工程建设行业标准，是指工程建设领域中没有国家标准而需要在全国某个行业范围内统一的，由国务院有关行政主管部门组织草拟、审批的标准。

3. 工程建设地方标准

工程建设地方标准，是指工程建设领域中没有国家标准、行业标准或国家标准、行业标准规定不具体，且需要在本行政区域内作出统一规定的工程建设技术要求，由省、自治区、直辖市建设行政主管部门组织草拟、审批的标准。

4. 工程建设企业标准

工程建设企业标准是对工程建设企业生产、经营活动中的重复性事项所作的统一规定。

5. 工程建设国际标准

国际标准是指国际标准化组织（ISO）、国际电工委员会（IEC）和国际电信联盟（ITU）制定的标准，以及国际标准化组织确认并公布的其他国际组织制定的标准。国际标准化组织确认并公布的其他国际组织还包括国际计量局（BIPM）、国际建筑结构研究与改革委员会（CIB）、国际照明委员会（CIE）、因特网工程特别工作组（IETF）、国际煤气工业联合会（IGU）等。这些机构制定了许多工程建设标准，这些标准就是工程建设国际标准。

（二）按照标准的性质进行分类

按照标准的性质进行分类，工程建设标准可以分为强制性标准和推荐性标准。工程建设强制性标准是指直接涉及工程质量、安全、卫生及环境保护等方面的工程建设标准强制性条文。工程建设强制性标准以外的其他标准是推荐性标准。

（三）按照标准的专业进行分类

通常按标准的专业进行分类，工程建设标准可以分为技术标准、管理标准和工作标准。

1. 技术标准

技术标准是对标准化领域中需要统一的技术事项所制定的标准。技术标准是一个大类，可进一步分为：基础技术标准、产品标准、工艺标准、检验和试验方法标准、设备标准、原材料标准、安全标准、环境保护标准、卫生标准等。其中的每一类还可进一步细分，如技术基础标准还可再分为：术语标准、图形符号标准、数系标准、公差标准、环境条件标准、技术通则性标准等。

2. 管理标准

管理标准是对标准化领域中需要协调统一的管理事项所制定的标准。管理标准主要是对管理目标、管理项目、管理业务、管理程序、管理方法和管理组织所作的规定。管理标准包括管理基础标准，技术管理标准，经济管理标准，行政管理标准，生产经营管理标准。

3. 工作标准

工作标准是指对工作的责任、权利、范围、质量要求、程序、效果、检查方法、考核办法所制定的标准。工作标准一般包括部门工作标准和岗位（个人）工作标准。在建立了企业标准体系的企业里一般都制定工作标准。按岗位制定的工作标准通常包括：岗位目标（工作内容、工作任务）、工作程序和工作方法、业务分工和业务联系（信息传递）方式、职责权限、质量要求与定额、对岗位人员的基本技术要求、检查考核办法等内容。

第二节 工程建设标准的制定

工程建设标准的制定，是指标准制定部门对需要制定工程建设标准的项目，编制计划，组织草拟、审批、编号、发布的活动。

一、工程建设国家标准的制定

（一）工程建设国家标准的编制

工程建设标准的编制，是指标准制定部门对需要制定工程建设标准的项目，组织草拟、编写和报批的活动，它是工程建设标准制定的一个环节。

国家标准的编制工作程序按准备、征求意见、送审和报批四个阶段进行。

1. 准备阶段

准备阶段的工作主要有：①主编单位根据年度计划的要求，进行编制国家标准的筹备工作。落实国家标准编制组成员，草拟制定国家标准的工作大纲。工作大纲包括国家标准的主要章节内容、需要调查研究的主要问题、必要的测试验证项目、工作进度计划及编制组成员分工等内容；②主编单位筹备工作完成后，由主编部门或由主编部门委托主编单位主持召开编制组第一次工作会议。其内容包括：宣布编制组成员、学习工程建设标准化工作的有关文件、讨论通过工作大纲和会议纪要。会议纪要印发国家标准的参编部门和单位，并报国务院工程建设行政主管部门备案。

2. 征求意见阶段

征求意见阶段的工作主要有：①编制组根据制定国家标准的工作大纲开展调查研究工作。调查对象应当具有代表性和典型性。调查研究工作结束后，应当及时提出调查研究报告，并将整理好的原始调查记录和收集到的国内外有关资料由编制组统一归档；②测试验证工作在编制组统一计划下进行，落实负责单位、制定测试验证工作大纲、确定统一的测试验证方法等。测试验证结果，应当由项目的负责单位组织有关专家进行鉴定。鉴定成果及有关的原始资料由编制组统一归档；③编制组对国家标准中的重大问题或有分歧的问题，应当根据需要召开专题会议。专题会议邀请有代表性和有经验的专家参加，并应当形成会议纪要。会议纪要及会议记录等由编制组统一归档；④编制组在做好上述各项工作的基础上，编写标准征求意见稿及其条文说明。主编单位对标准征求意见稿及其条文说明的内容全面负责；⑤主编部门对主编单位提出的征求意见稿及其条文说明根据本办法制定标准的原则进行审核。审核的主要内容：国家标准的适用范围与技术内容协调一致；技术内容体现国家的技术经济政策；准确反映生产、建设的实践经验；标准的技术数据和参数有可靠的依据，并与相关标准相协调；对有分歧和争论的问题，编制组内取得一致意见；国家标准的编写符合工程建设国家标准编写的统一规定；⑥征求意见稿及其条文说明应由主编单位印发国务院有关行政主管部门、各有关省、自治区、直辖市工程建设行政主管部门和各单位征求意见。征求意见的期限一般为两个月。必要时，对其中的重要问题，可以采取走访或召开专题会议的形式征求意见。

3. 送审阶段

送审阶段的工作主要有：①编制组将征求意见阶段收集到的意见，逐条归纳整理，在分析研究的基础上提出处理意见，形成国家标准送审稿及其条文说明。对其中有争议的重大问题可以视具体情况进行补充的调查研究、测试验证或召开专题会议，提出处理意见；②当国家标准需要进行全面的综合技术经济比较时，编制组要按国家标准送审稿组织试设计或施工试用。试设计或施工试用应当选择有代表性的工程进行。试设计或施工试用结束后应当提出报告；③国家标准送审的文件一般应当包括：国家标准送审稿及其条文说明、送审报告、主要问题的专题报告、试设计或施工试用报告等。送审报告的内容主要包括：制定标准任务的来源、制定标准过程中所作的主要工作、标准中重点内容确定的依据及其成熟程度、与国外相关标准水平的对比、标准实施后的经济效益和社会效益以及对标准的初步总评价、标准中尚存在主要问题和今后需要进行的主要工作等；④国家标准送审文件应当在开会之前一个半月发至各主管部门和关单位；⑤国家标准送审稿的审查，一般采取召开审查会议的形式。经国务院工程建设行政主管部门同意后，也可以采取函审和小型审定会议的形式；⑥审查会议应由主编部门主持召开。参加会议的代表应包括国务院有关行政主管部门的代表、有经验的专家代表、相关的国家标准编制组或管理组的代表。审查会议可以成立会议领导小组，负责研究解决会议中提出的重大问题。会议由代表和编制组成员共同对标准送审稿进行审查，对其中重要的或有争议的问题应当进行充分讨论和协商，集中代表的正确意见；对有争议并不能取得一致意见的问题，应当提出倾向性审查意见。审查会议应当形成会议纪要。其内容一般包括：审查会议概况、标准送审稿中的重点内容及分歧较大问题的审查意见、对标准送审稿的评价、会议代表和领导小组成员名单等。⑦采取函审和小型审定会议对标准送审稿进行审查时，由主编部门印发通知。参加函审的单位和专家，应经国务院工程建设行政主管部门审查同意、主编部门在函审的基础上主持召开小型审定会议，对标准中的重大问题和有分歧的问题提出审查意见，形成会议纪要，印发各有关部门和单位并报国务院工程建设行政主管部门。

4. 报批阶段

报批阶段的工作主要有：①编制组根据审查会议或函审和小型审定会议的审查意见，修改标准送审稿及其条文说明，形成标准报批稿及其条文说明。标准的报批文件经主编单位审查后报主编部门。报批文件一般包括标准报批稿及其条文说明、报批报告、审查或审定会议纪要、主要问题的专题报告、试设计或施工试用报告等。②主编部门应当对标准报批文件进行全面审查，并会同国务院工程建设行政主管部门共同对标准报批稿进行审核。主编部门将共同确认的标准报批文件一式三份报国务院工程建设行政主管部门审批。

（二）工程建设国家标准的审批、发布

国家标准由国务院工程建设行政主管部门审查批准，由国务院标准化行政主管部门统一编号，由国务院标准化行政主管部门和国务院工程建设行政主管部门联合发布。

国家标准的编号由国家标准代号、发布标准的顺序号和发布标准的年号组成，并应当符合下列统一格式：

强制性国家标准的编号为：

推荐性国家标准编号为：

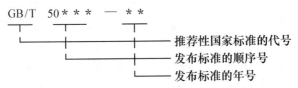

国家标准的出版由国务院工程建设行政主管部门负责组织。国家标准的出版印刷应当符合工程建设标准出版印刷的统一要求。国家标准属于科技成果。对技术水平高、取得显著经济效益或社会效益的国家标准，应当纳入各级科学技术进步奖励范围，予以奖励。

（三）工程建设国家标准的复审与修订

1. 工程建设国家标准的复审

工程建设国家标准的复审是指对现行工程建设标准的适用范围、技术水平、指标参数等内容进行复查和审议，以确认其继续有效、废止或予以修订的活动。国家标准实施后，应当根据科学技术的发展和工程建设的需要，由该国家标准的管理部门适时组织有关单位进行复审。复审一般在国家标准实施后每五年进行一次。国家标准复审的具体工作由国家标准管理单位负责。复审可以采取函审或会议审查，一般由参加过该标准编制或审查的单位或个人参加。

属于下列情况之一的，应当及时进行复审：①不适应法律法规、国家产业政策、产业结构调整、产品更新换代或科学技术发展需要的。②不适应我国加入世界贸易组织的有关规定或开展国际贸易需要的。③所引用的或相关的技术标准进行了重大修改、修订并批准发布的。④重大突发性事件、自然灾害、工程质量或安全事故发生后需要的。⑤标准实施中有重要反馈意见的。

国家标准复审后，标准管理单位应当提出其继续有效或者予以修订、废止的意见，经该国家标准的主管部门确认后报国务院工程建设行政主管部门批准。对确认继续有效的国家标准，当再版或汇编时，应在其封面或扉页上的标准编号下方增加"＊＊＊＊年＊月确认继续有效"。对确认继续有效或予以废止的国家标准，由国务院工程建设行政主管部门在指定的报刊上公布。对需要全面修订的国家标准，由其管理单位做好前期工作。国家标准修订的准备阶段工作应在管理阶段进行，其他有关的要求应当符合制定国家标准的有关规定。

2. 工程建设国家标准的修订

凡属下列情况之一的国家标准应当进行局部修订：①国家标准的部分规定已制约了科学技术新成果的推广应用；②国家标准的部分规定经修订后可取得明显的经济效益、社会效益、环境效益；③国家标准的部分规定有明显缺陷或与相关的国家标准相抵触；④需要对现行的国家标准做局部补充规定。

二、工程建设行业标准的制定

（一）工程建设行业标准的主管部门

国务院有关行政主管部门根据《中华人民共和国标准化法》和国务院工程建设行政主管部门确定的行业标准管理范围，履行行业标准的管理职责。

（二）工程建设行业标准的计划

行业标准的计划根据国务院工程建设行政主管部门的统一部署由国务院有关行政主管部门组织编制和下达，并报国务院工程建设行政主管部门备案。

与两个以上国务院行政主管部门有关的行业标准，其主编部门由相关的行政主管部门协商确定或由国务院工程建设行政主管部门协调确定，其计划由被确定的主编部门下达。行业标准不得与国家标准相抵触。行业标准的某些规定与国家标准不一致时，必须有充分的科学依据和理由，并经国家标准的审批部门批准。有关行业标准之间应当协调、统一、避免重复。

（三）制定、修订工程建设行业标准的工作程序

与工程建设国家标准相同，制定、修订行业标准的工作程序，可以按准备、征求意见、送审和报批四个阶段进行。

行业标准的编写应当符合工程建设标准编写的统一规定。行业标准的编号由行业标准的代号、标准发布的顺序号和批准标准的年号组成，并应当符合下列统一格式：

强制性行业标准的编号：

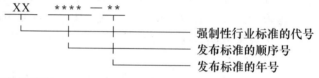

推荐性行业标准的编号：

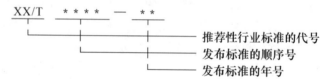

（四）工程建设行业标准的审批、发布

行业标准由国务院有关行政主管部门审批、编号和发布。其中，两个以上部门共同制定的行业标准，由有关的行政主管部门联合审批、发布，并由其主编部门负责编号。行业标准实施后，该标准的批准部门应当根据科学技术的发展和工程建设的实际需要适时进行复审，确认其继续有效或予以修订、废止。一般每五年复审一次，复审结果报国务院工程建设行政主管部门备案。

行业标准发布后，应当报国务院工程建设行政主管部门备案。

行业标准由标准的批准部门负责组织出版，并应当符合工程建设标准出版印刷的统一规定。行业标准属于科技成果，对技术水平高，取得显著经济效益、社会效益和环境效益的行业标准，应当纳入各级科学技术进步奖励范围，并予以奖励。

三、工程建设地方标准的制定

（一）工程建设地方标准制定的管理部门

工程建设地方标准在省、自治区、直辖市范围内由省、自治区、直辖市建设行政主管部门统一计划、统一审批、统一发布、统一管理。

（二）工程建设地方标准制定的原则

制定工程建设地方标准，应当严格遵守国家的有关法律、法规，贯彻执行国家的技术经济政策，密切结合自然条件，合理利用资源，积极采用新技术、新材料、新工艺、新设备，做到技术先进、经济合理、安全适用。

制定工程建设地方标准应当以实践经验和科学技术发展的综合成果为依据，做到协商一致，共同确认。工程建设地方标准不得与国家标准和行业标准相抵触。对与国家标准或行业标准相抵触的工程建设地方标准的规定，应当自行废止。当确有充分依据，且需要对国家标准或行业标准的条文进行修改的，必须经相应标准的批准部门审批。

工程建设地方标准中，对直接涉及人民生命财产安全、人体健康、环境保护和公共利益的条文，经国务院建设行政主管部门确定后，可作为强制性条文。

（三）工程建设地方标准的备案

工程建设地方标准应报国务院建设行政主管部门备案，未经备案的工程建设地方标准，不得在建设活动中使用。对有强制性条文的工程建设地方标准，应当在批准发布前报国务院建设行政主管部门备案；对没有强制性条文的工程建设地方标准，应当在批准发布后30日内报国务院建设行政主管部门备案。

四、工程建设企业标准的制定

工程建设企业标准的制定应当认真贯彻执行国家有关的法律、法规和方针、政策；充分考虑工程建设的实际需要；结合本企业的特点，促进技术进步、改善经营管理、保证工程质量、提高经济效益；积极采用国际标准或国外先进标准，向国际惯例靠拢。工程建设企业标准应当根据科学技术进步、实践经验总结和管理工作的需要，适时组织修订。

工程建设企业标准是对工程建设企业生产、经营活动中的重复性事项所作的统一规定，应当覆盖本企业生产、经营活动各个环节。工程建设企业标准一般包括企业的技术标准、管理标准和工作标准。

技术标准，是指对工程建设企业中需要协调和统一的技术要求所制定的标准。应当围绕工程建设企业所承担的任务，对材料和设备采购的技术要求，勘察、设计或施工过程中的质量、方法或工艺的要求，安全、卫生和环境保护的技术要求以及试验、检验和评定的方法等作出规定。对已有国家标准、行业标准或地方标准的，工程建设企业可以按照国家标准、行业标准或地方标准的规定执行，也可以根据本企业的技术特点和实际需要制定优于国家标准、行业标准或地方标准的企业标准；对没有国家标准、行业标准或地方标准的，工程建设企业应当制定企业标准。国家鼓励企业积极采用国际标准或国外先进标准。

管理标准，是指对工程建设企业中需要协调和统一的管理要求所制定的标准。应当围绕工程建设企业规范化管理的需要，对本企业组织管理、计划管理、技术管理、质量管理和财务管理等具体的管理事项作出规定。

工作标准，是指对工程建设企业中需要协调和统一的工作事项要求所制定的标准，应当围绕工作岗位的要求，对工程建设企业中各个工作岗位的任务、职责、权限、技能、方法、程序、评定等作出规定。

第三节 工程建设标准的实施

工程建设标准的实施，主要包括工程建设标准的行政管理和监督，以及标准在企业的执行。

一、工程建设标准的行政管理

（一）工程建设国家标准的日常管理

工程建设国家标准发布后，由其管理单位组建国家标准管理组，负责国家标准的日常管理工作。国家标准管理组设专职或兼职若干人。其人员组成，经国家标准管理单位报该国家标准管理部门审定后报国务院工程建设行政主管部门备案。

国家标准日常管理的主要任务是：①根据主管部门的授权负责国家标准的解释；②对国家标准中遗留的问题，负责组织调查研究、必要的测试验证和重点科研工作；③负责国家标准的宣传贯彻工作；④调查了解国家标准的实施情况，收集和研究国内外有关标准、技术信息资料和实践经验，参加相应的国际标准化活动；⑤参与有关工程建设质量事故的调查和咨询；⑥负责开展标准的研究和学术交流活动；⑦负责国家标准的复审、局部修订和技术档案工作。

国家标准管理人员在该国家标准管理部门和管理单位的领导下工作。管理单位应当加强对其的领导，进行经常性的督促检查，定期研究和解决国家标准日常管理工作中的问题。

（二）工程建设行业标准的行政管理

国务院有关行政主管部门根据《中华人民共和国标准化法》和国务院工程建设行政主管部门确定的行业标准管理范围，履行行业标准的管理职责。

（三）工程建设地方标准的行政管理

工程建设地方标准在省、自治区、直辖市范围内由省、自治区、直辖市建设行政主管部门统一计划、统一审批、统一发布、统一管理。省、自治区、直辖市建设行政主管部门负责本行政区域内工程建设标准化工作的管理，并履行以下职责：①组织贯彻国家有关工程建设标准化的法律、法规和方针、政策并制定本行政区域的具体实施办法；②制定本行政区域工程建设地方标准化工作的规划、计划；③承担工程建设国家标准、行业标准化制定、修订等任务；④组织制定本行政区域的工程建设地方标准；⑤在本行政区域组织实施工程建设标准和对工程建设标准的实施工进行监督；⑥负责本行政区域工程建设企业标准的备案。

（四）工程建设企业标准的行政管理

对于工程建设企业标准的实施，行政机关主要任务是指导。各级工程建设行政主管部门应当加强对本部门工程建设企业标准化工作的指导，结合本部门工程建设企业标准化工作的实际需要，坚持区别对待的原则，制定相应的管理办法或实施细则。通过抓试点、抓典型、开展经验交流等活动，积极稳妥地推动本部门工程建设企业标准化工作的开展。对在工程建设企业标准化工作中的先进单位和作出突出贡献的个人，应当给予表彰和奖励。

各级工程建设行政主管部门应当采取措施，加强对本部门工程建设企业标准化工作的检查监督，保证工程建设企业标准化工作落到实处。同时，应当积极为本部门工程建设企业标准化提供信息和情报等方面的服务，建立信息、情报网络，及时传递和反馈国内外标准化工作的发展动态和本部门工程建设企业标准化工作的情况。

各级工程建设行政主管部门要充分发挥本部门标准化协会、有关专业（行业）学（协）会等群众学术团体的作用，指导这些群众学术团体研究本部门工程建设企业标准化工作中的问题，协助企业开展企业标准化工作。

二、工程建设标准的执行

（一）工程建设标准执行的要求

工程建设强制性标准必须执行。从事科研、生产、经营的单位和个人，必须严格执行强制性标准。不符合强制性标准的产品，禁止生产、销售和进口，包括：在国内销售的一切产品（包括配套设备）不符合强制性标准要求的，不准生产和销售；专为出口而生产的产品（包括配套设备）不符合强制性标准要求的，不准在国内销售；不符合强制性标准要求的产品（包括配套设备），不准进口。推荐性标准，国家鼓励企业自愿采用，具体含义为：①推荐性标准，企业自愿采用；②国家将采取优惠措施，鼓励企业采用推荐性标准。推荐性标准一旦纳入指令性文件，将具有相应的行政约束力。

（二）产品标准的质量认证

对于工程建设领域中生产产品的企业，企业对有国家标准或者行业标准的产品，可以向国务院标准化行政主管部门或者国务院标准化行政主管部门授权的部门申请产品质量认证，包括合格认证和安全认证。"认证"是依据标准和相应要求，经认证机构确认并通过颁发认证证书和标志，以证明某一产品符合相应标准和要求的活动。认证所依据的标准是国家标准或行业标准。认证合格的，由认证部门授予认证证书，准许在产品或者其包装上使用规定的认证标志。已经取得认证证书的产品不符合国家标准或者行业标准的，以及产品未经认证或者认证不合格的，不得使用认证标志出厂销售。

（三）工程建设国际标准的执行

采用国际标准是指将国际标准的内容，经过分析研究和试验验证，等同或修改转化为我国标准（包括国家标准、行业标准、地方标准和企业标准。下同），并按我国标准审批发布程序审批发布。采用国际标准，应当符合我国有关法律、法规，遵循国际惯例，做到技术先进、经济合理、安全可靠。我国标准采用国际标准的程度，分为等同采用和修改采用。

等同采用，指与国际标准在技术内容和文本结构上相同，或者与国际标准在技术内容上相同，只存在少量编辑性修改。采用国际标准时，应当尽可能等同采用国际标准。由于基本气候、地理因素或者基本的技术问题等原因对国际标准进行修改时，应当将与国际标准的差异控制在合理的、必要的并且是最小的范围之内。

修改采用，指与国际标准之间存在技术性差异，并清楚地标明这些差异以及解释其产生的原因，允许包含编辑性修改。修改采用不包括只保留国际标准中少量或者不重要的条款的情况。修改采用时，我国标准与国际标准在文本结构上应当对应，只有在不影响与国际标准的内容和文本结构进行比较的情况下才允许改变文本结构。

（四）企业加强工程建设标准执行的制度

工程建设企业在开展企业标准化工作中应当重视标准的贯彻实施，建立健全标准的实施与监督机制。工程建设企业可根据标准的不同性质，采取相应的措施，保证标准的实施。对技术标准的实施应当以促进技术进步、提高企业经济效益为目的，可以将工作人员的技术职称与实施技术标准的情况挂钩；对管理标准和工作标准实施可以与经济责任制结合在一起，与职工的经济利益挂钩。

1. 企业应当加强领导

工程建设企业应当建立本企业标准化工作的领导机构和管理机构。工程建设企业标准化工作的领导机构，应当由本企业的主要领导负责，由本企业内部各部门的主要负责人组成，可以采取企业标准化委员会等形式，统一领导和协调本企业的标准化工作；工程建设企业应当根据本企业标准化工作任务量的大小和实际需要，设置本企业标准化工作的专职管理机构，具体负责组织本企业标准的制定、实施、监督、标准化服务等经常性管理工作。要把工程建设企业标准化工作与贯彻 ISO 9000 建立质量保证体系以及建立组织制度、人事制度、财务制度等工作结合在一起。

2. 加强宣传与培训

工程建设企业标准化的宣传和培训工作，对提高本企业全体职工的标准化意识，增强标准化观念，自觉贯彻执行标准具有很重要的作用。因此，工程建设企业在开展企业标准化工作中应当加强标准化的宣传和培训工作，建立本企业标准化的培训和考核制度，将标准化的培训纳入本企业职工的教育计划之中。

3. 完善标准化的情报信息服务系统

工程建设企业应当逐步完善本企业有关标准化的情报信息服务系统，利用现代化手段，加强动态管理，保证标准化情报信息渠道的畅通。一般情况下，可以通过定期编制标准目录、印发标准修订情况通报、建立标准化资料信息库等途径，为本企业的各级组织提供标准化的情报信息服务。

4. 应当造就一支标准化工作队伍

工程建设企业应当造就一支精干稳定的标准化工作队伍，根据本企业标准化实际工作的需要配备专职和兼职的企业标准化工作人员，采取措施不断提高本企业标准化工作人员的业务素质和生活待遇。工程建设企业的标准化工作队伍，应当与企业的标准化工作任务相适应。专职和兼职标准化工作人员的数量，应当根据本企业内部管理机构的设置情况确定。

三、工程建设标准实施的监督

工程建设标准实施的监督，是指行政管理部门对工程建设标准的实施情况进行监督检查。在建设工程标准的实施方面，行政管理部门主要对强制性标准的实施进行监督。

（一）工程建设标准实施监督的机构

国务院建设行政主管部门负责全国实施工程建设强制性标准的监督管理工作。国务院有关行政主管部门按照国务院的职能分工负责实施工程建设强制性标准的监督管理工作。县级以上地方人民政府建设行政主管部门负责本行政区域内实施工程建设强制性标准的监督管理工作。

在中华人民共和国境内从事新建、扩建、改建等工程建设活动，必须执行工程建设强制性标准。工程建设中拟采用的新技术、新工艺、新材料，不符合现行强制性标准规定的，应当由拟采用单位提请建设单位组织专题技术论证，报批准标准的建设行政主管部门或者国务院有关主管部门审定。

工程建设中采用国际标准或者国外标准，现行强制性标准未作规定的，建设单位应当向国务院建设行政主管部门或者国务院有关行政主管部门备案。

建设工程质量监督管理，可以由建设行政主管部门或者其他有关部门委托的建设工程质量监督机构具体实施。从事房屋建筑工程和市政基础设施工程质量监督的机构，必须按照国家有关规定经国务院建设行政主管部门或者省、自治区、直辖市人民政府建设行政主管部门考核；从事专业建设工程质量监督的机构，必须按照国家有关规定经国务院有关部门或者省、自治区、直辖市人民政府有关部门考核。经考核合格后，方可实施质量监督。

对于工程建设标准强制性监督的具体分工如下：①建设项目规划审查机构应当对工程建设规划阶段执行强制性标准的情况实施监督。②施工图设计文件审查单位应当对工程建设勘察、设计阶段执行强制性标准的情况实施监督。③建筑安全监督管理机构应当对工程建设施工阶段执行施工安全强制性标准的情况实施监督。④工程质量监督机构应当对工程建设施工、监理、验收等阶段执行强制性标准的情况实施监督。⑤建设项目规划审查机关、施工图设计文件审查单位、建筑安全监督管理机构、工程质量监督机构的技术人员必须熟悉、掌握工程建设强制性标准。工程建设标准批准部门应当定期对建设项目规划审查机关、施工图设计文件审查单位、建筑安全监督管理机构、工程质量监督机构实施强制性标准的监督进行检查，对监督不力的单位和个人，给予通报批评，建议有关部门处理。

（二）工程建设标准实施监督检查的方式和措施

工程建设标准批准部门应当对工程项目执行强制性标准情况进行监督检查。监督检查可以采取重点检查、抽查和专项检查的方式。

县级以上人民政府建设行政主管部门和其他有关部门履行监督检查职责时，有权采取下列措施：①要求被检查的单位提供有关工程质量的文件和资料；②进入被检查单位的施工现场进行检查；③发现有影响工程质量的问题时，责令改正。

（三）工程建设强制性标准监督检查的内容

工程建设强制性标准监督检查的内容包括：①相关工程技术人员是否熟悉、掌握强制性标准；②工程项目的规划、勘察、设计、施工、验收等是否符合强制性标准的规定；③工程项目采用的材料、设备是否符合强制性标准的规定；④工程项目的安全、质量是否符合强制性标准的规定；⑤工程中采用的导则、指南、手册、计算机软件的内容是否符合强制性标准的规定。工程建设标准批准部门应当将强制性标准监督检查结果在一定范围内公告。

四、违反工程建设强制性标准的法律责任

1. 建设单位的法律责任

建设单位有下列行为之一的，责令改正，并处以20万元以上50万元以下的罚款：①明示或者暗示施工单位使用不合格的建筑材料、建筑构配件和设备的；②明示或者暗示设计单位或者施工单位违反工程建设强制性标准，降低工程质量的。

2. 勘察、设计单位的法律责任

勘察、设计单位违反工程建设强制性标准进行勘察、设计的，责令改正，并处以10万元以上30万元以下的罚款。如果造成工程质量事故的，责令停业整顿，降低资质等级；情节严重的，吊销资质证书；造成损失的，依法承担赔偿责任。

3. 施工单位的法律责任

施工单位违反工程建设强制性标准的,责令改正,处工程合同价款2%以上4%以下的罚款;造成建设工程质量不符合规定的质量标准的,负责返工、修理,并赔偿因此造成的损失;情节严重的,责令停业整顿,降低资质等级或者吊销资质证书。

4. 工程监理单位的法律责任

工程监理单位违反强制性标准规定,将不合格的建设工程以及建筑材料、建筑构配件和设备按照合格签字的,责令改正,处50万元以上100万元以下的罚款,降低资质等级或者吊销资质证书;有违法所得的,予以没收;造成损失的,承担连带赔偿责任。

5. 建设行政主管部门和有关行政主管部门工作人员的责任

建设行政主管部门和有关行政主管部门工作人员,玩忽职守、滥用职权、徇私舞弊的,给予行政处分;构成犯罪的,依法追究刑事责任。

6. 造成工程质量、安全隐患或者工程事故的责任

违反工程建设强制性标准造成工程质量、安全隐患或者工程事故的,按照《建设工程质量管理条例》有关规定,对事故责任单位和责任人进行处罚。

7. 行政处罚的执法机构

有关责令停业整顿、降低资质等级和吊销资质证书的行政处罚,由颁发资质证书的机关决定;其他行政处罚,由建设行政主管部门或者有关部门依照法定职权决定。

案 例 分 析

某村民委员会诉某建筑公司第六工程处住宅基础工程质量纠纷案

【案情摘要】

原告:宝鸡市渭滨区某村民委员会

被告:宝鸡某建筑公司第六工程处

原告宝鸡市渭滨区某村村民委员会(以下简称村委会)诉宝鸡某建筑公司第六工程处(以下简称建六处)工程质量纠纷一案,法院受理后,依法组成合议庭,公开开庭进行了审理,原告法定代表人武某,委托代理人王某,被告法定代表人洪某,委托代理人高某到庭参加诉讼,本案现已审理终结。

原告诉称:1994年5月14日,原、被告双方签订了村民住宅基础工程施工合同,合同约定,由被告修建原告住宅基础工程,质量标准按照国家的有关规定保质保量的施工。但被告在施工中偷工减料,三七灰土比不足也不夯实,使用劣质钢材,本该使用毛石混凝土却使用灰土,造成工程质量出现严重问题。该工程系隐蔽工程,竣工后,村民陆续在该基础上建成住房,时间不长,便出现地基下沉,墙体裂缝等质量问题。因此,请求人民法院依法判令被告承担违约责任和赔偿经济损失210万元,并承担本案诉讼费用。

被告辩称:原告不具有诉讼主体资格,因原告所诉是房屋质量问题,而我方并未给原告盖房子,房屋归村民所有,如房屋有质量问题,应由房屋所有人提起诉讼,与本案原告无关。被告所建工程属地基隐蔽工程,亦按原告的施工图纸进行施工,且有原告方施工现场代表签字认可,并验收合格。因此,请求人民法院依法驳回原告的诉讼请求。

【审裁结果】

人民法院经审理查明:1994年初,原告村委会计划在本村工业、生活垃圾用地上修

建村民宅基，委托宝鸡某厂基建科进行基础工程设计，并于同年3月16日与建六处签订《开工报告》，约定由建六处施工。建六处在施工过程中，发现该工程基础地质复杂，难以按设计图纸施工。遂经协商，双方于1994年5月14日签订《工程施工合同》约定：甲方（村委会）以包工包料的形式将村委会住宅基础工程承包给乙方（建六处）；工程造价及决算，以甲方提供的施工图纸及在施工中所出现变更文件为依据，核定工程造价，并按国家颁发现行的有关文件进行该工程预决算编制依据，经甲方和国家审计部门的审定结果为准进行结算。工程质量及验收标准为甲方派孙某为现场施工代表，负责工程施工及质量监督，现场查验和解决具体问题。乙方派杜某为现场施工代表。凡隐蔽工程乙方提前通知甲方检查验收，合格后填写记录并签字；如特殊原因不能到场时，乙方可自检，甲方认可，视合格工程。质量标准按国家颁布的有关规定、规范为准进行工程质量验收。建六处在施工中制作了《井桩开挖、回填情况》记录、《隐蔽工程检查记录》，并由双方驻工地代表签字认可。1994年11月7日、12月4日双方分别签订《竣工报告》、《工程竣工验收证书》。此后，原告村委会将该宅基基础分别给58户村民使用，先后盖起了房屋。不久部分房屋不同程度出现裂缝。原告村委会认为，造成村民房屋裂缝的根本原因是建六处施工质量低下，偷工减料所致。

法院审理期间，根据村委会的申请，委托陕西信远建筑工程司法鉴定所对该基础工程质量进行鉴定，结论为：

（1）该村部分村民住宅宅基基础确实存在质量问题。

（2）造成宅基基础质量问题的原因是多方面的，可综合如下：①事先没对建设场地的工程地质条件进行勘察，使设计和施工都在地质条件不明的条件下进行；②基础完工后使用不当，房子高度、施工先后次序没进行限制，部分管道漏水浸泡地基；③设计本身存在一些问题，如对回填土压实要求过低，进桩自身不均匀，井桩桩体有灰土的，也有毛石混凝土的；与承担的荷载相比，山墙下的井桩明显偏弱；④回填土为垃圾土；⑤施工及建设双方现场代理人不负责任，弄虚作假。

（3）施工质量低劣。灰土配合比与设计相差较大，压实程度严重不足。

（4）建议用预制钢筋混凝土桩对地基进行托换加固。预算加固费用为88万元。

上述事实，有双方当事人陈述、《工程施工合同》、《竣工报告》、《工程竣工验收证明书》、《开工报告》、《鉴定报告》及加固预算等相关证据在卷佐证。并经双方当事人当庭质证，应予认定。

一审法院认为，村委会与建六处签订的《工程施工合同》是双方真实意思表示，不违反法律规定应当依法有效，该工程经村委会组织验收并交付使用。但村委会在使用过程中，发现部分村民房屋有裂缝，提出该工程质量存在问题。经鉴定后确认该工程确实存在质量问题。究其原因是多方面的：建设场地地质条件差，施工前未进行任何工程地质情况勘察，且设计本身存在一些不足之处，如：设计说明中规定，回填土的干密度不小于$1.2t/m^3$，这种实度要求偏低过多；回填（桩间土）为垃圾土，其中有机质的腐烂，必将导致自重下沉，对井桩产生向下的摩擦力；图纸未对其所设计的井桩基础提出使用要求；加之局部管道漏水，地基土中含水量增大，产生湿陷或土层压缩性升高，原告应负主要责任。被告在施工过程中，灰土配合比不满足设计要求，灰土压实不够，造成施工质量低下，亦有过错，应负相应责任。原告部分诉讼请求成立，应予支持。依照《中华人民共和国经济合同法》第 6 条、29 条、31 条、32 条之规定。判决如下：

（1）由被告建六处赔偿原告村委会经济损失 264000 元；

（2）驳回原告村委会的其他诉讼请求。

案件受理费 26663.00 元，原告村委会承担 18664.10 元；被告建六处承担 7998.90 元。鉴定费 60000 元，原告村委会承担 42000 元；被告建六处承担 18000 元。

【分析评论】

本案是一建筑施工合同质量纠纷，在施工中，质量标准的适用问题是非常复杂的。一般来讲，承包人作为建设工程的承揽人，应对工程质量负责，《合同法》、《建筑法》中对此也有规定。但有些情况下，缺陷的成因可能来自于发包人。由此造成的质量缺陷，一概由承包人承担质量责任则有失公允。如在以下情况中，发包人要承担责任：

第一种情况，发包人提供的设计存在缺陷。设计应符合国家和行业相关标准以及合同约定。在通常模式下，发包人委托设计人设计，再将其提供给承包人，发包人应就设计的合要求性对承包人负责。当然发包人在承担责任后，可以再向设计人追偿。

第二种情况，发包人提供或者指定购买的建筑材料、建筑构配件、设备不符合强制性标准。由发包人提供建筑材料、建筑构配件、设备的，发包人应保证其符合设计文件及施工合同的要求，并在采购、运输、仓储、检验等方面遵守严格的操作程序。

另外，施工方按图施工并不能完全免除其质量责任。本案审判过程中被告辩称，其"按原告的施工图纸进行施工，且有原告方施工现场代表签字认可，并验收合格"。但承包商不能以此推卸责任。承包商按图施工、遵守施工方案是基本要求，但是，承包商不是普通人，是具有或应该具有相应的专业知识、技术技能、实践经验和判断能力的专业队伍，同时也有"义务"注意施工方案中是否有明显的缺陷，这一点无论是在国内还是国际建筑市场都是通行的。更何况，施工中的质量标准往往是强制性质量标准，应当把承包人理解为知道工程质量要求。所以不能因为是按照原告的施工图纸进行施工而被免除责任。而且，被告在施工过程中，"灰土配合比不满足设计要求，灰土压实不够"，造成施工质量低下，亦有过错，不能免除其相应的责任。

本案中陕西信远建筑工程司法鉴定所对该基础工程质量进行鉴定的结论表明，原告方有明显的多方面过错，是导致该案事故的主要原因；但被告方也有明确的过错，是导致该案事故的原因之一。据此，原告方应负主要责任，被告方应负次要责任。因而，对于该案的加固方案费用 88 万元双方应依其各自的过错程度承担相应的比例。法院最终判决由被告建六处赔偿原告村委会经济损失 264000 元是合理的。

思 考 题

1. 什么是工程建设标准？
2. 工程建设标准有哪些种类？
3. 工程建设标准在何时应进行复审或修订？
4. 强制性国家标准编号是如何规定的？
5. 工程建设国际标准在我国的适用有哪几种方式？
6. 施工单位违反工程建设强制性标准时将承担何种责任？

第五章 城乡规划法律制度

第一节 概 述

一、城乡规划与城乡规划法

（一）城乡规划的概念

城乡规划是指各级人民政府为实现一定时期内行政区域的经济和社会发展目标，事先依法制定的用以确定规划区的性质、规模和发展方向、土地的合理利用、规划区的空间布局和规划区设施的科学配置的综合部署和具体安排。规划区，是指城市、镇和村庄的建成区以及因城乡建设和发展需要，必须实行规划控制的区域。规划区的具体范围由有关人民政府在组织编制的城市总体规划、镇总体规划、乡规划和村庄规划中，根据城乡经济社会发展水平和统筹城乡发展的需要划定。

（二）城乡规划的作用

城乡规划是城乡建设和城乡管理的基本依据，是保障城乡土地合理利用和开发的基础。城乡规划具有公共政策的属性和作用，可以协调城乡空间布局，改善人居环境，促进城乡经济社会全面、协调、可持续发展。城乡规划还具有综合调控的地位和作用，是政府引导和调控城乡建设和发展的一项重要公共政策，是具有法定地位的发展蓝图。

（三）城乡规划法

城乡规划法规是调整城乡规划中产生的社会关系的法律规范的总称。我国十分重视城乡规划法规的立法工作。1989年12月26日，第七届全国人大常委会第一次会议通过了《中华人民共和国城市规划法》，并且随后颁布了大量的配套法律法规，如《建设项目选址规划管理办法》、《城市规划编制办法》、《开发区规划管理办法》、《城市国有土地使用权出让转让规划管理办法》、《城镇体系规划编制审批办法》等建设部门规章及各地的地方性建设法规等。2007年10月28日，第十届全国人大常委会第三十次会议通过了《中华人民共和国城乡规划法》，自2008年1月1日起施行，同时，《中华人民共和国城市规划法》废止。《中华人民共和国城乡规划法》的颁布实施，标志着中国长期以来实行的"城乡二元结构"的规划制度将得到改变，进入城乡一体化的规划管理时代。

二、城乡规划的分类

依据《城乡规划法》，城乡规划可以分为城镇规划和乡、村庄规划。

（一）城镇规划

城镇规划包括城镇体系规划、城市规划、镇规划。城市规划、镇规划又可以分为总体规划和详细规划。

1. 城镇体系规划

城镇体系是指一定区域范围内在经济社会和空间发展上具有有机联系的城镇群体。城镇体系规划，是一定地域范围内，以区域生产力合理分布和城镇职能分工为依据，确定不同人口规模等级和职能分工的城镇的分布和发展规划。城镇体系规划为政府引导区域城镇发展提供宏观调控的依据和手段，谋求整体性、层次性、关联性、动态性和开发性的协调发展。确立区域城镇发展的战略和政策，防止以邻为壑，合理分配区域资源，建设良好的区域化的基础设施和生态环境，通过合理、妥善的组织，实现城市基础设施及较大型公建的共享，降低区域开发成本，防止城镇间各自为政，重复建设和互相脱节；建立合理的产业结构，防止不正当竞争。

2. 城镇总体规划

城镇总体规划是从宏观上控制城镇土地利用和空间布局，引导城镇合理发展的总体部署。城镇总体规划的主要任务是：综合研究和确定城镇性质、规模和空间发展形态，统筹安排城镇各项建设用地，合理配置城镇各项基础设施，处理好远期发展与近期建设的关系，指导城镇合理发展。

3. 城镇详细规划

城镇详细规划，是指以城镇总体规划或分区规划为依据，对一定时期内城镇局部地区的土地利用、空间环境和各项建设用地所作的具体安排。城镇详细规划是城镇总体规划或分区规划的深化和具体化，对城镇局部地区近期需要建设的房屋建筑、市政工程、公用事业设施、园林绿化、城镇人防工程和其他公共设施作出具体布置的规划。

（二）乡、村庄规划

乡、村庄规划是指为了实现一定时期内的乡、村庄的经济和社会发展目标，而对乡、村庄的性质、规模和发展方向；土地的合理利用；乡、村庄的合理布局所进行的总体设计和具体安排。村庄是指农村村民居住和从事各种生产的聚居点。乡则是县以下的农村行政区域，地域是由村庄组成。对乡进行的规划为乡规划，对村庄的规划为村庄规划。

三、城乡规划的原则

（一）城乡统筹原则

《城乡规划法》体现了党的十七大提出的"城乡、区域协调互动发展机制基本形成"的目标要求。各地在制定城乡规划的过程中应统筹考虑城市、镇、乡和村庄发展，根据各类规划的内容要求和特点，编制好相关规划。实施城乡规划时，要根据城乡特点，强化对乡村规划建设的管理，完善乡村规划许可制度，坚持便民利民和以人为本。

（二）节约资源、保护环境，坚持可持续发展原则

必须充分认识我国人口众多、人均资源短缺和环境容量压力大的基本国情。在制定城乡规划时，认真分析城乡建设发展的资源环境条件，明确为保护环境、资源需要严格控制的区域，合理确定发展规模、建设步骤和建设标准，推进城乡建设发展方式从粗放型向集约型转变，增强可持续发展能力。

（三）关注民生原则

要按照《城乡规划法》的有关要求，落实党的十七大提出的加快推进以改善民生为重点的社会建设的重要战略部署，在制定和实施城乡规划时进一步重视社会公正和改善民生。要有效配置公共资源，合理安排城市基础设施和公共服务设施，改善人居环境，方便群众生活。要关注中低收入阶层的住房问题，做好住房建设规划。要加强对公共安全的研究，提高城乡居民点的综合防灾减灾能力。

（四）提高规划的科学性和规划实施的依法行政

要进一步改进规划编制方法，充实规划内容，落实规划"四线"[即：红线为按照国家规范和相关法规确定的道路规划控制线，紫线为文物保护单位的保护范围界线（具体名单见附表），蓝线为自然湖泊水域规划控制范围线，绿线为规划的城市各类绿地范围的控制线]等强制性内容。要坚持"政府组织、专家领衔、部门合作、公众参与、科学决策"的规划编制组织方式。严格执行规划编制、审批、修改、备案的程序性要求。要按照《城乡规划法》的规定和要求，建立完善规划公开和公众参与的程序和制度。要依法作好城乡规划实施效果的评估和总结。规划的实施要严格按法定程序要求进行，保证规划许可内容和程序的合法性。

（五）先规划后建设原则

要按照《城乡规划法》的要求，依法编制城乡规划，包括近期建设规划、控制性详细规划、乡和村庄规划。坚持以经依法批准的上位规划为依据，编制下位规划不得违背上位规划的要求，编制城乡规划不得违背国家有关的技术标准、规范。各地及城乡规划主管部门必须依据经法定程序批准的规划实施规划管理。县级以上人民政府及其城乡规划主管部门应当按照《城乡规划法》规定的事权进行监督检查，查处、纠正违法行为。

第二节　城乡规划的制定

一、城镇体系规划的编制

（一）城镇体系规划的分类和编制的组织、审批

1. 城镇体系规划的分类

城镇体系规划一般分为全国城镇体系规划，省域（或自治区域）城镇体系规划，市域（包括直辖市、市和有中心城市依托的地区、自治州、盟域）城镇体系规划，县域（包括县、自治县、旗域）城镇体系规划四个基本层次。城镇体系规划区域范围一般按行政区划划定。根据国家和地方发展的需要，可以编制跨行政地域的城镇体系规划。

全国城镇体系规划涉及的城镇应包括设市城市和重要的县城。省域（或自治区区域）城镇体系规划涉及的城镇应包括市、县城和其他重要的建制镇、独立工矿区。市域城镇体系规划涉及的城镇应包括建制镇和独立工矿区。县域城镇体系规划涉及的城镇应包括建制镇、独立工矿区和集镇。

2. 城镇体系规划编制的组织和审批

国务院城乡规划主管部门会同国务院有关部门组织编制全国城镇体系规划，用于指导省域城镇体系规划、城镇总体规划的编制。全国城镇体系规划由国务院城乡规划主管部门报国务院审批。

省、自治区人民政府组织编制省域城镇体系规划，报国务院审批。省域城镇体系规划的内容应当包括：城镇空间布局和规模控制，重大基础设施的布局，为保护生态环境、资源等需要严格控制的区域。省域城镇体系规划，由省或自治区人民政府报经国务院同意后，由国务院城乡规划行政主管部门批复。

市域城镇体系规划，由城市人民政府或地区行署、自治州、盟人民政府组织编制。

县域城镇体系规划，由县或自治县、旗、自治旗人民政府组织编制。

跨行政区域的城镇体系规划，由有关地区的共同上一级人民政府城镇规划行政主管部门组织编制。

市域、县域城镇体系规划纳入城市和县级人民政府驻地镇的总体规划，依据《城乡规划法》实行分级审批。跨行政区域的城镇体系规划，报有关地区的共同上一级人民政府审批。

（二）城镇体系规划的任务、期限和条件

1. 城镇体系规划的任务

城镇体系规划的任务是：综合评价城镇发展条件；制定区域城镇发展战略；预测区域人口增长和城镇化水平；拟定各相关城镇的发展方向与规模；协调城镇发展与产业配置的时空关系；统筹安排区域基础设施和社会设施；引导和控制区域城镇的合理发展与布局；指导城镇总体规划的编制。

2. 城镇体系规划的期限

城镇体系规划的期限一般为 20 年。

3. 城镇体系规划的条件

编制城镇体系规划应具备区域城镇的历史、现状和经济社会发展基础资料以及必要的勘察测量资料。资料由承担编制任务的单位负责收集，有关城镇和部门协助提供。

（三）城镇体系规划的内容

城镇体系规划一般应当包括下列内容：①综合评价区域与城镇的发展和开发建设条件；②预测区域人口增长，确定城镇化目标；③确定本区域的城镇发展战略，划分城镇经济区；④提出城镇体系的功能结构和城镇分工；⑤确定城镇体系的等级和规模结构；⑥确定城镇体系的空间布局；⑦统筹安排区域基础设施、社会设施；⑧确定保护区域生态环境、自然和人文景观以及历史文化遗产的原则和措施；⑨确定各时期重点发展的城镇，提出近期重点发展城镇的规划建议；⑩提出实施规划的政策和措施。

跨行政区域城镇体系规划的内容和深度，由组织编制机关根据规划区域的实际情况确定。

（四）城镇体系规划的成果

城镇体系规划的成果包括城镇体系规划文件和主要图纸。

1. 城镇体系规划文件

城镇体系规划文件包括规划文本和附件。规划文本是对规划的目标、原则和内容提出规定性和指导性要求的文件。附件是对规划文本的具体解释，包括综合规划报告、专题规划报告和基础资料汇编。

2. 城镇体系规划主要图纸

城镇体系规划主要图纸：①城镇现状建设和发展条件综合评价图；②城镇体系规划图；③区域社会及工程基础设施配置图；④重点地区城镇发展规划示意图。图纸比例：全国用 1∶250 万，省域用 1∶100 万～1∶50 万，市域、县域用 1∶50 万～1∶10 万。重点地区城镇发展规划示意图用 1∶5 万～1∶1 万。

二、城镇总体规划的编制

（一）城镇总体规划编制的组织和审批

城市人民政府组织编制城市总体规划。直辖市的城市总体规划由直辖市人民政府报国务院审批。省、自治区人民政府所在地的城市以及国务院确定的城市的总体规划,由省、自治区人民政府审查同意后,报国务院审批。其他城市的总体规划,由城市人民政府报省、自治区人民政府审批。

县人民政府组织编制县人民政府所在地镇的总体规划,报上一级人民政府审批。其他镇的总体规划由镇人民政府组织编制,报上一级人民政府审批。

根据实际需要,在编制总体规划前可以编制城镇总体规划纲要;大、中城市可以在总体规划的基础上编制分区规划。

(二)城镇总体规划纲要的任务、内容和成果

1. 城镇总体规划纲要的任务

城镇总体规划纲要的主要任务是:研究确定城镇总体规划的重大原则,并作为编制城镇总体规划的依据。

2. 城镇总体规划纲要的内容

城镇总体规划纲要应当包括下列内容:①论证城镇国民经济和社会发展条件,原则确定规划期内城镇发展目标;②论证城镇在区域发展中的地位,原则确定市(县)域城镇体系的结构与布局;③原则确定城镇性质、规模、总体布局,选择城镇发展用地,提出城镇规划区范围的初步意见;④研究确定城镇能源、交通、供水等城镇基础设施开发建设的重大原则问题,以及实施城镇规划的重要措施。

3. 城镇总体规划纲要的成果

城镇总体规划纲要的成果包括文字说明和必要的示意性图纸。

(三)城镇总体规划的任务和期限

1. 城镇总体规划的任务

城镇总体规划的主要任务是:综合研究和确定城镇性质、规模和空间发展形态,统筹安排城镇各项建设用地,合理配置城镇各项基础设施,处理好远期发展与近期建设的关系,指导城镇合理发展。

2. 城镇总体规划的期限

城市总体规划、镇总体规划的规划期限一般为20年。城市总体规划还应当对城市更长远的发展作出预测性安排。近期建设规划是总体规划的一个组成部分,应当对城市近期的发展布局和主要建设项目作出安排。近期建设规划期限一般为五年。

(四)城镇总体规划的内容

城市总体规划、镇总体规划的内容应当包括:城市、镇的发展布局,功能分区,用地布局,综合交通体系,禁止、限制和适宜建设的地域范围,各类专项规划等。城市总体规划具体包括下列内容:①设市城市应当编制市域城镇体系规划,县(自治县、旗)人民政府所在地的镇应当编制县域城镇体系规划。市域和县域城镇体系规划的内容包括:分析区域发展条件和制约因素,提出区域城镇发展战略,确定资源开发、产业配置和保护生态环境、历史文化遗产的综合目标;预测区域城镇化水平,调整现有城镇体系的规模结构、职能分工和空间布局,确定重点发展的城镇;原则确定区域交通、通讯、能源、供水、排水、防洪等设施的布局;提出实施规划的措施和有关技术经济政策的建议;②确定城市性质和发展方向,划定城市规划区范围;③提出规划期内城市人口及用地发展规模,确定城市建设与发展用地的空间布局、功能分区,以及市中心、区中心位置;④确定城市对外交

通系统的布局以及车站、铁路枢纽、港口、机场等主要交通设施的规模、位置，确定城市主、次干道系统的走向、断面、主要交叉口形式，确定主要广场、停车场的位置、容量；⑤综合协调并确定城市供水、排水、防洪、供电、通讯、燃气、供热、消防、环卫等设施的发展目标和总体布局；⑥确定城市河湖水系的治理目标和总体布局，分配沿海、沿江岸线；⑦确定城市园林绿地系统的发展目标及总体布局；⑧确定城市环境保护目标，提出防治污染措施；⑨根据城市防灾要求，提出人防建设、抗震防灾规划目标和总体布局；⑩确定需要保护的风景名胜、文物古迹、传统街区，划定保护和控制范围，提出保护措施，历史文化名城要编制专门的保护规划；⑪确定旧区改建、用地调整的原则、方法和步骤，提出改善旧城区生产、生活环境的要求和措施；⑫综合协调市区与近郊区村庄、集镇的各项建设，统筹安排近郊区村庄、集镇的居住用地、公共服务设施、乡镇企业、基础设施和菜地、园地、牧草地、副食品基地，划定需要保留和控制的绿色空间；⑬进行综合技术经济论证，提出规划实施步骤、措施和方法的建议；⑭编制近期建设规划，确定近期建设目标、内容和实施部署。

建制镇总体规划的内容可以根据其规模和实际需要适当简化。

（五）城镇总体规划定额指标

1. 人口指标

按照城镇人口规模划分，大城市是指市区和近郊区非农业人口五十万以上的城市，中等市是指市区和近郊区非农业人口二十万以上，不满五十万的城市。小城市是指市区和近郊区非农业人口不满二十万的城市。小城市和镇为二十万和二十万人口以下。国家实行严格控制大城市规模、合理发展中等城市和小城市的方针，促进生产力和人口的合理布局。

2. 生活用地指标

城镇居民居住用地等指标应当符合表 5-1 要求。其中

城镇居民居住用地面积　　　　　　　　　　表 5-1

项 目	平均每居民用地（平方米）	
	近 期	远 期
居住用地	8～11	12～19
公共建筑用地	6～8	9～13
公共绿地	3～5	7～11
道路广场用地	6～10	11～14
其他用地	1	1
合 计	24～35	40～58

（1）公共建筑用地指标

城镇公共建筑定额指标一般采用三级，即市级、居住区级和小区级。居住区的人口规模一般按四五万人考虑，小区的人口规模一般按一万人左右考虑。城市公共建筑用地定额，近期为 6～8 平方米/人，其中市级为 1 平方米/人，居住区级为 1.5～2.0 平方米/人，小区级为 3.5～5.0 平方米/人。远期为 9～13 平方米/人。

（2）道路广场用地指标

城镇道路广场定额指标一般采用三级，其用地定额近期为 6～10 平方米/人，其中市级为 3.5～5 平方米/人，居住区级为 1.5～2 平方米/人，小区级为 1～3 平方米/人。远期

为 11~14 平方米/人。

1) 道路分类和宽度。道路分类和宽度要求如下：

一级道路（设计车速为 60~80 公里/小时），机动车的车行道不少于 4 条，每条宽 3.75 米。非机动车的车行道宽度不小于 6~7 米。机动车与非机动车的车行道之间必须设分隔带。道路总宽度为 40~70 米。一级道路与其他道路交叉时，应当设置立体交叉，近期未能修建时，可预留用地。

二级道路（设计车速为 40~60 公里/小时），机动车的车行道不少于 4 条，每条宽 3.5 米。非机动车的车行道宽度不小于 5 米。机动车与非机动车的车行道之间设分隔带。道路总宽度为 30~60 米。

三级道路（设计车速为 30~40 公里/小时），机动车的车行道不少于 2 条，每条宽 3.5 米。非机动车的车行道宽度不小于 5 米。机动车与非机动车的车行道之间可设分隔带，在设分隔带时，非机动车道的宽度不小于 3 米。道路总宽度为 20~40 米。

四级道路（设计车速为 30 公里/小时以下），机动车的车行道不少于 2 条，每条宽 3.5 米。机动车与非机动车的车行道之间可设分隔带，道路总宽度为 16~30 米。

城镇道路的分级，应根据城镇的不同性质、规模和道路功能、交通量等情况选用。特大城市的主干道可考虑采用一级道路标准，次干道可考虑采用二级道路标准，居住区级道路可采用三级道路标准。大、中城市的主干道可考虑采用二级道路标准，次干道可考虑采用三级道路标准，居住区级道路可采用四级道路标准。小城市的主干道可以考虑采用三级道路标准，次干道可采用四级道路标准。

此外，根据城镇的不同情况，还可以规划自行车专用道、有轨电车专用道、商业步行道等专用道路。

2) 干道间距和密度。城镇干道之间的距离一般为 800~1200 米。城镇干道密度一般为 2~3 公里/平方公里。

3) 广场和停车场。全市性的广场、公用停车场、交通广场面积算入道路广场用地。凡人流集中的大型公共建筑，必须设置机动车停车场、自行车停车场。停车场面积应根据公共建筑的性质、规模具体确定。其面积计入该公共建筑用地。每辆自行车停车面积可按 1.0 平方米计算，每辆小汽车可按 14~16 平方米计算，每辆大客车可按 36~40 平方米计算。

(3) 公共绿地指标

城镇公共绿地定额采用三级，即市级、居住区级、小区级。城镇公共绿地定额近期为 3~5 平方米/人，其中市级为 1 平方米/人，居住区级为 1~2 平方米/人，小区级为 1~2 平方米/人。远期为 7~11 平方米/人。公共绿地的内容，包括全市性公园、区域性公园、动物园、开放性的植物园、儿童公园、街头绿地、小区级绿地和不小于 8 米宽的林荫带。但不包括行道树、防风林带的远郊风景游览区。

(六) 城镇总体规划的成果

城镇总体规划的成果是城镇总体规划的文件及主要图纸。

1. 总体规划文件

总体规划文件包括规划文本和附件，规划说明及基础资料收入附件。规划文本是对规划的各项目标和内容提出规定性要求的文件，规划说明是对规划文本的具体解释。

2. 总体规划图纸

总体规划图纸包括：市（县）域城镇布局现状图、城市现状图、用地评定图、市（县）域城镇体系规划图、城市总体规划图、道路交通规划图、各项专业规划图及近期建设规划图。图纸比例：大、中城市为1/10000～1/25000，小城市为1/5000～1/10000，其中建制镇为1/5000，市（县）域城镇体系规划图的比例由编制部门根据实际需要确定。

（七）分区规划的编制

1. 编制分区规划的主要任务

编制分区规划的主要任务是：在总体规划的基础上，对城市土地利用、人口分布和公共设施、城市基础设施的配置作出进一步的安排，以便与详细规划更好地衔接。

并不是所有的城镇都需要分区规划，大、中城市可以在总体规划的基础上编制分区规划。按照《城乡规划法》的规定，城市规划、镇规划分为总体规划和详细规划，则分区规划应当列为总体规划。

2. 分区规划的内容

分区规划应当包括下列内容：①原则规定分区内土地使用性质、居住人口分布、建筑及用地的容量控制指标；②确定市、区、居住区级公共设施的分布及其用地范围；③确定城市主、次干道的红线位置、断面、控制点坐标和标高，确定支路的走向、宽度以及主要交叉口、广场、停车场位置和控制范围；④确定绿地系统、河湖水面、供电高压线走廊、对外交通设施、风景名胜的用地界线和文物古迹、传统街区的保护范围，提出空间形态的保护要求；⑤确定工程干管的位置、走向、管径、服务范围以及主要工程设施的位置和用地范围。

3. 分区规划的成果

分区规划的成果是分区规划文件及主要图纸。分区规划文件包括规划文本和附件，规划说明及基础资料收入附件；分区规划图纸包括：规划分区位置图、分区现状图、分区土地利用及建筑容量规划图、各项专业规划图。图纸比例为1/5000。

三、城镇详细规划的编制

城镇详细规划分为控制性详细规划和修建性详细规划。根据城市规划的深化和管理的需要，一般应当编制控制性详细规划，以控制建设用地性质、使用强度和空间环境，作为城市规划管理的依据，并指导修建性详细规划的编制。对于当前要进行建设的地区，应当编制修建性详细规划，用以指导各项建筑和工程设施的设计和施工。

（一）城镇详细规划编制的组织和审批

城市人民政府城乡规划主管部门根据城市总体规划的要求，组织编制城市的控制性详细规划，经本级人民政府批准后，报本级人民代表大会常务委员会和上一级人民政府备案。镇人民政府根据镇总体规划的要求，组织编制镇的控制性详细规划，报上一级人民政府审批。县人民政府所在地镇的控制性详细规划，由县人民政府城乡规划主管部门根据镇总体规划的要求组织编制，经县人民政府批准后，报本级人民代表大会常务委员会和上一级人民政府备案。

城市、县人民政府城乡规划主管部门和镇人民政府可以组织编制重要地块的修建性详细规划。修建性详细规划应当符合控制性详细规划。

(二)城镇详细规划的任务

城镇详细规划的主要任务是：以总体规划或者分区规划为依据，详细规定建设用地的各项控制指标和其他规划管理要求，或者直接对建设作出具体的安排和规划设计。

(三)城镇详细规划的内容

1. 控制性详细规划的内容

控制性详细规划应当包括下列内容：①详细规定所规划范围内各类不同使用性质用地的界线，规定各类用地内适建、不适建或者有条件地允许建设的建筑类型；②规定各地块建筑高度、建筑密度、容积率、绿地率等控制指标；规定交通出入口方位、停车泊位、建筑后退红线距离、建筑间距等要求；③提出各地块的建筑体量、体型、色彩等要求；④确定各级支路的红线位置、控制点坐标和标高；⑤根据规划容量，确定工程管线的走向、管径和工程设施的用地界线；⑥制定相应的土地使用与建筑管理规定。

2. 修建性详细规划的内容

修建性详细规划应当包括下列内容：①建设条件分析及综合技术经济论证；②作出建筑、道路和绿地等的空间布局和景观规划设计，布置总平面图；③道路交通规划设计；④绿地系统规划设计；⑤工程管线规划设计；⑥竖向规划设计；⑦估算工程量、拆迁量和总造价，分析投资效益。

(四)城镇详细规划的定额指标

1. 居住区定额指标

(1)居住区用地指标。居住区用地指标应当符合表5-2要求：

居住区用地指标　　　　　　　　　　表5-2

项　目	平均每居民用地（平方米）	项　目	平均每居民用地（平方米）
小区用地	14.5~22	居住区级道路广场用地	1.5~2
居住区级公共建筑用地	1.5~2	其他用地	1
居住区级公共绿地	1~2	合　计	19.5~29

(2)居住区级公共建筑定额。居住区级公共建筑定额，每居民占建筑面积0.61~0.73平方米，每居民占用地面积为1.5~2.0平方米。

2. 小区定额指标

(1)小区用地指标。小区用地指标应当符合表5-3要求：

小区用地指标　　　　　　　　　　表5-3

项　目	平均每居民用地（平方米）	项　目	平均每居民用地（平方米）
居住用地（住宅层数按4~6层计）	8~11	小区级道路用地	1~3
小区级公共建筑用地	3.5~5	其他用地	1
小区级公共绿地	1~2	合　计	14.5~2

(2)居住建筑技术指标。居住建筑技术指标应当符合以下要求：①平均每人居住面积：5平方米。②住宅平面系数：52%~54%。③房屋间距：各地可根据住宅建筑布局形式、日照、通风、绿化、防火、管线埋设等要求，结合当地具体条件，综合考虑，分别确定房屋间距。在条状建筑呈行列式布置时，原则上按当地冬至日，住宅底层日照时间不少

于一小时的要求,计算房屋间距。④住宅建筑层数:大、中、城市以五、六层为主,小城市、工矿区和卫星城以四、五层为主。

(3) 居住建筑密度指标。居住建筑密度:四层一般可按 26% 左右,五层一般可按 23% 左右,六层不低于 20%。

(4) 小区级公共建筑定额。小区级公共建筑定额按人口平均,每居民占建筑面积 1.0~1.45 平方米,每居民占用地面积 3.5~5.0 平方米。

(五) 城镇详细规划的成果

1. 控制性详细规划的成果

控制性详细规划的重构是文件和图纸。控制性详细规划文件包括规划文本和附件,规划说明及基础资料收入附件。规划文本中应当包括规划范围内土地使用及建筑管理规定;控制性详细规划图纸包括:规划地区现状图、控制性详细规划图纸。图纸比例为1/1000~1/2000。

2. 修建性详细规划的成果

修建性详细规划的成果是文件和图纸。修建性详细规划文件为规划设计说明书;修建性详细规划图纸包括:规划地区现状图、规划总平面图、各项专业规划图、竖向规划图、反映规划设计意图的透视图。图纸比例为 1/500~1/2000。

四、乡、村庄规划的编制

(一) 乡、村庄规划编制的组织、审批和内容

乡、镇人民政府组织编制乡规划、村庄规划,报上一级人民政府审批。村庄规划在报送审批前,应当经村民会议或者村民代表会议讨论同意。编制乡、村庄规划,一般分为乡、村总体规划和乡、村建设规划两个阶段进行。

乡规划、村庄规划的内容应当包括:规划区范围,住宅、道路、供水、排水、供电、垃圾收集、畜禽养殖场所等农村生产、生活服务设施、公益事业等各项建设的用地布局、建设要求,以及对耕地等自然资源和历史文化遗产保护、防灾减灾等的具体安排。乡规划还应当包括本行政区域内的村庄发展布局。

乡、村庄规划期限,由省、自治区、直辖市人民政府根据本地区实际情况规定。

(二) 乡、村庄规划编制的原则

乡规划、村庄规划应当从农村实际出发,尊重村民意愿,体现地方和农村特色。乡、村庄规划编制应当遵循以下原则:①根据国民经济和社会发展计划,结合当地经济发展的现状和要求,以及自然环境、资源条件和历史情况等,统筹兼顾,综合部署村庄和集镇的各项建设;②处理好近期建设与远景发展、改造与新建的关系,使村庄、集镇的性质和建设的规模、速度和标准,同经济发展和农民生活水平相适应;③合理用地,节约用地,各项建设应当相对集中,充分利用原有建设用地,新建、扩建工程及住宅应当尽量不占用耕地和林地;④有利生产,方便生活,合理安排住宅、乡(镇)村企业、乡(镇)村公共设施和公益事业等的建设布局,促进农村各项事业协调发展,并适当留有发展余地;⑤保护和改善生态环境,防治污染和其他公害,加强绿化和村容镇貌、环境卫生建设。

(三) 乡、村总体规划

乡、村总体规划,是乡级行政区域内村庄和集镇布点规划及相应的各项建设的整体部署。乡、村总体规划的主要内容包括:乡级行政区域的村庄、集镇布点,村庄和集镇的位

置、性质、规模和发展方向,村庄和集镇的交通、供水、供电、邮电、商业、绿化等生产和生活服务设施的配置。

(四)乡、村建设规划

乡、村建设规划,应当在乡、村总体规划指导下,具体安排乡、村的各项建设。

乡建设规划的主要内容包括:住宅、乡村企业、乡村公共设施、公益事业等各项建设的用地布局、用地规模,有关的技术经济指标,近期建设工程以及重点地段建设具体安排。

村庄建设规划的主要内容,可以根据本地区经济发展水平,参照集镇建设规划的编制内容,主要对住宅和供水、供电、道路、绿化、环境卫生以及生产配套设施作出具体安排。

五、城乡规划编制单位和注册规划师制度

(一)总体要求

城乡规划组织编制机关应当委托具有相应资质等级的单位承担城乡规划的具体编制工作。

从事城乡规划编制工作应当具备下列条件,并经国务院城乡规划主管部门或者省、自治区、直辖市人民政府城乡规划主管部门依法审查合格,取得相应等级的资质证书后,方可在资质等级许可的范围内从事城乡规划编制工作:①有法人资格;②有规定数量的经国务院城乡规划主管部门注册的规划师;③有规定数量的相关专业技术人员;④有相应的技术装备;⑤有健全的技术、质量、财务管理制度。

规划师执业资格管理办法,由国务院城乡规划主管部门会同国务院人事行政部门制定。

(二)城乡规划设计单位的登记和资质管理

1. 城乡规划设计单位登记的条件

城乡规划设计单位,是指按照国家规定经批准设立,持有国家行业主管部门颁发的《城乡规划设计证书》,从事城乡规划设计的单位。城乡规划设计单位从事经营性城乡规划设计活动,实行有偿服务的,应经工商行政管理机关核准登记注册,领取营业执照后,方可进行。未经核准登记注册,不得开展经营活动。

城乡规划设计单位申请登记注册,应当具备下列条件:①有国家规定的机构、编制审批部门批准成立的文件;②有国家行业主管机关颁发的《城乡规划设计证书》;③有国家授予经营管理的财产;④有健全的财会制度,能够实行独立经济核算;⑤注册资金不得少于人民币二十万元,并有与其经营范围相适应的场所和技术人员;⑥法律、法规规定的其他条件。

2. 城乡规划设计单位的业务范围和从业的地域范围

城乡规划设计单位在保证完成政府指令性任务的前提下,可面向社会开展有关城乡规划、建设的技术咨询服务和工程设计等业务。

城乡规划设计单位可从事以下业务:

(1)城镇规划设计。包括:区域城镇体系规划;总体规划;分区规划;详细规划(包括控制性详细规划和修建性详细规划);风景区及村镇规划;建设项目选址和布局的可行性研究等。

(2) 城乡规划和建设的咨询服务。包括：①对城乡发展目标和方向的研究，为城乡建设发展战略的宏观决策提供依据；②对部门或地区的发展规划、计划，国土及自然资源的综合开发利用，城乡建设规划和环境保护规划等进行技术和经济论证；③受有关部门委托对工程建设项目进行立项、选址的可行性研究或对可行性研究方案进行综合评价论证；④建设项目规划方案的比较、论证；⑤为部门或建设单位提供技术情报、信息服务、咨询服务；⑥论著评价、研究成果的鉴定评议；⑦代编城乡规划建设项目招投标文件或评定投标，代编城乡规划设计条件书。

(3) 工程设计。城乡规划设计单位在申请上述业务时，可申请与主营业务相关的兼营业务，如本单位开发的技术产品、规划专业的技术培训等。

甲级城乡规划设计单位应按核准登记的经营范围在全国范围内承担任务，并向项目所在地工商行政管理机关备案后，方可开展经营活动；乙级城乡规划设计单位限于在本地区和省（自治区、直辖市）内承担任务，跨省（自治区、直辖市）承担任务的，须经本地城乡规划行政主管部门或项目所在地省级城乡规划行政主管部门批准同意，并向项目所在地工商行政管理机关备案后方可进行经营活动；丙级和丁级城乡规划设计单位限于承担本市范围内的任务。

3. 甲级城乡规划设计单位应当具备的条件

(1) 甲级城市规划设计单位应是技术力量雄厚，专业配置齐全。单位专业技术人员级配合理，高级技术职称与其他技术人员比例不小于1：5，其中城市规划专业有二名以上高级技术职称人员，建筑、经济、道路交通、园林绿化、给水排水、电力、电信、燃气热力、区域规划、环保等专业至少有15名具有大专以上学历、从事规划设计十五年以上的技术骨干。

(2) 单位独立承担过两次20万人口以上城市总体规划编制（含修改或调整）任务。

(3) 单位专业技术具有国内同行业先进水平，近五年内有过下列成就之一者：获得两项部、省级以上优秀城市规划设计奖；具有一定科研力量，近五年内获得两项以上部、省级以上科技进步奖；近五年内承担过国家、部级标准、规范、定额的编制工作。

(4) 单位有先进的技术装备，其中计算机（32位以上微机）及配套辅助设备齐全，并有一定计算机软件开发能力。

(5) 单位有健全的技术、质量、经营、财务管理制度，有较高的综合管理水平，持有省、部级全面质量管理达标验收合格证书和财务管理达到省、部级三级标准。

取得甲级证书的城市规划设计单位，承担规划设计任务的范围不受限制。

4. 乙级城乡规划设计单位应当具备的条件

(1) 乙级城市规划设计单位应是技术力量强，专业配置齐全，专业技术人员级配合理，高级技术职称与其他技术人员比例不小于1：6，其中城市规划专业有两名以上高级技术职称人员，建筑、经济、道路交通、园林绿化、给水排水、电力、电信、燃气热力、区域规划、环保等专业至少有10名具有大专以上学历、从事城市规划设计十年以上的技术骨干。

(2) 单位独立承担过两次设市城市总体规划编制（含修改或调整）任务。

(3) 单位近五年内有过下列成就之一者：获得一项省级以上优秀设计奖；近五年获一项省级科技进步奖；近五年内承担过省级标准、规范、定额的编制工作。

（4）单位有较先进的配套技术装备和计算机应用设备。

（5）单位有一定的综合管理水平，持有市以上全面质量管理达标验收证书和市级财务达标。

取得乙级证书的城市规划设计单位，可以承担下列规划设计：①受本省或本市委托承担本省或本市规划设计任务范围不受限制；②20万人口以下城市总体规划和各种专项规划的编制（含修改或调整）；③各种详细规划；④研究拟定大型工程项目选址意见书。

5. 丙级城乡规划设计单位应当具备的条件

（1）丙级城市规划设计单位具有较强的技术力量，专业较齐全。单位专业技术人员二十五人以上，其中城市规划专业有两名以上中级技术职称人员，建筑、经济、道路交通、园林绿化、给水排水等专业至少有6名七年以上城市规划设计实践经验的技术骨干。

（2）单位独立承担过两次以上建制镇总体规划编制（含修改或调整）任务。

（3）单位有必要的技术装备。

（4）单位有一定的管理能力，能按全面质量管理要求进行质量管理，有必要的质量、技术、财务、行政管理制度。

取得丙级证书的城市规划设计单位可以承担下列规划设计：①当地及建制镇总体规划编制和修订；②中、小城市的各种详细规划；③当地各种专项规划；④中、小型工程项目选址的可行性研究。

6. 丁级城乡规划设计单位应当具备的条件

（1）丁级城市规划设计单位应有一定的技术力量，专业技术人员十人以上，其中至少有三名五年以上城市规划设计实践经验的技术骨干。

（2）单位承担过城市规划设计任务。

（3）有必需的技术手段，有质量、技术等管理制度。

取得丁级证书的城市规划设计单位，可以承担下列规划设计：①小城市及建制镇的各种详细规划；②当地各种小型专项规划设计；③小型工程项目选址的可行性研究。

7. 资质审批与管理

城市规划设计单位的资格，实行分级审批制度。甲、乙级规划设计单位的资格由国家城市规划行政主管部门审批，丙、丁级城市规划设计单位的资格由各省、自治区、直辖市的城市规划行政主管部门审批。

申请甲、乙级资格的单位经省、自治区、直辖市城市规划行政主管部门初审，并签署意见后，报国家城市规划主管部门，经国家城市规划资格审查委员会审定，由国家城市规划行政主管部门颁发资格证书。申请丙、丁级资格的单位，经当地城市规划行政主管部门初审并签署意见后，报省、自治区、直辖市城市规划主管部门，经省、自治区、直辖市城市规划资格审查委员会审定，由各省、自治区、直辖市城市规划行政主管部门颁发资格证书，并将取得证书单位名单报送国家城市规划行政主管部门备案。

城市规划设计资格每三年由原初审部门进行一次检查或复查，对确实具备条件升级的单位可按本办法办理升级手续；对不具备所持证书等级条件的，应报原发证部门降低其资格等级或收回其证书。

持有城市规划设计资格证书的单位应承揽与本单位资格等级相符的规划设计任务；跨省、自治区、直辖市承揽规划设计任务的单位应持证书副本到任务所在地的省一级城市规划行政主管部门进行申报，认可后即可承担规划设计任务。

城市规划设计单位提交的设计文件，必须在文件封面注明单位资格等级和证书编号。审查规划设计文件时要核实城市规划设计单位的资格。

(三) 注册规划师执业资格制度

1. 注册规划师的概念和配备岗位

注册规划师是指通过全国统一考试，取得注册规划师执业资格证书，并经注册登记后从事城市规划业务工作的专业技术人员。注册规划师执业资格制度属职业资格证书制度范畴，纳入专业技术人员执业资格制度的统一规划，由国家确认批准。

凡城市规划部门和单位，应在其相应的城市规划编制、审批，城市规划实施管理，城市规划政策法规研究制定，城市规划技术咨询，城市综合开发策划等关键岗位配备注册规划师。

2. 考试

注册规划师执业资格考试实行全国统一大纲、统一命题、统一组织的办法。原则上每年举行一次。

凡中华人民共和国公民，遵纪守法并具备以下条件之一者，可申请参加注册规划师执业资格考试：①取得城市规划专业大专学历，并从事城市规划业务工作满6年。②取得城市规划专业大学本科学历，并从事城市规划业务工作满4年；或取得城市规划相近专业大学本科学历，并从事城市规划业务工作满5年。③取得通过评估的城市规划专业大学本科学历，并从事城市规划业务工作满3年。④取得城市规划相近专业硕士学位，并从事城市规划业务工作满3年。⑤取得城市规划专业硕士学位或相近专业博士学位，并从事城市规划业务工作满2年。⑥取得城市规划专业博士学位，并从事城市规划业务工作满1年。⑦国务院相关部门规定的其他条件。

注册规划师执业资格考试合格者，由各省、自治区、直辖市人事部门颁发人力资源和社会保障部统一印制、国务院人事部门和规划行政主管部门用印的中华人民共和国注册规划师执业资格证书。

3. 注册

国务院规划行政主管部门及各省、自治区、直辖市规划行政主管部门负责注册规划师的注册管理工作。各级人事部门对注册规划师的注册情况有检查、监督的责任。

取得注册规划师执业资格证书申请注册的人员，可由本人提出申请，经所在单位同意后报所在地省级城市规划行政主管部门审查，统一报国务院规划行政主管部门注册登记。经批准注册的申请人，由国务院规划行政主管部门核发《注册规划师注册证》。

申请注册的人员必须同时具备以下条件：①遵纪守法，恪守注册规划师职业道德；②取得注册规划师执业资格证书；③所在单位考核同意；④身体健康，能坚持在注册规划师岗位上工作。再次注册者，应经单位考核合格并有参加继续教育、业务培训的证明。

注册规划师每次注册有效期为三年。有效期满前三个月，持证者应当重新办理注册登记。

4. 权利和义务

注册规划师应严格执行国家有关城市规划工作的法律、法规和技术规范，秉公办事，维护社会公众利益，保证工作成果质量。

注册规划师对所经办的城市规划工作成果的图件、文件以及建设用地和建设工程规划许可文件有签名盖章权，并承担相应的法律和经济责任。

注册规划师有权对违反国家有关法律、法规和技术规范的要求及决定提出劝告。

注册规划师应保守工作中的技术和经济秘密。

注册规划师不得同时受聘于两个或两个以上单位执行城市规划业务。不得准许他人以本人名义执行业务。

注册规划师应按规定接受专业技术人员继续教育，不断更新知识，提高工作水平，参加规定的专业培训和考核，并作为重新注册登记的必备条件之一。

第三节　城乡规划的实施

一、城乡规划公示制度

《城乡规划法》第 8 条规定："城乡规划组织编制机关应当及时公布经依法批准的城乡规划。但是，法律、行政法规规定不得公开的内容除外。"第 40 条规定："城市、县人民政府城乡规划主管部门或者省、自治区、直辖市人民政府确定的镇人民政府应当依法将经审定的修建性详细规划、建设工程设计方案的总平面图予以公布。"

规划公示内容包括城乡规划编制公示、城乡规划实施管理公示、城乡规划监察监督公示和城乡规划管理政务公开公示。规划公示可采用固定场所（电子显示屏、规划展览等）、新闻媒体（广播、电视台、报纸等）、网络（政府网站）和公告牌等方式，其中在建的建设项目必须设立建设项目工程规划许可公告牌。规划公示应建立意见采集和反馈机制，公布意见箱（包括网站意见箱）和联系、监督电话，及时收集反馈意见。在公示期满后，要根据公众意见提出处理方案，形成公示结果，作为行政上报和许可审批的参考依据。

城乡规划编制前后都要公示，城镇体系规划、城乡总体规划（含分区规划）、详细规划（包括控制性详细规划和修建性详细规划），以及单独编制的专项规划：主要包括历史文化名城、名镇、名村保护规划，历史街区保护规划，风景名胜区规划，园林绿化规划，环境卫生设施规划，环境保护规划，城乡水环境规划，防洪规划，商业网点布局规划，中小学布点规划，以及其他必须公示的专项规划，还有以上规划的重大变更，都应当进行批前公示和批后公告。

涉及选址和建设用地规划要公示。在进行下列建设项目时，规划部门在核发选址意见书或建设用地规划许可证前应当进行批前公示：对城乡环境和布局有较大影响的，重要的大型市政基础设施、公共设施，对相邻建筑周边关系或环境有较大影响的，风景名胜区范围内的，历史街区和文物保护单位控制地带内的。选址意见书或建设用地规划许可证、规划设计方案的批前公示应当设置意见箱，公布联系电话。公示期满后，应整理、汇总公众意见，形成公示结果，作为建设项目规划审批资料的附件。在符合有关强制性技术规定、规范的前提下，公众意见应当作为规划方案修改的重要参考依据。

建立完善城乡规划公示制度的目的，是便于公民了解城乡规划，便于公民参与城乡规划，便于公民监督城乡规划。无论是事关全局的城乡总体规划，还是一般性的建设项目，只要它对城乡风貌及周围环境有影响，其规划就必须得到社会公众的认可。

二、城乡建设应当遵循的规划要求

（一）城镇建设应当优先安排基础设施

基础设施是实现国家或区域经济效益、社会效益、环境效益的重要条件，对区域经济的发展具有重要作用。首先，基础设施是区域经济发展的物质基础和支撑条件，虽然大多数设施不生产物质产品，但却是物质产品社会化再生产过程中必备条件，缺少这些设施，各项事业都难以维持和发展。其次，基础设施是生产力要素的一种体现，它反映了一个现代化社会的物质生活丰富程度。如人类社会从人力、畜力、自然力发展到机械力进入到电力运用，不能不说是社会技术进步和现代化的体现。现在。先进的卫星通信和电子邮件，高速的交通设施，超高压电网和大容量的给水排水工程无不显示出一个国家和地区的现代化程度。同时，这也是人们追求现代物质文明的重要目标。第三，基础设施是拉动经济增长的有效途径基础设施是一个产业关联度大，劳动密集型的部门。它的建设与一、二、三产业都密切相关，是一种生产性消费，需要消耗大量的钢铁、建材、木材、机械和人力，建设投资中的60%左右成为实物形态的固定资产，40%左右转化为劳动者工资收入和生活消费基金，可以创造更多的就业岗位，为劳动力素质不高的农村剩余劳动力和下岗职工提供新的就业机会，增加工资收入，从而推动日用消费品市场的兴旺。这种"乘数效应"的结果，必然拉动国民经济的增长。2008年爆发金融危机后，我国中央政府决定投资人民币4万亿元刺激经济，这4万亿元主要用于基础设施建设。

因此，城市的建设和发展，应当优先安排基础设施以及公共服务设施的建设。镇的建设和发展，应当结合农村经济社会发展和产业结构调整，优先安排供水、排水、供电、供气、道路、通信、广播电视等基础设施和学校、卫生院、文化站、幼儿园、福利院等公共服务设施的建设，为周边农村提供服务。

（二）乡村建设应当因地制宜

乡、村庄的建设和发展，应当因地制宜、节约用地，发挥村民自治组织的作用，引导村民合理进行建设，改善农村生产、生活条件。

我国的乡村，长期依靠自然经济发展，且由于我国幅员辽阔，乡村之间的差异非常巨大，各地的乡村建设应当因地制宜。但是，节约用地则是共同的要求，因为我国人均土地资源很少，必须节约用地才能让乡村公民在有限的土地上进行合理建设，享受建设的成果。

（三）城市新区建设应当尽量利用现有条件

城市新区开发是指按照城市总体规划，在城市现有建成区以外一定地段，进行集中成片、综合配套的开发建设活动。新区开发是随着城市经济与社会发展、城市规模扩大，为了满足城市日益增长的生产、生活需要，逐步实现城市不同阶段发展目标而推进的城市开发活动，它是城市建设和发展的重要组成部分。

城市新区的开发和建设，应当合理确定建设规模和时序，充分利用现有市政基础设施和公共服务设施，严格保护自然资源和生态环境，体现地方特色。在城市总体规划、镇总体规划确定的建设用地范围以外，不得设立各类开发区和城市新区。

城市新区开发的内容一般包括以下几个方面：

1. 普通的新区开发建设

普通的新区开发建设主要是为了解决城市建成区内由于历史原因或发展过快而形成的

布局混乱、密度过高、负荷过重等弊端，或为了比较完整地保护古城的完整风貌，在建成区外围进行集中成片的开发建设，以达到疏散和降低旧区人口密度、调整缓解旧区压力、完善改造旧区环境的目的。

2. 经济技术开发区的建设

经济技术开发区是随着我国经济体制改革和对外开放政策的实施而出现的一种特定经济区，它建设在城市的特定地区，通过提供优惠政策，创造良好的投资环境，达到吸引外资、引进先进技术和进行横向经济协作的目的。

3. 卫星城镇的开发建设

卫星城镇的开发建设主要是为了有效地控制大城市市区的人口和用地规模，按照总体规划要求，将市区需要搬迁的项目或新建的大中型项目安排到周围的小城镇去，有计划、有重点地开发建设这些小城镇，逐步形成以大城市为中心的、比较完善的城镇体系。

4. 新工矿区的开发建设

新工矿区的开发建设，是指国家和地方政府根据矿产资源开发和加工需要，在城市郊区或郊县建设大、中型工矿企业，并逐步形成相对独立的工矿区。

(四) 旧城区的改建应当保护历史文化遗产和传统风貌

旧城是城市在长期历史发展演变过程中逐步形成的进行政治、经济、文化、社会活动的居民集聚区。旧城区的改建，应当保护历史文化遗产和传统风貌，合理确定拆迁和建设规模，有计划地对危房集中、基础设施落后等地段进行改建。城市旧城改造最终目标是要改善环境质量、交通运输和生活居住条件，加强城市基础设施和公共设施建设，提高城市综合功能。改造的重点是对危房集中、设施简陋、交通阻塞、污染严重的地区进行综合整治，通过成片拆除重建或局部调整改建的方法，使各项设施逐步配套完整。城市旧城，特别是历史文化名城和少数民族地区城市的旧城改造应当充分体现传统风貌、民族特点和地方特点。市、县人民政府应采取有效措施，切实保护具有重要历史意义、革命纪念意义、文化艺术和科学价值的文物古迹和风景名胜；有选择地保护一定数量代表城市传统风貌的街区、建筑物和构筑物，划定保护区和建设控制地区。

历史文化名城、名镇、名村的保护以及受保护建筑物的维护和使用，应当遵守有关法律、行政法规和国务院的规定。

三、建设项目选址意见书

(一) 建设项目选址意见书的概念和适用的建设项目

建设项目选址意见书，是指建设工程在立项过程中，上报的设计任务书必须附有由城市规划行政主管部门提出的关于建设项目选定哪个城市或者选在哪个方位的意见。

按照国家规定需要有关部门批准或者核准的建设项目（包括新建、扩建、改建工程项目），以划拨方式提供国有土地使用权，建设单位在报送有关部门批准或者核准前，应当向城乡规划主管部门申请核发选址意见书。其他建设项目不需要申请选址意见书。

(二) 建设项目选址意见书的内容

建设项目选址意见书应当包括下列内容：

1. 建设项目的基本情况

主要是建设项目名称、性质、用地与建设规模，供水与能源的需求量，采取的运输方式与运输量，以及废水、废气、废渣的排放方式和排放量。

2. 建设项目规划选址的主要依据

建设项目规划选址的主要依据包括：①经批准的项目建议书；②建设项目与城市规划布局的协调；③建设项目与城市交通、通信、能源、市政、防灾规划的衔接与协调；④建设项目配套的生活设施与城市生活居住及公共设施规划的衔接与协调；⑤建设项目对于城市环境可能造成的污染影响，以及与城市环境保护规划和风景名胜、文物古迹保护规划的协调。

3. 建设项目选址、用地范围和具体规划要求

建设项目选址意见书应当明确建设项目选址、用地范围和具体规划要求，这是建设项目选址意见书的结论。

（三）建设项目选址意见书的管理和审批

县级以上人民政府城市规划行政主管部门负责本行政区域内建设项目选址和布局的规划管理工作。

城市规划行政主管部门应当了解建设项目建议书阶段的选址工作。各级人民政府计划行政主管部门在审批项目建议书时，对拟安排在城市规划区内的建设项目，要征求同级人民政府城市规划行政主管部门的意见。城市规划行政主管部门应当参加建设项目设计任务书阶段的选址工作，对确定安排在城市规划区内的建设项目从城市规划方面提出选址意见书。设计任务书报请批准时，必须附有城市规划行政主管部门的选址意见书。

建设项目选址意见书，按建设项目计划审批权限实行分级规划管理。县人民政府计划行政主管部门审批的建设项目，由县人民政府城市规划行政主管部门核发选址意见书；地级、县级市人民政府计划行政主管部门审批的建设项目，由该市人民政府城市规划行政主管部门核发选址意见书；直辖市、计划单列市人民政府计划行政主管部门审批的建设项目，由直辖市、计划单列市人民政府城市规划行政主管部门核发选址意见书；省、自治区人民政府计划行政主管部门审批的建设项目，由项目所在地县、市人民政府城市规划行政主管部门提出审查意见，报省、自治区人民政府城市规划行政主管部门核发选址意见书；中央各部门、公司审批的小型和限额以下的建设项目，由项目所在地县、市人民政府城市规划行政主管部门核发选址意见书；国家审批的大中型和限额以上的建设项目，由项目所在地县、市人民政府城市规划行政主管部门提出审查意见，报省、自治区、直辖市、计划单列市人民政府城市规划行政主管部门核发选址意见书，并报国务院城市规划行政主管部门备案。

对符合手续的项目，各级人民政府城市规划行政主管部门应在规定的审批期限内核发选址意见书，不得无故拖延。

四、建设用地规划许可证

（一）建设用地规划许可证的概念

建设用地规划许可证制度，是由个人和单位提出建设用地申请，城市规划行政主管部门根据规划和建设项目的用地需要，确定建设用地位置、面积、界限的法定凭证。

（二）划拨建设用地规划许可证的管理

在城市、镇规划区内以划拨方式提供国有土地使用权的建设项目，经有关部门批准、核准、备案后，建设单位应当向城市、县人民政府城乡规划主管部门提出建设用地规划许可申请，由城市、县人民政府城乡规划主管部门依据控制性详细规划核定建设用地的位

置、面积、允许建设的范围,核发建设用地规划许可证。

建设单位在取得建设用地规划许可证后,方可向县级以上地方人民政府土地主管部门申请用地,经县级以上人民政府审批后,由土地主管部门划拨土地。

(三)出让建设用地规划许可证的管理

1. 出让建设用地规划许可证的行政管理机关

国务院城市规划行政主管部门负责全国建设用地土地使用权出让、转让规划管理的指导工作。省、自治区、直辖市人民政府城镇规划行政主管部门负责本省、自治区、直辖市行政区域内建设用地土地使用权出让、转让规划管理的指导工作。直辖市、市和县人民政府城镇规划行政主管部门负责城镇规划区内建设用地土地使用权出让、转让的规划管理工作。

2. 出让建设用地土地使用权的规划条件

建设用地土地使用权出让的投放量应当与城镇土地资源、经济社会发展和市场需求相适应。土地使用权出让、转让应当与建设项目相结合。城镇规划行政主管部门和有关部门要根据城镇规划实施的步骤和要求,编制建设用地土地使用权出让规划和计划,包括地块数量、用地面积、地块位置、出让步骤等,保证建设用地土地使用权的出让有规划、有步骤、有计划地进行。

在城市、镇规划区内以出让方式提供国有土地使用权的,在国有土地使用权出让前,城市、县人民政府城乡规划主管部门应当依据控制性详细规划,提出出让地块的位置、使用性质、开发强度等规划条件,作为国有土地使用权出让合同的组成部分。未确定规划条件的地块,不得出让国有土地使用权。

具体的要求为:出让的地块,必须具有城镇规划行政主管部门提出的规划设计条件及附图。规划设计条件应当包括:地块面积,土地使用性质,容积率,建筑密度,建筑高度,停车泊位,主要出入口,绿地比例,须配置的公共设施、工程设施,建筑界线,开发期限以及其他要求。附图应当包括:地块区位和现状,地块坐标、标高,道路红线坐标、标高,出入口位置,建筑界线以及地块周围地区环境与基础设施条件。国有土地使用权出让、转让合同必须附具规划设计条件及附图。

城市用地分等定级应当根据城市各地段的现状和规划要求等因素确定。土地出让金的测算应当把出让地块的规划设计条件作为重要依据之一。在城市政府的统一组织下,城镇规划行政主管部门应当和有关部门进行城市用地分等定级和土地出让金的测算。

城市、县人民政府城乡规划主管部门不得在建设用地规划许可证中,擅自改变作为国有土地使用权出让合同组成部分的规划条件。

规划条件未纳入国有土地使用权出让合同的,该国有土地使用权出让合同无效;对未取得建设用地规划许可证的建设单位批准用地的,由县级以上人民政府撤销有关批准文件;占用土地的,应当及时退回;给当事人造成损失的,应当依法给予赔偿。

3. 建设用地规划许可证的领取

以出让方式取得国有土地使用权的建设项目,在签订国有土地使用权出让合同后,建设单位应当持建设项目的批准、核准、备案文件和国有土地使用权出让合同,向城市、县人民政府城乡规划主管部门领取建设用地规划许可证。

4. 转让建设用地的规划管理

通过出让获得的土地使用权再转让时，受让方应当遵守原出让合同附具的规划设计条件，并由受让方向城镇规划行政主管部门办理登记手续。受让方如需改变原规划设计条件，应当先经城镇规划行政主管部门批准。受让方在符合规划设计条件外为公众提供公共使用空间或设施的，经城镇规划行政主管部门批准后，可给予适当提高容积率的补偿。受让方经城镇规划行政主管部门批准变更规划设计条件而获得的收益，应当按规定比例上交地方政府。

五、建设工程规划许可证

（一）建设工程规划许可证的概念

建设工程规划许可证，是指由城乡规划规主管部门核发的、用于确认建设工程是否符合城乡规划要求的许可证。建设工程规划许可证可以分为城镇建设工程规划许可证和乡村建设规划许可证两类。城镇建设工程规划许可证制度在1989年颁布的《城市规划法》中就确定下来了，而乡村建设规划许可证制度是2007年颁布的《城乡规划法》新确立的一项制度。

（二）城镇建设工程规划许可证的申请和核发

在城市、镇规划区内进行建筑物、构筑物、道路、管线和其他工程建设的，建设单位或者个人应当向城市、县人民政府城乡规划主管部门或者省、自治区、直辖市人民政府确定的镇人民政府申请办理建设工程规划许可证。

申请办理建设工程规划许可证，应当提交使用土地的有关证明文件、建设工程设计方案等材料。需要建设单位编制修建性详细规划的建设项目，还应当提交修建性详细规划。对符合控制性详细规划和规划条件的，由城市、县人民政府城乡规划主管部门或者省、自治区、直辖市人民政府确定的镇人民政府核发建设工程规划许可证。

城市、县人民政府城乡规划主管部门或者省、自治区、直辖市人民政府确定的镇人民政府应当依法将经审定的修建性详细规划、建设工程设计方案的总平面图予以公布。

广义的城镇建设工程规划许可证包括三部分，本建设工程规划许可证（狭义的城镇建设工程规划许可证）、本建设工程规划许可证附件以及本工程设计图。狭义的建设工程规划许可证包括下列内容：①许可证编号；②发证机关名称和发证日期；③用地单位；④用地项目名称、位置、宗地号以及子项目名称、建筑性质、栋数、层数、结构类型；⑤计容积率面积及各分类面积；⑥附件包括总平面图、各层建筑平面图、各向立面图和剖面图。

（三）乡村建设规划许可证的申请和核发

在乡、村庄规划区内进行乡镇企业、乡村公共设施和公益事业建设的，建设单位或者个人应当向乡、镇人民政府提出申请，由乡、镇人民政府报市、县人民政府城乡规划主管部门核发乡村建设规划许可证。在乡、村庄规划区内使用原有宅基地进行农村村民住宅建设的规划管理办法，由省、自治区、直辖市制定。

在乡、村庄规划区内进行乡镇企业、乡村公共设施和公益事业建设以及农村村民住宅建设，不得占用农用地；确需占用农用地的，应当依照《中华人民共和国土地管理法》有关规定办理农用地转用审批手续后，由城市、县人民政府城乡规划主管部门核发乡村建设规划许可证。

建设单位或者个人在取得乡村建设规划许可证后，方可办理用地审批手续。

（四）规划条件的变更

建设单位应当按照规划条件进行建设；确需变更的，必须向城市、县人民政府城乡规划主管部门提出申请。变更内容不符合控制性详细规划的，城乡规划主管部门不得批准。城市、县人民政府城乡规划主管部门应当及时将依法变更后的规划条件通报同级土地主管部门并公示。

建设单位应当及时将依法变更后的规划条件报有关人民政府土地主管部门备案。

（五）临时建设的规划批准

在城市、镇规划区内进行临时建设的，虽然不需要申请建设工程规划许可证，但应当经城市、县人民政府城乡规划主管部门批准。临时建设影响近期建设规划或者控制性详细规划的实施以及交通、市容、安全等的，不得批准。临时建设应当在批准的使用期限内自行拆除。

临时建设和临时用地规划管理的具体办法，由省、自治区、直辖市人民政府制定。

（六）对建设工程是否符合规划条件予以核实

县级以上地方人民政府城乡规划主管部门按照国务院规定对建设工程是否符合规划条件予以核实。未经核实或者经核实不符合规划条件的，建设单位不得组织竣工验收。

建设单位应当在竣工验收后六个月内向城乡规划主管部门报送有关竣工验收资料。

第四节 城乡规划的修改

一、省域城镇体系规划、城镇总体规划的修改

省域城镇体系规划、城市总体规划、镇总体规划的组织编制机关，应当组织有关部门和专家定期对规划实施情况进行评估，并采取论证会、听证会或者其他方式征求公众意见。组织编制机关应当向本级人民代表大会常务委员会、镇人民代表大会和原审批机关提出评估报告并附具征求意见的情况。

有下列情形之一的，组织编制机关方可按照规定的权限和程序修改省域城镇体系规划、城市总体规划、镇总体规划：①上级人民政府制定的城乡规划发生变更，提出修改规划要求的；②行政区划调整确需修改规划的；③因国务院批准重大建设工程确需修改规划的；④经评估确需修改规划的；⑤城乡规划的审批机关认为应当修改规划的其他情形。

修改省域城镇体系规划、城市总体规划、镇总体规划前，组织编制机关应当对原规划的实施情况进行总结，并向原审批机关报告；修改涉及城市总体规划、镇总体规划强制性内容的，应当先向原审批机关提出专题报告，经同意后，方可编制修改方案。

修改后的省域城镇体系规划、城市总体规划、镇总体规划，应当依照《城乡规划法》规定的相应规划审批程序报批。

二、详细规划的修改

修改控制性详细规划的，组织编制机关应当对修改的必要性进行论证，征求规划地段内利害关系人的意见，并向原审批机关提出专题报告，经原审批机关同意后，方可编制修改方案。修改后的控制性详细规划，应当依照《城乡规划法》规定的控制性详细规划审批程序报批。控制性详细规划修改涉及城市总体规划、镇总体规划的强制性内容的，应当先修改总体规划。

修改乡规划、村庄规划的，应当依照《城乡规划法》规定的乡规划、村庄规划审批程序报批。

城市、县、镇人民政府修改近期建设规划的，应当将修改后的近期建设规划报总体规划审批机关备案。

在选址意见书、建设用地规划许可证、建设工程规划许可证或者乡村建设规划许可证发放后，因依法修改城乡规划给被许可人合法权益造成损失的，应当依法给予补偿。

经依法审定的修建性详细规划、建设工程设计方案的总平面图不得随意修改；确需修改的，城乡规划主管部门应当采取听证会等形式，听取利害关系人的意见；因修改给利害关系人合法权益造成损失的，应当依法给予补偿。

案 例 分 析

【案例1】 贵州省电子联合康乐公司不服贵阳市城市规划局拆除违法建筑行政处理决定案

原告：贵州省电子联合康乐公司。

法定代表人：陈德忠，总经理。

委托代理人：赵永康、高煜明，贵州省行政经济法律服务中心干部。

被告：贵州省贵阳市城市规划局。

法定代表人：马文峰，局长。

委托代理人：章根香、申马季，贵阳市第三律师事务所律师。

原告贵州省电子联合康乐公司不服被告贵州省贵阳市城市规划局作出的对其违法建筑拆除的决定，向贵阳市中级人民法院提起行政诉讼。

原告贵州省电子联合康乐公司诉称：被告贵阳市城市规划局作出的令原告限期拆除违法建筑决定所依据的事实不清，适用法律、法规错误。原告新建的儿童乐园大楼曾经贵阳市城市管理委员会同意，且报送给被告审批。该工程虽然修建手续不全，但不属于严重违反城市规划。请求法院撤销被告的限期拆除房屋决定。庭审中，原告又提出变更被告的拆除决定为罚款，保留房屋的诉讼请求。

被告贵阳市城市规划局未提出答辩。

贵阳市中级人民法院经审理查明：1992年8月初，原告贵州省电子联合康乐公司欲在贵阳市主干道瑞金北路南端西侧修建一幢儿童乐园大楼，向贵阳市城市管理委员会和云岩区城市管理委员会提出申请。市、区城管会分别签署了"原则同意，请规划局给予支持，审定方案，办理手续"的意见。原告将修建计划报送被告贵阳市城市规划局审批。原告在被告尚未审批，没有取得建设工程规划许可证的情况下，于8月23日擅自动工修建儿童乐园大楼。同年12月9日，被告和市、区城管会的有关负责人到施工现场，责令原告立即停工，并写出书面检查。原告于当日向被告作出书面检查，表示愿意停止施工，接受处理。但是原告并未停止施工。

1993年2月20日，被告根据《中华人民共和国城市规划法》第三十二条、第四十条，《贵州省关于〈中华人民共和国城市规划法实施办法〉》第二十三条、第二十四条的规定，作出违法建筑拆除决定书，限令原告在1993年3月7日前自行拆除未完工的违法修建的儿童乐园大楼。原告不服，向贵州省城乡建设环境保护厅申请复议。贵州省城乡建设环境保护厅于1993年4月7日作出维持贵阳市城市规划局的违法建筑拆除决定。在复议期间,原告仍继续施工,致使建筑面积为1730平方米的六层大楼主体工程基本完工。

上述事实,经庭审调查核实,原、被告双方均无争议。

贵阳市中级人民法院认为:原告新建儿童乐园大楼虽经城管部门原则同意,并向被告申请办理有关建设规划手续,但在尚未取得建设工程规划许可证的情况下即动工修建,违反了《中华人民共和国城市规划法》第三十二条"建设单位或者个人在取得建设工程规划许可证件和其他有关批准文件后,方可申请办理开工手续"的规定,属违法建筑。贵阳市城市规划局据此作出限期拆除违法建筑的处罚决定并无不当。鉴于该违法建筑位于贵阳市区主干道一侧,属城市规划区的重要地区,未经规划部门批准即擅自动工修建永久性建筑物,其行为本身就严重影响了该区域的整体规划,且原告在被告制止及作出处罚决定后仍继续施工,依照《贵州省关于〈中华人民共和国城市规划法〉实施办法》和《贵阳市城市建设规划管理办法》的规定,属从重处罚情节,故原告以该建筑物不属严重影响城市规划的情节为由,请求变更被告的拆除大楼的决定为罚款保留房屋的意见不予支持。依照《中华人民共和国行政诉讼法》第五十四条第(一)项的规定,该院于1993年5月21日判决:维持贵阳市城市规划局作出的违法建筑拆除决定。

第一审宣判后,原告贵州省电子联合康乐公司不服,以"原判认定的事实不清,适用法律有错误"为由,向贵州省高级人民法院提出上诉,请求撤销原判,改判为罚款保留房屋,并补办修建手续。被告贵阳市城市规划局提出答辩认为,第一审判决认定事实清楚,适用法律、法规正确,符合法定程序,应依法维持。

贵州省高级人民法院在二审期间,1993年10月20日,上诉人贵州省电子联合康乐公司主动提出:"服从和执行贵阳市中级人民法院的一审判决,申请撤回上诉。"贵州省高级人民法院经审查认为:上诉人无证修建儿童乐园大楼属严重违法建筑的事实存在,被上诉人作出拆除该违法房屋建筑的处罚决定合法。上诉人自愿申请撤回上诉,依照行政诉讼法第五十一条的规定,于1993年11月1日作出裁定:准许上诉人贵州省电子联合康乐公司撤回上诉。双方当事人按贵阳市中级人民法院的一审判决执行。

至1994年2月,贵州省电子联合康乐公司违法修建的儿童乐园大楼已全部拆除。

【简析】 本案一审法院认定的事实清楚、适用法律得当。原告新建儿童乐园大楼工程的建设和诉讼时,都是《城市规划法》实施期间,因此,应当适用《城市规划法》。《城市规划法》第三十二条规定,"建设单位或者个人在取得工程规划许可证件和其他有关批准文件后,方可申请办理开工手续。"该法第四十条又规定,"在城市规划区内,未取得建设工程规划许可证件或者违反建设工程规划许可证件的规定进行建设,严重影响城市规划的,由县级以上地方人民政府城市规划行政主管部门责令停止建设,限期拆除或者没收违法建筑物、构筑物或者其他设施;影响城市规划,尚可采取改正措施的,由县级以上地方人民政府城市规划行政主管部门责令限期改正,并处罚款。"该违法建筑位于贵阳市区主干道一侧,属城市规划区的重要地区,未经规划部门批准即擅自动工修建永久性建筑物,属于"严重影响城市规划的",被告贵阳市城市规划局作出的违法建筑拆除决定并无不当。

2008年1月1日,《城市规划法》废止,《城乡规划法》开始实施。但本案如果适用《城乡规划法》仍然会得出同样的结果。《城乡规划法》第六十四条规定:"未取得建设工程规划许可证或者未按照建设工程规划许可证的规定进行建设的,由县级以上地方人民政府城乡规划主管部门责令停止建设;尚可采取改正措施消除对规划实施的影响的,限期改正，处建设工程造价百分之五以上百分之十以下的罚款；无法采取改正措施消除影响的，限期拆除，不能拆除的，没收实物或者违法收入，可以并处建设工程造价百分之十以下的罚款。"

思 考 题

1. 简述我国城乡规划的种类。
2. 我国各类城乡规划的审批权限是如何规定的？
3. 建设用地规划许可证取得的程序是什么？
4. 何谓城镇建设工程规划许可证，其核发程序是什么？
5. 如何取得临时建设用地的使用权？
6. 在乡、村规划区内进行乡镇企业建设，应遵循哪些规定？

第六章 土地管理法律制度

第一节 概　　述

一、土地管理法基本概念

1. 土地

土地是地球陆地表层，是人类赖以生存和发展的活动场所，它具有固定性、不可替代性和有限性的特征。所以，世界各国都把它视为最为重要的自然资源，尽量合理开发利用，不断提高其经济价值和社会价值。

根据土地的用途，我国将土地分为三类：农用地、建设用地和未利用土地。农用地是指直接用于农业生产的用地，包括耕地、林地、草地、农田水利用地、养殖水面等。建设用地是指建造建筑物、构筑物的土地，包括城乡住宅和公共设施用地、工矿用地、交通水利设施用地、旅游用地、军事设施用地等。未利用土地是指农用地和建设用地以外的土地。

2. 土地管理法

土地管理法是调整人们在开发、利用和保护土地过程中所形成的权利、义务关系的法律规范的总称。它是我国经济法律体系中重要的法律部门。

我国是一个人口大国，地少人多，人均占有土地仅为 13 亩，不及世界人均占有土地面积的 1/3。我国国土中山地多、平原少，据初步统计，山地高原、丘陵面积约占 69%，平地、盆地只占 31%。尤其是我国还有近一半的国土面积还是戈壁荒漠及崇山峻岭或高原缺氧地区，生存条件恶劣，生态环境十分脆弱，难以承受人类生存所必须进行的相关活动。我国 90% 以上的人口都集中在另一半国土之上，使得人多地少的矛盾更为突出。不少地区人均耕地面积不足联合国规定的人类生存所需的最低耕地面积值（1 亩）。随着人口增加，人地矛盾将更加尖锐。为了加强土地管理，保护有限的土地资源，切实保护耕地，合理利用和开发土地，促进社会经济的持续稳定发展，我国已先后颁行了一系列土地管理的法律法规。

3. 立法概况

现行的土地管理法律法规主要有：《中华人民共和国土地管理法》（1986 年 6 月六届全国人大常委会第 16 次会议通过，1988 年 2 月七届全国人大常委会第 5 次会议、1998 年 8 月九届全国人大常委会第 4 次会议和 2004 年 8 月第十届全国人大常委会第十一次会议三次重新修订）；《中华人民共和国土地管理法实施条例》（1998 年 12 月 27 日国务院颁布，以下简称《实施条例》）；《基本农田保护条例》（1994 年 7 月国务院发布）；《建设用地计划管理办法》（1996 年 9 月国家计委和国家土地管理局联合发布）；国家土地管理局发布的《划拨土地使用权管理暂行办法》（1992 年 3 月）、《土地监察暂行规定》（1995 年 6 月）、《土地权属争议处理暂行办法》（1995 年 12 月）、《土地利用总体规划编制审批规定》(1997年10月)、《确定土地所有权和使用权的若干规定》(1995年3月);国务院发布的《关于加强国有土地资产管理的通知》(2001年5月)、《国务院关于深化改革严格土地管理的决定》(2004年10月)、《国务院关于加强土地调控有关问题的通知》(2006年8月)等。这些法律、法规的颁行,使我国的土地管理纳入了法制轨道。

二、土地所有权

1. 土地所有权的概念

土地所有权是土地所有者依法对其所有的土地行使占有、使用、收益和处分的权利。我国实行的是土地的社会主义公有制,全部土地分属国家(即全民)和劳动群众集体所有,只有国家和劳动群众才享有对土地的所有权。

2. 国家土地所有权

根据《土地管理法》规定,国家对下述范围内的土地享有所有权:①城市市区的土地;②农村和城市郊区中依法没收、征收、征购、收归国有的土地;③依据《森林法》、《草原法》、《渔业法》等相关法律规定不属于集体所有的林地、草地、荒地、滩涂以及其他土地;④国家依法征收的土地;⑤农村集体经济组织全部转为城镇居民的,原属于其成员集体所有的土地;⑥因国家组织移民、自然灾害等原因,农民成建制地集体迁移后不再使用的原属于迁移农民集体所有的土地。

国有土地的所有权由国务院代表国家行使,其他任何单位和个人都不得侵占、买卖或以其他形式非法转让国有土地。

国有土地范围大、数量多,国家不可能也没必要将所有土地都归自己使用。所以,《土地管理法》进一步规定,国有土地除国家使用外,其使用权还可以通过出让、划拨等方式转让给其他单位或个人。

3. 集体土地所有权

在我国,享有集体土地所有权的只能是农民集体,可分为村农民集体所有和乡(镇)农民集体所有。属于村农民集体所有的,由村集体经济组织或村民委员会(村民小组)经营、管理;属于乡(镇)农民集体所有的,由乡(镇)集体经济组织经营、管理。

《土地管理法》及有关法规规定,农民集体享有所有权的土地范围是:①农村和城市郊区中除法律规定属于国家所有以外的全部土地;②农村的宅基地和自留地、自留山;③乡(镇)或村在集体所有的土地上修建并管理的道路、水利设施用地等。

农村集体经济组织可以对其所有的土地行使占有、使用、收益和处分的权利,也可依法转让、抵押和租赁,但不得自行将土地非法转让为乡(镇)村建设以外的建设用地。

4. 土地所有权的确定和确认

《实施条例》规定,国家依法实行土地登记发证制度,依法登记的土地所有权受法律保护,任何单位和个人都不得侵犯,并对各种情况下土地所有权的划分和确定都作了具体规定。

农民集体所有的土地,由县级以上人民政府登记造册(处于设区的市辖区内农民集体所有的土地,由市人民政府登记造册),核发集体土地所有权证书,确认其所有权。

土地所有权发生争议的,不能依法证明争议的土地是属于农民集体所有的,则属于国家所有。

当公共利益需要时,如修桥、修路、建水库、机场等,国家可以征收集体所有土地,将其变为国有，但必须依法给予补偿。

三、土地使用权

1. 土地使用权的概念

土地使用权是指土地使用人根据法律、合同的规定，在法律允许的范围内，对国家或集体所有的土地所享有的占有、使用、一定收益和在限定范围内进行处分的权利。它是从土地所有权中分离出来的一项权利，具体表现为土地使用人对土地可依法行使利用、出租、转让、抵押等权利。

2. 土地使用权的取得

《土地管理法》规定，国有土地和农民集体所有的土地可以依法确定给单位或个人使用。

土地使用者可以通过国家依法出让、划拨，或通过其他土地使用权人依法转让、继承、获取地上建筑物所有权等方式取得国有土地的使用权。国有土地也可由单位或个人承包，用以进行种植业、林业、畜牧业、渔业生产。

农民集体所有的土地使用权可依法通过承包、转让、继承等方式取得。集体经济组织的成员可承包本单位所有的土地，进行种植业、林业、畜牧业、渔业生产，承包经营期限为30年，其土地承包经营权受法律保护。农民集体所有的土地要承包给本集体经济组织之外的单位或个人经营的，须经村民会议2/3以上成员或2/3以上村民代表的同意，并报乡（镇）人民政府批准。

农民可依法取得宅基地、自留山、自留地的使用权。

按照依法自愿有偿原则，国家允许农民以转包、出租、互换、转让、股份合作等形式流转土地承包经营权，发展多种形式的适度规模经营。有条件的地方可以发展专业大户、家庭农场、农民专业合作社等规模经营主体。土地承包经营权流转，不得改变土地集体所有性质，不得改变土地用途，不得损害农民土地承包权益。

3. 土地使用权的确定和确认

国家土地管理局于1995年3月发布的《确定土地所有权和使用权的若干规定》对国有土地使用权及集体土地使用权的范围和确定办法都作出了十分具体的规定。

《土地管理法》规定，单位和个人依法使用的国有土地，由县级以上人民政府登记造册，核发证书，确认其使用权；其中，中央国家机关使用的国有土地的发证机关，由国务院确定。农民集体所有的土地，依法用于非农业建设的由县级人民政府登记造册，核发集体土地使用权证书，确认其建设用地使用权。

林地、草原、水面、滩涂的使用权，分别依照《中华人民共和国森林法》、《中华人民共和国草原法》、《中华人民共和国渔业法》的有关规定办理。

未确定使用权的国有土地，由县级以上人民政府登记造册，负责保护管理。

第二节 土地利用和保护

一、概述

（一）土地利用和保护的基本国策

土地是十分宝贵的资源和资产，我国土地及耕地的人均数量少，总体质量水平低，后备资源也不富裕。对于土地管理特别是耕地保护这个事关全国大局和中华民族子孙后代的问题,党中央、国务院给予了高度重视,经多次研究,确立了必须"十分珍视和合理利用每寸土地,切实保护耕地"的基本国策,并将之明确写入《土地管理法》的条文中。

但一段时期以来,一些地方乱占耕地、违法批地、浪费土地的问题屡禁不止。一些城市片面追求规模,使得城市建设用地大大超标;一些地方政府盲目征收耕地、林地和宜农荒地兴建高尔夫球场、仿古城、游乐宫、高级别墅及寺庙、教堂、祠堂等建筑;农村多占宅基地;乡镇企业违法占用耕地;村镇非法转让土地进行房地产开发;对承包的耕地弃耕撂荒等现象还十分严重。造成土地资产流失,耕地面积锐减,不仅严重影响了粮食生产和农业发展,也影响了整个国民经济的发展。为此,党中央和国务院多次发文,要求各级政府和全国人民认真贯彻"十分珍视和合理利用每寸土地,切实保护耕地"这一基本国策,严格执行土地管理法,依法管好土地,以保证国民经济的可持续发展,造福于子孙后代。

(二)土地利用和保护的相关制度

为使土地得到科学合理的开发利用,保护好每一寸土地,《土地管理法》中确立了相关制度。主要有:

1. 土地用途管制制度

各级人民政府都要依据国民经济和社会发展规划、国土整治和资源环境保护的要求、土地供给能力以及各项建设对土地的需求,组织编制土地利用总体规划,规定土地用途,控制建设用地总量,严格限制农用地转为建设用地,对耕地实行特殊保护。使用土地的单位和个人都必须严格按照土地利用总体规划确定的用途使用土地。

2. 土地调查制度

县级以上人民政府土地行政主管部门会同同级有关部门对土地的权属、土地利用现状和土地的条件进行调查,并应根据土地调查成果、规划土地用途和国家制定的统一标准,评定土地等级。土地所有者或使用者应当配合调查,并提供有关资料。地方土地利用现状调查结果,经本级人民政府审核,报上一级人民政府批准;全国土地利用现状调查结果,报国务院批准。各级土地利用现状调查结果都应向社会公布。

3. 土地统计制度

县级以上人民政府土地行政主管部门和同级统计部门共同制定统计调查方案,依法进行土地统计,定期发布土地统计资料。土地所有者或使用者应提供有关资料,不得虚报、瞒报、拒报、迟报。

4. 土地监察制度

土地监察是指土地管理部门依法对单位和个人执行和遵守国家土地法律、法规情况进行监督检查以及对土地违法者实施法律制裁的活动。国家土地管理局主管全国土地监察工作;县级以上地方人民政府土地管理部门主管本地土地监察工作;乡(镇)人民政府负责本行政区域内土地监察工作。土地监察工作的内容主要是对单位和个人下述行为的合法性进行监督检查:建设用地行为;建设用地审批行为;土地开发利用行为;土地权属变更和使用权出让行为;土地使用权转让、出租、抵押、终止行为;房地产转让行为及其他行为。

土地管理部门依照国家土地管理法律、法规独立行使土地监察职权,不受其他行政机关、社会团体和个人的干涉。

5. 土地利用状况动态监测制度

国家建立全国土地管理信息系统，对土地利用状况进行动态监测。

二、土地利用总体规划

（一）土地利用总体规划的概念

土地利用总体规划是在综合考虑社会、经济发展需要，国土整治和资源与环境保护要求，土地使用现状及实际供给能力等各项因素的基础上所编制出的一定期限内土地利用的规划。它是国家对土地用途进行管制的依据，使用土地的单位和个人都必须严格按照土地利用总体规划确定的用途来使用土地。

土地利用总体规划按行政区划分为国家、省、地、县、乡五级，分别由各级人民政府负责编制。

土地利用总体规划的期限应与国民经济和社会发展规划相适应，一般为15年，同时还应展望土地利用远景目标和确定分阶段实施的土地利用目标。各级人民政府还应根据土地利用总体规划并结合国民经济和社会发展计划、国家产业政策、建设用地和土地利用实际状况编制土地利用年度计划，并严格执行，以确保土地利用总体规划的落实和施行。

（二）土地利用总体规划的编制

1. 土地利用总体规划的要求

地方各级人民政府必须依据上一级土地利用总体规划来编制本级土地利用总体规划，其建设用地总量不得超过上一级土地利用总体规划中所确定的控制指标。

省、自治区、直辖市人民政府编制的土地利用总体规划，应当确保本行政区域内耕地总量不减少。

县级和乡（镇）土地利用总体规划应当根据需要划定基本农田保护区、土地开垦区、建设用地区和禁止开垦区等，其中乡（镇）土地利用总体规划还应当根据土地使用条件，确定每一块土地的用途，并予以公告。

2. 土地利用总体规划编制的原则

土地利用总体规划编制时必须遵循下列原则：

（1）严格保护基本农田，控制非农田建设占用农用地；

（2）提高土地利用率；

（3）统筹安排各类、各区域用地；

（4）保护和改善生态环境，保障土地的可持续利用；

（5）占用耕地和开发复垦耕地相平衡。

3. 土地总体规划的内容

各级土地利用总体规划的成果包括规划文件、规划图件和规划附件三部分，但内容有所不同。

（1）国家、省、地级土地利用总体规划，应包括以下主要内容：

1）土地利用现状分析。分析土地利用自然与社会经济条件，土地资源数量、质量，土地利用动态变化规律，土地利用结构和分布状况，阐明土地利用特点和存在的问题；

2）土地供需分析。分析现在建设用地、农用地整理的情况；分析后备土地资源开发利用潜力，预测各类用地可供给量；分析研究国民经济和社会发展规划及各业发展规划对用地的需求，预测各类用地需求量；根据土地可供给量和各类用地需求量，分析土地供求趋势；

3）确定规划目标。在分析土地利用现状、供需趋势基础上，提出土地利用远期和近期目标；

4）土地利用结构和布局调整。根据规划目标、土地资源条件和区域生产力布局，确定各业用地规模、重点土地利用区的区域布局和重点建设项目布局；

5）编制规划供选方案。根据土地利用调控措施和保证条件，拟定供选方案，并对每个供选方案实施的可行性进行分析评价，提出推荐方案；

6）拟定实施规划的政策措施。

（2）县级土地利用总体规划，应包括下述主要内容：

1）确定全县土地利用规划目标和任务；

2）合理调整土地利用结构和布局，制定全县各类用地指标，确定土地整理、复垦、开发、保护分阶段任务；

3）划定土地利用区，确定各区土地利用管制规划；

4）安排能源、交通、水利等重点建设项目用地；

5）将全县土地利用指标落实到乡镇；

6）拟定实施规划的措施。

（3）乡级土地利用总体规划，应在分析乡、镇区域内土地利用现状和问题的基础上，重点阐明落实上级规划指标和各类土地利用区的途径和措施。

4. 土地利用总体规划的审批

土地利用总体规划实行分级审批制。

省级土地利用总体规划，报国务院批准。省会城市、人口在100万以上的城市以及国务院指定城市的土地利用总体规划，经省、自治区人民政府审查同意后，报国务院批准。其他土地利用总体规划，皆由省级人民政府批准，其中乡级土地利用总体规划，可由省级人民政府授权其所在的设区的市或自治州人民政府审查批准。

土地利用总体规划一经批准，就必须严格执行。

5. 土地利用总体规划的修改

经批准的土地利用总体规划需修改时，必须报原批准机关审批，未经批准前，不得擅自改变原规划确定的土地用途。

因能源、交通、水利等基础设施的建设，需改变土地利用总体规划的，属国务院批准的建设项目，根据国务院的批准文件修改土地利用总体规划；属省级人民政府批准的建设项目，可根据省级人民政府的批准文件，对原由省级人民政府审查批准的土地利用总体规划进行修改。

三、耕地保护

（一）基本农田保护制度

为保障人们的基本生活需求，促进农业生产和国民经济的发展，国家实行严格的基本农田保护制度。

1. 基本农田及基本农田保护区

基本农田是指根据一定时期人口和国民经济对农产品的需求而确定的长期不得占用及基本农田保护区规划期内不得占用的耕地。长期不得占用的耕地为一级基本农田，规划期内不得占用的为二级基本农田。

基本农田保护区是指为对基本农田实行特殊保护而依照法定程序划定的区域。

各级人民政府必须制定基本农田保护区规划。全国基本农田保护区规划由国务院土地管理部门及农业行政主管部门会同其他有关部门编制,并报国务院批准。省、地、县的基本农田保护区规划由同级人民政府土地管理部门及农业行政主管部门会同其他有关部门根据上一级基本农田保护区规划进行编制,经本级人民政府审定后,报上一级人民政府批准。乡级基本农田保护区规划由乡级人民政府根据县级基本农田保护区规划进行编制,报县级人民政府批准。

2. 基本农田保护区的范围

依法列入基本农田保护区的耕地有:

(1) 经国务院有关主管部门或县级以上人民政府批准确定的粮、棉、油生产基地内的耕地;

(2) 有良好的水利与水土保持设施的耕地,正在实施改造计划以及可以改造的中、低产田;

(3) 蔬菜生产基地;

(4) 农业科研、教学试验田;

(5) 国务院规定应当划入基本农田保护区的其他耕地。

各省、自治区、直辖市划定的基本农田应占本行政区域内耕地的80%以上。基本农田保护区以乡(镇)为单位进行划区定界。

(二) 占用耕地补偿制度

为保护耕地,控制耕地总量的平衡,国家实行占用耕地补偿制度。非农业建设经批准后合法占用耕地的,必须按照依据省、自治区、直辖市人民政府制定的开垦耕地计划、"占多少,垦多少"的原则由占用耕地的单位负责开垦与所占用耕地的数量和质量相当的耕地。省、自治区、直辖市人民政府应监督占用耕地的单位按照计划开垦耕地或按照计划组织开垦耕地,并进行验收。没有条件开垦或开垦的耕地不符合要求的,应当按照省、自治区、直辖市的规定交纳耕地开垦费,专款用于开垦新的耕地。

(三) 鼓励开垦荒地、整治工地,严禁毁损、废弃耕地

1. 鼓励开发未利用的土地

国家鼓励单位和个人按照土地利用总体规划,在保护和改善生态环境、防止水土流失和土地荒漠化的前提下,开发未利用的土地。适宜开发为农业用地的,应当优先开发成农业用地。一次性开发未确定土地使用权的国有荒山、荒地、荒滩600公顷以下的,按省、自治区、直辖市规定的权限由县级以上人民政府审批;600公顷以上的,则由国务院审批。开发未确定使用权的国有荒山、荒地、荒滩从事种植业、林业、畜牧业、渔业生产的,经县级以上人民政府依法批准,可以确定给开发单位或个人长期使用,但使用期限最长不得超过50年。

但开垦未利用的土地,必须经过科学论证和评估,在土地利用总体规划的可开垦的区域内,经依法批准后进行。禁止毁坏森林、草原开垦耕地,禁止围湖造田和侵占江河滩地。对破坏生态环境开垦、围垦的土地,要有计划有步骤地退耕还林、还牧、还湖。

2. 鼓励土地整理

国家鼓励土地整理，县、乡（镇）人民政府应当组织农村集体经济组织，按照土地利用总体规划，对田、水、路、林、村综合整理，提高耕地质量，增加有效耕地面积，改善农业生产条件和生态环境。地方各级人民政府应当采取措施，改造中、低产田，整治闲散地和废弃地。土地整理所新增耕地的60%可用以折抵建设占用耕地的补偿指标。

政府和用地单位都应维护排治工程设施，改良土壤，提高地力，防止土地荒漠化、盐渍化、水土流失和污染土地。

土地整理所需费用，按照谁受益谁负担的原则，由农村集体经济组织和土地使用者共同承担。

3. 严禁毁损、废弃耕地

非农业建设必须节约使用土地，可以利用荒地的，不得占用耕地，可以利用劣地的，不得占用好地。严禁占用耕地建窑、建坟或擅自在耕地上建房、挖砂、采石、采矿、取土等。禁止占用基本农田发展林果业和挖塘养鱼。因挖损、塌陷、压占等造成土地破坏的，用地单位和个人应按照国家有关规定复垦；没有条件复垦或复垦不符合要求的，应交纳土地复垦费，专项用于土地复垦。复垦的土地应当优先用于农业。

已经办理审批手续的非农业建设用耕地，一年内不用又可以耕种和收获的，应由原耕种该幅耕地的集体或个人恢复耕种，也可由用地单位组织耕种；一年以上未动工建设的，应按省、自治区、直辖市的规定缴纳闲置费；连续两年未使用的，经原批准机关批准，由县级以上人民政府无偿收回用地单位的使用权，该幅土地原为农民集体所有的，交由原农业集体经济组织恢复耕种。

承包经营耕地连续两年弃耕抛荒的，原发包单位应终止承包合同，收回发包的耕地。

在城市规划区内，以出让方式取得土地使用权用于房地产开发而闲置的，依照《中华人民共和国城市房地产管理法》办理。该法规定，在超过出让合同约定的动工开发日期满一年而未动工开发的，可征收土地出让金20%以下的土地闲置费；满二年未动工开发的，可无偿收回土地使用权。但因不可抗力或政府、政府有关部门的行为或动工开发必须的前期工作造成动工开发延迟的除外。

第三节　建　设　用　地

一、建设用地的概念

建设用地包括土地利用总体规划中已确定的建设用地和因经济及社会发展的需要，由规划中的非建设用地转成的建设用地。前者可称为规划内建设用地，后者则可称为规划外建设用地。

1. 规划内建设用地

土地利用总体规划内的建设用地，可用于进行工程项目建设。我国土地分属国家和农民集体所有，所以又有国家所有的建设用地和农民集体所有的建设用地。《土地管理法》及《实施条例》规定：

（1）农民集体所有的建设用地只可用于村民住宅建设、乡镇企业建设和乡（镇）村公共设施及公益事业建设等与农业有关的乡村建设，不得出让、转让或出租给他人用于非农业建设。非农业建设确需占用农民集体所有的土地时，必须先由国家将所需土地征为国有，再依法交由用地者使用。

(2) 对于规划为建设用地，而现在实为农用地的土地，在土地利用总体规划确定的建设用地规模范围内，由原批准土地利用总体规划的机关审批，按土地利用年度计划，分批次将农用地批转为建设用地。在为实施城市规划而占用土地时，必须先由市县人民政府按土地利用年度计划拟定农用地转用方案，补充耕地方案、征收土地方案，分批次上报给有批准权的人民政府，由其土地行政主管部门先行审查，提出意见，再经其批准后，方可实施。为实施村庄集镇规划而占用土地的，也需按上述规定报批，但报批方案中没有征收土地方案。在已批准的农用地转为建设用地的范围内，具体建设项目用地可由市、县人民政府批准。

(3) 具体建设项目需占用国有城市建设用地的，其可行性论证中的用地事项，须交土地行政主管部门审查并出具预审报告；其可行性报告报批时，必须附具该预审报告。在项目批准后，建设单位需持有关批准文件，向市、县人民政府土地行政主管部门提出用地申请，由该土地行政主管部门审查通过后，再拟定供地方案，报市县人民政府批准，然后由市县人民政府向建设单位颁发建设用地批准书。

2. 规划外建设用地

土地利用总体规划中，除建设用地外，土地还分为农用地和未利用土地。将国有未利用土地转为建设用地，按各省、自治区、直辖市的相关规定办理，但国家重点建设项目、军事设施和跨省、自治区、直辖市的建设项目以及国务院规定的其他建设项目用地，需报国务院批准。将农用地转为建设用地，对于耕地稀缺的我国来说，会严重影响国民经济的发展和社会的稳定，也与我国切实保护耕地的基本国策不符。因此，《土地管理法》对此作了严格的限制，也规定了严格的审批程序：

(1) 省、自治区、直辖市人民政府批准的道路、管线工程和大型基础设施建设项目、国务院批准的建设项目的用地，涉及农用地转为建设用地的，须经国务院批准；

(2) 其他建设项目的用地，涉及农用地转为建设用地的，由省、自治区、直辖市人民政府批准。

二、国有建设用地

国有建设用地包括属国家所有的建设用地和国家征收的原属于农民集体所有的土地。经批准的建设项目需要使用国有建设用地的，建设单位应持法律、行政法规规定的有关文件，向有批准权的县级以上人民政府土地行政主管部门提出建设用地申请，经土地行政主管部门审查，报本级人民政府批准。国有建设用地可通过有偿使用和划拨两种方式交由建设单位使用。

1. 国有建设用地使用权的划拨

国家从全社会利益出发，进行经济、文化、国防建设以及兴办社会公共事业时，经县级以上人民政府的批准，建设单位可通过划拨的方式取得国有建设用地的使用权。《土地管理法》规定，具体可以划拨的建设用地为：

(1) 国家机关用地和军事用地；
(2) 城市基础设施用地和公益事业用地；
(3) 国家重点扶持的能源、交通、水利等基础设施用地；
(4) 法律、行政法规规定的其他用地。

国务院颁发的《实施条例》中对以划拨方式取得的国家建设用地的审批程序，作出了具体规定。建设单位必须按批准文件的规定使用土地。

2. 国有建设用地使用权的出让

除上述国家建设项目可通过划拨方式取得国家建设用地的使用权外，其他建设项目均须通过有偿使用的方式来取得国有建设用地的使用权，具体包括：国有土地使用权的出让；国有土地租赁；国有土地使用权作价出资或入股。

建设单位应按照国务院规定的标准和办法，缴纳土地使用权出让金等土地有偿使用费和其他费用后，方可使用土地。建设单位必须按土地使用权出让合同或其他有偿使用合同的约定使用土地；确需改变该幅土地建设用途的，应经有关人民政府土地行政主管部门同意，报原批准用地的人民政府批准。在城市规划区内改变土地用途的，在报批前，应先经有关城市规划行政主管部门同意。

3. 国家建设用土地使用权的收回

《土地管理法》规定，出现下列情况时，有关人民政府土地行政主管部门在报经原批准用地的人民政府或有批准权的人民政府批准后，可以将国有建设用地的使用权收回：

（1）为公共利益需要使用土地的；

（2）为实施城市规划进行旧城区改建，需要调整使用土地的；

（3）土地出让等有偿使用合同约定的使用期限届满，土地使用者未申请续期或申请续期未获批准的；

（4）因单位撤销、迁移等原因，停止使用原划拨的国有土地的；

（5）公路、铁路、机场、矿场等经核准报废的。

因（1）、（2）两项而收回国有土地使用权的，国家对土地使用权人应给予适当补偿。

三、国家征收土地

为了理顺市场经济条件下因征收、征用而发生的不同的财产关系，2004年国家立法机关对《宪法》作了修正，紧接着又对《土地管理法》进行了修改，除个别条文外，《土地管理法》中的"征用"全部修改为"征收"。

土地征收和征用既有共同之处，又有不同之处。共同之处在于，都是为了公共利益需要，都要经过法定程序，都要依法给予补偿。不同之处在于，征收主要是所有权的改变，征收后，土地由农民集体所有变为国家所有；而征用只是使用权的改变，征用后，土地所有权仍然属于农民集体，使用结束后需将土地交还给农民集体。简言之，涉及土地所有权改变的，是征收；不涉及所有权改变的，是征用。

《土地管理法》规定，国家为公共利益需要，可以依法对集体所有的土地实行征收。为防止滥征土地和保护农民集体的利益，《土地管理法》对征收土地的审批程序及补偿办法作了具体规定。

1. 征收土地的审批

凡征收基本农田、或征收非基本农田的耕地超过35公顷的、或征收其他土地超过70公顷的，都必须报经国务院批准。征收上述规定以外的其他土地的，由省、自治区、直辖市人民政府批准，并报国务院备案。

征收农用地的，必须依照《实施条例》的下述规定办理审批手续。

（1）可行性论证时，由土地行政主管部门对其用地有关事项进行审查，并提出预审报告，该预审报告必须随可行性研究报告一同报批；

（2）建设单位持建设项目的有关批准文件，向市、县人民政府土地行政主管部门提出建设用地申请，由市、县人民政府土地行政主管部门审查，拟定农用地转用方案、补充耕地方案、征收土地方案和供地方案（涉及国有农用地的，不拟定征收土地方案），经市、县人民政府审核同意后，逐级上报有批准权的人民政府批准；其中，补充耕地方案由批准农用地转用方案的人民政府在批准农用地转用方案时一并批准；供地方案由批准征收土地的人民政府在批准征收土地方案时一并批准（涉及国有农用地的，供地方案由批准农用地转用的人民政府在批准农用地转用方案时一并批准）。

（3）农用地转用方案、补充耕地方案、征收土地方案和供地方案经批准后，由市、县人民政府组织实施，向建设单位颁发建设用地批准书。有偿使用国有土地的，由市、县人民政府土地行政主管部门与土地使用者签订国有土地有偿使用合同；划拨使用国有土地的，由市、县人民政府土地行政主管部门向土地使用者核发国有土地划拨决定书。

（4）土地使用者应当依法申请土地登记

建设项目确需使用土地利用总体规划确定的城市建设用地范围外的土地，涉及农民集体所有的未利用地的，只报批征收土地方案和供地方案。

抢险救灾等急需使用土地的，可以先行使用。其中，属于临时用地的，灾后应恢复原状并交换原土地使用者使用，不再办理用地审批手续；属于永久性建设用地的，建设单位应在灾情结束后 6 个月内申请补办建设用地审批手续。

2. 征收土地的实施

征收土地方案经依法批准后，由被征收土地所在的市、县人民政府组织实施，并将批准征地机关、批准文号、征收土地的用途、范围、面积以及征地补偿标准、农业人员安置办法和办理征地补偿的期限等，在被征收土地所在的乡（镇）、村予以公告。

被征收土地的所有权人、使用权人应当在公告规定的期限内，持土地权属证书到公告指定的人民政府土地行政主管部门办理征地补偿登记。

市、县人民政府土地行政主管部门根据经批准的征收土地方案，会同有关部门拟定征地补偿、安置方案，在被征收土地所在的乡（镇）、村予以公告，听取被征收土地的农村集体经济组织和农民的意见。征收土地的各项费用应当自征地补偿、安置方案批准之日起 3 个月内全额支付。

3. 征收土地的补偿

《土地管理法》规定，征收土地的，用地单位应按照被征收土地的原用途给予补偿。具体规定征收耕地的补偿费应包括土地补偿费、安置补助费以及地上附着物和青苗的补偿费，其补偿标准为：

（1）土地补偿费。为该耕地被征收前三年平均年产值的 6~10 倍。

（2）安置补助费。按需要安置的农业人口数计算，需要安置的农业人口数，等于被征收的耕地的数量除以征地前被征收单位平均每人占有的耕地数。每一个需要安置的农业人口的安置补助费标准，为该耕地被征收前三年每亩平均年产值的 4~6 倍。但每公顷被征收耕地的安置补助费，最高不得超过被征收前三年平均年产值的 15 倍。

（3）地上附着物和青苗补偿费。补偿标准，由省、自治区、直辖市规定。

（4）新菜地开发建设基金。征收的耕地为城市郊区的菜地时，用地单位还应按国家的有关规定缴纳新菜地开发建设基金。

征收其他土地的补偿费标准,由省、自治区、直辖市参照征收耕地的补偿标准另行规定。

按照上述标准支付的土地补偿费和安置补助费,尚不能使需要安置的农民保持原有生活水平的,经省、自治区、直辖市人民政府批准,可以增加安置补助费,但安置补助费和土地补偿费的总和,不得超过土地被征收前3年平均年产值的30倍。

征收土地的补偿费用,除属于个人的地上附着物和青苗的补偿费付给本人外,其余均由被征地单位统一管理、使用。法律规定,统一管理的征地补偿费用只能用于发展生产和安排多余劳动力的就业以及作为不能就业人员的生活补助,不得移作他用。任何单位和个人都不得侵占、挪用被征收土地单位的征地补偿费用。被征地的农村集体经济组织应当将征收土地的补偿费用的收支情况向本集体经济组织的成员公布,接受监督。市县和乡(镇)人民政府也应加强对安置补助费使用情况的监督。

4. 征收土地的劳动力安置

因征收土地后造成的多余劳动力,由县以上土地管理部门组织被征地单位、用地单位和有关单位,通过扩大农副业生产和乡镇企业等途径,加以安置;安置不完的,可以安排符合条件的人员到用地单位或其他全民、集体所有制单位就业。需要安置的人员由农村集体经济组织安置的,安置补助费支付给农村集体经济组织,由农村集体经济组织管理和使用;由其他单位安置的,安置补助费支付给安置单位;不需要统一安置的,安置补助费发放给被安置人员个人或征得被安置人员同意后用于支付被安置人员的保险费用。

被征地单位的土地被全部征收的,经省、自治区、直辖市人民政府审查批准,原有的农业户口可以转为非农业户口。原有的集体所有的财产和所得的土地补偿费、安置补助费,由县级以上地方人民政府与有关乡(镇)村商定处理办法。用于组织生产和就业人员的生活补助。

大、中型水利、水电工程建设征收土地的补偿费标准和移民安置办法,由国务院另行规定。

四、乡(镇)村建设的建设用地

1. 乡(镇)村建设用地的要求

乡镇企业、乡(镇)村公共设施、公益事业、农村村民住宅等乡(镇)村建设,应当按照村庄和集镇规划,合理布局、综合开发,配套建设,尽可能利用荒坡地、废弃地。农村村民一户只能拥有一处宅基地,其面积不得超过省、自治区、直辖市规定的标准。农村村民建住宅,要尽量使用原有的宅基地和村内空间地,有条件的地方,提倡将农村村民的住宅相对集中建成公寓式楼房。通过村镇改造,将适宜耕种的土地调整出来复垦、还耕。

乡镇企业的建设用地,必须严格控制。各省、自治区、直辖市可按乡镇企业的不同行业和经营规模,分别规定用地标准。乡(镇)村建设用地,应当符合乡(镇)土地利用总体规划和土地利用年度计划,并依法办理审批手续。

2. 乡(镇)村建设用地的审批

农村集体经济组织使用乡(镇)土地利用总体规划确定的建设用地兴办企业或以土地使用权入股、联营等方式与其他单位、个人共同兴办企业的,应持有关批准文件,向县级以上地方人民政府土地行政主管部门提出申请,按省、自治区、直辖市规定的批准权限和用地标准，由县级以上地方人民政府批准。

乡（镇）村公共设施、公益事业建设，需要使用土地的，经乡（镇）人民政府审核，向县级以上地方人民政府土地行政主管部门提出申请，按省、自治区、直辖市规定的批准权限，由县级以上地方人民政府批准。

农村村民住宅用地，经乡（镇）人民政府审核，由县级人民政府批准。农村村民出卖、出租住房后，再申请宅基地的，不予批准。

乡（镇）村建设用地中，如涉及占用农用地的，则需依照农用地转为建设用地的有关规定办理。

3. 土地使用权的收回

出现下述情况时，农村集体经济组织报经原批准用地的人民政府批准，可以收回土地使用权。

（1）为乡（镇）村公共设施和公益事业建设需用土地的，可以收回土地使用权，但对土地使用人应给予适当补偿；

（2）不按批准的用途使用土地的；

（3）因撤销、迁移等原因而停止使用土地的。

五、临时用地

建设项目施工和地质勘察需要临时使用国有土地或农民集体所有土地的，由县级以上人民政府土地行政主管部门批准。其中，在城市规划区内的，还应先经有关城市规划行政主管部门同意。土地使用者应当根据土地权属，与有关土地行政主管部门或农村集体经济组织、村民委员会签订临时用地合同，并按合同的约定支付临时使用土地补偿费。

临时用地的使用者应按临时使用土地合同约定的用途使用土地，并不得修建永久性建筑。临时用地为耕地的，临时用地的使用者应自临时用地期满之日起1年内恢复种植条件。

临时使用土地期限一般不超过2年。

第四节　违反土地管理法的责任和处理

一、违反土地管理法的责任

（1）买卖或者以其他形式非法转让土地的，由县级以上人民政府土地行政主管部门没收违法所得，对违反土地利用总体规划擅自将农用地改为建设用地的，限期拆除在非法转让的土地上新建的建筑物和其他设施，恢复土地原状，对符合土地利用总体规划的，没收在非法转让的土地上新建的建筑物和其他设施，可以并处非法所得50%以下的罚款；对直接负责的主管人员和其他直接负责人员，依法给予行政处分；构成犯罪的，依法追究刑事责任。

（2）占用耕地建窑、建坟或者擅自在耕地上建房、挖砂、采石、采矿、取土等，破坏种植条件的，或者因开发土地造成土地荒漠化盐渍化的，由县级以上人民政府土地行政主管部门责令限期改正或者治理，可以并处耕地开垦费2倍以下的罚款；构成犯罪的，依法追究刑事责任。

（3）拒不履行土地复垦义务的，由县级以上人民政府土地行政主管部门责令限期改正;逾期不改正的,责令缴纳复垦费,专项用于土地复垦,可以处以土地复垦费2倍以下的罚款。

(4) 未经批准或者采取欺骗手段骗取批准,非法占用土地的,在土地利用总体规划确定的禁止开垦区内进行开垦的,由县级以上人民政府土地行政主管部门责令限期改正及退还非法占用的土地,对违反土地利用总体规划擅自将农用地改为建设用地的,限期拆除在非法占用的土地上新建的建筑物和其他设施,恢复土地原状,对符合土地利用总体规划的,没收在非法占用的土地上新建的建筑物和其他设施,可以并处非法占用土地30元/平方米以下的罚款;对非法占用土地单位的直接负责的主管人员和其他直接责任人员,依法给予行政处分;构成犯罪的,依法追究刑事责任。超过批准的数量占用土地,多占的土地以非法占用土地论处。

(5) 农村村民未经批准或者采取欺骗手段骗取批准,非法占用土地建住宅的,由县级以上人民政府土地行政主管部门责令退还非法占用的土地,限期拆除在非法占用的土地上新建的房屋。超过省、自治区、直辖市规定的标准,多占的土地以非法占用土地论处。

(6) 无权批准征收、使用土地的单位或者个人非法批准占用土地的,超越批准权限非法批准占用土地的,不按照土地利用总体规划确定的用途批准用地的,或者违反法律规定的程序批准占用、征收土地的,其批准文件无效,对非法批准征收、使用土地的直接负责的主管人员和其他直接责任人员,依法给予行政处分;构成犯罪的,依法追究刑事责任。

(7) 侵占、挪用被征收土地单位的征地补偿费用和其他有关费用,构成犯罪的依法追究刑事责任;尚不构成犯罪的,依法给予行政处分。

(8) 依法收回国有土地使用权,而当事人拒不交出土地的,临时使用土地期限已满拒不归还的,或者不按批准的用途使用国有土地的,由县级以上政府土地行政主管部门责令交还土地,并处以非法占用土地10元/平方米以上,30元/平方米以下的罚款。

(9) 擅自将农民集体所有的土地的使用权出让、转让或者出租用于非农业建设的,由县级以上人民政府土地主管部门责令限期改正,没收违法所得,并处以非法所得5%以上、20%以下的罚款。

(10) 因建设项目施工和地质勘察需要,依法取得临时占用耕地使用权的使用人,在临时用地期满之日起1年内未能恢复临时用地的种植条件的,由县级以上人民政府土地行政主管部门责令限期改正,并可处耕地复垦费2倍以下的罚款。

(11) 违反土地管理法律、法规规定,阻挠国家建设征收土地的,由县级以上人民政府土地行政主管部门责令交出土地;拒不交出土地的,申请人民法院强制执行。

(12) 不按照相关法规定办理土地变更登记的,由县级以上人民政府土地行政主管部门责令其限期办理。

(13) 责令限期拆除在非法占用的土地上新建的建筑物和其他设施的,建设单位或者个人必须立即停止施工,自行拆除;对继续施工的,作出处罚决定的机关有权制止。建设单位或者个人对责令期限拆除的行政处罚决定不服的,可以在接到责令限期拆除决定之日起15日内,向人民法院起诉;期满不起诉又不自行拆除的,由作出处罚决定的机关依法申请人民法院强制执行,费用由违法者承担。

(14) 在临时使用的土地上修建永久性建筑物、构筑物的,由县级以上人民政府土地行政主管部门责令限期拆除;逾期不拆除的,由作出处罚决定的机关依法申请人民法院强制执行。

（15）对在土地利用总体规划制定前已建的不符合土地利用总体规划确定的用途的建筑物、构筑物重建、扩建的，由县级以上人民政府土地行政主管部门责令限期拆除；逾期不拆除的，由作出处罚决定的机关依法申请人民法院强制执行。

（16）土地行政主管部门的工作人员玩忽职守、滥用职权、徇私舞弊，构成犯罪的，依法追究刑事责任；尚不构成犯罪的，依法给予行政处分。

二、违法案件的处理

1. 土地违法案件的处理机关

土地违法案件是指违反土地管理法律、法规，必须追究法律责任的案件。土地违法案件由县级以上地方政府土地管理部门依法处理。

（1）县级土地管理部门处理本行政区域内的下列案件：
1）全民所有制单位、城市集体所有制单位和乡（镇）村集体非法占用土地的案件；
2）城镇非农业户口居民非法占用土地案件；
3）买卖或以其他形式非法转让土地案件；
4）非法批准占用土地案件；
5）非法占用征地补偿费和安置补助费案件；
6）临时使用土地期满不归还，或土地使用权被收回，拒不交出土地的案件；
7）违反法律规定，在耕地上挖土、挖砂、采石、采矿等，严重毁坏种植条件，或因开发土地，造成土地严重沙化、盐渍化、水土流失的案件；
8）侵犯土地所有权或使用权案件；
9）违反土地复垦规定的案件；
10）其他违反土地管理法律、法规的案件；
11）同级人民政府和上级土地管理部门交办的案件。

（2）地、市、州、盟土地管理部门处理下列案件：
1）在本行政区域内有较大影响的案件；
2）同级人民政府和上级土地管理部门交办的案件。

（3）省、自治区、直辖市土地管理部门处理下列案件：
1）在本行政区域内有重大影响的案件；
2）同级人民政府和国家土地管理部门交办的案件。

2. 土地违法案件的立案条件

根据1989年9月国家土地管理局发布的《土地违法案件处理暂行办法》的规定，符合下列条件的土地违法案件，土地管理部门应当立案。

（1）有明确的行为人；
（2）有违反土地管理法律、法规的事实；
（3）依照土地管理法律、法规，应当追究法律责任的；
（4）土地管理部门依法有权处理的。

符合以上立案条件的案件，须填写《土地违法案件立案呈批表》，经土地管理部门主管领导批准后立案。

3. 土地违法案件的处理方式

承办土地违法案件的人员在案件调查结束后。应根据事实和法律，提出《土地违法案件调查报告》，经领导集体审议，分别情况予以处理：

（1）认定举报不实或者证据不足，未发现违法事实的，立案予以撤销。重大案件的撤销，应报上一级土地管理部门备案。

（2）认定违法事实清楚、证据确凿的，土地管理部门依法作出行政处罚决定，发出《土地违法案件行政处罚决定书》，送达当事人。

（3）认定侵犯土地所有权或者使用权的，土地管理部门依法作出处理决定，发出《土地侵权行为处理决定书》，送达当事人。

（4）认定当事人拒绝、阻碍土地管理人员依法执行职务的，应提请公安机关处理。

（5）认定国家工作人员违法，依法应给予行政处分的，须提出书面建议，并附调查报告和有关证据，移送当事人所在单位或者上级机关、行政监察机关处理。处理结果应抄送移送案件的机关。

（6）认定违法行为构成犯罪的，应将案件及时移送司法机关，依法追究刑事责任。

案 例 分 析

【案例1】 1992年，某县某村委会与本村村民高峰签订了100亩果园的承包合同，合同规定：承包期为10年，高峰每年向村委会上交承包款10万元；高峰在承包期间应注意对果园的维护和整治，不得为短期收益而破坏果园的长期生长。合同签订后，高峰一直按时上交承包款项，并为维护果园的地力进行大量投资。1996年，高峰因人手不足，自行将30亩果园转包给本村村民刘平，约定刘平每年上交承包款3万元，村委会当时未对此提出异议。刘平承包30亩果园的第一年就未能按时上交承包款。1997年初，村委会告知刘平，高峰在未征得村委会同意的情况下擅自将一部分果园转包给他，该行为是无效的。刘平以转包时村委会未提出异议为由，与村委会发生争执，最后诉至当地人民法院。

【简析】 本案的关键在于村民高峰和刘平的转包协议是否有效。最高人民法院《关于审理农村承包合同纠纷案件若干问题的意见》第3条规定："转包是指承包人把自己承包项目的部分或全部，以一定条件发包给第三者，由第二份合同的承包人向第一份合同的承包人履行，再由第一份合同的承包人向原发包人履行合同的行为。承包人将承包合同转让或转包给第三者，必须经发包人同意，并不得擅自改变原承包合同的生产经营等内容，否则转让或转包合同无效。"本案中，高峰转包的行为未取得发包人村委会的同意，虽然当时村委会没有表示反对，但并不能就此认定其默示同意，因为根据法理：默示推定必须要有法律明确规定。村委会也没有事后的追认行为。因此，高峰与刘平间的转包合同应当认定为无效，村委会通知刘平其与高峰签订的合同无效，是符合法律规定的。同时，合同无效是由高峰的过错导致，双方除了相互返还外，刘平还可以按照法律规定要求高峰赔偿由此给自己造成的损失。

【案例2】 为吸引外资，尝试开发性移民路径，1999年3月初某县政府与某外商公司经考察、洽谈，决定在本县勤民镇选址建设"光明移民新村"。选址确定后，县政府与该外商公司于1999年5月签订《关于创立光明移民事业项目及土地使用权出让合同书》。合同规定，由县政府征收勤民镇土地共1700亩，并以每亩1000元价格出让给外商企业。出让土地用途：①移民新村住宅用地200亩；②移民耕地500亩；③农牧养殖出口基地及商贸、房地产、商业旅游设施等配套服务项目用地1000亩。为加快征地工作，同年5月20日，县政府向勤民镇政府及县有关单位发出《关于光明移民新村及其开发项目土地使用权转让和青苗补偿问题的通知》。《通知》指定勤民镇政府负责具体组织实施征地事宜，要求在20天内完成征地任务。至6月5日止，勤民镇政府已分别与有关生产大队签订了1580亩土地有偿转让协议书。勤民镇部分群众对县、镇政府征地行为极为不满，上访至该省国土厅。省国土厅派出调查组进行调查，核实群众反映情况基本属实，遂责令某县立即停止征地行为，赔偿群众当年损失，并向省检察部门提出对某县领导行政处分。

【简析】 该县政府采取引进外资进行开发性移民的做法并无不妥，但在实施征地用地过程中存在严重的违法行为。

1. 把移民安置用地与外商开发建设用地混为一体。两者是不同性质的用地，前者属移民扶贫安置用地，可采取征收划拨或土地调整的办法解决；后者属经营性用地，应采取出让方式供地。

2. 《土地管理法》第46条规定："国家征收土地的，依照法定程序批准，由县级以上地方人民政府予以公告并组织实施。"本案中，县政府不仅没有按法律程序向有关部门申请立项和建设用地申报审批，反而避开国土职能部门，擅自决定由镇政府实施征地，其行为严重违法。

3. 《土地管理法》第45条对批准征收土地的权限作了具体规定："征收下列土地的，由国务院批准：（一）基本农田；（二）基本农田以外的耕地超过35公顷；（三）其他土地超过70公顷。"本案中，县政府征收土地1700亩，按照《土地管理法》规定应上报国务院批准，县政府没有如此大数量的土地征收审批权。

思 考 题

1. 简述我国土地管理法规的立法现状。
2. 什么是土地所有权，有何特征？土地管理法对土地所有权是如何规定的？
3. 什么是土地使用权？土地使用权如何取得？
4. 我国土地利用和保护的基本国策是什么？
5. 土地管理法中关于土地利用和保护的制度有哪些？
6. 为什么要进行基本农田保护？土地管理法如何规定基本农田保护区的范围？
7. 什么情况下可以收回国有土地、集体土地使用权？
8. 国家征收土地要做哪些补偿？
9. 土地管理法对临时用地是如何规定的？
10. 简述违反土地管理法的法律责任。

第七章 工程发包与承包法律制度

第一节 概 述

一、建设工程发包与承包的概念

建设工程发包与承包是指发包方通过合同委托承包方为其完成某一建设工程的全部或其中一部分工作的交易行为。建设工程发包方可以是建设单位，也可以是施工总承包商、专业承包商、项目管理公司等，承包方可以是工程勘察设计单位、施工分包商、劳务分包商、材料供应商等。发包方与承包方的权利、义务都由双方签订的承包合同加以规定。

在计划经济年代，我国工程建设任务采用由行政主管部门分配的方式，不存在发包和承包的问题。随着改革开放深入和市场经济体制逐步建立，分配工程任务的方式逐渐向市场化、竞争性的承发包方式转变。建设工程勘察、设计、施工、监理、咨询等业务的承揽都被推入了市场，由有资格的企业竞争承包。实践证明，建设工程发包与承包制度能够激励竞争、防止垄断，有效提高工程质量，严格控制工程造价和工期，对市场经济的建设与发展起到了良好的促进作用。

二、建设工程发包与承包的方式

依据《建筑法》规定，建设工程发包与承包有两种方式：招标投标和直接发包。

建设工程招标投标，是指发包方事先标明其拟建工程的内容和要求，由愿意承包的单位递送标书，明确其承包工程的价格、工期、质量等条件，再由发包方从中择优选择工程承包方的交易方式。

建设工程直接发包，是指发包方与承包方直接进行协商，以约定工程建设项目的价格、工期和其他条件，再签订和履行工程合同的交易方式。

建设工程招投标较之直接发包要有利于公平竞争，更符合市场经济规律的要求。因此，我国相关法规都提倡招投标方式，对直接发包则加以限制。

依据《招标投标法》、《工程建设项目招标范围和规模标准规定》等法律法规，只有涉及国家安全、国家秘密、抢险救灾或者属于利用扶贫资金实行以工代赈、需要使用农民工等特殊情况及项目总投资额不足3000万元、施工单项合同估算价不足200万元、重要设备材料等货物采购单项合同估算价不足100万元、勘察设计监理等单项合同估算价不足50万元等规模太小的情况下，才可以不进行招投标而采用直接发包的方式。而对大型基础设施、公用事业等关系社会公共利益、公众安全，全部或者部分使用国有资金投资或者国家融资以及使用国际组织或者外国政府贷款、援助资金的项目，都实行强制性招投标。这些项目若不采用招投标方式来发包，有关部门就不得批准其开工建设，有关单位和直接责任还可能要承担法律责任。

三、立法概况

1. 法律

建设工程发包与承包的相关法律主要有《建筑法》和《招标投标法》。

《建筑法》由第八届全国人民代表大会常务委员会第二十八次会议于 1997 年 11 月 1 日通过,并于 2008 年 3 月 1 日生效。作为建筑业的基本法,它用专门一章的篇幅对建筑工程的发包方式、招投标原则、发包程序、承包条件、总承包、联合承包等内容作了原则性的规定,为建设工程发包的相关立法奠定了基础。

《招标投标法》由中华人民共和国第九届全国人大常委会第十一次会议于 1999 年 8 月 30 日通过,自 2000 年 1 月 1 日起施行。其立法目的在于规范招标投标活动,保护国家利益、社会公共利益和招标投标活动当事人的合法权益,提高经济效益,保证项目质量。该法共包括 68 条,分别从招标、投标、开标、评标和中标等各主要阶段对招标投标活动作出了规定。依据《招标投标法》,国家计委发改委、建设部陆续发布了一系列规范招标投标活动的部门规章。

2. 国家计委发改委规章

根据《国务院办公厅印发国务院有关部门实施招标投标活动行政监督的职责分工意见的通知》(国办发〔2000〕34 号),国家计委是指导和协调全国招投标工作的部门,可会同有关行政主管部门拟定《招标投标法》配套法规、综合性政策,可指定发布招标公告的报刊、信息网络或其他媒介,还可组织国家重大建设项目稽查特派员,对国家重大建设项目建设过程中的工程招投标进行监督检查。依据该《通知》,国家计委发改委独立或联合其他相关部门制定和发布了一系列规范招投标活动的部门规章。

《工程建设项目招标范围和规模标准规定》于 2000 年 5 月由国家计委发布。该规定对必须进行招标的工程建设项目的具体范围和规模标准进行了详细的规定。

《工程建设项目自行招标试行办法》于 2000 年 7 月由国家计委发布。该办法对招标人自行招标条件、上报材料、核准程序、招标书面报告等内容作出了规定。

《招标公告发布暂行办法》于 2000 年 7 月由国家计委发布。该办法对招标公告发布指定媒介、禁止收费、招标公告内容、发布程序和时间限制等予以了规定。

《评标委员会和评标方法暂行规定》于 2001 年 7 月由国家计委、国家经贸委、建设部、铁道部、交通部、信息产业部和水利部共六个部委联合发布。它对评标委员会组建规则、评标专家条件、评标专家职业道德、评标准备、初步评审、详细评审、推荐中标候选人、定标等内容和程序作出了明确规定。

《国家重大建设项目招标投标监督暂行办法》于 2002 年 2 月由国家计委发布,对国家重大建设项目招投标活动监督的主管机构、内容和程序予以了规定。

《评标专家和评标专家库管理暂行办法》于 2003 年 2 月由国家计委发布。该办法对评标专家的资格认定、入库及评标专家库的组建、使用和管理进行了规定。

《工程建设项目勘察设计招标投标办法》于 2003 年 6 月由国家发改委、建设部、铁道部、交通部、信息产业部、水利部、民航总局和广电总局共八个部委联合发布。它对工程建设项目勘察设计招投标的管理体制,招标、投标、评标、定标等不同阶段的程序和内容予以了明确规定。

《工程建设项目施工招标投标办法》于 2003 年 6 月由国家发改委、建设部、铁道部、交通部、信息产业部、水利部和民航总局共七个部委联合发布。它对工程建设项目施工招投标的管理体制,招标、投标、评标、定标等不同阶段的程序和内容予以了明确规定。

《工程建设项目招标投标活动投诉处理办法》于 2004 年 6 月由国家发改委、建设部、铁道部、交通部、信息产业部、水利部和民航总局共七个部委联合发布。它对工程建设项目招投标活动投诉的管理体制、投诉程序、投诉书内容、处理决定等进行了规定，有助于建立公平、高效的工程建设项目招标投标活动投诉处理机制，保护国家利益、社会公共利益和招标投标当事人的合法权益。

3. 建设部规章

根据国务院关于招投标活动管理职责的分工，建设部等有关行政主管部门有权根据《招标投标法》和国家有关法规、政策，联合或分别制定具体实施办法。建设部发布的关于招投标活动管理的规章主要适用于房屋建筑和市政基础设施工程，也可简称为建筑工程。

《建筑工程设计招标投标管理办法》于2000年10月由建设部发布。其立法目的是规范建筑工程设计市场，优化建筑工程设计，促进设计质量的提高。它对建筑工程设计招标范围、主管部门，招标、投标、评标、定标的程序和内容等作了规定。

《房屋建筑和市政基础设施工程施工招标投标管理办法》于2001年6月由建设部发布。它对房屋建筑工程和市政基础设施工程施工招标范围、招投标程序和要求做了规定。

《建筑工程施工发包与承包计价管理办法》于2001年11月由建设部发布。它对建筑工程施工图预算、招标标底和投标报价的组成和编制方法、合同价类型、工程款支付的程序和要求作了规定。

四、建设工程发包与承包的一般规定

依据《建筑法》及其他有关法规，建设工程发包时必须遵守下述一般规定：

1. 建设工程发包与承包合同必须采用书面形式

根据我国法律规定，经济合同既可采用书面合同的形式，也可采用口头合同的形式，但法律另有规定或双方当事人约定的除外。建设工程承发包合同一般都有涉及金额大、合同履行期长、社会影响面广、合同成果十分重要的特点，从促使当事人履行合同和避免对社会产生不良后果的旨意出发，《建筑法》及其他有关法规都规定：建设工程承发包合同必须采用书面形式。也就是说，以口头约定方式所订立的建设工程承发包合同，由于其形式要件不符合法律规定，在法律上是无效的。

2. 建设工程承发包中，禁止行贿受贿

通过行贿以获得工程承包权既是一种不正当竞争的手段，又是危害社会的犯罪行为，它严重扰乱建设市场的正常秩序，违背公平竞争的原则。通过行贿受贿来承发包工程的非法行为，是任何公正的社会都不能容忍的，必须予以禁止。《建筑法》规定："发包单位及其工作人员在建筑工程发包中不得收受贿赂、回扣或者索取其他好处。承包单位及其工作人员不得利用向发包单位及其工作人员行贿、提供回扣或者给与其他好处等不正当手段承揽工程"。值得注意的是，以单位名义实施的行贿受贿，表面上看不是某一个人获得非法利益，没有犯罪主体，但实质上是集体共同犯罪，已构成单位犯罪。我国1997年修订颁布的新《刑法》对此已有明确规定，并规定对单位犯罪采取双罚制，即除对单位判处罚金外，还要对直接负责的主管人员和其他直接责任人员判处相应的刑罚。

3. 承包单位必须具有相应资格

建设活动不同于一般的经济活动，它具有技术要求高、社会影响大的特点。因此，世界上大多数国家对工程建设活动都实行执业资格制度，我国现在也实行了这一制度。承包工程的勘察、设计、施工、监理等单位，都必须是持有营业执照和相应资质等级证书的相关单位。而建筑构配件和非标准设备的加工、生产单位，也必须是具有生产许可证或是经有关主管部门依法批准生产的单位。

4. 提倡总承包、禁止肢解分包

我国当前的建设工程承包，一般有以下几种模式：

（1）全过程承包模式，即从项目可行性研究开始，到勘察、设计、施工、验收、交付使用为止的建设项目全过程承包。这样的工程俗称"交钥匙工程"。

（2）设计、施工总承包模式，即从勘察、设计，到竣工验收为止的总承包。

（3）施工总承包，即对工程施工全过程进行总承包。

国际上还有多种由承包商先行垫资承包工程，建成后再转让给业主的承包方式。我国目前暂时还只处于试验阶段，尚未正式施行。随着改革开放的深入，建设工程承发包方式也将日益国际化，因此我国现行的建设法规对工程承发包方是没有作强制性规定，而是采用"提倡总承包"、"可以"、"怎样"等鼓励性和选择性条款来加以规定。

国际上，将一个工程的各个部位发包给不同的施工（或设计）单位，由各个单位分别完成工程的不同部位也是通行做法，并称之为"平行发包"，也即我们所称的"肢解发包"。我国当前建设单位的行为很不规范，随意性较大，市场竞争规则也不完善，肢解发包往往造成互相扯皮，严重影响建设工程的质量和进度，还给贪污犯罪提供了方便，因此，我国现行的建设法规作出了禁止将建设工程肢解发包的明确规定。

5. 特殊工程项目的招投标

对于一些特殊的工程项目，我国相关法律、法规也规定，经项目审批部门批准，可不进行招投标而直接发包，这些工程项目有：

（1）建设项目的勘察、设计要采用特定专利或专有技术的，或其建筑艺术造型有特殊要求的；

（2）工程项目的施工，主要技术要采用特定的专业或专有技术的；

（3）在建工程追加的附属小型工程或主体加层工程，原中标人仍具备承包能力的；

（4）施工企业自建自用且在该施工企业资质等级许可业务范围内的工程。

第二节 建设工程招标

一、概述

1. 建设工程招标的概念

建设工程招标，是指招标人就拟建工程发布通告，以法定方式吸收承包单位参加竞争，从中择优选定工程承包方的法律行为。

招标投标的交易方式是市场经济的产物，在国外应用已有 200 多年的历史。市场经济国家的大额采购活动，特别是使用财政资金等公共资金进行的采购活动，较多地采用了招标投标方式。我国改革开放以前，实行高度集中统一的计划经济体制，工程建设的设计、施工等任务都实行行政分配。自 80 年代开始，我国逐步在工程建设、进口机电设备、机械成套设备、政府采购等领域推广招标投标制度，目前已成为我国基本建设领域的一项基本制度。

2. 建设工程招标的原则

我国《招标投标法》规定，建设工程的招标投标活动必须遵循公开、公平、公正和诚实信用的原则。违背了这些基本原则，招标投标活动就失去了本来的意义。

所谓"公开"，是指：①进行招标活动的信息要公开。采用公开招标方式的，招标人应当通过国家指定的报刊、信息网络或者其他公共媒介发布招标广告，需要进行资格预审的，应当发布资格预审公告；采用邀请招标方式的，招标方应当向3个以上的特定法人或者其他组织发出邀请书。②开标的程序要公开。开标应当公开进行，所有的投标人或其代表都可参加。③评标的标准和程序要公开。评标的标准和程序应当在提供给所有投标人的招标文件中载明，评标应当严格按照招标文件载明的标准和办法进行。④中标的结果要公开。确定招标人后，招标人应向中标人发出中标通知书，并同时将中标结果通知所有未中标人的投标人。

所谓"公平"，就是要求给予所有投标人以平等机会，使他们享有的权利和履行的义务都是同等的，不得歧视任何一方。例如，招标方应向所有的潜在投标人提供相同的招标信息；招标方对招标文件的解释和澄清应提供给所有的投标人；提供投标担保的要求应同样适用于每一个投标者等。招标人与投标人在采购活动中地位是平等的，任何一方不得向另一方提出不合理的要求，不得将自己的意志强加给对方。

所谓"公正"，就是要求按规定程序和事先公布的标准实施招标投标活动。例如，招标人对招标标的的技术、质量要求应尽可能采用通用的标准，不得以标明特定的商标、专利等形式倾向某一特定的投标人，投标人也应遵守法定规则，不得串通投标，不得有向招标方及其工作人员行贿、提供回扣或给予其他好处等不正当竞争行为。

所谓"诚实信用"，是民事活动的基本原则之一，在我国民法通则和合同法等基本法律中都规定了这一点。招标投标活动是以订立采购合同为目的的民事活动，当然也适用于这一原则。它要求当事人应以诚实、守信的态度行使权利、履行义务，保证彼此都能得到自己应得的利益，同时不得损害第三人和社会的利益，不得规避招标、串通投标、泄露标底、骗取中标等。

3. 建设工程招标的种类

当前，我国实施的建设工程招标种类主要有：

（1）全过程招标，也就是对建设工程从项目建议书开始，直到竣工验收、交付使用为止的建设全过程实行招标。

（2）勘察设计招标，即对建设工程的勘察设计进行招标。

（3）材料、设备供应招标，即对工程建设中所需的材料、构配件和设备进行招标。

（4）工程施工招标，即对工程施工全过程进行招标，它是我国目前最主要的招标方式。

二、招标人

1. 招标人概念

招标人是指有条件依法进行招标的法人或者其他组织，是否可以成为招标人有三项基本条件：

第一，是要有可以依法进行的项目，也就是要有可以进行交易的对象，只有这样才能形成交易；如果没有可以实际进行招标的项目，或者说不能依法提出招标项目，就不会形成合法的招标人。

第二，是否具有合格的招标项目，关键在于是否具有与项目相适应的资金来源，有资金才有招标项目，没有资金的招标项目，就可能是一个虚拟的项目，或者是招致许多纠纷的项目。从交易安全考虑，这样的项目是不应被法律认可的，所以在招标投标法中专门就招标项目的资金条件作出规定。

第三，招标人为法人或者其他经济组织，皆应是依法进行市场进行活动的经济实体，它应能独立地承担责任、享有权利，因为招标人作为交易的一方，必须具有这种能力，才能邀请若干有条件的竞争者即投标人为了得到项目而进行竞争。

招标人概念基本上覆盖了我国目前实践中出现的招标主体的范围。我国自20世纪80年代推行招标投标制度以来，至今已在基本建设项目、机械成套设备、进口机电设备、科技项目、政府机关办公设备和大额办公用品的采购等许多领域都开展了招标投标活动，招标主体主要是工程建设项目的建设单位（项目法人）、企业以及实行政府采购的国家机关。从国外的情况看，法律规定必须进行招标的项目主要是政府采购项目，所规定的招标主体通常为国家机关、地方当局和公营企业；此外，还包括从事水、能源、交通运输和电信等事业的由国家授予专营权的企业以及受政府资助的不具有工、商业性质的其他法人。

2. 自行招标

国家发改委颁布的《工程建设项目自行招标试行办法》规定，招标人自行办理招标事宜，应当具有编制招标文件和组织评标的能力，具体包括：

（1）具有项目法人资格（或者法人资格）；

（2）具有与招标项目规模和复杂程度相适应的工程技术、概预算、财务和工程管理等方面专业技术力量；

（3）有从事同类工程建设项目招标的经验；

（4）设有专门的招标机构或者拥有3名以上专职招标业务人员；

（5）熟悉和掌握招标投标法及有关法规规章。

为了保证自行招标的质量，防止自行招标人不具备招标能力擅自招标，或随意变更招标程序和评标标准，造成招标工作的混乱，监督其对投标人提供平等竞争的机会，切实保障投标人的合法利益，根据《招标投标法》规定，依法必须招标的项目，招标人自行办理招标事宜的，应当向有关行政监督部门备案。备案制度虽然不是一种事先审批的制度，只是要求当事人在自行招标的同时，书面告知有关行政监督部门以备查，但有关行政监督部门可以通过备案制度掌握情况，如发现自行招标人不符合法定条件的，有权要求其纠正。

3. 招标代理机构

（1）招标代理机构的概念

招标代理机构是指依法设立、从事招标代理业务并提供相关服务的社会中介组织。这一概念包括几层含义。①招标代理机构的性质既不是一级行政机关，也不是从事生产经营的企业，而是以自己的知识、智力为招标人提供服务的独立于任何行政机关的组织。招标代理机构可以以多种组织形式存在，如可以是有限责任公司，也可以是合伙等。②招标代理机构需依法登记设立，且从事有关招标代理业务的资格需由有关行政主管部门审查认定。③招标代理机构的业务范围为从事招标代理业务，具备业务活动包括帮助招标人或受其委托拟定招标文件，审查投标人资质，组织评标、定标等。

招标是一项复杂的系统化工作，有完整的程序，环节多，专业性强，组织工作繁杂，招标代理机构由于其专门从事招标投标活动，在人员力量和招标经验方面有得天独厚的条件，因此国际上一些大型招标项目的招标工作通常由专业招标代理机构代为进行。近年来，我国的招标代理业务有了长足发展，相继出现了机电设备招标公司、国际招标公司、设备成套公司等专业招标代理机构，这些机构的出色工作对保证招标质量、提高招标效益起到了有益的作用。

招标代理机构的具体业务范围、资质等级及其条件在第三章已有叙述。

（2）招标代理机构应具备的条件

根据《招标投标法》，招标代理机构应当具备下列条件：

1）有从事招标代理业务的营业场所和相应资金。营业场所是提供代理服务的固定地点，而注册资金是从事招标活动的基础。根据我国现行法律规定，甲、乙两级招标代理机构的注册资金分别不得少于 100 万元和 50 万元。这是开展招标代理业务所必需的物资条件。

2）有能够编制招标文件和组织评标的相应专业力量，具体包括应有与其所代理的招标业务相适应的能够独立编制有关招标文件、有效组织评标活动的专业队伍和技术设施，包括有熟悉招标业务所在领域的专业人员，有提供行业技术信息的情报手段及有一定的从事招标代理业务的经验等。

3）有符合法定条件、可以作为评标委员会成员人选的技术、经济等方面的专家库。为保证评标的公正性和权威性，《招标投标法》规定，评标委员会必须有技术、经济、法律等方面的专家参加，且其人数不少于评标委员会总人数的三分之二，参加评标的专家必须采取随机抽取的方式从专家库中产生。

三、招标项目应具备的条件

建设项目只有在具备一定的条件后，才能进行招标。这些条件主要表现为三个方面。

一是已按国家有关规定需要履行项目审批手续。依法必须进行招标的项目，包括大型基础设施、公用事业等关系社会公共利益、公共安全的项目，全部或部分使用国有资金投资或国家融资的项目等。这些项目大都关系国际民生，涉及全社会固定资产投资规模，因此多数项目根据国家有关规定需要立项审批。该审批工作已在招标前完成。

二是已经落实进行招标项目的相应资金或者资金来源。这不仅是项目顺利实施的前提，也是对投标人利益的保障。投标人为获得招标项目，通常进行了大量的准备工作，在资金上也有较多投入，中标后如果没有资金保证，势必造成中途停工或拖欠工程款，损害投标人的利益。如果是大型基础设施和公共项目等，还将损害社会公共利益。

三是必要的准备工作已经完成。例如，建设工程在施工招标时必须具备的条件为：

（1）招标人已经依法成立；

（2）初步设计及概算应当履行审批手续的，已经批准；

（3）招标范围、招标方式和招标组织形式等应当履行核准手续的，已经核准；

（4）有相应资金或资金来源已经落实；

（5）有招标所需的设计图纸及技术资料。

四、招标方式

根据《招标投标法》,招标分为公开招标和邀请招标。

1. 公开招标

公开招标,也称无限竞争性招标,是指由招标方按照法定程序,在公开出版物上发布招标公告,所有符合条件的承包商或供应商都可以平等参加投标竞争,从中择优选择中标者的招标方式。

公开招标的优点在于能够在最大限度内选择承包商,竞争性更强,择优率更高,同时也能在较大程度上避免招标活动中的贿赂、串通行为,因此国际上政府采购通常采用这种方式。但公开招标也有一定的缺陷,比如由于投标人众多,一般耗时较长,需花费的成本也较大,对于采购标的小的招标来说,采用公开招标的方式往往得不偿失;另外有些项目专业性较强,有资格承接的潜在投标人较少,或者要在较短时间内完成采购任务,也不宜采用公开招标方式。

建设工程公开招标投标的全部程序如图 7-1 所示。

2. 邀请招标

邀请招标,也称为优先竞争性招标,是指招标方选择若干承包商或供应商,向其发出投标邀请,由被邀请的承包商、供应商投标竞争,从中选定中标者的招标方式。

邀请招标的方式在一定程度上弥补了公开招标方式的缺陷,同时也能实现招标的择优选择承包商或供应商的目的。但为了保证竞争性,邀请招标的特定对象也有一定的范围,也就是招标人应当向 3 个以上的潜在投标人发出邀请。

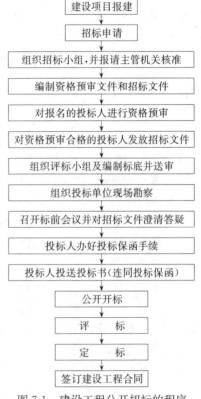

图 7-1 建设工程公开招标的程序

我国实践中特别是在建设领域还有一种使用较为广泛的采购方式,被称为"议标"。议标实质上是谈判性采购,是采购人和承包商或供应商通过一对一谈判而最终达到采购目的的一种采购方式,不具有公开性和竞争性,因而也不属于我国招标相关法律法规的认可范围。

五、招标公告或招标邀请书

招标人采用公开招标方式的,应当发布招标公告。依法必须进行招标的项目的招标公告,应当通过国家指定的报刊、信息网络或者其他媒介发布。招标人采用邀请招标方式的,应当向三个以上具备承担招标项目的能力、资信良好的特定的法人或者其他组织发出投标邀请书。

为了规范招标公告发布行为,保证潜在投标人平等、便捷、准确地获取招标信息,根据《招标投标法》,国家计委于 2000 年 7 月颁布了《招标公告发布暂行办法》。该办法规定国家计委(现国家发改委)根据国务院授权,按照相对集中、适度竞争、发布合理的原则,指定依法必须招标项目发布招标公告的报纸、信息网络等媒介,并对招标公告发布活动进行监督。依法必须由指定媒介发布招标公告的,不得收取费用,但发布国际招标公告的除外。

招标公告或招标邀请书应当载明招标人的名称和地址、招标项目的性质、数量、实施地点和时间以及获取招标文件的办法等事项。

《工程建设项目施工招标投标办法》对建设工程施工招标公告的内容作了详细规定:

(1) 招标人的名称和地址;

(2) 招标项目的内容、规模、资金来源;

(3) 招标项目的实施地点和工期;

(4) 获取招标文件或者资格预审文件的地点和时间;

(5) 对招标文件或者资格预审文件收取的费用;

(6) 对投标人的资质等级的要求。

六、资格审查

《招标投标法》规定,招标人可以根据招标项目本身的要求,在招标公告或招标邀请书中,要求潜在投标人提供有关资质证明文件和业绩情况,并对潜在投标人进行资格审查。

招标人对投标人的资格审查分为资格预审和资格后审两种。

1. 资格预审

资格预审,是指招标人在发出招标公告或招标邀请书以前,先发出资格预审的公告或邀请,要求潜在投标人提交资格预审的申请及有关证明资料,经资格预审合格的,方可参加正式的投标竞争。

2. 资格后审

资格后审,是指招标人在投标人提交投标文件后或经过评标已有中标人选后,再对投标人或中标人选是否有能力履行合同义务进行审查。

两种方式相比,资格预审方式通过招标人在招标前对潜在投标人进行筛选,预选出有资格参加投标的人,从而大大减少了招标的工作量,有利于提高招标的工作效率,降低招标成本。资格预审方式还可以帮助招标人了解潜在投标人对项目投标的兴趣,以便于及时修正招标要求,扩大竞争。因此,资格预审同时受到招标人和投标人的青睐,成为招标人对投标人资格审查的主要方式。

七、招标文件

在资格审查之后,招标人应当根据招标项目的特点和需要编制招标文件。招标文件是招标投标活动中最重要的法律文件,它不仅是准备投标文件和参加投标的依据,评审委员会评标的依据,也是拟定合同的基础。

依据《招标投标法》,招标文件应当包括招标项目的技术要求、对投标人资格审查的标准,投标报价要求和评标标准等实质性要求和条件以及拟定签订合同的主要条款。《工程勘察设计招标投标办法》、《工程建设项目施工招标投标办法》对招标文件的具体内容作了具体规定。例如,建设工程勘察设计招标文件应当包括下列内容:

(1) 投标须知;

(2) 投标文件格式及主要合同条款;

(3) 项目说明书,包括资金来源情况;

(4) 勘察设计范围,对勘察设计进度、阶段和深度要求;
(5) 勘察设计基础资料;
(6) 勘察设计费用支付方式,对未中标人是否给予补偿及补偿标准;
(7) 投标报价要求;
(8) 对投标人资格审查的标准;
(9) 评标标准和方法;
(10) 投标有效期。

其中应注意的是,投标有效期,是招标文件中规定的投标文件有效期,从提交投标文件截止日起计算。对招标文件的收费应仅限于补偿编制及印刷方面的成本支出,招标人不得通过出售招标文件谋取利益。

八、招标要求

为保证招标的公正、公平,《招标投标法》对招标活动规定了一些限制性要求。

1. 招标方式上的限制

为加强重点建设项目的管理,保证重点建设项目的工程质量、竣工日期和投资效益,《招标投标法》规定,国家重点建设项目和地方重点建设项目都必须进行公开招标。只有在某些特定情况下,如项目技术复杂或有特殊要求,涉及专利权保护,受自然资源或环境条件所限等原因,使可供选择的具备资格的投标单位数量有限,实行公开招标不适应或不可行时,方可采用邀请投标方式,但事先须经国家发展计划部门或省、自治区、直辖市人民政府批准。《工程建设项目施工招标投标办法》中规定,施工招标时除上述情况外,涉及国家安全、国际机密或抢险救灾,适宜招标但不宜公开招标的工程项目;公开招标的费用与项目的价值相比不值得的工程项目,经项目审批部门的批准,可进行邀请招标。

2. 禁止实行歧视待遇的要求

为防止招标人非法左右招标活动,保证竞争的公平和公正,《招标投标法》规定:招标人不得以不合理的条件限制或排斥潜在投标人,不得对潜在投标人实行歧视待遇。招标文件不得要求或者标明特定的生产供应者以及含有倾向或者排斥潜在投标人的其他内容。

3. 保证合理时间的要求

为保证投标人编制标书的合理时间,《招标投标法》规定,招标人规定的投标截止日期距招标文件开始发出之日,不得少于 20 日。而招标人要对已发出的招标文件进行必要的修改与澄清的,至晚也必须在投标截止日期 15 日前,以书面形式通知所有投标文件的收受人。

4. 不得随意终止招标的要求

为了保障投标人利益,《招标投标法》规定,除不可抗力原因外,招标人在发布招标公告或者发出投标邀请书后不得终止招标,也不得在出售招标文件后终止招标。

第三节 建设工程投标

一、投标人

1. 投标人概念

投标人是响应招标、参加投标竞争的法人或者其他组织。

由于建设工程招标的标的通常规模较大、技术难度较高,通常只有法人和其他组织才能完成。而以个人的条件而言,通常是难以保证完成多数招标采购的项目的。因此,《招标投标法》将投标人范围限定为法人和组织。可参加投标的法人包括企业法人和事业单位法人,其他组织包括依法登记领取营业执照的个人独资企业、合伙企业、合伙型联营企业、外资企业等。

2. 投标人应具备的条件

投标人应当具备承担招标项目的资金、技术、人员、装备等方面的能力或条件。例如,高速公路建设施工项目的投标人应当具备承担高速公路施工的相应能力。

国家有关法律、法规对投标人资格条件作出了较为具体的规定。例如,《建筑法》规定,从事建筑活动的建筑施工企业、勘察单位、设计单位和工程监理单位,应当有符合国家规定的注册资本,有与其从事的建筑活动相适应的具有法定执业资格的专业技术人员,有从事相关建筑活动所应有的技术装备,并满足法律、行政法规规定的其他条件。从事建筑活动的建筑施工企业、勘察单位、设计单位和工程监理单位,按照其拥有的注册资本、专业技术人员、技术装备和已完成的建筑工程业绩等资质条件,划分为不同的资质等级,经资质审查合格,取得相应等级的资质证书后,方可在其资质等级许可的范围内从事建筑活动。

此外,招标人也可在招标文件中对投标人的资格提出条件。招标人对投标人的资格审查通常有资格预审、资格后审两种方式。

投标人在向招标人提出投标申请时,应附带有关投标资格的资料,以供招标人审查,这些资料应表明自己存在的合法地位、资质等级、技术和装备水平、资金与财务状况、近期经营状况及以前所完成的与招标工程项目有关的业绩。

3. 投标联合体

大型建设工程项目往往不是一个投标人所能完成的,所以法律允许两个以上法人或者其他组织人组成一个联合体,共同参与投标,并对联合体投标的相关问题作出了明确规定。

(1) 联合体的法律地位。联合体是由多个法人或经济组织组成,但它在投标时是作为一个独立的投标人出现的,具有独立的民事权利能力和民事行为能力。

(2) 联合体的资格。《招标投标法》规定,组成联合体各方均应具备相应的投标资格;由同一专业的单位组成的联合体,按照资质等级较低的单位确定资质等级。这是为了促使资质优秀的投标人组成联合体,防止以高等级资质获取招标项目,而由资质等级低的投标人来完成项目的行为。

(3) 联合体各方的责任。联合体各方应签订共同投标协议,明确约定各方在拟承包的工程中所承担的义务和责任。联合体对外是一个整体,应就中标项目向招标人承担连带责任,也就是说,在同一类型的债权、债务关系中,联合体的任何一方均有义务履行招标人提出的债权要求。但在联合体内部,代他人履行义务的一方,仍有求偿权,即依据内部约定,要求他人承担按照联合协议的约定应承担的义务。

(4) 投标人的意思自治。投标人是否与他人组成联合体,与谁组成联合体,都由投标人自行决定,任何人都不得干涉。《招标投标法》规定,招标人不得强制投标人组成联合体共同投标,不得限制投标人之间的竞争。

二、投标文件

1. 投标文件的内容

投标人应当按照招标文件的要求编制投标文件。投标文件应当对招标文件提出的实质性要求和条件作出响应。对招标文件提出的实质性要求和条件作出响应，是指投标文件的内容应当对与招标文件规定的实质要求和条件（包括招标项目的技术要求、投标报价要求和评标标准等）一一作出相对应的回答，不能存有遗漏或重大的分歧。否则将被视为废标，失去中标的可能。

《招标投标法》还规定，招标项目属于建设施工的，投标文件的内容应当包括拟派出的项目负责人与主要技术人员的简历、业绩和拟用于完成招标项目的机械设备等。

（1）拟派出的项目负责人和主要技术人员的简历，通常包括项目负责人和主要技术人员的姓名、文化程度、职务、职称、参加过的施工项目等情况。

（2）业绩。一般是指近3年承建的施工项目。通常应具体写明建设单位、项目名称与建设地点、结构类型、建设规模、开竣工日期、合同价格和质量达标情况等。

（3）拟用于完成招标项目的机械设备。通常应将投标人自有的拟用于完成招标项目的机械设备以表格的形式列出，主要包括机械设备的名称、型号、规格、数量、国别产地、制造年份、主要技术性能等内容。

（4）其他。如近两年的财务会计报表及下一年的财务预测报告等投标人的财务状况，现有主要施工任务，包括自建或尚未开工的工程等。

对于投标文件的内容，还有一项特殊的规定，就是投标人根据招标文件载明的项目实际情况，拟在中标后将中标项目的部分非主体、非关键性工作进行分包的，应当在投标文件中载明。

2. 投标文件的提交

《招标投标法》规定，投标人应当在招标文件要求提交投标文件的截止时间前，将投标文件送达投标地点。招标人收到投标文件后，应当签收保存，不得开启。投标人少于三个的，招标人应当依照本法重新招标。在招标文件要求提交投标文件的截止时间后送达的投标文件，招标人应当拒收。

这一规定的主要含义有：

（1）送达方式。按照通常的理解，送达包括直接派人将投标文件送到招标地点（直接送达）、通过邮局将投标文件寄给招标人（邮寄送达）、委托他人将投标文件带到招标地点（委托送达）等方式。从投标的严肃性和安全性来讲，直接送达更为适宜。

（2）送达要求，主要包括时间和地点两方面的限制。要求提交投标文件的截止日期和地点都应预先在招标文件中明确。

（3）重新招标。投标人少于3个（不包括3个）的，不能保证必要的竞争程度，原则上应当重新招标。如果确因招标项目的特殊情况，即使重新进行招标，也无法保证有3个以上的承包商、供应商参加投标的，可按国家有关规定采用其他采购方式。

（4）送达拒收。投标人超过招标文件所确定的截止日期提交投标文件，如果招标人还接收，可能会给有的投标人在掌握了已开标的其他投标人的投标情况下再对自己的投标文件进行修改留下可乘之机，这显然是有悖于招标活动的公平、公正原则的。因此，国际上的惯例也是投标人少于3个，就重新招标，这种情况也称为"流标"。

3. 投标文件的补充、修改或撤回

投标人在招标文件要求提交投标文件的截止时间前，可以补充、修改或者撤回已提交的投标文件，并书面通知招标人。补充、修改的内容为投标文件的组成部分。

按照通常理解，招标投标是当事人订立合同的一种方式。其中，招标是要约邀请，投标是要约。要约是可以补充、修改或者撤回的，但是必须遵循法定的要求和程序，也就是要在提交投标文件的截止日期前，并且应当书面通知招标人。补充、修改的内容为投标文件的组成部分，是指补充、修改的内容同招标文件的其他内容具有同等的法律效力，投标人应受补充、修改的投标文件的内容约束。

三、投标要求

1. 保密要求

由于投标是一次性的竞争行为，为保证其公正性，就必须对当事人各方提出严格的保密要求；投标文件及其修改、补充的内容都必须以密封的形式送达，招标人签收后必须原样保存，不得开启。对于标底和潜在投标人的名称、数量以及可能影响公平竞争的其他有关招投标的情况，招标人都必须保密，不得向他人透露。

2. 合理报价

《招标投标法》规定，投标人不得以低于成本的价格报价、竞标。投标人以低于成本的价格报价是一种不正当的竞争行为，他一旦中标，必然会采取偷工减料、以次充好等非法手段来避免亏损，以求得生存。这将严重破坏社会主义市场经济秩序，给社会带来隐患，必须予以禁止。但投标人从长远利益出发，放弃近期利益，不要利润，仅以成本价投标，这是合法的竞争手段，法律是予以保护的。这里所说的成本，是以社会平均成本和企业个别成本来计算的，并要综合考虑各种价格差别因素。

3. 诚实信用

从诚实信用的原则出发，《招标投标法》还规定：投标人不得相互串通投标；不得与招标人串通投标，损害国家利益、社会公共利益和他人合法利益；不得向招标人或评标委员会成员行贿以谋取中标；同时，还不得以他人名义投标或以其他方式弄虚作假、骗取中标。

《工程建设项目施工招标投标办法》还对投标人相互串通投标及投标人与招标人串通投标的具体表现行为作了规定，它指出：凡投标人之间相互约定抬高、压低或约定分别以高、中、低价位报价；投标人之间先进行内部议价，内定中标人后再行投标及有其他串通投标报价行为的，皆属投标人串通行为。而招标人在开标前开启投标文件，并将招标情况告知其他投标人，或协助投标人撤换投标文件、更改报价；招标人向投标人泄露标底；招标人与投标人商定，投标时压低或抬高标价，中标后再给投标人或招标人额外补偿；招标人预先内定中标人等行为，皆为投标人与招标人串通投标。

第四节 开标、评标与中标

一、开标

1. 开标的概念

开标，是指投标截止后，招标人按招标文件所规定的时间和地点，开启投标人提交的

投标文件，公开宣布投标人的名称、投标价格及投标文件中的其他主要内容的活动。

2. 开标时间

开标时间应与提交投标文件的截止时间相一致，这一规定的目的是防止招标人或者投标人利用提交投标文件的截止时间以后与开标时间之前的一段时间间隔做手脚，进行暗箱操作。比如，有些投标人有可能会利用这段时间与招标人或招标代理机构串通，对投标文件的实质性内容进行更改等。

3. 开标地点

为了使所有的投标人都能事先知道开标地点，并能够按时到达，开标地点应当在招标文件中事先确定，以便使每一个投标人都能事先为参加开标活动做好充分的准备，如根据情况选择适当的交通工具，提前订好车票、机票等。

招标人如果确有特殊原因，需要变动开标地点，应当对招标文件作出修改，并作为招标文件的补充文件，书面通知每一个提交投标文件的投标人。

4. 开标的参加人

开标由招标人负责主持。招标人自行办理招标事宜的，由招标人自行主持开标；招标人委托招标代理机构办理招标事宜的，可以由招标代理机构按照委托招标合同的约定负责主持开标事宜。对依法必须进行招标的项目，有关部门可派人参加开标，以监督开标过程严格按法定程序进行。但是，有关行政部门不得越俎代庖，代替招标人主持开标。

招标人应邀请所有投标人参加开标，以确保在所有投标人的参与、监督下，按照公开、透明的原则进行，堵塞在开标过程中可能发生的"暗箱操作"漏洞，既有利于保障投标人的正当权益，也可以表明招标人在开标形式上的公开和清白。参加开标是每一个投标人的法定权利，招标人不得以任何理由排斥、限制任何投标人参加开标。

5. 开标的程序要求

《招标投标法》规定，开标时，由投标人或者其推选的代表检查投标文件的密封情况，也可以由招标人委托的公证机构检查并公证；经确认无误后，由工作人员当众拆封，宣读投标人名称、投标价格和投标文件的其他主要内容。

招标人在招标文件要求提交投标文件的截止时间前收到的所有投标文件，开标时都应当当众予以拆封、宣读，不能遗漏，否则就构成对投标人的不公正对待。

开标过程应当记录，并存档备查。这是保证开标过程透明和公正，维护投标人利益的必要措施，要求对开标过程进行记录，可以使权益受到侵害的投标人行使要求复查的权利，有利于确保招标人尽可能自我完善，加强管理，少出漏洞。此外，还有助于有关行政主管部门进行检查。

二、评标

1. 评标的概念

评标，是指按照规定的评标标准和方法，对各投标人的投标文件进行评价比较和分析，从中选出最佳投标人的过程。评标是招标投标活动中十分重要的阶段，评标是否真正做到公平、公正，决定着整个招标投标活动是否公平和公正；评标的质量决定着能否从众多投标竞争者中选出最能满足招标项目各项要求的中标者。

2. 评标委员会

评标由招标人依法组建的评标委员会负责。

（1）评标委员会的组成。评标是一项涉及多种专业知识的复杂的技术活动。为保证评标的公正性和权威性，《招标投标法》规定，依法必须进行招标的项目，其评标委员会由招标人的代表和有关技术、经济、法律等方面的专家组成，人数应为五人以上单数，其中技术、经济等方面的专家不得少于成员总数的三分之二。

（2）评标委员会中专家的资格。为保证评标的质量，参加评标的专家必须是具有较高的专业水平，并有丰富的实际工作经验，对相关业务相当熟悉的专业技术人员。为此，《招标投标法》规定，参加评标委员会的专家应当满足从事相关领域工作八年并具有高级职称或具有同等专业水平的条件。

（3）评标委员会专家人选的确定。为防止招标人选定评标专家的主观随意性，《招标投标法》规定：评标专家由招标人从国务院或省、自治区、直辖市人民政府有关部门提供的专家名册或招标代理机构的专家库内的相关专业的专家名单中确定；一般招标项目可以采取随机抽取方式，特殊招标项目可以由招标人直接确定。但与投标人有利害关系的人不得进入评标委员会，已经进入的也应更换。

（4）评标委员会的职业道德

评标委员会成员应当客观、公正地履行职责，遵守职业道德，对所提出的评审意见承担个人责任。评标委员会成员不得与任何投标人或者与招标结果有利害关系的人进行私下接触，不得收受投标人、中介人、其他利害关系人的财物或者其他好处。

评标委员会成员和与评标活动有关的工作人员不得透露对投标文件的评审和比较、中标候选人的推荐情况以及与评标有关的其他情况。与评标活动有关的工作人员，是指评标委员会成员以外的因参与评标监督工作或者事务性工作而知悉有关评标情况的所有人员。

3. 评标方法

根据《评标委员会和评标方法暂行规定》，评标方法包括经评审的最低投标价法、综合评估法或者法律、行政法规允许的其他评标方法。

经评审的最低投标价法，是指评标委员根据招标文件中规定的评标价格调整方法，对所有投标人的投标报价以及投标文件的商务部分作必要的价格调整，再推荐符合招标文件规定的技术要求和标准，且调整后投标报价最低的投标人为中标候选人的评标方法。经评审的最低投标价法一般适用于具有通用技术、性能标准或者招标人对其技术、性能没有特殊要求的招标项目。

不宜采用经评审的最低投标价法的招标项目，一般应当采取综合评估法进行评审。根据综合评估法，最大限度地满足招标文件中规定的各项综合评价标准的投标，应当推荐为中标候选人。衡量投标文件是否最大限度地满足招标文件中规定的各项评价标准，可以采取折算为货币的方法、打分的方法或者其他方法。需量化的因素及其权重应当在招标文件中明确规定。

4. 评标专家的权利和义务

评标专家必须按法定程序和要求进行评标工作，遵循招标投标公平、公正、诚实信用的原则。

评标专家享有下列权利：

（1）接受招标人或其招标代理机构聘请，担任评标委员会成员；

（2）依法对投标文件进行独立评审，提出评审意见，不受任何单位或者个人的干预；

(3) 接受参加评标活动的劳务报酬;

(4) 法律、行政法规规定的其他权利。

评标专家负有下列义务:

(1) 有《招标投标法》第三十七条和《评标委员会和评标方法暂行规定》第十二条规定情形之一的,应当主动提出回避;

(2) 遵守评标工作纪律,不得私下接触投标人,不得收受他人的财物或者其他好处,不得透露对投标文件的评审和比较、中标候选人的推荐情况以及与评标有关的其他情况;

(3) 客观公正地进行评标;

(4) 协助、配合有关行政监督部门的监督、检查;

(5) 法律、行政法规规定的其他义务。

5. 评标的相关规定

(1) 评标标准。评标时,应严格按照招标文件确定的评标标准和方法,对投标文件进行评审和比较;设有标底的,应参考标底。任何未在招标文件中列明的标准和方法,均不得采用,对招标文件中已标明的标准和方法,不得有任何改变。这是保证评标公平、公正的关键,也是国际通行做法。

(2) 独立评审。评标是招标人和评标委员会的独立活动,不应受外界的干预和影响,以免影响评标的公正。《招标投标法》特别规定:"任何单位和个人不得非法干预、影响评标的过程和结果。"同时,还规定了相应的惩处措施。这对我国建设工程的招标投标,具有十分重大的现实意义。当然,法律也规定:招标人应采取必要的措施,保证评标在严格保密的情况下进行;评标委员会成员和参与评标的有关工作人员不得透露对投标文件的评审比较、评标结果及其他与评标有关的情况。

(3) 标价的确认。对于报价存在前后矛盾的投标文件,除招标文件另有约定外,应按下述原则进行修正和确认:用数字表示的数额与用文字标识的数额不一致时,以文字数额为准;单价与工程量的乘积和总价不一致时,以单价为准;若单价有明显的小数点错位,应以总价为准,并修改单价。调整后的报价经投标人确认后产生约束力。

(4) 投标文件的澄清。评标时,若发现投标文件的内容有含义不明确、不一致或明显文字错误、或纯属计算上的错误等情形,评标委员会可通知投标人作出必要的澄清和说明,以确认其正确的内容。但投标人的澄清与说明,只能作为对上述问题的解释和补正,它不能补充新的内容或更改投标文件中的报价、技术方案、工期等实质性内容。投标人的答复必须有法定代表人或其授权代理人的签字,并作为投标文件的组成部分。

如果投标文件存在下列问题,评标委员会应按废标处理:

1) 建筑工程设计投标文件中无相应资格的注册建筑师签字,或签字的注册建筑师受聘单位与投标人不符,以及无投标人公章的;

2) 工程施工投标文件中既无单位公章又无法定代表人或其授权代理人签字的;

3) 未按规定格式填写,内容不全或关键字迹模糊、无法辨认的;

4) 投标人名称或组织结构与资格预审时不一致的;

5) 未按招标文件要求提交投标保证金的;

6) 联合体投标未附联合体各方共同投标协议的;

7) 同一投标人递交两份或多份内容不同的招标文件,或在一份投标文件中对同一个投标项目报有两个或多个报价并且未申明哪一个有效的。

6. 评标结果

评标结束后,评标委员会应向招标人提交书面评标材料,并就中标人提出意见,根据不同情况,可有三种不同意见:

1) 推荐中标候选人。评标委员会可在评标报告中推荐1~3个中标候选人,由招标人确定。

2) 直接确定中标人。在得到招标人授权的情况下,评标委员会可在评标报告直接确定中标人。

3) 否决所有投标人。经评审,评标委员会认为所有投标都不符合招标文件要求,它可否决所有投标。这时,强制招标的项目应重新进行招标。

三、中标

1. 中标通知书

中标人确定后,招标人应当向中标人发出中标通知书,并同时将中标结果通知所有未中标的投标人。中标通知书,是指招标人在确定中标人后向中标人发出的通知其中标的书面凭证。

中标通知书对招标人和中标人具有法律效力。中标通知书发出后,招标人改变中标结果的,或者中标人放弃中标项目的,应当依法承担法律责任。从合同订立程序来说,招标是要约邀请,投标是要约,发出中标通知书是承诺。承诺一经到达中标人即生效,招标人就应受到承诺的效力约束,必须与中标人签订承包合同,否则要承担缔约过失责任。

2. 订立书面合同

招标人和中标人应当自中标通知书发出之日起三十日内,按照招标文件和中标人的投标文件订立书面合同。招标人和中标人不得再行订立背离合同实质性内容的其他协议。"实质性内容",是指投标价格、投标方案等实质性内容。

招标文件要求中标人提交履约保证金的,中标人应当提交。履约保证金,是指招标人要求投标人在接到中标通知书后,提交的保证履行合同各项义务的担保。履约担保一般有三种形式:银行保函、履约担保书和保留金。

3. 提交书面报告

依法必须进行招标的项目,招标人应当自确定中标人之日起十五日内,向有关行政监督部门提交招标投标情况的书面报告。

招标投标活动是个复杂的过程,要消耗较长的时间,有关行政主管部门不可能到每个项目招标的过程中去监督。为了了解招标投标活动的情况,只能借助于招标人主动汇报的方式。

4. 履行合同

中标人应当按照合同约定履行义务,完成中标项目。中标人不得向他人转让中标项目,也不得将中标项目肢解后分别向他人转让。

中标人按照合同约定或者经招标人同意,可以将中标项目的部分非主体、非关键性工作分包给他人完成。接受分包的人应当具备相应的资格条件,并不得再次分包。

中标人应当就分包项目向招标人负责,接受分包的人就分包项目承担连带责任。

第五节　建设工程招标的管理机构及其职责

一、招标活动管理的职责分工

根据《关于国务院有关部门实施招标投标活动行政监督的职责分工的意见》，原国家发展计划委员会（现为国家发展和改革委员会）是全国招投标活动的指导和协调部门，会同有关行政主管部门拟定《招标投标法》配套法规、综合性政策和必须进行招标的项目的具体范围、规模标准以及不适宜进行招标的项目，报国务院批准；定发布招标公告的报刊、信息网络或其他媒介。国家发展和改革计划委员会还负责组织国家重大建设项目稽查特派员，对国家重大建设项目建设过程中的工程招投标进行监督检查。

有关行政主管部门根据《招标投标法》和国家有关法规、政策，可联合或分别制定具体实施办法，分别对不同专业类型的招投标工作进行管理，其具体的职责划分如下：

（1）各类房屋建筑及其附属设施的建造和与其配套的线路；管道、设备的安装项目和市政工程项目的招投标活动的监督执法，由建设行政主管部门负责；

（2）工业（含内贸）、水利、交通、铁道、民航、信息产业等行业和产业项目的招投标活动的监督执法，分别由经贸、水利、交通、铁道、民航、信息产业等行政主管部门负责；

（3）进口机电设备采购项目的招投标活动的监督执法，由外经贸行政主管部门负责。

二、建设行政主管部门的有关职责

住房和城乡建设部负责房屋建筑工程及其附属设施，管道、设备的安装项目和市政工程项目的招投标活动的监督执法，其具体职责包括：

（1）贯彻执行国家有关建设工程招标投标的法律、法规和方针、政策，制定招标投标的规定和办法；

（2）指导、检查各地区、各部门的招标投标工作；

（3）总结交流招标投标工作的经验，提供相应服务；

（4）维护国家利益，监督重大工程的招标投标活动；

（5）审批全国范围内建设工程招投标的代理机构。

各省、自治区、直辖市的建设行政主管部门负责管理本行政区域内房屋建筑工程及其附属设施，管道、设备的安装项目和市政工程项目的招投标活动的监督执法，其主要职责是：

（1）贯彻国家有关建设工程招标投标的法规和方针、政策，制定建设工程招标投标实施办法；

（2）监督、检查本行政区域内的有关招标投标活动，总结交流工作经验；

（3）审批咨询、监理等单位代理建设工程招标投标业务的资格；

（4）调解招投标纠纷；

（5）否决违法招标投标规定的定标结果。

省、自治区、直辖市的建设行政主管部门可以根据需要，报请同级人民政府批准，确定相应的招标投标办事机构的设置及经费来源，在同级人民政府建设行政主管部门的授权范围内，具体负责本行政区域内有关招标投标的管理工作，主要包括：审查招标单位的资质、招标申请书、招标文件与标底；监督开标、评标、定标、签约活动；调解招标投标活动中的纠纷；否决违反规定的定标结果。

案 例 分 析

【案例1】 无资质承揽工程导致安全事故

农民张润根没有任何证件却私下与人签订《建房协议书》，结果在施工中因机械失灵而亡命工地。9月11日，江西省新余市渝水区人民法院一审以承揽合同损害赔偿纠纷，判决彭才庆、彭竹根、彭秋根等七被告赔偿死者张润根家属共计人民币79561.8元。

张润根原系农民，全家常年租住于城里，靠张润根四处作点建筑包工活维持生计。2005年12月25日，张润根在不具备建筑施工资质的情况下，与七被告签订一份《建房协议书》，协议约定由张润根承建七被告共建的一栋六个单元七层楼的住宅房屋（其中彭竹根和彭秋根合建一个单元），由七被告提供材料，张润根自带机械设备（升降机、搅拌机、平板等）。协议签订后，张润根便开始组织人员施工。房屋桩基工程完工后，七被告为升降机安装的位置等问题产生矛盾，张润根在与七被告多次协商未果后，改用吊机上下运输材料，且没有请专人，一般由其自行操作吊机。

今年2月7日，张润根操作吊机将材料往上运输准备粉刷外墙时，吊机在半空失灵，张润根随吊机一起摔至地面，被送往医院抢救无效死亡。事故发生后，张润根的家属将七被告诉至法院，要求七被告赔偿其死亡赔偿金、丧葬费、被抚养人生活费等计人民币305205.52元。

法院审理后认为，七被告与张润根签订的《建房协议书》符合承揽合同的法律特征，双方形成承揽合同法律关系。由于张润根不具备建筑资质，却承揽七被告的建筑工程，并且在没有吊机操作证的情况下操作吊机发生意外致使其本人死亡，对此张润根本人应当承担主要责任。七被告在没有审查张润根是否具备建筑资质就将房屋工程交其承建，选任上存在过错。另外，在协议约定使用升降机的前提下，七被告为升降机的安装位置无法达成统一意见，迫使张润根改用吊机，从而进一步降低了工程安全系数，故七被告对张润根的死亡亦存在一定过错，应当承担本案30%的赔偿责任。由于被告彭竹根和彭秋根合建一个单元，其余五被告各建一个单元，因此七被告应当按其各自建设的工程量承担赔偿责任。综上，法院依据当事人的诉请及法律规定，支持了家属赔偿要求中的265205.52元中的30%，作出了最终的判决。

【案例2】 转包工程酿成事故的责任分析

雇工胡女士在建造房屋中不幸摔伤，为此，她将发包人、转包人和承包人告上了法庭。10月10日，上海市闵行区人民法院判决承包人林先生赔偿10.67万余元，扣除转包人茅某已支付的5.5万元，还应赔偿医药费51773.88元，转包人茅某对上述赔偿款负连带责任。

今年4月27日，华漕镇村民曹林因建造新房让茅某负责施工。6月8日，茅某将此工程的泥工转包给了林先生。林接到工程后，即通知胡女士到工地务工，并确定日报酬45元。6月21日下午5时，胡女士在一楼平台上拉吊机起吊的一车砖块时，由于吊机失灵将其带倒摔下楼致当场昏迷，被送往上海市长宁区中心医院救治。经诊断为脑外伤、胸椎骨折,至今仍在武警总队医院继续治疗。而茅某在支付了5.5万元费用后一直拒绝支付继续治疗的费用。为索赔损失,胡女士的丈夫以代理人的身份将茅某、林先生和东家曹林告上法庭,请求判令三被告连带赔偿医疗费12万元,其他费用等治疗完毕后另行起诉。

茅某辩称,该工程已转包给林先生,且胡女士是林先生雇佣的。林先生辩称,胡女士是通过自己介绍到茅某工地工作的,工作中的吊机也是茅某提供的,事故的发生系由于吊机故障造成。况且自己也是为茅某工作的,故不应由自己承担责任。曹林辩称,胡女士务工必须具有相应的资质和能力才可以,现因胡女士没有技术能力导致受伤,故与己无关。

胡女士受雇于谁,三被告各自承担何种法律责任成为案件审理的关键。从林先生通知胡女士到工地干活,并确定工资报酬,结合其与茅某间清包工协议,可以说明林先生对使用务工人员有一定的决定权,对报酬的给付有一定的支配权,所以,认定林先生系胡女士的雇主。茅某与林先生间的协议系内部包工协议,法律上不能免除其对外应承担的民事责任,故茅某应对林先生雇佣行为所产生的后果承担连带责任。曹林发包给茅某建造的房屋系农村宅基地房屋,建筑结构相对简单,工期相对较短,且胡女士、茅某、林先生均没有提供证据证明其存在过错,故认定曹林不承担民事赔偿责任。

【案例3】 联合体承揽工程的连带责任

2001年,中国水电某工程局、江苏省某建设集团、山西省某工业设备安装公司组成联合体施工。2002年3月8日12时,江苏某建设集团雇用的拖挂车将太原铁路分局所属的太岚线42号铁路桥严重撞损,导致太岚线铁路运输中断11天,给国家和铁路运输造成了重大损失。为此,太原铁路分局告到法院,要求侵权单位赔偿损失189万元。

法院审理认为,侵权行为造成的损失应由联合体承担。我国《招标投标法》第31条规定:联合体中标的,联合体各方应当共同与招标人签订合同,就中标项目向招标人承担连带责任。最终,太原铁路运输法院对此案做出一审判决,责任方被要求赔偿太原铁路分局各种损失总计104万多元。江苏某建设集团承担赔偿责任的同时,联合体中另两家成员应承担连带责任。

思 考 题

1. 什么是工程建设的发包与承包?它有哪些方式?
2. 建设工程招标须遵循哪些基本原则?其含义是什么?
3. 招标人自行办理招标事宜,应具备哪些条件?
4. 我国强制性进行招标投标的建设工程项目有哪些?
5. 公开招标与邀请招标分别有哪些优点和不足?
6. 投标联合体的法律地位、资质等级和各方责任分别如何规定的?
7. 开标的程序是怎样的?
8. 相关法规对评标委员会的组成、专家资格分别有哪些规定?
9. 哪些情况下,投标文件可作为废标处理?
10. 我国现行建设工程招标投标管理机构有哪些?其职责是如何划分的?

第八章 建设工程勘察设计法律制度

第一节 概述

一、建设工程勘察设计的概念

建设工程勘察设计是建设工程勘察和建设工程设计的总称。建设工程勘察，是指根据建设工程的要求，查明、分析、评价建设场地的地质地理环境特征和岩土工程条件，编制建设工程勘察文件的活动。

建设工程设计，是指根据建设工程的要求，对建设工程所需的技术、经济、资源、环境等条件进行综合分析、论证，编制建设工程设计文件的活动。

建设工程勘察设计是工程建设的重要环节，勘察是基础，设计是灵魂，其对于工程的质量和综合效益起着决定性作用。而且，工程勘察设计还应当与国民经济和社会发展水平相适应，追求经济效益、社会效益和环境效益的和谐统一。

二、立法概况

改革开放 30 年来，我国在工程建设勘察设计方面共颁布实施了 20 多部法律、法规等规范性文件，目前，主要有效的主要包括：

《汶川地震灾后恢复重建条例》，国务院 2008 年 6 月 8 日颁布施行；
《建筑工程方案设计招标投标管理办法》，建设部 2008 年 5 月 1 日颁布施行；
《建设工程勘察设计资质管理规定》，建设部 2007 年 9 月 1 日起施行；
《工程设计资质标准》，建设部 2007 年 3 月 29 日颁布施行；
《外商投资建设工程设计企业管理规定实施细则》，建设部 2007 年 1 月 5 日起施行；
《全国优秀工程勘察设计奖评选办法》，建设部 2006 年 12 月 13 日颁布施行；
《超限高层建筑工程抗震设防专项审查技术要点》，建设部 2006 年 9 月 5 日起施行；
《房屋建筑工程抗震设防管理规定》，建设部 2006 年 4 月 1 日起施行；
《勘察设计注册工程师管理规定》，建设部 2005 年 4 月 1 日起施行；
《房屋建筑和市政基础设施工程施工图设计文件审查管理办法》，建设部 2004 年 8 月 23 日颁布施行；
《建设工程安全生产管理条例》，国务院 2004 年 2 月 1 日起施行；
《工程建设项目勘察设计招标投标办法》，国家八部委 2003 年 8 月 1 日起施行；
《建设工程勘察质量管理办法》，建设部 2003 年 2 月 1 日施行；
《外商投资建设工程设计企业管理规定》，建设部 2002 年 12 月 1 日施行；
《超限高层建筑工程抗震设防管理规定》，建设部 2002 年 9 月 1 日施行；
《工程勘察设计收费管理规定》，国家计委、建设部 2002 年 3 月 1 日施行；
《公路工程勘察设计招标投标管理办法》，交通部 2002 年 1 月 1 日施行；
《建设工程勘察设计企业资质管理规定》，建设部 2001 年 7 月 25 日颁布并施行；

《工程勘察资质分级标准》和《工程设计资质分级标准》，建设部 2001 年 1 月 20 日颁布施行；

《建筑工程设计事务所管理办法》，建设部 2000 年 12 月 13 日颁布施行；

《建筑工程设计招标投标管理办法》，建设部 2000 年 10 月 18 日颁布施行；

《建设工程勘察设计管理条例》，国务院 2000 年 9 月 25 日颁布施行；

《实施工程建设强制性标准监督规定》，建设部 2000 年 8 月 25 日颁布施行；

《工程勘察设计收费管理规定》，国家计委、建设部 2002 年 3 月 1 日起施行；

《建设工程质量管理条例》，国务院 2000 年 1 月 30 日颁布施行；

《招标投标法》，2000 年 1 月 1 日起施行。

上述法律、法规形成了我国建设工程勘察设计领域的有机体系，是建设法规体系的重要组成部分。

第二节 工程勘察设计标准

标准是指为在一定的范围内获得最佳秩序，对活动或其结果规定共同的和重复使用的规则、导则或特性的文件。该文件必须经过协商一致共同制定并经一个权威、公认机构的批准。标准应以科学、技术和经验的综合成果为基础，以促进最佳社会效益为目的。

一、工程建设标准

（一）工程建设标准的概念

在建设行业内，工程建设标准是指对基本建设中各类工程的勘察、规划、设计、施工、安装、验收等需要协调统一的事项所制定的标准。

制定和实施各项工程建设标准，并逐步使其完整、体系，即实现工程建设标准化，是现代化工程建设的重要管理手段，是我国工程建设领域一项重要的技术、经济法律制度。

我国的国家标准由国务院标准化行政主管部门制定；行业标准由国务院有关行政主管部门制定；地方标准由省、自治区和直辖市标准化行政主管部门制定；企业标准由企业自己制定，但都属于建设法规的组成部分。

（二）工程建设标准的种类

工程建设标准从不同的角度可有不同的分类：

（1）按标准的内容：工程建设标准可分为技术标准、经济标准和管理标准三类。

技术标准是指对标准化领域中需要协调统一的技术事项所制定的标准；经济标准是在建设过程中控制资源，节约财力，避免浪费，特别是保证不可再生资源的节约使用；管理标准是指对标准化领域中需要协调统一的管理事项所制定的标准。

（2）按标准的级别或适用范围：工程建设标准可分为国家标准、行业标准、地方标准和企业标准。

工程建设国家标准是指在全国范围内统一的技术要求。如通用的质量标准，通用的术语、符号、代号、建筑模数等。实践中习惯称之为国标，由国务院建设行政主管部门审查批准，国务院标准化行政主管部门和建设行政主管部门联合颁行。

工程建设行业标准是指在工程建设活动中，在全国某个行业范围内统一的技术要求。

如行业专用的质量标准、专用的术语、符号、代号，专用的实验、检验、评定方法等。行业标准由国务院有关行政主管部门审批、颁行，并报国务院建设行政主管部门备案。

工程建设地方标准是指在工程建设活动中，根据当地的气候、地质、资源、环境等条件，在省、自治区、直辖市范围内提出统一的技术要求。它不得低于相应的国家标准或行业标准。地方标准的制定、审批、发布，由省、自治区、直辖市人民政府规定，并报国务院建设行政主管部门和标准化行政主管部门备案。

工程建设企业标准是指工程建设活动中，企业内部统一的技术要求。它也不得低于国家标准、行业标准和地方标准。国家鼓励企业制定优于国家、行业和地方标准的企业标准。企业标准由企业组织制定，并按相关规定报送备案。

（3）按标准的使用阶段：工程建设标准分为设计标准和验收标准。工程建设设计标准是工程设计中必须遵守的标准，其具体又可分为以下几种：

建筑设计基础标准：房屋建筑术语、建筑统一模数、建筑物等级划分等。

建筑设计通用标准：建筑采光、照明、节能、防火、防爆、防腐、隔声、环保、卫生等方面的设计标准规范。

建筑结构设计通用标准：包括建筑荷载、地基基础设计规范，建筑结构抗震设计规范，各类建筑结构（钢结构、木结构、砖石结构、钢筋混凝土结构）设计规范，特种结构（塔架、烟囱、水池、筒仓、人防地下室）设计规划等。

建筑工程设计专用标准，如旅馆、住宅设计规范，无粘结预应力钢筋混凝土设计规程等。

相关专业设计标准，如给水排水、供暖通风、电气、弱电、设备等方面的标准规范。

（4）按标准的执行效力：工程建设标准可分为强制性标准和推荐性标准。

强制性标准是指必须执行的标准，如工程建设勘察、规划、设计、施工及验收等通用的综合标准和质量标准等。

推荐性标准是指当事人自愿采用的标准，凡是强制性标准以外的标准皆为推荐性标准。

国家把标准分为强制性和推荐性两种，既可以使建筑企业既把握住了关键环节的建设质量，又能够在有改进空间的地方进行创新，使工程建设的标准不断完善。

二、工程勘察设计标准

根据《基本建设勘察工作管理暂行办法》和《基本建设设计工作管理暂行办法》，工程勘察设计标准具体包括两部分，即勘察工作的标准是勘察技术标准，设计工作的标准是设计标准规范和标准设计。

（一）工程勘察技术标准

工程勘察技术标准（包括规范、规程）是工程建设标准化工作的组成部分，是各项勘察工作的技术依据。各类建设工程的勘察都必须制定相应的应技术标准，并逐步建立统一的工程勘察技术标准体系。制定或修订技术标准，都必须贯彻执行国家的有关技术经济政策，做到技术先进、经济合理、安全适用、确保质量。

勘察技术标准，分为国家、行业、省市自治区和勘察单位四级。各级技术标准的审批和颁发，采取分级负责的办法。

勘察技术标准一经颁发，就是技术法规，在一切工程建设的勘察工作中都必须执行，凡不符合勘察技术标准要求的勘察技术成果，不得提出。

(二) 工程设计标准

工程建设设计标准规范和标准设计，是设计标准化的重要组成部分。各类工程建设的设计都必须制定相应的标准规范；各类工程建设的构配件（零部件）、通用的构筑物、建筑物、公用设施以及单项工程等，凡有条件的都应编制标准设计。制定或修订设计标准规范和标准设计，必须贯彻国家的技术经济政策，密切结合自然条件和技术发展水平，合理利用能源、资源、材料和设备，充分考虑使用、施工、生产和维修的要求，做到通用性强，技术先进，经济合理，安全适用，节能环保，确保质量，便于工业化生产。

设计标准规范分为国家、行业、省市自治区和设计单位四级。标准设计分为国家、行业和省市自治区三级。各级设计标准规范和标准设计的审批、颁发，采取分级负责的办法。

设计标准规范一经颁发，就是技术法规，在一切工程建设设计工作中都必须执行。标准设计一经颁发，建设单位和设计单位要因地制宜地积极采用，凡无特殊理由的不得另行设计。

第三节　设计文件的编制与审批

一、设计文件的编制

（一）编制原则与依据

1. 设计文件的编制原则

工程设计是工程建设的重要环节，对工程建设的质量、投资效益起着决定性的作用。对整个工程来说，设计的好坏起着最根本性的作用。因此，为保证工程设计的质量和水平，使建设工程设计与社会经济发展水平相适应，真正做到经济效益、社会效益和环境效益相统一，有关法律法规规定，工程设计必须遵循以下主要原则：

（1）贯彻国民经济和社会发展规划、城乡规划及产业政策；
（2）合理配置资源，注重环保要求；
（3）遵守工程建设技术标准和规范；
（4）积极采用新技术、新工艺、新材料和新设备；
（5）公共建筑和住宅要努力体现以人为本；
（6）办公建筑和大型公共建筑要节约能耗。

2. 设计文件的编制依据

根据《建设工程勘察设计管理条例》第四章的规定，编制建设工程勘察、设计文件，应当以下列规定为依据：

（1）项目批准文件；
（2）城市规划；
（3）工程建设强制性标准；
（4）国家规定的建设工程勘察、设计深度要求。

铁路、交通、水利等专业建设工程，还应当以专业规划的要求为依据。

同时，编制方案设计文件，应当满足编制初步设计文件和控制概算的需要；编制初步设计文件，应当满足编制施工招标文件、主要设备材料订货和编制施工图设计文件的需要；编制施工图设计文件，应当满足设备材料采购、非标准设备制作和施工的需要，并注明建设工程合理使用年限。设计文件中选用的材料、构配件、设备，应当注明其规格、型号、性能等技术指标，其质量要求必须符合国家规定的标准。除有特殊要求的建筑材料、专用设备和工艺生产线等外，设计单位不得指定生产厂、供应商。

(二) 设计阶段与内容

1. 设计阶段

根据《基本建设设计工作管理暂行办法》第十三条的规定，建设项目的设计阶段要依据项目本身的实际情况决定。概括而言，可以分为以下几种情况：

(1) 一般建设项目：按初步设计、施工图设计两个阶段进行；

(2) 技术上复杂的建设项目：根据主管部门的要求，可按初步设计、技术设计和施工图设计三个阶段进行。小型建设项目中技术简单的，经主管部门同意，在简化的初步设计确定后，就可以做施工图设计。

(3) 大型矿区、油田、林区、垦区和联合企业等建设项目：在进行常规设计之前应先做总体设计。

2. 设计内容

(1) 初步设计

初步设计是根据已批准的可行性研究报告或设计任务书而编制的初步设计文件。根据《建筑工程设计文件编制深度规定》(2003) 第一章的规定，初步设计文件由设计说明书（包括设计总说明和各专业的设计说明书）、设计图纸、主要设备及材料表和工程概算书等四部分内容组成。

初步设计文件的编排顺序为：

封面→扉页→初步设计文件目录→设计说明书→图纸→主要设备及材料表→工程概算书

在初步设计阶段，各专业应对本专业内容的设计方案或重大技术问题的解决方案进行综合技术经济分析，论证技术上的适用性、可靠性，经济上的合理性，并将其主要内容写进本专业初步设计说明书中。初步设计和总概算经批准后，是确定建设项目的投资额，编制固定资产投资计划，签订建设工程总包合同、贷款合同，控制建设工程拨款，组织主要设备订货，进行施工准备以及编制技术设计文件（或施工图设计文件）等的依据。

初步设计文件的深度应满足审批的要求：应符合已审定的设计方案；能据以确定需取得土地使用权的土地范围；能据以准备主要设备及材料；应提供工程设计概算，作为审批确定项目投资的依据；能据以进行施工图设计；能据以进行施工准备。

(2) 施工图设计

根据《建筑工程设计文件编制深度规定》(2003) 第一章的规定，施工图设计应根据已批准的初步设计进行编制，内容以图纸为主，应包括：封面、图纸目录、设计说明（或首页）、图纸、工程预算书等。

施工图设计文件一般以子项为编排单位。各专业的工程计算书（包括计算机辅助设计的计算资料）应经校审、签字后，整理归档。

施工图设计文件的深度应满足下列要求：能据以编制施工图预算；能据以安排材料、

设备订货和非标准设备的制作；能据以进行施工和安装；能据以进行工程验收。

（三）抗震设防

2008年5月12日，四川省汶川大地震对中华民族的巨大创伤无以言表，其中，与建筑物直接、间接相关的生命、财产损失惨痛。痛定思痛，对建筑工程抗震设防应当有科学、客观的态度。

1. 基本方针

根据《房屋建筑工程抗震设防管理规定》（2006年）的规定，房屋建筑工程的抗震设防，坚持预防为主的方针。国家鼓励采用先进的科学技术进行房屋建筑工程的抗震设防。

2. 设计中的抗震设防

根据《房屋建筑工程抗震设防管理规定》（2006年）的规定，制定、修订工程建设标准时，应当及时将先进适用的抗震新技术、新材料和新结构体系纳入标准、规范，在房屋建筑工程中推广使用。

新建、扩建、改建的房屋建筑工程，应当按照国家有关规定和工程建设强制性标准进行抗震设防。任何单位和个人不得降低抗震设防标准。

城市房屋建筑工程的选址，应当符合城市总体规划中城市抗震防灾专业规划的要求；村庄、集镇建设的工程选址，应当符合村庄与集镇防灾专项规划和村庄与集镇建设规划中有关抗震防灾的要求。

《建筑工程抗震设防分类标准》中甲类和乙类建筑工程的初步设计文件应当有抗震设防专项内容。超限高层建筑工程应当在初步设计阶段进行抗震设防专项审查。新建、扩建、改建房屋建筑工程的抗震设计应当作为施工图审查的重要内容。

二、设计文件的审批

（一）设计文件的审批

根据《设计文件的编制和审批办法》的规定，我国建设项目设计文件的审批，实行分级管理、分级审批的原则。其具体规定如下：

（1）特大、特殊项目的初步设计和总概算，报请国务院批准。

（2）大型建设项目的初步设计和总概算，按隶属关系，由国务院主管部门或省、市、自治区组织审查，提出审查意见，报国家批准；技术设计按隶属关系由国务院主管部门或省、市、自治区审批。

（3）中型建设项目的初步设计和总概算，按隶属关系，由国务院主管部门或省、市、自治区审查批准。批准文件抄送住房和城乡建设部备案。国家指定的中型项目的初步设计和总概算要报住房和城乡建设部审批。

（4）小型建设项目初步设计的审批权限，由主管部门或省、市、自治区自行规定。

（5）总体规划设计（或总体设计）的审批权限，与初步设计的审批权限相同。

（6）施工图设计按照规定进行审查。

（二）设计文件的修改

根据《设计文件的编制和审批办法》的规定，设计文件是工程建设的主要依据，经批准后不得任意修改。

凡涉及计划任务书的主要内容，如建设规模、产品方案、建设地点、主要协作关系等方面的修改，须经原计划任务书审批机关批准。

凡涉及初步设计的主要内容，如总平面布置、主要工艺流程、主要设备、建筑面积、建筑标准、总定员、总概算等方面的修改，须经原设计审批机关批准。修改工作须由原设计单位负责进行。

根据《建设工程勘察设计管理条例》的规定，建设单位、施工单位、监理单位不得修改建设工程勘察、设计文件；确需修改建设工程勘察、设计文件的，应当由原建设工程勘察、设计单位修改。经原建设工程勘察、设计单位书面同意，建设单位也可以委托其他具有相应资质的建设工程勘察、设计单位修改。修改单位对修改的勘察、设计文件承担相应责任。

施工单位、监理单位发现建设工程勘察、设计文件不符合工程建设强制性标准、合同约定的质量要求的，应当报告建设单位，建设单位有权要求建设工程勘察、设计单位对建设工程勘察、设计文件进行补充、修改。

建设工程勘察、设计文件内容需要作重大修改的，建设单位应当报经原审批机关批准后，方可修改。

三、施工图设计文件的审查

（一）制度背景

施工图设计文件的审查制度在我国已有多年的历史，我国于1998年开始了建筑工程项目施工图设计文件审查试点工作，通过审查在节约投资、发现设计质量隐患和市场违法违规行为等方面都有明显的成效。2000年1月30日国务院颁布的《建设工程质量管理条例》第三章中的二十三条指出设计单位应该就审查合格的施工图设计文件向施工单位做出详细说明；2000年2月17日建设部颁布的《建筑工程施工图设计文件审查暂行办法》第二条规定：施工图审查市政府主管部门对建筑工程勘察设计质量监督管理的重要环节，是基本建设必不可少的程序，工程建设各方必须认真贯彻执行；2000年5月25日建设部关于印发《建筑工程施工图设计文件审查有关问题的指导意见》的通知，在该通知中指出：对施工图设计文件进行安全和强制性标准执行情况的审查是今后建设行政主管部门对建筑工程勘察设计质量进行监督管理的主要途径和方式，各地建设行政主管部门应对此项工作予以高度重视；2000年8月25日建设部颁布《实施工程建设强制性标准监督规定》中第六条规定：施工图设计文件审查单位应当对工程建设勘察、设计阶段执行强制性标准的情况实施监督；2000年9月25日国务院颁布《建设工程勘察设计管理条例》中第四章第三十三条规定：县级以上人民政府建设行政主管部门或者交通、水利等有关部门应当对施工图设计文件中涉及公共利益、公众安全、工程强制建设性标准的内容进行审查。施工图未经审查合格的，不得使用。

2004年6月29日经第37次建设部常务会议讨论通过了《房屋建筑和市政基础设施工程施工图设计文件审查管理办法》，2004年8月23日颁布施行。

该办法第三条规定，国家实施施工图设计文件审查制度。国家实施施工图设计文件（含勘察文件，以下简称施工图）审查制度，指出本办法所称施工图审查，是指建设主管部门认定的施工图审查机构（以下简称审查机构）按照有关法律、法规，对施工图涉及公共利益、公众安全和工程建设强制性标准的内容进行的审查。施工图未经审查合格的，不得使用。

施工图设计文件的质量直接影响建设工程的质量，开展施工图设计文件审查也是国家行政法规规定的法定基本建设程序。在市场经济条件下，由于市场竞争的激烈，导致了设计单位常常受制于建设单位，有时候甚至违心地服从建设单位提出的一些不合理的要求，违反了国家和地方的有关规定和强制性标准、规范，并且有的建设单位规划报批方案与施工图设计文件不符，会影响到实际的设计质量。而一旦发现设计的质量问题，往往已经开始施工甚至开始使用，这将带来巨大的损失。对施工图设计文件开展审查，既是对设计单位的成果进行质量控制，也能纠正参与建设活动各方的不规范行为，而且审查是在施工图设计文件完成之后，交付施工之前进行，这样就可以有效地避免损失，保证建设工程的质量。

许多发达国家为了确保工程建设质量，在建立和实施施工图设计文件审查制度上取得了很大的成效，不少国家均有完善的设计审查制度。鉴于施工图设计的重要地位，我国还会对此设计文件的审查的法律规定进一步的完善。

（二）审查机构

1. 性质

施工图设计文件的审查是一项专业性、技术性较强的特殊工作，审查机构应当是政府主管部门审查批准的具有一定条件的专业机构，工作人员必须以严谨、科学的态度履行职责。

根据《房屋建筑和市政基础设施工程施工图设计文件审查管理办法》（2004年）的规定，施工图审查机构是由建设主管部门认定的、不以营利为目的的独立法人。

2. 分类

审查机构按承接业务范围分两类，一类机构承接房屋建筑、市政基础设施工程施工图审查业务范围不受限制；二类机构可以承接二级及以下房屋建筑、市政基础设施工程的施工图审查。

3. 设立条件

《房屋建筑和市政基础设施工程施工图设计文件审查管理办法》具体规定了一类机构和二类机构应当具备的具体条件。

其中，一类审查机构应当具备下列条件：

(1) 注册资金不少于100万元。

(2) 有健全的技术管理和质量保证体系。

(3) 审查人员应当有良好的职业道德，具有15年以上所需专业勘察、设计工作经历；主持过不少于5项一级以上建筑工程或者大型市政公用工程或者甲级工程勘察项目相应专业的勘察设计；已实行执业注册制度的专业，审查人员应当具有一级注册建筑师、一级注册结构工程师或者勘察设计注册工程师资格，未实行执业注册制度的，审查人员应当有高级工程师以上职称。

(4) 从事房屋建筑工程施工图审查的，结构专业审查人员不少于6人，建筑、电气、暖通、给水排水、勘察等专业审查人员各不少于2人；从事市政基础设施工程施工图审查的，所需专业的审查人员不少于6人，其他必须配套的专业审查人员各不少于2人；专门从事勘察文件审查的，勘察专业审查人员不少于6人。

(5) 审查人员原则上不得超过65岁，60岁以上审查人员不超过该专业审查人员规定数的1/2。

承担超限高层建筑工程施工图审查的,除具备上述条件外,还应当具有主持过超限高层建筑工程或者100米以上建筑工程结构专业设计的审查人员不少于3人。

4. 认定与管理

国务院建设主管部门负责规定审查机构的条件、施工图审查工作的管理办法,并对全国的施工图审查工作实施指导、监督。

省、自治区、直辖市人民政府建设主管部门负责认定本行政区域内的审查机构,对施工图审查工作实施监督管理,并接受国务院建设主管部门的指导和监督。

市、县人民政府建设主管部门负责对本行政区域内的施工图审查工作实施日常监督管理,并接受省、自治区、直辖市人民政府建设主管部门的指导和监督。

省、自治区、直辖市人民政府建设主管部门应当按照国家确定的审查机构条件,并结合本行政区域内的建设规模,认定相应数量的审查机构。

(三) 审查程序与要求

1. 程序

(1) 建设单位送审

建设单位应当按规定将施工图送审查机构审查。建设单位可以自主选择审查机构,但是审查机构不得与所审查项目的建设单位、勘察设计企业有隶属关系或者其他利害关系。

(2) 审查机构审查

施工图审查原则上不超过下列时限:

1) 一级以上建筑工程、大型市政工程为15个工作日,二级及以下建筑工程、中型及以下市政工程为10个工作日;

2) 工程勘察文件,甲级项目为7个工作日,乙级及以下项目为5个工作日。

(3) 审查的不同结果

审查机构对施工图进行审查后,应当根据下列情况分别作出处理:

1) 审查合格的,审查机构应当向建设单位出具审查合格书,并将经审查机构盖章的全套施工图交还建设单位。审查合格书应当有各专业的审查人员签字,经法定代表人签发,并加盖审查机构公章。审查机构应当在5个工作日内将审查情况报工程所在地县级以上地方人民政府建设主管部门备案。

2) 审查不合格的,审查机构应当将施工图退建设单位并书面说明不合格原因。同时,应当将审查中发现的建设单位、勘察设计企业和注册执业人员违反法律、法规和工程建设强制性标准的问题,报工程所在地县级以上地方人民政府建设主管部门。

施工图退建设单位后,建设单位应当要求原勘察设计企业进行修改,并将修改后的施工图报原审查机构审查。

2. 要求

(1) 对于建设单位

建设单位应当向审查机构提供下列资料:

1) 作为勘察、设计依据的政府有关部门的批准文件及附件;

2) 全套施工图。

(2) 对于审查机构

1) 具有健全的技术管理和质量保证体系,审查人员应当有良好的职业道德;

2）施工图审查严谨、科学、客观、公正；
3）施工图审查应当按照法定时限完成。
（3）对于相关主体

任何单位或者个人不得擅自修改审查合格的施工图。确需修改的，凡涉及审查机构应当审查内容的，建设单位应当将修改后的施工图送原审查机构审查。

（4）建设主管部门

按规定应当进行审查的施工图，未经审查合格的，建设主管部门不得颁发施工许可证。

（四）审查的范围与内容

1. 范围

凡在我国境内从事房屋建筑工程、市政基础设施工程施工图设计文件审查和实施监督管理的，必须遵守《房屋建筑和市政基础设施工程施工图设计文件审查管理办法》。

2. 内容

审查机构应当对施工图审查的内容如下：

（1）是否符合工程建设强制性标准；
（2）地基基础和主体结构的安全性；
（3）勘察设计企业和注册执业人员以及相关人员是否按规定在施工图上加盖相应的图章和签字；
（4）其他法律、法规、规章规定必须审查的内容。

建设部于2004年颁发的《房屋建筑和市政基础设施工程施工图设计文件审查管理办法》中还规定必须对建筑节能设计进行审查，凡达不到建筑节能设计标准的施工图，应认定其为不合格。

（五）相关主体的法律责任

1. 审查机构及其相关人员的法律责任

（1）审查不严谨，已经造成损失

审查机构对施工图审查工作负责，承担审查责任。施工图经审查合格后，仍有违反法律、法规和工程建设强制性标准的问题，给建设单位造成损失的，审查机构依法承担相应的赔偿责任；建设主管部门对审查机构、审查机构的法定代表人和审查人员依法作出处理或者处罚。

（2）审查工作违反相关规定

审查机构违反规定，有下列行为之一的，县级以上地方人民政府建设主管部门责令改正，处1万元以上3万元以下的罚款；情节严重的，省、自治区、直辖市人民政府建设主管部门撤销对审查机构的认定：

1）超出认定的范围从事施工图审查的；
2）使用不符合条件审查人员的；
3）未按规定上报审查过程中发现的违法违规行为的；
4）未按规定在审查合格书和施工图上签字盖章的；
5）未按规定的审查内容进行审查的。

（3）审查机构出具虚假审查合格书

审查机构出具虚假审查合格书的，县级以上地方人民政府建设主管部门处 3 万元罚款，省、自治区、直辖市人民政府建设主管部门撤销对审查机构的认定；有违法所得的，予以没收。

2. 国家机关工作人员的法律责任

国家机关工作人员在施工图审查监督管理工作中玩忽职守、滥用职权、徇私舞弊，构成犯罪的，依法追究刑事责任；尚不构成犯罪的，依法给予行政处分。

第四节　建设工程勘察设计的监督管理

一、概述

《建设工程勘察质量管理办法》第 19 条规定，工程勘察质量监督部门应当对工程勘察企业质量管理程序的实施、试验室是否符合标准等情况进行检查，并将检查结果与企业资质年检管理挂钩，定期向社会公布检查和处理结果。

在工程建设的各个环节中，因为勘察设计对工程的质量和效益的重要作用，使得勘察设计的监督管理显得更为重要。勘察设计的监督管理工作涉及工程建设的全过程，对工程的安全性和可靠性都有着不可替代的重大作用。施工中常常会出现的实际建设和施工图不相符，而导致工程质量问题，造成不可弥补的损失。甚至设计文件未经审批就开始使用。因此，为了保证工程建设依法有序的进行，有关建设行政主管部门必须做好勘察设计的监督管理工作。

在我国工程建设中，对勘察设计的监督管理工作是非常重视。建设部 2007 年 6 月 26 日颁布的《建设工程勘察设计资质管理规定》规定，国务院建设主管部门对全国的建设工程勘察、设计资质实施统一的监督管理，国务院铁路、交通、水利、信息产业、民航等有关部门配合国务院建设主管部门对相应的行业资质进行监督管理。县级以上地方人民政府建设主管部门负责对本行政区域内的建设工程勘察、设计资质实施监督管理。县级以上人民政府交通、水利、信息产业等有关部门配合同级建设主管部门对相应的行业资质进行监督管理。国务院 2000 年 9 月 25 日颁布的《建设工程勘察设计管理条例》规定，国务院建设主管部门对全国的建设工程勘察、设计资质实施统一的监督管理。国务院铁路、交通、水利、信息产业、民航等有关部门配合国务院建设主管部门对相应的行业资质进行监督管理。县级以上地方人民政府建设主管部门负责对本行政区域内的建设工程勘察、设计资质实施监督管理。县级以上人民政府交通、水利、信息产业等有关部门配合同级建设主管部门对相应的行业资质进行监督管理。建设部 2000 年 8 月 25 日颁布施行的《实施工程建设强制性标准监督规定》中规定，施工图设计文件审查单位应当对工程建设勘察、设计阶段执行强制性标准的情况实施监督。2000 年 8 月 1 日建设部颁布《建设工程勘察质量管理办法》规定，国务院建设行政主管部门负责本行政区内的建设工程勘察质量的监督管理工作。县级以上地方人民政府建设主管部门负责对本行政区域内的建设工程勘察、设计资质实施监督管理。水利、交通、铁道等国务院有关部门负责所属部门建设工程勘察质量的监督管理工作。从这些法律法规中我们可以看出，勘察设计的监督管理工作是必不可少的环节。

二、监督管理机构与内容

（一）机构

根据《建设工程勘察设计管理条例》第31、34条的规定，国务院建设行政主管部门对全国的建设工程勘察、设计活动实施统一监督管理。国务院铁路、交通、水利等有关部门按照国务院规定的职责分工，负责对全国的有关专业建设工程勘察、设计活动的监督管理。

县级以上地方人民政府建设行政主管部门对本行政区域内的建设工程勘察、设计活动实施监督管理。县级以上地方人民政府交通、水利等有关部门在各自的职责范围内，负责对本行政区域内的有关专业建设工程勘察、设计活动的监督管理。

显然，住房和城乡建设部是我国建设工程勘察设计活动的监管主管单位，其他行业的部委是在建设工程中相关专业的监管主管部门。

任何单位和个人对建设工程勘察、设计活动中的违法行为都有权检举、控告、投诉。

（二）内容

根据《建设工程勘察设计管理条例》第33、32条的规定，县级以上人民政府建设行政主管部门或交通、水利等有关部门应对施工图设计文件中涉及公共利益、公共安全、工程建设强制性标准的内容进行审查。未经审查批准的施工图设计文件，不得使用。

建设工程勘察、设计单位在其勘察、设计资质证书规定的业务范围内跨部门、跨地区承揽勘察设计任务的，有关地方人民政府及其所属部门不得设置障碍，不得违反国家规定收取任何费用。

三、勘察设计的知识产权保护

工程勘察、设计是富有创造性的智力劳动。工程技术人员利用工程勘察设计理论、技术与实践经验所完成的每项工程勘察设计咨询成果都凝结着他们的心血、智慧和创新精神。对这种原创或创新性智力劳动成果的保护，是对工程技术人员创新与发展的鼓励，有助于工程勘察设计咨询业的技术进步，同时也符合建设单位（业主）和公众的利益。

面对日益激烈的市场竞争，我国勘察设计咨询业迫切需要增强自身知识产权保护意识，同时承认并尊重他人的知识产权及合法权益。做好知识产权保护工作，提高市场竞争能力。

为了保护与管理勘察设计咨询企业的知识产权，鼓励技术创新和发明创造，丰富与发展原创性智力成果，增加企业自主知识产权的数量并提高其质量，增强企业自主创新能力和市场竞争力，同时尊重并合法利用他人的知识产权，建设部、国家知识产权局根据国家有关知识产权的法律、法规，于2003年制定了《工程勘察设计咨询业知识产权保护与管理导则》。

（一）勘察设计的知识产权范围

根据《工程勘察设计咨询业知识产权保护与管理导则》（2003年）的规定，勘察设计咨询业的知识产权范围包括：

（1）勘察设计咨询业的著作权主要包括勘察、设计、咨询活动和科研活动中形成的，以各种载体所表现的文字作品、图形作品、模型作品、建筑作品等勘察设计咨询作品的著作权。勘察设计咨询作品包括以下内容：

1）工程勘察投标方案，专业工程设计投标方案，建筑工程设计投标方案（包括创意或概念性投标方案），工程咨询投标方案等；

2）工程勘察和工程设计阶段的原始资料、计算书、工程设计图及说明书、技术文件和工程总结报告等；

3）工程咨询的项目建议书、可行性研究报告、专业性评价报告、工程评估书、监理大纲等；

4）科研活动的原始数据、设计图及说明书、技术总结和科研报告等；

5）企业自行编制的计算机软件、企业标准、导则、手册、标准设计等。

（2）勘察设计咨询业的专利权系指获得授权并有效的发明专利权、实用新型专利权和外观设计专利权，包括各种具有新颖性、创造性和实用性的新工艺、新设备、新材料、新结构等新技术和新设计，以及对原有技术的新改进、新组合等的专利权。

（3）勘察设计咨询业的专有技术权系指对没有申请专利，具有实用性，能为企业带来利益，并采取了保密措施，不为公众所知悉的技术享有的权利，包括各种新工艺、新设备、新材料、新结构、新技术、产品配方、各种技术诀窍及方法等。

（4）勘察设计咨询业除（3）所述技术秘密以外的其他商业秘密，系指具有实用性，能为企业带来利益，并采取了保密措施，不为公众所知悉的经营信息，包括生产经营、企业管理、科技档案、客户名单、财务账册、统计报表等。

（5）勘察设计咨询业的商标权及相关识别性标志权，系指企业名称、商品商标、服务标志，以及依照法定程序取得的各种资质证明等依法享有的权利。

（6）勘察设计咨询业其他受国家法律、法规保护的知识产权。

（二）勘察设计的知识产权归属

根据《工程勘察设计咨询业知识产权保护与管理导则》（2003年）的规定，勘察设计咨询业的知识产权归属的认定共分八种不同的情形。

（1）勘察设计咨询业著作权及邻接权的归属，一般按以下原则认定：

1）执行勘察设计咨询企业的任务或主要利用企业的物质技术条件完成的，并由企业承担责任的工程勘察、设计、咨询的投标方案和各类文件等职务作品，其著作权及邻接权归企业所有。直接参加投标方案和文件编制的自然人（包括企业职工和临时聘用人员，下同）享有署名权。

建设单位（业主）按照国家规定支付勘察、设计、咨询费后所获取的工程勘察、设计、咨询的投标方案或各类文件，仅获得在特定建设项目上的一次性使用权，其著作权仍属于勘察设计咨询企业所有。

2）勘察设计咨询企业自行组织编制的计算机软件、企业标准、导则、手册、标准设计等是职务作品，其著作权及邻接权归企业所有。直接参加编制的自然人享有署名权。

3）执行勘察设计咨询企业的任务或主要利用企业的物质技术条件完成的，并由企业承担责任的科技论文、技术报告等职务作品，其著作权及邻接权归企业所有。直接参加编制的自然人享有署名权。

4）勘察设计咨询企业职工的非职务作品的著作权及邻接权归个人所有。

（2）勘察设计咨询业专利权和专有技术权的归属，一般按以下原则认定：

1）执行勘察设计咨询企业的任务，或主要利用本企业的物质技术条件所完成的发明创造或技术成果，属于职务发明创造或职务技术成果，其专利申请权和专利的所有权、专有技术的所有权,以及专利和专有技术的使用权、转让权归企业所有。直接参加专利或专有技术开发、研制等工作的自然人依法享有署名权。

2) 勘察设计咨询企业职工的非职务专利或专有技术权归个人所有。

(3) 勘察设计咨询企业在科研、生产、经营、管理等工作中所形成的,能为企业带来经济利益的,采取了保密措施不为公众所知悉的技术、经营、管理信息等商业秘密属于企业所有。

(4) 勘察设计咨询企业的名称、商品商标、服务标志,以及依法定程序取得的各种资质证明等的权利为企业所有。

(5) 勘察设计咨询企业与其他企事业单位合作所形成的著作权及邻接权、专利权、专有技术权等知识产权,为合作各方所共有,合同另有规定的按照约定确定其权属。

(6) 勘察设计咨询企业接受国家、企业、事业单位的委托,或者委托其他企事业单位所形成的著作权及邻接权、专利权、专有技术权等知识产权,按照合同确定其权属。没有合同约定的,其权属归完成方所有。

(7) 勘察设计咨询企业的人员,在离开企业期间形成的知识产权的归属,一般按以下原则认定:

1) 企业派遣出国开展合作设计、访问、进修、留学等,或者派遣到其他企事业单位短期工作的人员,在企业尚未完成的勘察、设计、咨询、科研等项目,在国外或其他单位完成而可能获得知识产权的,企业应当与派遣人员和接受派遣人员的单位共同签订协议,明确其知识产权的归属。

2) 企业的离休、退休、停薪留职、调离、辞退等人员,在离开企业一年内形成的,且与其在原企业承担的工作或任务有关的各类知识产权归原企业所有。

(8) 勘察设计咨询企业接收的培训、进修、借用或临时聘用等人员,在接收企业工作或学习期间形成的职务成果的知识产权,按照接收企业与派出方的协议确定归属,没有协议的其权利属于接收企业。

(三) 勘察设计企业职工的权利义务

根据《工程勘察设计咨询业知识产权保护与管理导则》(2003年)的规定,勘察设计咨询企业的职工在知识产权保护与管理中的权利与义务具体如下:

1. 权利

(1) 职工对本企业的知识产权保护与管理工作有监督权和建议权;

(2) 职工对自己直接参加工作形成的职务发明创造、职务技术成果、职务作品等企业知识产权,依法享有署名权;

(3) 职工在开发和保护知识产权工作中作出贡献的,有获得报酬和奖励的权利。

2. 义务

(1) 职工有遵守国家知识产权法律、法规,遵守企业知识产权保护与管理的规章制度,保护本企业知识产权的义务;

(2) 根据企业有关规定,职工有与企业签订知识产权保护协议书、保密协议、竞业限制协议的义务。

(四) 知识产权的保护与管理

对于勘察设计咨询业知识产权的保护与管理《工程勘察设计咨询业知识产权保护与管

理导则》（2003年）具体、系统、客观地规定了17个不同的方面，下面是其中几个重要规定：

（1）勘察设计咨询企业在勘察设计咨询工作中要做好以下知识产权保护与管理工作：

1）勘察设计咨询企业应当在投标文件中书面提出保护企业知识产权的要求，除招标文件中有特别约定外，企业应当及时索回未中标的投标方案，整理归档，防止企业知识产权流失。

2）勘察设计咨询项目执行过程中，项目负责人对该项目知识产权的保护与管理负责，落实企业知识产权管理制度，杜绝企业知识产权的流失，同时防止侵犯他人的知识产权。

3）勘察设计咨询项目完成后，项目负责人负责将该工程项目的勘察设计文件、设计图及其说明书、计算书、原始记录、修改通知单、工程总结报告等收集、整理交档案管理部门归档。

（2）勘察设计咨询企业在科研工作中要做好以下知识产权保护与管理工作：

1）在科研工作立项、技术与产品开发前，要进行相关技术专利文献的检索和分析，确立研发对策；研发过程中要进行专利文献跟踪，避免重复研发或涉及他人专利保护范围。

2）在科研、技术开发、产品开发过程中，应当认真填写科研日记，详细记录进展情况、存在问题及启发和构想等。

3）科研工作完成后，项目负责人应当将合同书、背景资料、科研记录、试验数据、科研总结等与科研项目有关的资料收集、整理交档案管理部门归档。

4）科研工作完成后，企业知识产权管理部门应当及时组织科研成果的审查、鉴定。对其中符合专利申请条件的，应当在科研成果鉴定前办理专利申请手续；对不适宜申请专利但具有商业价值的技术诀窍，应作为专有技术加以保护。

5）直接或间接参加科研工作的人员，未经企业许可，不得在国内外刊物、学术或技术交流会上发表企业科研成果，不得擅自组织和参加技术鉴定会。

（3）建设项目需引进技术或设备时，凡涉及专利或专有技术的，勘察设计咨询企业应当建议并协助建设单位（业主）进行专利法律状况或专有技术情况的调查，提供相关的技术服务。

（4）勘察设计咨询企业将具有自主知识产权的新设备用于建设项目时，新设备制造文件只能提供给签有保密协议的制造厂，对没有签订保密协议的建设单位（业主）只提供总装图、易损件图和使用说明书。

建设单位（业主）要求自行制造的，应当在签订专利、专有技术许可或转让合同，以及专有技术保密协议后再提供新设备制造文件。

（5）勘察设计咨询企业选派职工出国或到外单位学习、进修、工作、科研6个月以上者，以及企业临时聘用人员，在离开企业前须将工作中涉及知识产权的技术资料交回企业有关部门，不得私自留存或擅自复制、发表、泄露、使用、转让。

（五）侵权行为与处理

根据《工程勘察设计咨询业知识产权保护与管理导则》（2003年）的规定，侵犯知识产权的行为主要包括以下六种：

（1）侵犯或者侵占他人的著作权；

1) 勘察设计咨询企业或工程技术人员不遵守行业道德和从业公约，抄袭、剽窃他人的勘察、设计、咨询文件（设计图）及其作品的；

2) 勘察设计咨询企业的职工，未经许可擅自将本企业的勘察设计文件（设计图）、工程技术资料、科研资料等复制、摘录、转让给其他单位或个人的；

3) 勘察设计咨询企业的职工，将职务作品或计算机软件作为非职务成果进行登记注册或转让的；

4) 勘察设计咨询企业的职工未经审查许可，擅自发表、出版本企业业务范围内的科技论文、作品，或许可他人发表的；

5) 任何单位或个人，未经著作权人同意或超出勘察设计咨询合同的规定，擅自复制、超范围使用、重复使用、转让他人的工程勘察、设计、咨询文件（设计图）及其他作品等。

（2）侵犯或者侵占他人的专利权或专有技术权：

1) 勘察设计咨询企业的职工违反规定，在工程项目或科研工作完成后，不按时将有关勘察设计文件、设计图、技术资料等归档，私自保留、据为己有的；

2) 勘察设计咨询企业的职工违反规定，将应属于单位的职务发明创造和科技成果申请为非职务专利，或者将其据为己有的；

3) 勘察设计咨询企业的职工，擅自转让本企业或他人的专利或专有技术的；

4) 勘察设计咨询企业或工程技术人员，未经权利人允许，擅自在工程勘察设计中使用他人具有专利权或专有技术权的新工艺、新设备、新技术的；

5) 任何单位或个人，采用盗窃、利诱、胁迫或者其他不正当手段获取、使用或者披露他人含有专有技术标识的文件、设计图及说明的；

6) 任何单位或个人，违反双方保密约定，将含有专有技术标识的文件、设计图及说明转让给第三方，以及第三方明知是他人的保密文件、设计图及说明仍擅自使用等。

（3）商标权的所有人对其注册商标依法享有专用权。他人未经商标权人的同意，不得在经营活动中擅自使用。发生以下行为或情况的为侵犯他人的商标及相关识别性标志权：

1) 勘察设计咨询企业擅自在其勘察设计咨询文件上使用其他勘察设计咨询企业的名称、注册商标、资质证明、图签、出图专用章等企业标识的；

2) 任何单位或个人，未经勘察设计咨询企业授权，以勘察设计咨询企业的名义进行生产经营活动或其他活动的。

（4）国家依法保护公民和法人的商业秘密。发生以下行为或情况的为侵犯他人的商业秘密：

1) 勘察设计咨询企业的职工，私自将与本企业签有正式业务合同的客户介绍给其他企业，给企业造成损失的；

2) 勘察设计咨询企业的职工，违反企业保守商业秘密的要求，泄露或私自许可他人使用其所掌握商业秘密的；

3) 第三人明知或应知有1）、2）条所述的违法行为，仍获取、使用或者披露他人的商业秘密等。

（5）勘察设计咨询企业的离休、退休、离职、停薪留职人员将离开企业一年内形成的，且与其在原企业承担的工作或任务有关的知识产权视为己有或转让给他人的，均为侵犯了企业的知识产权。

(6) 勘察设计咨询企业的离休、退休、离职、停薪留职人员泄露在职期间知悉的企业商业秘密的,均为侵犯了企业的商业秘密权。

发生侵犯或侵占知识产权行为的,权利人在获得确切的证据后,可以直接向侵权者发出信函,要求其停止侵权,并说明侵权的后果。双方当事人可就赔偿等问题进行协商,达成协议的按照协议解决;达不成协议的,可以采取调解、仲裁或诉讼等方式解决。

案 例 分 析

【案例1】 擅自变更设计、擅自开工违法案

2001年,××房地产开发公司与××出租汽车公司共同合作,在某市市区共同开发地产项目。该项目包括两部分,一是6.3万平方米的住宅工程,另一部分是和住宅相配套的3.4万平方米的综合楼。该项目的住宅工程各项手续和证件齐备,1998年开工建设,2001年4月已经竣工验收。而综合楼工程由于合作双方对于该工程是作为基建计划或开发计划申报问题没能统一意见,从而使得综合楼工程建设的各项审批手续未能办理。由于住宅工程已开工建设,配套工程急需跟上,在综合楼建筑工程规划许可证未审核批准的情况下,开发公司自行修改了综合楼的平面图,在东西方向增加了轴线长度,增加了约2680平方米的建筑面积,并开始施工,该行为被该市规划监督执法大队发现后及时制止,并勒令停工。

【简析】 本案的焦点问题是,开发公司在综合楼项目的建设中,违反了《建筑法》及工程设计方面的规定,同时也违反了城市规划方面的法律规定。

1. 违反工程设计法规的行为

(1) 未依法变更设计。《建设工程勘察设计管理条例》第二十八条规定:"建设工程勘察、设计文件内容需要作重大修改的,建设单位应当报经原审批机关批准后,方可修改。"《建筑工程施工图设计文件审查暂行办法》第十三条规定:"施工图一经审查批准,不得擅自进行修改。如遇特殊情况需要进行涉及审查主要内容的修改时,必须重新报请原审批部门,由原审批部门委托审查机构审查后再批准实施。"

(2) 对变更的设计未依法进行审查。《建筑工程施工图设计文件审查暂行办法》第六条规定:"建设单位应当将施工图报送建设行政主管部门,由建设行政主管部门委托有关审查机构,进行结构安全和强制性标准、规范执行情况等内容的审查;"第十二条规定:"凡应当审查而未经审查或者审查不合格施工图也不得交付施工。"

开发公司自行修改综合楼平面图和对变更的设计未依法进行审查的行为显然是违反了上述法律的规定。

2. 违反建筑法的行为

《建筑法》第七条规定:"建筑工程开工前,建设单位应当依照国家有关规定,向工程所在地的县级以上人民政府建设行政主管部门申请领取施工许可证。"依照法律规定,必须申请领取施工许可证的建筑工程未取得施工许可证的,一律不得开工。开发公司在未取得施工许可证的情况下擅自开工的行为也属于严重的违法行为。

3. 违反《城市规划法》的行为

(1) 未经批准并依法办理建设用地规划许可证。

《城市规划法》第三十一条规定："在城市规划区内进行建设需要申请用地的，必须持国家批准建设项目的有关文件，向城市规划区内进行建设需要申请定点，由城市规划行政主管部门核定其用地位置和界限，提供规划设计条件，核发建设用地规划许可证。建设单位或个人在取得建设用地规划许可证后，方可向县级以上地方人民政府土地管理部门申请用地，经县级以上人民政府审查批准后，由土地管理部门划拨土地。"

该综合楼项目在东西方向增加了轴线长度，又增加了约2680平方米的建筑面积，这必然增加了用地面积。根据上述法律的规定，开发公司应先报经政府的批准，然后持国家批准建设项目的有关文件，向城市规划行政主管部门申请定点，由城市规划行政主管部门核定其用地位置和界限，提供规划设计条件，核发建设用地规划许可证。开发公司未经批准并依法办理建设用地规划许可证的行为严重违反了《城市规划法》。

（2）未依法办理建设工程规划许可证。

《规划法》第三十二条规定："在城市规划区内新建、扩建和改建建筑物、构筑物、道路、管线和其他工程设施，必须持有关批准文件向城市规划行政主管部门提出申请，由城市规划行政主管部门根据城市规划提出的规划设计要求，核发建设工程规划许可证。建设单位或者个人在取得工程规划许可证和其他有关批准文件后，方可申请办理开工手续。"

该综合楼增加了约2680平方米的建筑面积，开发公司应依法重新办理建筑工程规划许可证，而开发公司未办理，当然严重违反了《城市规划法》。

该行为被该市规划监督执法大队发现后及时制止，并勒令停工当属合理合法，理所应当。

思 考 题

1. 什么是建设工程勘察设计？建设工程勘察设计包括哪些内容？
2. 我国建设工程设计文件编制和审批的依据和内容。
3. 简述勘察设计文件的修改的具体规定。
4. 简述施工图设计文件的审查制度。
5. 勘察设计知识产权的归属是如何规定的？

第九章 建设工程质量管理法律制度

第一节 概 述

一、建设工程质量与质量责任

我国国家标准 GB/T 19000—2008 对质量定义为：一组固有特性满足要求的程度。对质量管理体系来说，固有特性就是实现质量方针和质量目标的能力。对过程来说，固有特性就是过程将输入转化为输出的能力。

建设工程质量简称工程质量。工程质量是指国家现行的有关法律、法规、技术规范标准、设计文件及工程合同中对工程的安全、适用、经济、美观等特性的综合要求。换言之，工程质量是指工程满足业主需要的，符合国家法律、法规、技术规范标准、设计文件及合同规定的特性综合。广义的工程质量不仅仅指工程的实体质量，还包括形成实体质量的工作质量和服务质量。因此，对工程的质量控制和管理应该是全过程、全方位的，而不能轻过程、重结果。

建设工程作为一种特殊的产品，除具有一般产品共有的质量特性，如性能、寿命、可靠性、安全性、经济性等满足社会需要的使用价值及其属性外，还具有特定的内涵，如影响因素多、隐蔽性强、终检局限性大、周期长、对社会环境影响大等。

建设工程质量责任是指工程建设法律、法规规定的责任主体不履行或不完全履行其法定的保证工程质量的义务所应当承担的法律后果。由于工程质量与社会公共安全密切相关，所以我国法律规定，除直接进行工程建设的勘察设计、施工单位对自己设计、施工工程的质量负责外，建设单位、监理单位也要对所建工程的质量负监督责任，而政府主管部门更要对参与工程建设各方主体的行为及工程实体的质量依法进行全面的监督管理。

二、立法概况

新中国成立以来，为了确保国家发展时期的安全，我国对建筑工程质量管理从多方面进行了有关制度的建设。特别是改革开放以来，由于经济建设高速发展的需要，国务院以及有关部门对建设工程质量管理相继颁布了大量的规范性文件，其中，以 1997～2000 年为高峰。现行的建设工程质量管理规范性文件主要有：

《建筑法》，1997 年 11 月 1 日颁布，1998 年 3 月 1 日起施行；

《建设工程质量管理条例》，国务院 2000 年 1 月 30 日颁布施行；

《建设工程勘察质量管理办法》，建设部 2002 年 12 月 4 日颁布，2003 年 2 月 1 日起施行，后经修订于 2007 年 11 月 22 重新发布施行；

《房屋建筑工程质量保修办法》，建设部 2000 年 6 月 30 日颁布施行；

《建设工程质量检测管理办法》，建设部 2005 年 9 月 28 日发布，2005 年 11 月 1 日施行；

《房屋建筑工程和市政基础设施工程实行见证取样和送检的规定》，建设部 2000 年 9

月 26 日发布施行；

《房屋建筑工程和市政基础设施工程竣工验收暂行规定》，建设部 2000 年 6 月 30 日发布施行；

《房屋建筑工程和市政基础设施工程竣工验收备案管理暂行办法》，建设部 2000 年发布施行。

第二节　建设行为主体的质量责任与义务

一、建设单位

（一）建设单位的特殊背景

建设单位在工程建设中处于主导地位，在我国，建设单位更有其特殊背景。因为，在固定资产投资中，国有投资约占 70％，国有投资主体显然占有主流的地位，而作为国有投资主体的特殊身份，其诸多的不规范行为也成为我国建设工程质量问题的主要原因之一。作为建设单位，对工程质量应负重要责任，但是，长期以来，对建设单位的管理差强人意。

《建设工程质量管理条例》不仅明确了建设单位是建设工程质量责任主体之一，而且对其一系列关键环节的行为责任都做出了具体的规定，加大了对建设单位的管理力度。

（二）建设单位质量责任与义务的规定

根据《建设工程质量管理条例》第 7 条至 17 条的规定，建设单位质量责任与义务具体如下：

（1）建设单位应当将工程发包给具有相应资质等级的单位。建设单位不得将建设工程肢解发包。

（2）建设单位应当依法对工程建设项目的勘察、设计、施工、监理以及与工程建设有关的重要设备、材料等的采购进行招标。

（3）建设单位必须向有关的勘察、设计、施工、工程监理等单位提供与建设工程有关的原始资料。原始资料必须真实、准确、齐全。

（4）建设工程发包单位不得迫使承包方以低于成本的价格竞标，不得任意压缩合理工期。

建设单位不得明示或者暗示设计单位或者施工单位违反工程建设强制性标准，降低建设工程质量。

（5）建设单位应当将施工图设计文件报县级以上人民政府建设行政主管部门或者其他有关部门审查。施工图设计文件审查的具体办法，由国务院建设行政主管部门会同国务院其他有关部门制定。施工图设计文件未经审查批准的，不得使用。

（6）实行监理的建设工程，建设单位应当委托具有相应资质等级的工程监理单位进行监理，也可以委托具有工程监理相应资质等级并与被监理工程的施工承包单位没有隶属关系或者其他利害关系的该工程的设计单位进行监理。

下列建设工程必须实行监理：

1）国家重点建设工程；

2）大中型公用事业工程；

3）成片开发建设的住宅小区工程；

4）利用外国政府或者国际组织贷款、援助资金的工程；

5）国家规定必须实行监理的其他工程。

(7) 建设单位在领取施工许可证或者开工报告前，应当按照国家有关规定办理工程质量监督手续。

(8) 按照合同约定，由建设单位采购建筑材料、建筑构配件和设备的，建设单位应当保证建筑材料、建筑构配件和设备符合设计文件和合同要求。建设单位不得明示或者暗示施工单位使用不合格的建筑材料、建筑构配件和设备。

(9) 涉及建筑主体和承重结构变动的装修工程，建设单位应当在施工前委托原设计单位或者具有相应资质等级的设计单位提出设计方案；没有设计方案的，不得施工。房屋建筑使用者在装修过程中，不得擅自变动房屋建筑主体和承重结构。

(10) 建设单位收到建设工程竣工报告后，应当组织设计、施工、工程监理等有关单位进行竣工验收。

建设工程竣工验收应当具备下列条件：

1）完成建设工程设计和合同约定的各项内容；

2）有完整的技术档案和施工管理资料；

3）有工程使用的主要建筑材料、建筑构配件和设备的进场试验报告；

4）有勘察、设计、施工、工程监理等单位分别签署的质量合格文件；

5）有施工单位签署的工程保修书。

建设工程经验收合格的，方可交付使用。

(11) 建设单位应当严格按照国家有关档案管理的规定，及时收集、整理建设项目各环节的文件资料，建立、健全建设项目档案，并在建设工程竣工验收后，及时向建设行政主管部门或者其他有关部门移交建设项目档案。

二、勘察设计单位

根据《建设工程质量管理条例》第18条至24条的规定，勘察设计单位质量责任与义务具体如下：

(1) 从事建设工程勘察、设计的单位应当依法取得相应等级的资质证书，并在其资质等级许可的范围内承揽工程。

禁止勘察、设计单位超越其资质等级许可的范围或者以其他勘察、设计单位的名义承揽工程。禁止勘察、设计单位允许其他单位或者个人以本单位的名义承揽工程。

勘察、设计单位不得转包或者违法分包所承揽的工程。

(2) 勘察、设计单位必须按照工程建设强制性标准进行勘察、设计，并对其勘察、设计的质量负责。

注册建筑师、注册结构工程师等注册执业人员应当在设计文件上签字，对设计文件负责。

(3) 勘察单位提供的地质、测量、水文等勘察成果必须真实、准确。

(4) 设计单位应当根据勘察成果文件进行建设工程设计。

设计文件应当符合国家规定的设计深度要求，注明工程合理使用年限。

(5) 设计单位在设计文件中选用的建筑材料、建筑构配件和设备，应当注明规格、型号、性能等技术指标，其质量要求必须符合国家规定的标准。

除有特殊要求的建筑材料、专用设备、工艺生产线等外，设计单位不得指定生产厂、供应商。

（6）设计单位应当就审查合格的施工图设计文件向施工单位作出详细说明。

（7）设计单位应当参与建设工程质量事故分析，并对因设计造成的质量事故，提出相应的技术处理方案。

三、施工单位

（一）施工质量责任制

《建筑法》第58条规定："建筑施工企业对工程的施工质量负责。"确立了我国的施工质量责任制，施工企业对工程的施工质量负责，也即对自己的施工行为负责。所以，《建筑法》颁布后，建设工程质量责任主体的多元化使得工程质量责任界面划分清楚，工程质量责任的承担情况在司法实践中发生了很大的变化，既避免了让施工企业承担过多的工程质量责任而开脱了建设单位及其他主体的责任，又避免了让建设单位承担过多的工程质量责任而忽略了施工企业应当承担的施工质量责任。各个主体按照法定的质量责任义务承担自己的责任，公平客观。

《建设工程质量管理条例》第26条规定，施工单位对建设工程的施工质量负责。施工单位应当建立质量责任制，确定工程项目的项目经理、技术负责人和施工管理负责人。

建设工程实行总承包的，总承包单位应当对全部建设工程质量负责；建设工程勘察、设计、施工、设备采购的一项或者多项实行总承包的，总承包单位应当对其承包的建设工程或者采购的设备的质量负责。

（二）施工单位质量责任与义务的规定

根据《建设工程质量管理条例》第25条至33条的规定，施工单位质量责任与义务具体如下：

（1）施工单位应当依法取得相应等级的资质证书，并在其资质等级许可的范围内承揽工程。

禁止施工单位超越本单位资质等级许可的业务范围或者以其他施工单位的名义承揽工程。禁止施工单位允许其他单位或者个人以本单位的名义承揽工程。

施工单位不得转包或者违法分包工程。

（2）施工单位对建设工程的施工质量负责。

施工单位应当建立质量责任制，确定工程项目的项目经理、技术负责人和施工管理负责人。

建设工程实行总承包的，总承包单位应当对全部建设工程质量负责；建设工程勘察、设计、施工、设备采购的一项或者多项实行总承包的，总承包单位应当对其承包的建设工程或者采购的设备的质量负责。

（3）总承包单位依法将建设工程分包给其他单位的，分包单位应当按照分包合同的约定对其分包工程的质量向总承包单位负责，总承包单位与分包单位对分包工程的质量承担连带责任。

（4）施工单位必须按照工程设计图纸和施工技术标准施工，不得擅自修改工程设计，不得偷工减料。施工单位在施工过程中发现设计文件和图纸有差错的，应当及时提出意见和建议。

（5）施工单位必须按照工程设计要求、施工技术标准和合同约定，对建筑材料、建筑构配件、设备和商品混凝土进行检验，检验应当有书面记录和专人签字；未经检验或者检验不合格的，不得使用。

（6）施工单位必须建立、健全施工质量的检验制度，严格工序管理，作好隐蔽工程的质量检查和记录。隐蔽工程在隐蔽前，施工单位应当通知建设单位和建设工程质量监督机构。

（7）施工人员对涉及结构安全的试块、试件以及有关材料，应当在建设单位或者工程监理单位监督下现场取样，并送具有相应资质等级的质量检测单位进行检测。

（8）施工单位对施工中出现质量问题的建设工程或者竣工验收不合格的建设工程，应当负责返修。

（9）施工单位应当建立、健全教育培训制度，加强对职工的教育培训；未经教育培训或者考核不合格的人员，不得上岗作业。

（三）总包与分包的质量责任规定

《建筑法》第55条和《建设工程质量管理条例》第27条规定了总包与分包的质量责任制度，其具体内容包括以下两点：

（1）建筑工程实行总承包的，工程质量由工程总承包单位负责；

（2）总承包单位依法将建设工程分包给其他单位的，分包单位应当按照分包合同的约定对其分包工程的质量向总承包单位负责，总承包单位与分包单位对分包工程的质量承担连带责任。分包单位应当接受总承包单位的质量管理。

四、监理单位

根据《建设工程质量管理条例》第34条至38条的规定，监理单位质量责任与义务具体如下：

（1）工程监理单位应当依法取得相应等级的资质证书，并在其资质等级许可的范围内承担工程监理业务。

禁止工程监理单位超越本单位资质等级许可的范围或者以其他工程监理单位的名义承担工程监理业务。禁止工程监理单位允许其他单位或者个人以本单位的名义承担工程监理业务。

工程监理单位不得转让工程监理业务。

（2）工程监理单位与被监理工程的施工承包单位以及建筑材料、建筑构配件和设备供应单位不得有隶属关系或者其他利害关系的，不得承担该项建设工程的监理业务。

（3）工程监理单位应当依照法律、法规以及有关技术标准、设计文件和建设工程承包合同，代表建设单位对施工质量实施监理，并对施工质量承担监理责任。

（4）工程监理单位应当选派具备相应资格的总监理工程师和监理工程师进驻施工现场。

未经监理工程师签字，建筑材料、建筑构配件和设备不得在工程上使用或者安装，施工单位不得进行下一道工序的施工。未经总监理工程师签字，建设单位不拨付工程款，不进行竣工验收。

（5）监理工程师应当按照工程监理规范的要求，采取旁站、巡视和平行检验等形式，对建设工程实施监理。

第三节 建设工程返修与损害赔偿

一、建设工程保修制度概述

根据《建筑法》和《建设工程质量管理条例》，建设部于 2000 年 6 月 30 日颁布了《房屋建筑工程质量保修办法》。该办法第 2 条规定，在我国境内新建、扩建、改建各类房屋建筑工程（包括装修工程）的质量保修，适用本办法。

建筑工程质量保修，是指对房屋建筑工程竣工验收后在保修期限内出现的质量缺陷，予以修复。质量缺陷，是指房屋建筑工程的质量不符合工程建设强制性标准以及合同的约定。

二、保修主体

根据《房屋建筑工程质量保修办法》的规定，房屋建筑工程在保修范围和保修期限内出现质量缺陷，施工单位应当履行保修义务。

三、保修约定

根据《房屋建筑工程质量保修办法》的规定，建设单位和施工单位应当在工程质量保修书中约定保修范围、保修期限和保修责任等，双方约定的保修范围、保修期限必须符合国家有关规定。

但是，下列情况不属于本办法规定的保修范围：

1）因使用不当或者第三方造成的质量缺陷；
2）不可抗力造成的质量缺陷。

四、法定最低保修期限

根据《房屋建筑工程质量保修办法》的规定，在正常使用条件下，房屋建筑工程的最低保修期限为：

1）地基基础工程和主体结构工程，为设计文件规定的该工程的合理使用年限；
2）屋面防水工程、有防水要求的卫生间、房间和外墙面的防渗漏，为 5 年；
3）供热与供冷系统，为 2 个采暖期、供冷期；
4）电气管线、给水排水管道、设备安装为 2 年；
5）装修工程为 2 年。

其他项目的保修期限由建设单位和施工单位约定。同时，规定了保修期的起算日，即房屋建筑工程保修期从工程竣工验收合格之日起计算。

五、法定保修程序

根据《房屋建筑工程质量保修办法》的规定，房屋建筑工程保修期限内出现质量缺陷，建设单位或者房屋建筑所有人应当向施工单位发出保修通知。施工单位接到保修通知后，应当到现场核查情况，在保修书约定的时间内予以保修。发生涉及结构安全或者严重影响使用功能的紧急抢修事故，施工单位接到保修通知后，应当立即到达现场抢修。

发生涉及结构安全的质量缺陷，建设单位或者房屋建筑所有人应当立即向当地建设行政主管部门报告，采取安全防范措施；由原设计单位或者具有相应资质等级的设计单位提出保修方案，施工单位实施保修，原工程质量监督机构负责监督。

保修完成后，由建设单位或者房屋建筑所有人组织验收。涉及结构安全的，应当报当地建设行政主管部门备案。

六、保修责任承担与损害赔偿

1. 保修责任承担及损害赔偿

根据《房屋建筑工程质量保修办法》的规定，房屋建筑工程在保修范围和保修期限内出现质量缺陷，施工单位应当履行保修义务。但是，最终保修责任也即保修费用由谁承担及损害赔偿的承担却不一定是施工单位，而是要根据工程质量缺陷的实际情况，实事求是，准确认定质量缺陷的责任主体，保修费用由质量缺陷的责任方承担。因此，质量缺陷的责任主体有可能是勘察设计单位、施工单位、建设单位或监理单位。

而且，在保修期限内，因房屋建筑工程质量缺陷造成房屋所有人、使用人或者第三方人身、财产损害的，房屋所有人、使用人或者第三方可以向建设单位提出赔偿要求。建设单位向造成房屋建筑工程质量缺陷的责任方追偿。

因保修不及时造成新的人身、财产损害，由造成拖延的责任方承担赔偿责任。

施工单位不按工程质量保修书约定保修的，建设单位可以另行委托其他单位保修，由原施工单位承担相应责任。

2. 商品房保修

房地产开发企业售出的商品房保修，还应当执行《城市房地产开发经营管理条例》和其他有关规定。

第四节 质量体系认证制度

一、制度概述

标准化在我国有着悠久的历史，目前，我国标准化工作也已经有了相当的成果，具体涉及50多个行业，在各个专业技术领域组建了"全国专业标准化技术委员会"（CSBTS/TC），而且，为了进一步加强标准化工作，我国成立了相应的标准化研究机构、学术团体和标准出版社。

《产品质量法》第14条规定，国家根据国际通用的质量管理标准，推行企业质量体系认证制度。企业根据自愿原则可以向国务院产品质量监督部门认可的或者国务院产品质量监督部门授权的部门认可的认证机构申请企业质量体系认证。经认证合格的，由认证机构颁发企业质量体系认证证书。

质量体系认证制度是指国务院产品质量监督管理部门或者由它授权的部门认可的认证机构，依据国际通用的"质量管理和质量保证"系列标准，对企业的质量体系和质量保证能力进行审核合格，颁发企业质量体系认证证书的制度。

国际标准化组织（ISO）成立于1947年，是目前世界上最大的、最有权威的国际性标准化专门机构，是由各国标准化团体（ISO成员团体）组成的世界性的联合会，现有成员国100多个。ISO主要是制定国际标准，即其技术活动的成果是国际标准。ISO通过其技术机构（技术委员会）开展技术活动，制定国际标准。其共有219个TC，制定ISO 9000族标准的机构"质量管理与质量保证技术委员会（ISO/TC 176）是ISO的第176个TC"，TC 176于1979年成立，负责制定质量管理和质量保证标准。在工作程序上，由技术委员会通过的国际标准草案提交各成员团体投票表决,需取得了至少3/4参加表决的成员团体的同意,国际标准草案才能作为国际标准正式发布。

国际标准化组织颁布了ISO 9000《质量管理和质量保证》系列国际标准,为开展国际间的质量体系认证提供了统一的依据。ISO 9000系列标准的发布,使世界各国的质量管理和质量保证的概念、原则、方法和程序得以统一,它标志着国际质量体系认证走上了程序化、规范化的新阶段。我国是ISO的25个创始国之一,现在以国家质量技术监督检验检疫总局的名义参加ISO的各项活动。1988年,我国正式发布等效采用ISO 9000系列标准的国家标准。

依照《产品质量法》的规定,企业质量体系认证由国务院产品质量监督部门认可或者其授权的部门认可的认证机构负责。目前,主要包括国务院产品质量监督部门直接设立的认证委员会和授权其他行政主管部门设立的行业认证委员会。认证机构的主要职责是制定实施认证的具体规则、程序,受理认证申请,对申请人的质量体系按标准评审,批准认证,颁发认证证书;对证书持有人进行事后监督等。

中国质量认证中心(CQC)是由国家质量监督检验检疫总局和国家认证认可监督管理委员会批准设立,隶属于中国检验认证集团的专业认证机构。1992年中国质量认证中心开创了中国国际管理体系标准认证的先河,颁发了国内第一张ISO 9000质量管理体系认证证书。

中国质量认证中心管理体系认证经中国合格评定国家认可委员会(CNAS)认可,在其参加国际认可论坛——International Accreditation Forum(简称IAF)框架下得到国际互认,中国质量认证中心作为中国两大成员之一参加了国际认证联盟(IQNet),受到国际认证机构的广泛互认,成为中国认证的国际代表。

《建筑法》第53条明确规定,国家对从事建筑活动的单位推行质量体系认证制度。从事建筑活动的单位根据自愿原则可以向国务院产品质量监督管理部门或者国务院产品质量监督管理部门授权的部门认可的认证机构申请质量体系认证。经认证合格的,由认证机构颁发质量体系认证证书。

二、质量体系认证的标准

企业质量体系认证的依据,即指认证机构开展质量体系认证所采用的标准。

ISO 9000族标准是完善一个组织的质量管理的最佳工具,它吸取了百年来世界质量管理理论和实践的精华,它也是市场经济的产物,可以有效地提高组织的市场适应能力,使企业处于不败之地。

由ISO/TC 176技术委员会制定并已由ISO(国际标准化组织)正式颁布的国际标准有19项,ISO/TC 176技术委员会制定还未经ISO颁布的国际标准有7项。对ISO已正式颁布的ISO 9000族19项国际标准,我国已全部将其等同转化为我国国家标准。其他还处在标准草案阶段的7项国际标准,我国也正在跟踪研究,一旦正式颁布,我国将及时将其等同转化为国家标准。

"ISO 9000"不是指一个标准,而是一族标准的统称,正式颁布的ISO 9000族19项国际标准中有关质量体系保证的标准有三个:ISO 9001、ISO 9002和ISO 9003,作为企业,只需选用这三个标准之一。

ISO 9001质量体系标准是设计、开发、生产、安装和服务的质量保证模式;

ISO 9002 质量体系标准是生产、安装和服务的质量保证模式。

ISO 9003 质量体系标准是最终检验和试验的质量保证模式。

ISO 9004 质量体系标准是业绩改进指南。

ISO 9000 族标准是于 1987 年首次发布，我国于 1992 年等同转化了 ISO 9000 族标准。依照国际惯例，国际标准每五年修订一次，1994 年版的标准经修订后，2000 年版标准于 2000 年 12 月起陆续发布，2000 年版标准经修订将于 2008 年发布。

三、质量体系系列标准内容

ISO 9001 是由 ISO/TC 176/SC 2 质量管理和质量保证技术委员会质量体系分技术委员会制定的。

ISO 9001、ISO 9002 和 ISO 9003 都是外部质量保证模式和认证的依据。三种模式内容逐次包容，ISO 9001 规定了 20 项要求，比 ISO 9002 多 1 项要求，比 ISO 9003 多 4 项要求。不能笼统地说哪一个模式的保证程度高，只能说质量保证能力不同，ISO 9001 证实企业设计和生产合格产品的过程控制能力；ISO 9002 证实企业生产合格产品的过程控制能力；ISO 9003 证实企业对成品实施检验或试验的能力。

ISO 9001 第四版 ISO 9001：2008 取代了第三版 ISO 9001：2000，包括对这些文件的技术性修订。原已使用 ISO 9001：2000 的组织只需按新标准的规定调整某些要求，仍可使用。第四版标准规定的质量管理体系要求除了产品质量保证外，还旨在增强顾客满意。目前，我国企业质量管理体系认证使用的是 2000 年版的 ISO 9000 族标准。

2000 年版的 ISO 9000 族标准包括一组密切相关的质量管理体系核心标准，其中主要的是：

(1) ISO 9000：2000《质量管理体系　基础和术语》

它规定了 ISO 9000 族标准中质量管理体系的术语共 10 类 80 个词条，表述了质量管理体系应当遵循的八项管理原则和建立质量管理体系的 12 个管理基础。

(2) ISO 9001：2000《质量管理体系　要求》

此标准中的要求不仅是产品的质量保证，还包括了使顾客满意的内容。标准的结构采用符合管理逻辑的"过程模式"，形成质量管理体系各阶段的以顾客为核心的过程导向方式。

(3) ISO 9004：2000《质量管理体系　业绩改进指南》

ISO 9000 族标准是世界上许多经济发达国家质量管理实践经验的科学总结，且适用于各种类型，不同规模和提供不同产品的组织。实施 ISO 9000 族标准，可以促进组织质量管理体系的改进和完善，对提高组织的管理水平能够起到良好的作用。

(4) ISO 19011《质量和环境审核指南》

发布于 2002 年，它为质量管理和环境管理审核的基本原则、审核方案的管理，环境管理和质量管理体系审核的实施以及对环境和质量管理体系审核员的资格要求提供了指南。其适用于所有运行质量管理体系和（或）环境管理体系的组织，指导其内审和外审的管理工作。

四、质量体系认证申请

(1) 企业提出申请：

1) 选择认证机构

2）已经具备的认证条件

持有法律地位证明文件；

申请人已按 ISO 9000：2000 标准建立了文件化的质量管理体系；

必要时，持有生产许可证、资质证书等必要资料；

3）申请过程

申请人向认证机构提交一份正式的、由其授权代表签署的申请书。申请书或其附件应包括：

①申请认证的范围；

②申请人同意遵守认证要求，提供评价所需要的信息。

在现场审核之前，申请人至少应提供的信息包括：申请人简况，如组织的性质、名称、地址、法律地位以及有关的人力和技术资源；有关质量管理体系及其过程的一般信息；对拟认证的质量管理体系所适用的标准或其他引用文件的说明；质量手册及所需的相关文件。

（2）认证机构受理申请。

第五节　政府对建设工程质量的监督管理

在我国建立起规范的市场机制之前的相当长时间里，政府都需要对工程建设活动保持强势监管。政府对建设工程监管行为包括创制行为、监督行为和管理行为。创制行为包括拟定政策、规章制度等；监督行为是具有行政监督权的主体对相对人进行检查、审查等发现违规情况的过程；管理行为是行政主体依照规定对于相对人进行处理、处罚的活动。

工程建设监管体系是由多个监管子系统组成的，如建筑市场准入清出系统、建设工程施工许可系统、建设工程质量、安全监管系统等，政府对建设工程质量的监督管理制度是政府对工程建设监管体系中多个监管子系统之一。

《建筑法》对建设工程质量管理作了原则规定，《建设工程质量管理条例》则构建了建设工程质量责任体系和责任制度管理，质量主体的确定和质量责任的划分，是质量管理的基本内容，其中贯彻了谁的项目谁负责，谁勘察设计谁负责，谁施工谁负责，谁监理谁负责的指导思想；确立了统一立法，分级、分部门监督的统分结合的监督管理体制；强调工程建设主体必须严格执行国家强制性技术标准；强化了工程监理对于工程质量的积极作用；明确了政府进行工程质量监督的基本内容和方式；完善了建设工程质量保修制度。

一、建设工程主体的监督管理制度

（1）对建设单位的监督管理

对建设单位的监督管理主要是规范建设单位的行为，如禁止其将工程发包给不具有相应资质等级的勘察、设计、施工单位，或将工程肢解发包；迫使承包商以低于成本价竞标；施工图设计文件未经审查或审查不合格却擅自开工；指使设计单位或施工单位违反工程强制性标准，降低工程质量；依法必须实行监理的工程不委托监理等。

（2）对各工程实施单位的监督管理

对于勘察、设计、施工和监理单位的监督，主要是要求他们应当取得资质证书并在自己的资质等级范围内承包工程，禁止其违法分包或转包工程；禁止其出借或出租自己的资质证书；禁止其违反工程强制性标准进行勘察、设计和施工；禁止设计单位不以勘察成果为根据进行工程设计，以及违法指定建筑材料、构配件和设备供应商；禁止施工单位对建筑材料、构配件、设备和商品混凝土不做检验，对涉及结构安全的试块、试件以及有关材料不取样检测就直接用于工程等。

（3）对各种执业工程师的监督管理

根据我国推行的注册执业工程师制度，对于勘察设计、施工、监理、造价等方面的相关专业从业人员，应当是依法通过考试、注册而取得相应的从业资格的执业人员，如注册建筑师、注册造价工程师、勘察设计注册工程师、注册城市规划师、注册监理工程师注册建造师等。而且，注册执业工程师们必须依法定的权利、义务执业。

二、建设工程质量监督制度

鉴于我国20世纪80年代因基本建设规模急剧扩大造成建设工程质量失控，设立了建设工程质量监督制度，历经多年的实践和探索，形成了今天的遍布全国、覆盖各类工程的建设工程质量监督制度体系，在建设工程质量监督方面成绩显著。

《建设工程质量管理条例》将多年的探讨通过制度实现了：肯定了政府对建设工程质量监督管理的制度，明确了政府质量监督的性质、地位、职责、主体；丰富了质量监督的内容，如确定了政府对施工图设计文件的审查制度和工程竣工备案制度；强化了质量监督的手段，完善了建设工程质量保修制度。

1. 监督体制

依照《建设工程质量管理条例》，我国对建设工程质量监督管理实行统一归口，分工管理的原则。国务院建设行政主管部门对全国的建设工程质量实施统一监督管理。国务院铁路、交通、水利等有关部门按照国务院规定的职责分工，负责对全国的有关专业建设工程质量的监督管理。

县级以上地方人民政府建设行政主管部门对本行政区域内的建设工程质量实施监督管理。县级以上地方人民政府交通、水利等有关部门在各自的职责范围内，负责对本行政区域内专业建设工程质量的监督管理。

国务院发展计划部门按照国务院规定的职责组织稽查特派员，对国家出资的重大建设项目实施监督检查。

国务院经济贸易主管部门按照国务院规定的职责，对国家重大技术改造项目实施监督检查。

2. 监督机构

依照《建设工程质量管理条例》，建设工程质量监督管理可以由建设行政主管部门或者其他有关部门委托的建设工程质量监督机构具体实施。

从事房屋建筑工程和市政基础施工工程质量监督的机构，必须按照国家有关规定经国务院建设行政主管部门或者省、自治区、直辖市人民政府建设行政主管部门考核；从事专业建设工程质量监督的机构，必须按照国家有关规定经国务院有关部门或者省、自治区、直辖市人民政府有关部门考核。经考核合格后，方可实施质量监督。

因此，建设工程质量监督机构的性质是经省级以上建设行政主管部门或者有关专业部门考核认定的独立法人，依法受托，依法监督，并对委托部门负责。

3. 监督内容

依照《建设工程质量管理条例》，政府不仅对监督建设单位、勘察设计单位、施工单位、监理单位等各个建设主体以及有关部门和其他主体的行为，而且，要对工程实体进行抽检如对施工作业面的抽检，对涉及结构安全和使用功能的主要材料、构配件和设备出厂合格证、试验报告、见证取样送检资料及结构实体检测报告的抽查；对桩基、地基处理的施工质量及检测报告、验收记录等一系列地基基础工程及其资料的抽查；对钢结构、混凝土结构等主体结构重要部位及有特殊要求部位的质量及隐蔽验收等。

同时，根据建设部《民用建筑节能管理规定》(2006年1月1日实施)，对建设单位、勘察设计单位、施工单位、监理单位等各个建设主体在节能方面有明确的要求或限制。

显然，《建设工程质量管理条例》丰富了质量监督的内容，如规定了施工图设计文件的审查制度使得建设工程质量监督的内容向工程建设的前期延伸；通过政府对工程建设主体行为的监督，使得建设工程质量监督的内容由工程实体向建设行为扩展。

4. 监督手段和方式

依照《建设工程质量管理条例》，县级以上人民政府建设行政主管部门和其他有关部门履行监督检查职责时，有权采取下列措施：

(1) 要求被检查的单位提供有关工程质量的文件和资料；

(2) 进入被检查的施工现场进行检查；

(3) 发现有影响工程质量的问题，责令改正。

同时，常用的监督手段还有：见证取样、监督检测、施工图设计文件审查、工程竣工验收监督、工程质量监督报告、不良报告等。

三、建设工程质量强制监理制度

为确保与社会公共利益的安全关系重大的工程质量，我国实行建设工程强制监理制度。建设部第86号令《建设工程监理范围的规模标准规定》对必须实行监理的建设工程项目作出了明确规定：

(一) 国家重点建设工程

国家重点建设工程，是指依据《国家重点建设项目管理办法》所确定的对国民经济和社会发展有重大影响的骨干项目。

(二) 大中型公用事业工程

大中型公用事业工程，是指项目总投资额在3000万元以上的下列工程项目：

(1) 供水、供电、供气、供热等市政工程项目；

(2) 科技、教育、文化等项目；

(3) 体育、旅游、商业等项目；

(4) 卫生、社会福利等项目；

(5) 其他公用事业项目。

(三) 成片开发建设的住宅小区工程

成片开发建设的住宅小区工程，建筑面积在5万平方米以上的住宅建设工程必须实行监理；5万平方米以下的住宅建设工程，可以实行监理，具体范围和规模标准，由省、自治区、直辖市人民政府建设行政主管部门规定。为保证住宅质量，对高层住宅及地基、结构复杂的多层住宅应当实行监理。

(四) 利用外国政府或国际组织贷款、援助资金的工程

(1) 使用世界银行、亚洲开发银行等国际组织贷款的项目;
(2) 使用国外政府及其机构贷款的项目;
(3) 使用国际组织或国外政府援助资金的项目。
(五) 国家规定必须实行监理的其他工程
(1) 项目总投资额在3000万元以上,关系社会公共利益、公众安全的下列基础设施项目:
1) 煤炭、石油、化工、天然气、电力、新能源等项目;
2) 铁路、公路、管道、水运、民航以及其他交通运输业等项目;
3) 邮政、电信枢纽、通信、信息网络等项目;
4) 防洪、灌溉、排涝、发电、引(供)水、滩涂治理、水资源保护、水土保持等水利建设项目;
5) 道路、桥梁、地铁和轻轨交通、污水排放及处理、垃圾处理、地下管道、公共停车场等城市基础设施项目;
6) 生态环境保护项目;
7) 其他基础设施项目。
(2) 学校、影剧院、体育场馆项目。

四、建设工程质量的检测制度

为了加强对建设工程质量检测的管理,根据《中华人民共和国建筑法》、《建设工程质量管理条例》,建设部于2005年制定了《建设工程质量检测管理办法》。

建设工程质量检测(以下简称质量检测),是指工程质量检测机构(以下简称检测机构)接受委托,依据国家有关法律、法规和工程建设强制性标准,对涉及结构安全项目的抽样检测和对进入施工现场的建筑材料、构配件的见证取样检测。

1. 检测制度

根据《建设工程质量检测管理办法》,国务院建设主管部门负责对全国质量检测活动实施监督管理,并负责制定检测机构资质标准。

省、自治区、直辖市人民政府建设主管部门负责对本行政区域内的质量检测活动实施监督管理,并负责检测机构的资质审批。

市、县人民政府建设主管部门负责对本行政区域内的质量检测活动实施监督管理。

2. 检测机构

(1) 性质

在法律性质上,检测机构是具有独立法人资格的中介机构。检测机构从事规定的质量检测业务,应当依法取得相应的资质证书。检测机构未取得相应的资质证书,不得承担本办法规定的质量检测业务。

法定的质量检测业务,由工程项目建设单位委托具有相应资质的检测机构进行检测。委托方与被委托方应当签订书面合同。

(2) 种类

检测机构资质按照其承担的检测业务内容分为专项检测机构资质和见证取样检测机构资质。检测机构资质标准由《建设工程质量检测管理办法》的附件二规定。

(3) 有效期

检测机构资质证书有效期为3年。资质证书有效期满需要延期的，检测机构应当在资质证书有效期满30个工作日前申请办理延期手续。

检测机构在资质证书有效期内没有下列行为的，资质证书有效期届满时，经原审批机关同意，不再审查，资质证书有效期延期3年，由原审批机关在其资质证书副本上加盖延期专用章；检测机构在资质证书有效期内有下列行为之一的，原审批机关不予延期：

1) 超出资质范围从事检测活动的；
2) 转包检测业务的；
3) 涂改、倒卖、出租、出借或者以其他形式非法转让资质证书的；
4) 未按照国家有关工程建设强制性标准进行检测，造成质量安全事故或致使事故损失扩大的；
5) 伪造检测数据，出具虚假检测报告或者鉴定结论的。

检测机构取得检测机构资质后，不再符合相应资质标准的，省、自治区、直辖市人民政府建设主管部门根据利害关系人的请求或者依据职权，可以责令其限期改正；逾期不改的，可以撤回相应的资质证书。

3. 检测报告

检测机构完成检测业务后，应当及时出具检测报告。检测报告经检测人员签字、检测机构法定代表人或者其授权的签字人签署，并加盖检测机构公章或者检测专用章后方可生效。检测报告经建设单位或者工程监理单位确认后，由施工单位归档。见证取样检测的检测报告中应当注明见证人单位及姓名。

4. 检测限制

（1）任何单位和个人不得明示或者暗示检测机构出具虚假检测报告，不得篡改或者伪造检测报告；

（2）检测人员不得同时受聘于两个或者两个以上的检测机构；

（3）检测机构和检测人员不得推荐或者监制建筑材料、构配件和设备；

（4）检测机构不得与行政机关，法律、法规授权的具有管理公共事务职能的组织以及所检测工程项目相关的设计单位、施工单位、监理单位有隶属关系或者其他利害关系；

（5）检测机构不得转包检测业务；

（6）任何单位和个人不得涂改、倒卖、出租、出借或者以其他形式非法转让资质证书。

5. 对检测机构的监督

县级以上地方人民政府建设主管部门应当加强对检测机构的监督检查，主要检查下列内容：

（1）是否符合本办法规定的资质标准；
（2）是否超出资质范围从事质量检测活动；
（3）是否有涂改、倒卖、出租、出借或者以其他形式非法转让资质证书的行为；
（4）是否按规定在检测报告上签字盖章，检测报告是否真实；
（5）检测机构是否按有关技术标准和规定进行检测；
（6）仪器设备及环境条件是否符合计量认证要求；
（7）法律、法规规定的其他事项。

建设主管部门实施监督检查时,有权采取下列措施:
(1) 要求检测机构或者委托方提供相关的文件和资料;
(2) 进入检测机构的工作场地(包括施工现场)进行抽查;
(3) 组织进行比对试验以验证检测机构的检测能力;
(4) 发现有不符合国家有关法律、法规和工程建设标准要求的检测行为时,责令改正。

五、建设工程质量的验收及奖励制度

1. 验评制度

(1) 竣工验收制度

为了规范房屋建筑工程和市政基础设施工程的竣工验收,保证工程质量,建设部2000年发布实施《房屋建筑工程和市政基础设施工程竣工验收暂行规定》,具体规定了我国境内新建、扩建、改建的各类房屋建筑工程和市政基础设施工程的竣工验收制度。

国务院建设行政主管部门负责全国工程竣工验收的监督管理工作。县级以上地方人民政府建设行政主管部门负责本行政区域内工程竣工验收的监督管理工作。

工程竣工验收工作,由建设单位负责组织实施。县级以上地方人民政府建设行政主管部门应当委托工程质量监督机构对工程竣工验收实施监督。抢险救灾工程、临时性房屋建筑工程和农民自建低层住宅工程,不适用本规定。军事建设工程的管理,按照中央军事委员会的有关规定执行。

工程符合下列要求方可进行竣工验收:(即应当具备的条件)

1) 完成工程设计和合同约定的各项内容。

2) 施工单位在工程完工后对工程质量进行了检查,确认工程质量符合有关法律、法规和工程建设强制性标准,符合设计文件及合同要求,并提出工程竣工报告。工程竣工报告应经项目经理和施工单位有关负责人审核签字。

3) 对于委托监理的工程项目,监理单位对工程进行了质量评估,具有完整的监理资料,并提出工程质量评估报告。工程质量评估报告应经总监理工程师和监理单位有关负责人审核签字。

4) 勘察、设计单位对勘察、设计文件及施工过程中由设计单位签署的设计变更通知书进行了检查,并提出质量检查报告。质量检查报告应经该项目勘察、设计负责人和勘察、设计单位有关负责人审核签字。

5) 有完整的技术档案和施工管理资料。

6) 有工程使用的主要建筑材料、建筑构配件和设备的进场试验报告。

7) 建设单位已按合同约定支付工程款。

8) 有施工单位签署的工程质量保修书。

9) 城乡规划行政主管部门对工程是否符合规划设计要求进行检查,并出具认可文件。

10) 有公安消防、环保等部门出具的认可文件或者准许使用文件。建设行政主管部门及其委托的工程质量监督机构等有关部门责令整改的问题全部整改完毕。

(2) 竣工验收备案

为了加强房屋建筑工程和市政基础设施工程质量的管理,建设部2000年发布实施《房屋建筑工程和市政基础设施工程竣工验收备案管理暂行办法》,具体规定了我国境内新建、扩建、改建各类房屋建筑工程和市政基础设施工程的竣工验收备案制度。

国务院建设行政主管部门负责全国房屋建筑工程和市政基础设施工程的竣工验收备案管理工作。县级以上地方人民政府建设行政主管部门负责本行政区域内工程的竣工验收备案管理工作。

建设单位应当自工程竣工验收合格之日起 15 日内，依照本办法规定，向工程所在地的县级以上地方人民政府建设行政主管部门（即备案机关）备案。抢险救灾工程、临时性房屋建筑工程和农民自建低层住宅工程，不适用本办法。军用房屋建筑工程竣工验收备案，按照中央军事委员会的有关规定执行。

2. 奖励制度

（1）梁思成奖——中国建筑设计最高奖

经国务院批准，建设部决定利用国际建筑师协会第 20 届大会的结余经费，建立永久性奖励基金："梁思成奖励基金"。该基金以我国近代著名的建筑家和教育家梁思成先生命名。每位"梁思成奖"获得者将从"梁思成奖励基金"中获得 10 万元人民币的奖励。

自 2000 年起，"梁思成奖"每年颁发一次。作为国家奖，这是中国建筑设计最高奖，属中国当代建筑艺术成就奖。"梁思成奖"提名委员会由具有广泛代表性和公正性的、在建筑界具有一定知名度的资深建筑师（13 名）、中国建筑学会（1 名）和建设部勘察设计司（1 名）组成。"梁思成奖"审定委员会由建设部分管副部长、有关司局和建筑学会负责人及建筑界代表组成。

首届"梁思成奖"获得者应当具备以下条件：

1）具有中华人民共和国国籍；

2）其代表作品应是 1999 年 10 月 1 日以前完成设计并已建成的建筑工程项目；

3）其代表作品对同一时期的建筑设计或建筑理论的发展起到一定引导和推动作用，并在社会上有广泛影响，一般应在国内或国际上获得过重要奖项。

首届"梁思成奖"的产生，采取由个人申报、专家委员会评选推荐、政府审定的办法，由"梁思成奖"提名委员会对申报者进行评议，并通过无记名投票产生 10 名获奖者建议名单，报建设部"梁思成奖"审定委员会。"梁思成奖"审定委员会审定首届"梁思成奖"获奖者名单。

首届梁思成奖获得者是中国共产党党员、全国设计大师、教授级高级建筑师、北京市建筑设计研究院顾问总建筑师、我国城市规划领域的杰出专家赵冬日大师。

（2）詹天佑大奖——中国詹天佑土木工程大奖

詹天佑土木工程大奖是经科技部核准、建设部认定，并在铁道、交通、水利等建设主管部门的支持下设立的土木工程领域最高荣誉奖项之一，是土木工程界最高工程荣誉奖。本项大奖旨在表彰和奖励我国在科技创新和科技应用方面成绩显著的土木工程建设项目，从而推动科技进步，提高工程建设水平，把当今优秀科技成果应用于工程实践中，创造出先进的土木建筑工程。

该奖由中国土木工程学会和詹天佑土木工程基金管委会主办，从 1998 年起，每两年评选一次。评选充分体现创新性、标志性和标志性。

创新性——获奖工程在设计、施工技术方面应有显著的创造性和较高的科技含量；

标志性——反映当今我国同类工程中的最高水平；

权威性——学会与政府主管部门之间协同推荐与遴选。

（3）鲁班奖——中国建筑工程质量最高荣誉奖

鲁班奖是我国建筑行业工程质量的最高荣誉奖。其评选对象为我国建筑施工企业在我国境内承包，已经建成并投入使用的各类工程，获奖单位分为主要承建单位和主要参建单位。

鲁班奖的评选工作由中国建筑业协会组织实施，鲁班奖每年评选一次，获奖工程数额为80个。由我国建筑施工企业自愿申报，经省、自治区、直辖市建筑业协会和国务院有关部门（总公司）建设协会择优推荐后进行评选，质量应达到国内一流水平。

评选鲁班奖的工程，必须是符合基本建设程序，并已建成投产或使用的新建工程。主要包括：

1）工业建设项目（包括土建和设备安装）。工程规模应符合附件2的规定。
2）交通工程。工程规模应符合附件3的规定。
3）水利工程。工程规模为库容量在1亿立方米以上（含）水库的主体工程。
4）公共建筑和市政、园林工程。工程规模应符合附件4的规定。
5）特定规模的住宅工程（包括住宅小区和高层住宅）：

建筑面积5万平方米以上（含）的住宅小区或住宅小区组团；

非住宅小区内的建筑面积为2万平方米以上（含）的单体高层住宅。

同时，《中国建筑工程鲁班奖（国优）评选办法》明确规定，下列工程不列入评选工程范围：

1）我国建筑施工企业承建的境外工程。
2）境外企业在我国境内承包并进行施工管理的工程。
3）竣工后被隐蔽难以检查的工程。
4）保密工程。
5）有质量隐患的工程。
6）已经参加过鲁班奖评选而未被评选上的工程。

六、企业质量体系和产品质量认证制度

1. 企业质量体系认证制度（见第九章第四节质量体系认证制度）

2. 产品质量认证制度

（1）基本规定

根据《产品质量认证条例》的规定，产品质量认证是依据产品标准和相应技术要求，经认证机构确认并通过颁发认证证书和认证标志来证明某一产品符合相应标准和相应技术要求的活动。

认证分为安全认证和合格认证。实行安全认证的产品，必须符合《标准化法》中有关强制性标准的要求；实行合格认证的产品，必须符合《标准化法》规定的国家标准或者行业标准的要求。获准认证的产品，除接受国家法律和行政法规规定的检查外，免于其他检查，并享有实行优质优价、优先推荐评为国优产品等国家规定的优惠。

国务院标准化行政主管部门统一管理全国的认证工作；国务院标准化行政主管部门直接设立的或者授权国务院其他行政主管部门设立的行业认证委员会负责认证工作的具体实施。

《产品质量法》规定，国家参照国际先进的产品标准和技术要求，推行产品质量认证制度。企业根据自愿原则可以向国务院产品质量监督部门认可的或者国务院产品质量监督部门授权的部门认可的认证机构申请产品质量认证。经认证合格的，由认证机构颁发产品质量认证证书，准许企业在产品或者其包装上使用产品质量认证标志。

中国企业、外国企业均可提出认证申请。

(2) 推行目的

产品质量认证制度的推行，旨在通过对符合认证标准的产品颁发认证标志，便于消费者识别，也有利于提高经认证合格的企业和产品的市场信誉，增强产品的市场竞争能力，以激励企业加强质量管理，提高产品质量水平。同时，由作为第三方的认证机构对产品质量进行认证，已成为许多国家保证产品质量的一种普遍做法。经过质量认证的产品可以方便地进入国际市场，有利于进一步促进我国对外经济贸易的发展。

(3) 认证程序

1) 申请

提出认证申请的企业应当具备下列条件：

产品符合国家标准或者行业标准要求；

产品质量稳定，能正常批量生产；

生产企业的质量体系符合国家质量管理和质量保证标准及补充要求。

中国企业向认证委员会提出申请，外国企业或者代销商向国务院标准化行政主管部门或其指定的认证委员会提出申请。

2) 审查

认证委员会通知承担认证检验任务的检验机构对产品进行检验；认证委员会对申请认证的生产企业的质量体系进行审查；

3) 核发证书

认证委员会对认证合格的产品，颁发认证证书，并准许使用认证标志。对外国企业的产品检验、质量体系的审查，国务院标准化行政主管部门指定的认证委员会可以根据双边协议、多边协议委托国外认证机构代理。已取得认证证书的企业，应当接受认证委员会对其产品及质量体系进行的监督检查。对已取得认证证书的外国企业的产品和质量体系的监督检查，可以根据双边协议、多边协议委托国外认证机构代理。认证产品采用的标准或者企业的质量体系已经改变，达不到认证时所具备的条件的，应当停止使用认证标志。

(4) 产品质量认证和企业质量体系认证的比较（见表9-1）

产品质量认证和企业质量体系认证的比较 表9-1

项　　目	企业质量体系认证	产品质量认证
对象	企业的质量体系	特定产品
认证依据的标准	质量管理标准	产品标准
获准认证条件	质量体系符合申请的质量保证标准（GB/T 19001或19002或19003）和必要的补充要求	①产品质量符合指定标准要求；②质量体系符合指定的质量保证标准（一般是GB/T 19002）及特定产品的补充要求
认证的结论	企业质量体系符合质量管理标准	产品符合产品标准

续表

项　　目	企业质量体系认证	产品质量认证
证明方式	体系认证证书，认证标记	产品认证证书，认证标志
证明的使用	证书和标记都不能在产品上使用	证书不能用于产品，标志可用于获准认证的产品上
性质	自愿	自愿；强制
两者关系	都是由第三方机构从事的活动，两者都要对申请企业的质量体系进行检查评审，彼此相互充分利用对方质量体系审核的结果	

七、建材使用许可制度

《建设工程质量管理条例》分别规定了不同主体在规范使用建筑材料、建筑构配件和设备方面的义务，形成较为系统的建材使用许可制度。

1. 建设单位

建设单位应当依法对工程建设项目的勘察、设计、施工、监理以及与工程建设有关的重要设备、材料等的采购进行招标。

按照合同约定，由建设单位采购建筑材料、建筑构配件和设备的，建设单位应当保证建筑材料、建筑构配件和设备符合设计文件和合同要求。建设单位不得明示或者暗示施工单位使用不合格的建筑材料、建筑构配件和设备。

2. 设计单位

设计单位在设计文件中选用的建筑材料、建筑构配件和设备，应当注明规格、型号、性能等技术指标，其质量要求必须符合国家规定的标准。除有特殊要求的建筑材料、专用设备、工艺生产线等外，设计单位不得指定生产厂、供应商。

3. 施工单位

施工单位必须按照工程设计要求、施工技术标准和合同约定，对建筑材料、建筑构配件、设备和商品混凝土进行检验，检验应当有书面记录和专人签字；未经检验或者检验不合格的，不得使用。

施工人员对涉及结构安全的试块、试件以及有关材料，应当在建设单位或者工程监理单位监督下现场取样，并送具有相应资质等级的质量检测单位进行检测。

根据建设部 2000 年发布施行的《房屋建筑工程和市政基础设施工程实行见证取样和送检的规定》，见证取样和送检是指在建设单位或工程监理单位人员的见证下，由施工单位的现场试验人员对工程中涉及结构安全的试块、试件和材料在现场取样，并送至经过省级以上建设行政主管部门对其资质认可和质量技术监督部门对其计量认证的质量检测单位（以下简称"检测单位"）进行检测。

涉及结构安全的试块、试件和材料见证取样和送检的比例不得低于有关技术标准中规定应取样数量的 30%。

下列试块、试件和材料必须实施见证取样和送检：

（1）用于承重结构的混凝土试块；

（2）用于承重墙体的砌筑砂浆试块；

（3）用于承重结构的钢筋及连接接头试件；

（4）用于承重墙的砖和混凝土小型砌块；

(5) 用于拌制混凝土和砌筑砂浆的水泥；

(6) 用于承重结构的混凝土中使用的掺加剂；

(7) 地下、屋面、厕浴间使用的防水材料；

(8) 国家规定必须实行见证取样和送检的其他试块、试件和材料。

4. 工程监理单位应当选派具备相应资格的总监理工程师和监理工程师进驻施工现场。未经监理工程师签字，建筑材料、建筑构配件和设备不得在工程上使用或者安装，施工单位不得进行下一道工序的施工。

案 例 分 析

【案例1】 某村民委员会诉某建筑公司第六工程处住宅基础工程质量纠纷案

【案情摘要】

原告：宝鸡市渭滨区某村民委员会。

被告：宝鸡某建筑公司第六工程处。

原告宝鸡市渭滨区某村村民委员会（以下简称村委会）诉宝鸡某建筑公司第六工程处（以下简称建六处）工程质量纠纷一案，法院受理后，依法组成合议庭，公开开庭进行了审理，原告法定代表人武某，委托代理人王某，被告法定代表人洪某，委托代理人高某到庭参加诉讼，本案现已审理终结。

原告诉称：1994年5月14日，原、被告双方签订了村民住宅基础工程施工合同，合同约定，由被告修建原告住宅基础工程，质量标准按照国家的有关规定保质保量的施工。但被告在施工中偷工减料，三七灰土比不足也不夯实，使用劣质钢材，本该使用毛石混凝土却使用灰土，造成工程质量出现严重问题。该工程系隐蔽工程，竣工后，村民陆续在该基础上建成住房，时间不长，便出现地基下沉，墙体裂缝等质量问题。因此，请求人民法院依法判令被告承担违约责任和赔偿经济损失210万元，并承担本案诉讼费用。

被告辩称：原告不具有诉讼主体资格，因原告所诉是房屋质量问题，而我方并未给原告盖房子，房屋归村民所有，如房屋有质量问题，应由房屋所有人提起诉讼，与本案原告无关。被告所建工程属地基隐蔽工程，亦按原告的施工图纸进行施工，且有原告方施工现场代表签字认可，并验收合格。因此，请求人民法院依法驳回原告的诉讼请求。

【审裁结果】

人民法院经审理查明：1994年初，原告村委会计划在本村工业、生活垃圾用地上修建村民宅基，委托宝鸡某厂基建科进行基础工程设计，并于同年3月16日与建六处签订《开工报告》，约定由建六处施工。建六处在施工过程中，发现该工程基础地质复杂，难以按设计图纸施工。遂经协商，双方于1994年5月14日签订《工程施工合同》约定：甲方（村委会）以包工包料的形式将村委会住宅基础工程承包给乙方（建六处）；工程造价及决算，以甲方提供的施工图纸及在施工图纸及在施工中所出现变更文件为依据，核定工程造价，并按国家颁发现行的有关文件进行该工程预决算编制依据，经甲方和国家审计部门的审定结果为准进行结算。工程质量及验收标准为甲方派孙某为现场施工代表，负责工程施工及质量监督，现场查验和解决具体问题。乙方派杜某为现场施工代表。凡隐蔽工程乙方提前通知甲方检查验收，合格后填写记录并签字；如特殊原因不能到场时，乙方可自检，甲方认可，视合格工程。质量标准按国家颁布的有关规定、规范为准进行工程质量验收。

建六处在施工中制作了《井桩开挖、回填情况》记录、《隐蔽工程检查记录》,并由双方驻工地代表签字认可。1994年11月7日、12月4日双方分别签订《竣工报告》、《工程竣工验收证书》。此后,原告村委会将该宅基基础分别给58户村民使用,先后盖起了房屋。不久部分房屋不同程度出现裂缝。原告村委会认为,造成村民房屋裂缝的根本原因是建六处施工质量低下,偷工减料所致。

法院审理期间,根据村委会的申请,委托陕西信远建筑工程司法鉴定所对该基础工程质量进行鉴定,结论为:

(1) 该村部分村民住宅宅基基础确实存在质量问题。

(2) 造成宅基基础质量问题的原因是多方面的,可综合如下:

①事先没对建设场地的工程地质条件进行勘察,使设计和施工都在地质条件不明的条件下进行;

②基础完工后使用不当,房子高度、施工先后次序没进行限制,部分管道漏水浸泡地基;

③设计本身存在一些问题,如对回填土压实要求过低,井桩自身不均匀,井桩桩体有灰土的,也有毛石混凝土的;与承担的荷载相比,山墙下的井桩明显偏弱;

④回填土为垃圾土;

⑤施工及建设双方现场代理人不负责任,弄虚作假;

(3) 施工质量低劣。灰土配合比与设计相差较大,压实程度严重不足。

(4) 建议用预制钢筋混凝土桩对地基进行托换加固。预算加固费用为88万元。

上述事实,有双方当事人陈述、《工程施工合同》、《竣工报告》、《工程竣工验收证明书》、《开工报告》、《鉴定报告》及加固预算等相关证据在卷佐证。并经双方当事人当庭质证,应予认定。

一审法院认为,村委会与建六处签订的《工程施工合同》是双方真实意思表示,不违反法律规定应当依法有效,该工程经村委会组织验收并交付使用。但村委会在使用过程中,发现部分村民房屋有裂缝,提出该工程质量存在问题。经鉴定后确认该工程确实存在质量问题。究其原因是多方面的:建设场地地质条件差,施工前未进行任何工程地质情况勘察,且设计本身存在一些不足之处,如:设计说明中规定,回填土的干密度不小于$1.2t/m^3$,这种实度要求偏低过多;回填土(桩间土)为垃圾土,其中有机质的腐烂,必将导致自重下沉,对井桩产生向下的摩擦力;图纸未对其所设计的井桩基础提出使用要求;加之局部管道漏水,地基土中含水量增大,产生湿陷或土层压缩性升高,原告应负主要责任。被告在施工过程中,灰土配合比不满足设计要求,灰土压实不够,造成施工质量低下,亦有过错,应负相应责任。原告部分诉讼请求成立,应予支持。依照《经济合同法》第6条、第29条、第31条、第32条之规定。判决如下:

(1) 由被告建六处赔偿原告村委会经济损失26.4万元;

(2) 驳回原告村委会的其他诉讼请求。

案件受理费2.6663万元,原告村委会承担1.86641万元;被告建六处承担7998.90万元。鉴定费6万元,原告村委会承担4.2万元;被告建六处承担1.8万元。

【案例评析】

本案是一建筑施工合同质量纠纷,主要涉及以下几个法律问题:

1. 本案原告的主体资格问题，即谁是本案的合格原告

本案审判过程中被告辩称："原告不具有诉讼主体资格，因原告所诉是房屋质量问题，而我方并未给原告盖房子，房屋归村民所有，如房屋有质量问题，应由房屋所有人提起诉讼，与本案原告无关"。显然，被告的观点错误。因为本案中村民的房屋先地基下沉而后出现裂缝，即使不考虑裂缝问题，单就地基问题也可以诉诸法律来明确责任。而地基工程的合同主体双方是村委会和建六处，原告当然应当是村委会而不是各村民。

2. 地基工程与房屋裂缝是否有关系

本案审判过程中被告辩称，"被告所建工程属地基隐蔽工程"，其潜台词是我们完成的只是地基工程而不是房屋，房屋出现裂缝不应当将我们作为被告。客观地讲，房屋的裂缝问题可能会有多方面的原因，但是其中包括地基因素，实践中也常常因为地基沉陷而导致房屋出现质量问题。本案中的事实已经是先出现地基下沉而后房屋出现裂缝。因此，我们不能说房屋的裂缝问题就一定是或完全是地基的原因，但是很有可能是地基的问题。既然不能排除地基的原因，将建六处作为被告不无道理。

3. 适合法律问题

本案合同签订于 1994 年，而提起诉讼是在 2001 年，所以，存在一个适用新合同法还是旧合同法的问题。《最高人民法院关于适用〈中华人民共和国合同〉若干问题的解释（一）》第 2 条规定："合同成立于《合同法》实施之前，但合同约定的履行期限跨越《合同法》实施之日或者履行期限在《合同法》实施之后，因履行合同发生的纠纷，适用《合同法》第四章的有关规定。"本案合同的履行在合同法实施以前，因此应当适用 1993 年的《经济合同法》。

综观本案原、被告的行为，均存在一个突出的问题是严重违反建设程序及其相关的规定、规范。正因为如此，导致了严重质量问题，危及几十户村民的生命健康和财产安全。工程建设活动作为一项特殊的社会经济活动，有其自身的特点和规律。工程建设程序是在认识工程建设客观规律基础上总结提出的必须遵守的先后次序。这种次序是不可颠倒、不可违反的，否则，将造成不可估量的经济损失和资源浪费，甚至导致生命安全事故。同时，行业的规定、规范更是在长期工程实践与科学研究中总结和制定的，必须遵守。多年来，建设行业已经有了太多的痛心的事故和惨重的教训。因此，必须严格遵守建设程序及其相关的规定、规范。

【新司法解释下的分析】

本案涉及新司法解释的主要问题包括质量缺陷的过错处理原则、争议事实鉴定范围的确定。

1. 质量缺陷的过错处理原则

一般来讲，承包人作为建设工程的承揽人，应对工程质量负责，《合同法》、《建筑法》中对此也有规定。但有些情况下，缺陷的成因可能来自于发包人。由此造成的质量缺陷，一概由承包人承担质量责任则有失公允。新司法解释明确的情形包括以下三种：

（1）发包人提供的设计存在缺陷。设计应符合国家和行业相关标准以及合同约定。在通常模式下，发包人委托设计人设计，再将其提供给承包人，发包人应就设计的合理性对承包人负责。当然发包人在承担责任后，可以再向设计人追偿。

（2）发包人提供或者指定购买的建筑材料、建筑构配件、设备不符合强制性标准。由

发包人提供建筑材料、建筑构配件、设备的，发包人应保证其符合设计文件及施工合同的要求，并在采购、运输、仓储、检验等方面遵守严格的操作程序。

（3）发包人直接指定的分包人造成该质量缺陷。《FIDIC 施工合同条件》（1999 年第 1 版）5.2"反对指定"中也有承包商可以对指定分包人的工作免责的类似规定。

另外一个问题是，施工方按图施工能否解脱其质量责任。本案审判过程中被告辩称，其"按原告的施工图纸进行施工，且有原告方施工现场代表签字认可，并验收合格"。意思是作为承包商按照业主的施工方案进行施工的，似乎就应该免除责任了。这种看法是错误的，承包商不能以此推卸责任。承包商按图施工、遵守施工方案是基本要求，但是，这并非是机械、不加思考的"按照"。因为承包商不是普通人，是具有或应该具有相应的专业知识、技术技能、实践经验和判断能力的专业队伍，同时也有"义务"注意施工方案中是否有明显的缺陷，这一点无论是在国内还是国际建筑市场都是通行的。所以不能因为是按照原告的施工图纸进行施工而被免除责任。而且，被告在施工过程中，"灰土配合比不满足设计要求，灰土压实不够"，造成施工质量低下，亦有过错，不能免除其相应的责任。

本案中陕西信远建筑工程司法鉴定所对该基础工程质量进行鉴定的结论表明，原告方有明显的多方面过错，是导致该案事故的主要原因；但被告方也有明确的过错，是导致该案事故的原因之一。据此，原告方应负主要责任，被告方应负次要责任。因而，对于该案的加固方案费用 88 万元双方应依其各自的过错程度承担相应的比例。法院最终判决由被告建六处赔偿原告村委会经济损失 26.4 万元是合理的。

2. 争议事实鉴定范围的确定

《民事诉讼法》及其他相关文件并未对司法鉴定作出详细规定，司法实践中也做法不一，造成建设工程施工合同纠纷中重复鉴定、相互矛盾、缺乏诉讼保障等多种不规范现象。对建设工程案件事实争议而言，鉴定的范围非常重要。一方面，作为法定证据形式之一，鉴定结论应有足够的证明力。另一方面，建设工程标的额巨大，鉴定耗时费钱。因此应在保证证明力的前提下，能不作鉴定的就不作；必须鉴定的，尽量减少鉴定资助数或缩小鉴定范围。

本案原告认为房屋墙体裂缝是因为被告在基础工程施工中存在质量问题所致，而被告辩称其所建工程按原告的施工图纸进行施工，且有原告方施工现场代表签字认可，并验收合格，不存在质量问题。可以看到，当事人双方争议的范围不仅是基础工程的质量问题。如前所述，房屋的裂缝成因包括地基因素只是可能性推断，所以据此能将建六处作为被告，而不能草率认定其中必然存在因果关系。基础工程质量是否存在问题比较专业，应由具备相应资质的鉴定机构进行鉴定；基础工程质量问题与房屋裂缝之间是否存在因果关系也同样是专业问题，也应鉴定。法院仅委托鉴定了基础工程质量，稍显不足。法院正确的做法是仅对有争议的案件事实部分进行鉴定，但争议事实范围不能确定，或者当事人双方一致请求对全部事实鉴定的除外。

【案例 2】 某大学与某建筑公司宿舍楼工程质量纠纷案
【案情摘要】
原告：某大学。
被告：某建筑公司。

2000年4月，某大学为建筑学生公寓，与某建筑公司签订了一份建设工程合同。合同约定：工程采用固定总价合同形式，主体工程和内外承重砖一律使用国家标准砌块，每层加钢筋混凝土圈梁；该大学可预付工程款（合同价款的10%）；工程的全部费用用于验收合格后一次付清；交付使用后，如果在6个月内发生严重质量问题，由承包人负责修复等。1年后，学生公寓如期完工，在该大学和该建筑公司共同进行竣工验收时，该大学发现工程3~5层的内承重墙体裂缝较多，要求建筑公司修复后再验收，建筑公司认为不影响使用而拒绝修复。因为很多新生亟待入住，该大学接收了宿舍楼。在使用了8个月之后，公寓楼5层的内承重墙倒塌，致使1人死亡，3人受伤，其中1人致残。受害者与该大学要求某建筑公司赔偿损失，并修复倒塌工程。建筑公司以使用不当且已过保修期为由拒绝赔偿。无奈之下，受害者与该大学诉至法院，请法院主持公道。

【审裁结果】

法院在审理期间对工程事故原因进行了鉴定，鉴定结论为某建筑公司偷工减料致宿舍楼内承重墙倒塌。因此，法院对某建筑公司以保修期已过为由拒绝赔偿的主张不予支持，判决某建筑公司应当向受害者承担损害赔偿责任，并负责修复倒塌的部分工程。

【案例评析】

《建筑工程质量管理条例》第40条规定："在正常使用条件下，建设工程最低保修期限为：

（1）基础设施工程、房屋建筑的地基基础工程、主体结构工程，为设计文件规定的该工程的合理使用年限；

（2）屋面防水工程、有防水要求的卫生间、房间和外墙面的防渗漏，为5年；

（3）供热与供冷系统，为2个采暖期、供冷期；

（4）电气管线、给水排水管道、设备安装和装修工程，为2年。

其他工程的保修期，由竣工验收合格之日起计算。

根据上述法律规定，建设工程的保修期限不能低于国家规定的最低保修期限，其中，对地基基础工程、主体结构工程实际规定为终身保修。

在本案中，该大学与建筑公司虽然在合同中双方约定保修期限为6个月，但这一期限远远低于国家规定的最低期限，尤其是承重墙属主体结构，其最低保修期限依法应终身保修。双方的质量期限条款违反了国家强制性法律规定，因此，约定无效，建筑公司应当向受害者承担损害赔偿责任。

承包人损害赔偿责任的内容应当包括：医疗费、因误工减少的收入、残废者生活补助费等。造成受害人死亡的，还就支付丧葬费、抚恤费、死者生前抚养人的必要的生活费用等。

此外，建筑公司在施工中偷工减料，造成质量事故，有关主管部门应当依照《建筑法》第74条的有关规定对其进行法律制裁。

思 考 题

1. 简述建设工程质量的含义。
2. 简述建设单位的质量责任义务。
3. 简述勘察、设计单位的质量责任义务。

4. 简述施工单位的质量责任义务。
5. 简述工程监理单位的质量责任和义务。
6. 简述建设工程保修制度中法定最低保修期限及责任。
7. 简述质量体系认证制度与产品质量认证的不同。
8. 简述建设工程质量检测。
9. 简述建设工程竣工验收应当具备的条件。
10. 简述建设工程竣工验收备案制度。
11. 简述政府对工程建设的监管与政府对建设工程质量监督管理制度的关系。
12. 简述建设工程质量监督机构、监督内容、监督手段与方法。

第十章 建设工程安全生产管理法律制度

第一节 概 述

一、工程建设安全生产概念

工程建设安全生产,是指建筑生产过程中要避免人员、财产的损失及对周围环境的破坏。它包括建筑生产过程中的施工现场人员安全、财产设备安全,施工现场及附近的道路、管线和房屋的安全,施工现场和周围的环境保护及工程建设后的使用安全等方面的内容。

改革开放以来,建筑业持续快速发展,在国民经济中的地位和作用逐渐增强,已经成为我国的支柱产业之一。随着基本建设投资持续增长,工程建设的规模和技术难度都有所提高,许多新技术、新材料、新工艺也在建设项目中得到了应用,有些工程项目还对工期的要求很近,这些都有可能引发新的危险因素。再加上在工程建设过程中,有些主体对安全生产重视程度不够、资金投入不足、监督管理制度也还不健全,导致建设工程安全生产事故一直居高不下,在各产业中仅次于采矿业,居第二位,给人民生命和财产安全造成了重大损失。据统计,1998 年全国发生建筑施工安全事故 1013 起,死亡 1180 人,重伤 416 人;1999 年发生 923 起,死亡 1097 人,重伤 299 人;2000 年发生 846 起,死亡 987 人,重伤 296 人;2001 年发生 1004 起,死亡 1045 人,重伤 296 人;2002 年发生 1208 起,死亡 1292 人;2003 年发生 1292 起,死亡 1524 人;2004 年发生 1086 起,死亡 1264 人;2005 年发生 1010 起,死亡 1195 人;2006 年发生 819 起,死亡 974 人。由此可见,全国建设工程安全生产形势严峻,因此社会各界要求规范建设工程安全生产,完善相关的立法。

二、工程建设安全生产的立法概况

安全生产直接关系广大从业人员及社会大众的生命健康和财产安全,我国一向重视安全生产的立法工作。早在 1980 年,国家建工总局就颁发了《建筑安装工人安全技术操作规程》。之后,城乡建设环境保护部先后于 1982 年 8 月颁布了《关于加强集体所有制建筑企业安全生产的暂行规定》,于 1983 年 5 月颁发了《国营建筑施工企业安全生产工作条例》,于 1989 年颁发了《工程建设重大事故报告和调查程序规定》,建设部于 1991 年颁布了《建筑安全生产监督管理规定》,于 1996 年《城市居民住宅安全防范设施建设管理规定》。上述规章曾在工程建设安全生产管理中发挥了重要作用,但随着社会发展和立法进步,一些规定已不适合市场经济体制下的安全生产管理,应用也减少了,部分规章甚至已经失效。

由于我国近几年来煤矿、建筑等领域的生产安全事故频频发生,给社会造成了巨大的经济损失和负面影响,全国人大、国务院和有关部委都加强了立法工作。自 2001 年来,《中华人民共和国安全生产法》、《建设工程安全生产管理条例》等关于工程建设安全生产管理的9部法律、行政法规和部门规章相继出台,加上之前颁布的法规,构成了有效的安全生产法律体系。

《中华人民共和国安全生产法》(以下简称《安全生产法》)由中华人民共和国第九届全国人民代表大会常务委员会第二十八次会议于2002年6月29日通过,自2002年11月1日起施行。作为全国范围内所有生产、建设领域都需遵循的安全生产基本法规,它对生产经营单位的安全生产保障制度、从业人员安全生产的权利和义务、安全生产的监督管理和生产安全事故的应急救援与调查处理四个主要方面作了详细规定,为安全生产相关立法奠定了良好的基础。

《建设工程安全生产管理条例》是工程建设领域关于安全生产的一部重要的行政法规。它于2003年11月24日由国务院发布,并于2004年2月1日生效。它十分详细地规定了建设单位、勘察设计单位、施工单位、监理单位及其他相关单位在安全生产方面的职责,是约束各单位安全生产行为的直接依据。此外,它还明确了工程建设领域安全生产的监督管理体制和生产安全事故的应急救援与调查处理程序。

《安全生产许可证条例》是为了严格规范安全生产条件,防止和减少安全生产事故而颁布的,是与国家实行安全生产许可制度的决定配套出台的行政法规,于2004年1月颁布。它对安全生产许可证的颁发和管理予以了规定。《特种设备安全监察条例》是专为了加强生产经营领域特种设备安全监察管理而颁布的,其规定也同样适用于工程建设领域。《生产安全事故报告和调查处理条例》是为规范生产安全事故的报告和调查处理,落实生产安全事故责任追究制度而于2007年4月颁布的行政法规,它对生产安全事故等级划分标准和事故报告、调查、处理的程序与要求作出了详细规定。

此外,建设部配合国家法律和行政规章,先后颁布了三项旨在加强建筑施工企业安全生产管理的规章,分别为《2004建筑施工企业安全生产管理机构设置及专职安全生产管理人员配备办法》、《建筑施工企业安全生产许可证管理规定》和《建筑施工企业主要负责人、项目负责人和专职安全生产管理人员安全生产考核管理暂行规定》。

第二节 工程建设安全生产的基本方针和相关制度

一、工程建设安全生产的基本方针

我国《建筑法》和《安全生产法》都规定,安全生产,坚持"安全第一、预防为主"的方针。

所谓"安全第一",就是指在生产经营管理中,在处理保证安全与实现生产经营活动的其他各项目标的关系上,要始终把安全,特别是从业人员和其他人员的人身安全放在首要的位置,实现"安全优先"的原则,在确保安全的前提下,再来努力实现生产经营的其他目标。

所谓"预防为主",就是指对安全生产的管理,主要不是放在发生事故后去组织抢救、进行事故调查,找原因、追究责任、堵漏洞,而是要谋事在先,尊重科学,探索规律,采取有效的事前控制措施,千方百计地预防事故的发生,做到防患于未然,将事故消灭在萌芽状态。虽然人类在生产活动中还不可能完全杜绝安全事故的发生,但只有重视思想,预防措施得当,事故特别是重大事故的发生还是可以大大减少的。

根据这一基本方针，当前在工程建设领域已经比较成熟的安全生产管理制度有安全生产责任制度，群防群治制度，教育培训制度，市场准入制度，检查、监督及奖惩制度和"三同时"制度。

二、工程建设安全生产责任制度

我国《建筑法》规定，应"建立健全安全生产的责任制度"。所谓安全生产责任制度，是指将各项保障生产安全的责任具体落实到各有关管理人员和不同岗位人员身上的制度。在建筑活动中，只有明确安全责任，分工负责，才能形成完整有效的安全管理体系，激发每个人的安全责任感，严格执行建筑工程安全的法律、法规和安全规程、技术规范，防患于未然，减少和杜绝建筑工程事故，为建筑工程的生产创造一个良好的环境。

安全责任制度的主要内容包括从事建筑活动的单位负责人的责任、各级管理人员的责任和从业人员的责任。

1. 企业主要负责人的责任

安全生产工作是企业管理的重要内容。法律规定从事建筑活动企业的安全生产工作应由企业负责人总负责，这既是对本单位的责任，也是对社会应负的责任。《安全生产法》规定，生产经营单位的主要负责人对本单位安全生产工作负有下列职责：

（1）建立、健全本单位安全生产责任制；
（2）组织制定本单位安全生产规章制度和操作规程；
（3）保证本单位安全生产投入的有效实施；
（4）督促、检查本单位的安全生产工作，及时消除生产安全事故隐患；
（5）组织制定并实施本单位的生产安全事故应急救援预案；
（6）及时、如实报告生产安全事故。

对于满足安全生产必备条件所必需的资金投入，由生产经营单位的决策机构、主要负责人或个人经营的投资人予以保证，并对因必需资金投入不足而导致的后果承担责任。

2. 各级管理人员的责任

结合建筑企业及工程建设的特点，相关法规对各级管理人员的责任也作出了明确规定。

（1）企业总工程师（技术负责人）对本企业劳动保护和安全生产的技术工作负总的责任。

（2）项目经理、施工队长、车间主任应对本单位劳动保护和安全生产工作负具体领导责任。

（3）工长、施工员对所管工程的安全生产负直接责任。

（4）企业中的生产、技术、材料等各职能机构，都应在各自业务范围内，对实现安全生产的要求负责。

（5）企业应根据实际情况，建立安全机构，并按照职工总数配备相应的专职人员，负责安全生产管理工作和安全监督检查工作，其主要职责是：

1）贯彻执行有关安全技术劳动保护法规；
2）做好安全生产的宣传教育和管理工作，总结交流推广经验；
3）经常深入基层，指导下级安全技术人员的工作，掌握安全生产情况，调查研究生产中的不安全问题，提出改进意见和措施；

4）组织安全活动和定期安全检查；

5）参加审查施工组织设计（施工方案）和编制安全技术措施计划，并对贯彻执行情况进行督促检查；

6）与有关部门共同做好新工人、特种工种工人的安全技术训练、考核、发证工作；

7）进行工伤事故统计、分析和报告，参加工伤事故的调查和处理；

8）禁止违章指挥和违章作业，遇有严重险情，有权暂停生产，并报告领导处理。

3. 从业人员的责任

从业人员是指生产经营单位中从事生产安全经营活动的人员，他们包括直接操作人员、工程技术人员、管理人员、服务人员等。由于安全生产贯穿于生产全过程，依赖于每道工序、每个人的有机衔接和有效配合，每个从业人员的行为都直接关系到安全生产的实施与成效，因此，每个从业人员也都要从自身角度对本单位的安全生产承担责任。《安全生产法》规定，从业人员应承担的主要责任有：

（1）作业过程中，应严格遵守本单位的安全生产规章制度和操作规程，服从管理，正确佩戴和使用劳动防护用品；

（2）接受安全生产教育和培训，掌握本职工作所需的安全生产知识，提高安全生产技能，增强事故预防和应急处理能力；

（3）发现事故隐患或其他不安全因素，应立即向现场安全生产管理人员或本单位负责人报告。

三、工程建设安全生产的群防群治制度

《建筑法》规定，建筑工程安全生产管理应坚持群防群治制度。

所谓群防群治制度，是指由广大职工群众共同参与的预防安全事故发生、治理各种安全事故隐患的制度。这一制度是群众路线在安全工作中的具体体现。实践证明，搞好安全生产只靠少数人是不成的，必须发动群众，使大家懂得安全生产的重要性，注意安全生产，防患于未然。

从实践中看，建立工程建设安全生产的群防群治制度应做到：

（1）企业制定的有关安全生产管理的重要制度和制定的有关重大技术组织措施计划应提交职工代表大会讨论，在充分听取职工代表大会意见的基础上作出决策，发挥职工群众在安全生产方面的民主管理作用；

（2）要把专业管理同群众管理结合起来，充分发挥职工安全员网络的作用；

（3）发挥工会在安全生产管理中的作用，利用工会发动群众，教育群众，动员群众的力量预防安全事故的发生；

（4）对新职工加强安全教育，对特种作业岗位的工人进行专业安全教育，不经训练，不能上岗操作；

（5）发动群众开展技术革新、技术创造，采用有利于保证生产安全的新技术、新工艺，积极改善劳动条件，努力将不安全的、有害健康的作业变为无害作业；

（6）组织开展遵章守纪和预防事故的群众性监督检查，职工对于违反有关安全生产的法律、法规和建筑行业安全规章、规程的行为有权提出批评、检举和控告。

四、工程建设安全生产的教育培训制度

安全生产教育培训制度，是对广大建筑干部职工进行安全培训教育，提高安全意识，

增加安全知识和技能的制度。安全生产，人人有责。只有通过对广大职工进行安全教育、培训，才能使广大职工真正认识到安全生产的重要性、必要性，才能使广大职工掌握更多更有效的安全生产的科学技术知识，牢固树立安全第一的思想，自觉遵守各项安全生产和规章制度。

《安全生产法》对安全生产教育和培训制度的内容有详细规定。

1. 安全生产的方针、政策、法律、法规以及安全生产规章制度的教育培训

对所有从业人员都要进行经常性的教育，对于企业各级领导干部和安全管理干部，更要定期培训，使其提高政策、思想水平，熟悉安全生产技术及相关业务，做好安全工作。

2. 安全操作技能的教育和培训

对安全操作技能的教育和培训，我国目前一般采用入厂教育、车间教育和现场教育多环节的方式进行。对于新工人（包括合同工、临时工、学徒工、实习和代培人员）必须进行入厂（公司）安全教育。教育内容包括安全技术知识、设备性能、操作规程、安全制度和严禁事项，并经考试合格后，方可进入操作岗位。

3. 特种作业人员的安全生产教育和培训

特种作业，是指容易发生人员伤亡事故，对操作者本人、他人及周围设施的安全有重大危险的作业。根据现行规定，它大致包括电工、金属焊接切割、起重机械、机动车辆驾驶、登高架设、锅炉（含水质化验）、压力容器制作、制冷、爆炸等作业。特种作业人员的工作，存在的危险因素很多，很容易发生安全事故，因此对他们必须进行专门的培训教育，提高其认识，增强其技能，以减少其失误，这对防止和减少生产安全事故具有重要意义。相关法规规定，电工、焊工、架子工、司炉工、爆破工、机操工及起重机、打桩机和各种机动车辆司机等特殊工种工人，除进行一般的安全教育外，还要经过本工种的安全技术教育，经考试合格后，方可获准独立操作，每年还要进行一次复查。

4. 采用新工艺、新技术、新材料、新设备时的教育与培训

相关法规规定，采用新工艺、新技术、新材料、新设备施工和调换工作岗位时，要对操作人员进行新技术操作和新岗位的安全教育，未经教育不得上岗操作。这有助于使相关人员了解和掌握其安全技术特性，以采取有效的安全防护措施，防止和减少安全生产事故的发生。

五、工程建设安全生产的市场准入制度

为确保安全生产，国家对生产经营单位及从业人员都实行了严格的市场准入制度，并先后颁布了《安全生产许可证条例》、《安全生产检测检验机构管理规定》和《注册安全工程师管理规定》。这些法规规定生产经营单位必须具备法律、法规及国家标准或行业标准规定的安全生产条件。条件不具备的，不得从事生产经营活动。承担安全、评价、认证、检测、检验的机构必须取得国家的资质许可，方可从事相关活动。未经安全生产教育和培训合格的作业人员，不得上岗作业。特种作业人员必须经专门的安全作业培训，取得特种作业资格证书后，方可上岗作业。

《安全生产许可证条例》于2004年1月开始施行。它明确规定：国家对矿山企业、建筑施工企业和危险化学品、烟花爆竹、民用爆破器材生产企业（以下统称企业）实行安全生产许可制度。

1. 安全生产许可证的取得条件

建筑施工企业领取安全生产许可证，需要具备一系列安全生产条件，具体如下：

（1）建立、健全安全生产责任制，制定完备的安全生产规章制度和操作规程；

（2）安全投入符合安全生产要求；

（3）设置安全生产管理机构，配备专职安全生产管理人员；

（4）主要负责人和安全生产管理人员经考核合格；

（5）特种作业人员经有关业务主管部门考核合格，取得特种作业操作资格证书；

（6）从业人员经安全生产教育和培训合格；

（7）依法参加工伤保险，为从业人员缴纳保险费；

（8）厂房、作业场所和安全设施、设备、工艺符合有关安全生产法律、法规、标准和规程的要求；

（9）有职业危害防治措施，并为从业人员配备符合国家标准或者行业标准的劳动防护用品；

（10）依法进行安全评价；

（11）有重大危险源检测、评估、监控措施和应急预案；

（12）有生产安全事故应急救援预案、应急救援组织或者应急救援人员，配备必要的应急救援器材、设备；

（13）法律、法规规定的其他条件。

2. 安全生产许可证的有关管理规定

（1）安全生产许可证的申请

建筑施工企业从事建筑活动前，应当依照本规定向省级以上建设主管部门申请领取安全生产许可证。

中央管理的建筑施工企业（集团公司、总公司）应当向国务院建设行政主管部门申请领取安全生产许可证；其他建筑施工企业，包括中央管理的建筑施工企业（集团公司、总公司）下属的建筑施工企业，应当向企业注册所在地省、自治区、直辖市人民政府建设主管部门申请领取安全生产许可证。

（2）安全生产许可证的有效期

安全生产许可证的有效期为3年。安全生产许可证有效期满需要延期的，企业应当于期满前3个月向原安全生产许可证颁发管理机关办理延期手续。

企业在安全生产许可证有效期内，严格遵守有关安全生产的法律法规，未发生死亡事故的，安全生产许可证有效期届满时，经原安全生产许可证颁发管理机关同意，不再审查，安全生产许可证有效期延期3年。

（3）安全生产许可证的管理

根据《安全生产许可证条例》和《建筑施工企业安全生产许可证管理规定》，建筑施工企业应当遵守如下强制性规定：

1）未取得安全生产许可证的，不得从事建筑施工活动。建设主管部门在审核发放施工许可证时，应当对已经确定的建筑施工企业是否有安全生产许可证进行审查，对没有取得安全生产许可证的，不得颁发施工许可证。

2）企业不得转让、冒用安全生产许可证或者使用伪造的安全生产许可证；

3）企业取得安全生产许可证后，不得降低安全生产条件，并应当加强日常安全生产管理，接受安全生产许可证颁发管理机关的监督检查。

六、工程建设安全生产的检查、监督及奖惩制度

安全生产检查、监督制度是上级管理部门或企业自身对安全生产状况进行定期或不定期检查的制度。通过检查可以发现问题，查出隐患，从而采取有效措施，堵塞漏洞，把事故消灭在发生之前，做到防患于未然，是"预防为主"的具体体现。安全生产检查、监督是国家对保障社会的安定和人民的安全应承担的责任。《安全生产法》及相关法规对此有明确规定。

国家实行安全生产事故责任追究制度，依法追究生产安全事故责任人员的法律责任。

国家对在改善安全生产条件、防止生产安全事故、参加抢险救护等方面取得显著成绩的单位和个人，给予奖励。县级以上人民政府及有关部门对报告或举报的有功人员应给予奖励。

七、安全生产"三同时"制度

"三同时制度"是指凡是我国境内新建、改建、扩建的基本建设项目、技术改建项目和引进的建设项目，其安全生产设施必须符合国家规定的标准，必须与主体工程同时设计、同时施工、同时投入生产和使用。安全生产设施主要是指安全技术方面的设施、职业卫生方面的设置和生产辅助性设施。

我国《劳动法》规定："新建、改建、扩建工程的劳动安全卫生设施必须与主体工程同时设计、同时施工、同时投入生产和使用"。《安全生产法》也规定："生产经营单位新建、改建、扩建工程项目的安全设施，必须与主体工程同时设计、同时施工、同时投入生产和使用。安全设施投资应当纳入建设项目概算"。

新建、改建、扩建工程的初步设计要经过行业主管部门、安全生产管理部门、卫生部门和工会的审查，同意后方可进行施工。工程项目完成后，必须经过主管部门、安全生产行政主管部门、卫生部门和工会的竣工检验；建设工程项目投产后，不得将安全设施闲置不用，生产设施必须和安全设施同时使用。

第三节 相关主体的安全责任及从业人员的权利义务

《建设工程安全生产管理条例》对建设单位、施工单位、勘察设计、监理等相关单位的安全责任作了详细规定，《安全生产法》则明确了建筑业从业人员在安全生产方面的权利和义务，这些都是安全生产执法的重要依据。

一、建设单位的安全责任

1. 向施工单位提供资料的责任

建设单位应当向施工单位提供施工现场及毗邻区域内供水、排水、供电、供气、供热、通信、广播电视等地下管线资料，气象和水文观测资料，相邻建筑物和构筑物、地下工程的有关资料，并保证资料的真实、准确、完整。

建设单位因建设工程需要，向有关部门或者单位查询前款规定的资料时，有关部门或者单位应当及时提供。

2. 依法履行合同的责任

建设单位不得对勘察、设计、施工、工程监理等单位提出不符合建设工程安全生产法律、法规和强制性标准规定的要求，不得压缩合同约定的工期。

3. 提供安全生产费用的责任

建设单位在编制工程概算时，应当确定建设工程安全作业环境及安全施工措施所需费用。

4. 不得推销劣质材料设备的责任

建设单位不得明示或者暗示施工单位购买、租赁、使用不符合安全施工要求的安全防护用具、机械设备、施工机具及配件、消防设施和器材。

5. 提供安全施工措施资料的责任

建设单位在申请领取施工许可证时，应当提供建设工程有关安全施工措施的资料。

依法批准开工报告的建设工程，建设单位应当自开工报告批准之日起15日内，将保证安全施工的措施报送建设工程所在地的县级以上地方人民政府建设行政主管部门或者其他有关部门备案。

6. 对拆除工程进行备案的责任

建设单位应当将拆除工程发包给具有相应资质等级的施工单位。

建设单位应当在拆除工程施工15日前，将下列资料报送建设工程所在地的县级以上地方人民政府建设行政主管部门或者其他有关部门备案：

（1）施工单位资质等级证明；
（2）拟拆除建筑物、构筑物及可能危及毗邻建筑的说明；
（3）拆除施工组织方案；
（4）堆放、清除废弃物的措施。

实施爆破作业的，应当遵守国家有关民用爆炸物品管理的规定。

二、施工单位的安全责任

1. 总承包单位和分包单位的安全责任

（1）总承包单位的安全责任

建设工程实行施工总承包的，由总承包单位对施工现场的安全生产负总责。

总承包单位应当自行完成建设工程主体结构的施工。

（2）总承包单位与分包单位的安全责任划分

总承包单位依法将建设工程分包给其他单位的，分包合同中应当明确各自的安全生产方面的权利、义务。总承包单位和分包单位对分包工程的安全生产承担连带责任。

分包单位应当服从总承包单位的安全生产管理，分包单位不服从管理导致生产安全事故的，由分包单位承担主要责任。

2. 安全生产教育培训

垂直运输机械作业人员、安装拆卸工、爆破作业人员、起重信号工、登高架设作业人员等特种作业人员，必须按照国家有关规定经过专门的安全作业培训，并取得特种作业操作资格证书后，方可上岗作业。

3. 施工单位应采取的安全措施

（1）编制安全技术措施、施工现场临时用电方案和专项施工方案

施工单位应当在施工组织设计中编制安全技术措施和施工现场临时用电方案，对下列达到一定规模的危险性较大的分部分项工程编制专项施工方案，并附具安全验算结果，经

施工单位技术负责人、总监理工程师签字后实施,由专职安全生产管理人员进行现场监督:

1) 基坑支护与降水工程;
2) 土方开挖工程;
3) 模板工程;
4) 起重吊装工程;
5) 脚手架工程;
6) 拆除、爆破工程;
7) 国务院建设行政主管部门或者其他有关部门规定的其他危险性较大的工程。

对前款所列工程中涉及深基坑、地下暗挖工程、高大模板工程的专项施工方案,施工单位还应当组织专家进行论证、审查。

前款规定的达到一定规模的危险性较大工程的标准,由国务院建设行政主管部门会同国务院其他有关部门制定。

(2) 安全施工技术交底

建设工程施工前,施工单位负责项目管理的技术人员应当对有关安全施工的技术要求向施工作业班组、作业人员作出详细说明,并由双方签字确认。

(3) 施工现场设置安全警示标志的设置

施工单位应当在施工现场入口处、施工起重机械、临时用电设施、脚手架、出入通道口、楼梯口、电梯井口、孔洞口、桥梁口、隧道口、基坑边沿、爆破物及有害危险气体和液体存放处等危险部位,设置明显的安全警示标志。安全警示标志必须符合国家标准。

(4) 施工现场的安全防护

施工单位应当根据不同施工阶段和周围环境及季节、气候的变化,在施工现场采取相应的安全施工措施。施工现场暂时停止施工的,施工单位应当做好现场防护,所需费用由责任方承担,或者按照合同约定执行。

(5) 施工现场的布置应当符合安全和文明施工要求

施工单位应当将施工现场的办公、生活区与作业区分开设置,并保持安全距离;办公、生活区的选址应当符合安全性要求。职工的膳食、饮水、休息场所等应当符合卫生标准。施工单位不得在尚未竣工的建筑物内设置员工集体宿舍。

施工现场临时搭建的建筑物应当符合安全使用要求。施工现场使用的装配式活动房屋应当具有产品合格证。

(6) 对周边环境采取防护措施

施工单位对因建设工程施工可能造成损害的毗邻建筑物、构筑物和地下管线等,应当采取专项防护措施。

施工单位应当遵守有关环境保护法律、法规的规定,在施工现场采取措施,防止或者减少粉尘、废气、废水、固体废物、噪声、振动和施工照明对人和环境的危害和污染。

在城市市区内的建设工程,施工单位应当对施工现场实行封闭围挡。

(7) 施工现场的消防安全措施

施工单位应当在施工现场建立消防安全责任制度,确定消防安全责任人,制定用火、用电、使用易燃易爆材料等各项消防安全管理制度和操作规程,设置消防通道、消防水源，配备消防设施和灭火器材，并在施工现场入口处设置明显标志。

(8) 安全防护设备管理

作业人员应当遵守安全施工的强制性标准、规章制度和操作规程，正确使用安全防护用具、机械设备等。

施工单位采购、租赁的安全防护用具、机械设备、施工机具及配件，应当具有生产（制造）许可证、产品合格证，并在进入施工现场前进行查验。

施工现场的安全防护用具、机械设备、施工机具及配件必须由专人管理，定期进行检查、维修和保养，建立相应的资料档案，并按照国家有关规定及时报废。

(9) 起重机械设备管理

施工单位在使用施工起重机械和整体提升脚手架、模板等自升式架设设施前，应当组织有关单位进行验收，也可以委托具有相应资质的检验检测机构进行验收；使用承租的机械设备和施工机具及配件的，由施工总承包单位、分包单位、出租单位和安装单位共同进行验收。验收合格的方可使用。

《特种设备安全监察条例》规定的施工起重机械，在验收前应当经有相应资质的检验检测机构监督检验合格。

施工单位应当自施工起重机械和整体提升脚手架、模板等自升式架设设施验收合格之日起30日内，向建设行政主管部门或者其他有关部门登记。登记标志应当置于或者附着于该设备的显著位置。

(10) 办理意外伤害保险

施工单位应当为施工现场从事危险作业的人员办理意外伤害保险。

意外伤害保险费由施工单位支付。实行施工总承包的，由总承包单位支付意外伤害保险费。意外伤害保险期限自建设工程开工之日起至竣工验收合格止。

三、勘察、设计单位的安全责任

1. 勘察单位的安全责任

(1) 确保勘察文件的质量，以保证后续工作安全的责任

勘察单位应当按照法律、法规和工程建设强制性标准进行勘察，提供的勘察文件应当真实、准确，满足建设工程安全生产的需要。

(2) 科学勘察，以保证周边建筑物安全的责任

勘察单位在勘察作业时，应当严格执行操作规程，采取措施保证各类管线、设施和周边建筑物、构筑物的安全。

2. 设计单位的安全责任

(1) 科学设计的责任

设计单位应当按照法律、法规和工程建设强制性标准进行设计，防止因设计不合理导致生产安全事故的发生。

(2) 提出建议的责任

设计单位应当考虑施工安全操作和防护的需要，对涉及施工安全的重点部位和环节在设计文件中注明，并对防范生产安全事故提出指导意见。

采用新结构、新材料、新工艺的建设工程和特殊结构的建设工程，设计单位应当在设计中提出保障施工作业人员安全和预防生产安全事故的措施建议。

(3) 对设计成果负责

设计单位和注册建筑师等注册执业人员应当对其设计负责。

四、工程监理单位的安全责任

1. 审查施工组织设计的责任

工程监理单位应当审查施工组织设计中的安全技术措施或者专项施工方案是否符合工程建设强制性标准。

2. 安全隐患报告的责任

工程监理单位在实施监理过程中，发现存在安全事故隐患的，应当要求施工单位整改；情况严重的，应当要求施工单位暂时停止施工，并及时报告建设单位。施工单位拒不整改或者不停止施工的，工程监理单位应当及时向有关主管部门报告。

3. 依法监理的责任

工程监理单位和监理工程师应当按照法律、法规和工程建设强制性标准实施监理，并对建设工程安全生产承担监理责任。

五、其他有关单位的安全责任

1. 机械设备和配件供应单位的安全责任

为建设工程提供机械设备和配件的单位，应当按照安全施工的要求配备齐全有效的保险、限位等安全设施和装置。

2. 出租机械设备和施工机具及配件单位的安全责任

出租的机械设备和施工机具及配件，应当具有生产（制造）许可证、产品合格证。

出租单位应当对出租的机械设备和施工机具及配件的安全性能进行检测，在签订租赁协议时，应当出具检测合格证明。

禁止出租检测不合格的机械设备和施工机具及配件。

3. 施工起重机械和自升式架设设施的安全管理

（1）安装与拆卸在施工现场安装、拆卸施工起重机械和整体提升脚手架、模板等自升式架设设施，必须由具有相应资质的单位承担。

安装、拆卸施工起重机械和整体提升脚手架、模板等自升式架设设施，应当编制拆装方案、制定安全施工措施，并由专业技术人员现场监督。

施工起重机械和整体提升脚手架、模板等自升式架设设施安装完毕后，安装单位应当自检，出具自检合格证明，并向施工单位进行安全使用说明，办理验收手续并签字。

（2）检验检测机构的安全责任

施工起重机械和整体提升脚手架、模板等自升式架设设施的使用达到国家规定的检验检测期限的，必须经具有专业资质的检验检测机构检测。经检测不合格的，不得继续使用。

检验检测机构对检测合格的施工起重机械和整体提升脚手架、模板等自升式架设设施，应当出具安全合格证明文件，并对检测结果负责。

六、从业人员安全生产的权利和义务

1. 从业人员安全生产的权利

（1）对危险因素、防范措施和事故应急措施的知情权

生产经营单位的从业人员有权了解其作业场所和工作岗位存在的危险因素、防范措施

及事故应急措施。

从业人员为企业创造效益，同时却面对着各种危险因素，他们有权保护自己的人身安全。他们有权知道哪里有危险，有权接受防范危险的培训，有权接受事故应急处理的培训。从另一个角度来看，施工企业理应承担相应的义务，应在危险位置设置安全警示标志，配置必要的安全设施和安全防护用具，将容易出现的事故及时通知从业人员，并对从业人员进行各种安全生产方面的培训。

（2）对本单位的安全生产工作的建议权

生产经营单位的从业人员有权对本单位的安全生产工作提出建议。

从业人员在一线工作，直接面对各种危险因素，对于生产中的危险因素及预防措施有着更深的了解，因此他们有权对于本单位的安全生产工作提出建议，以更好地保护自身利益。这种建议权实施的方式可以有多种，一方面从业人员可以派代表与施工企业谈判，也可以通过宣传板、内部刊物等方式，还可以选派代表出席企业的安全会议，另一方面施工企业也可以积极主动向从业人员进行调查了解。如果提出的合理建议不被接收，从业人员将有权依照该条向上级建设行政主管部门反映。

（3）对安全生产工作中问题的批评权、检举权、控告权，对违章指挥和强令冒险作业的拒绝权

从业人员有权对本单位安全生产工作中存在的问题提出批评、检举、控告；有权拒绝违章指挥和强令冒险作业。

生产经营单位不得因从业人员对本单位安全生产工作提出批评、检举、控告或者拒绝违章指挥、强令冒险作业而降低其工资、福利等待遇或者解除与其订立的劳动合同。

（4）在紧急情况下的停止作业权和撤离现场权

从业人员发现直接危及人身安全的紧急情况时，有权停止作业或者在采取可能的应急措施后撤离作业场所。

生产经营单位不得因从业人员在前款紧急情况下停止作业或者采取紧急撤离措施而降低其工资、福利等待遇或者解除与其订立的劳动合同。

该条的制定就体现了"以人为本"、"生命重于一切"的精神，并为从业人员的自我保护提供了法律依据。需要注意的是，这条决不是对从业人员撤离现场的免责条款。由于这种紧急局面后紧随着的可能就是生产安全事故，事故必然会造成巨大的经济损失。如果按照该条规定，认为撤离现场的从业人员对于该事故损失也不承担任何责任，那是不准确的。因为事故有可能正是由于从业人员造成或部分由其造成，此时从业人员应对事故的损失承担相应的责任；如果这种紧急局面或事故并非由于该从业人员，其可以依该条规定撤离现场而不承担任何责任。

（5）请求赔偿权

因生产安全事故受到损害的从业人员，除依法享有工伤社会保险外，依照有关民事法律尚有获得赔偿的权利的，有权向本单位提出赔偿要求。

该条规定了事故发生后对从业人员权利的保护，从合同订立、施工过程至此形成了一个完整的法律保护体系。该条陈述了两个方面的内容，一是受工伤的从业人员可以依法享有工伤社会保险，保障了受工伤人员的基本生活条件；二是从业人员可依法向施工企业请求赔偿，更有效地维护了受工伤的从业人员的利益。

2. 从业人员安全生产的义务
（1）遵守安全生产规章制度的义务

从业人员在作业过程中，应当严格遵守本单位的安全生产规章制度和操作规程，服从管理，正确佩戴和使用劳动防护用品。

（2）接受安全生产教育培训的义务

从业人员应当接受安全生产教育和培训，掌握本职工作所需的安全生产知识，提高安全生产技能，增强事故预防和应急处理能力。

（3）危险报告义务

从业人员发现事故隐患或者其他不安全因素，应当立即向现场安全生产管理人员或者本单位负责人报告；接到报告的人员应当及时予以处理。

第四节 工程建设安全事故的调查处理及责任追究

一、工程建设安全生产的监督管理体制

1. 安全生产监督管理部门

根据《安全生产法》和《建设工程安全生产管理条例》的有关规定，国务院负责安全生产监督管理的部门（也就是国家安全生产监督管理总局），对全国建设工程安全生产工作实施综合监督管理。国务院建设行政主管部门对全国建设工程安全生产实施监督管理。国务院铁路、交通、水利等有关部门按照国务院的职责分工，负责有关专业建设工程安全生产的监督管理。

建设行政主管部门或者其他有关部门可以将施工现场的监督检查委托给建设工程安全监督机构具体实施。

2. 安全生产监督管理职责

国务院建设行政主管部门对全国的建设工程安全生产实施监督管理，主要表现在：

（1）贯彻执行国家有关安全生产的法规、政策，起草或者制定建设工程安全生产管理的法规、标准，并监督实施；

（2）制定建设工程安全生产的中、长期规划和近期目标，组织建设工程安全生产技术的开发和推广应用；

（3）指导和监督检查省、自治区、直辖市人民政府建设行政主管部门对建设工程安全生产的监督管理工作；

（4）统计全国建筑职工因工伤亡人数，掌握并发布全国建设工程安全生产动态；

（5）负责对企业申报资质时安全条件的审查，行使安全生产否决权；

（6）组织建设工程安全生产大检查，总结交流安全生产管理经验，并表彰先进；

（7）检查和督促工程建设重大事故的调查处理，组织或者参与工程建设重大事故的调查。

县级以上地方人民政府建设行政主管部门对本行政区域内的建设工程安全生产实施监督管理，主要表现在：

（1）贯彻执行国家和地方有关安全生产的法规、标准和政策，起草或者制定本行政区域内建设工程安全生产管理的实施细则或者实施办法；

(2) 制定本行政区域内建设工程安全生产管理的中、长期规划和近期目标,组织建设工程安全生产技术的开发与推广应用;

(3) 建立建设工程安全生产的监督管理体系,制定本行政区域内建设工程安全生产监督管理工作制度,组织落实安全生产责任制;

(4) 负责本行政区域内建筑职工因工伤亡的统计和上报工作,掌握和发布本行政区域建设工程安全生产动态,制定事故应急救援预案,并组织实施;

(5) 负责对企业申报资质时的安全条件审查,行使安全生产否决权;

(6) 组织和参与本行政区域内建设工程中施工生产安全事故的调查处理工作,并依照有关规定上报重大伤亡事故;

(7) 组织开展本行政区域内建设工程安全生产大检查,总结交流建设工程安全生产管理经验,并表彰先进;

(8) 监督检查施工现场、构配件生产车间等安全管理和防护设施,纠正违章指挥和违章作业;

(9) 组织开展本行政区域内施工企业的生产管理人员、作业人员的安全生产教育、培训等工作,监督检查施工企业对安全施工措施费的使用;

(10) 领导和管理建设工程安全监督管理机构的工作。

3. 安全生产监督检查人员的义务

安全生产监督检查人员应当忠于职守,坚持原则,秉公执法。安全生产监督检查人员执行监督检查任务时,必须出示有效的监督执法证件;对涉及被检查单位的技术秘密和业务秘密,应当为其保密。

4. 安全生产监督检查措施

县级以上人民政府负有建设工程安全生产监督管理职责的部门在各自的职责范围内履行安全监督检查职责时,有权采取下列措施:

(1) 要求被检查单位提供有关建设工程安全生产的文件和资料;

(2) 进入被检查单位施工现场进行检查;

(3) 纠正施工中违反安全生产要求的行为;

(4) 对检查中发现的安全事故隐患,责令立即排除;重大安全事故隐患排除前或者排除过程中无法保证安全的,责令从危险区域内撤出作业人员或者暂时停止施工。

二、工程建设安全事故的应急救援制度

为了减轻工程建设安全事故导致对人身、财产的损害,尽快消除对人们生产生活、社会安定、经济发展的负面影响,《安全生产法》规定了工程建设安全事故的应急救援制度。

1. 应急救援体系

县级以上地方各级人民政府应当组织有关部门制定本行政区域内特大生产安全事故应急救援预案,建立应急救援体系。

安全生产工作坚持"安全第一、预防为主"的方针。但由于各方面的原因,不可能做到百分之百地杜绝事故发生。作为地方人民政府,一方面要依法履行安全生产监督管理职责,根据本行政区域内的安全生产状况,组织安全生产监督管理部门和相关部门,对本行政区域内易发生重大生产安全事故的生产经营单位(包括建筑施工单位)进行严格检查;发现事故隐患,应尽快处理。另一方面,也要组织有关部门制定特大安全事故应急预案,建立应急救援体系。根据有关法规,市(地、州)、县(市、区)人民政府制定的特大安全事故应急预案,应报上一级人民政府备案。

2. 应急救援组织和人员

危险物品的生产、经营、储存单位以及矿山、建筑施工单位应当建立应急救援组织;生产经营规模较小,可以不建立应急救援组织的,应当指定兼职的应急救援人员。

建筑施工单位应当设立安全生产管理机构,配备专职安全生产管理人员。专职安全生产管理人员负责对安全生产进行现场监督检查。发现安全事故隐患,应当及时向项目负责人和安全生产管理机构报告;发现违章指挥、违章操作,应当立即制止。

根据有关法规,目前我国建筑施工企业应按企业资质类别和等级足额配备专职安全生产管理人员,根据企业的生产能力或施工规模,专职安全生产管理人员数量为:

(1) 集团公司:1人/百万平方米·年(生产能力),或1人/十亿施工总产值·年,且不少于4人;

(2) 工程公司(分公司、区域公司):1人/十万平方米·年(生产能力),或1人/一亿施工总产值·年,且不少于3人;

(3) 专业公司:1人/十万平方米·年(生产能力),或1人/一亿施工总产值·年,且不少于3人;

(4) 劳务公司:1人/五十名施工人员,且不少于2人。

3. 应急救援设备和器材

危险物品的生产、经营、储存单位以及矿山、建筑施工单位应当配备必要的应急救援器材、设备,并进行经常性维护、保养,保证正常运转。

建筑施工企业的安全防护用具、机械设备、施工机具及配件必须由专人管理,定期进行检查、维修和保养,建立相应的资料档案,并按照国家有关规定及时报废。针对施工现场安全防护用具、机械设备和施工机具处于露天作业、移动频繁、工况差、易造成安全事故的特点,施工单位应采取措施加强对安全防护用具、机械设备和施工机具的管理。

三、工程建设安全事故的报告和调查处理制度

1. 安全事故的分级

生产安全事故根据造成的人员伤亡或者直接经济损失,一般分为以下等级:

(1) 特别重大事故,是指造成30人以上死亡,或者100人以上重伤(包括急性工业中毒,下同),或者1亿元以上直接经济损失的事故;

(2) 重大事故,是指造成10人以上30人以下死亡,或者50人以上100人以下重伤,或者5000万元以上1亿元以下直接经济损失的事故;

(3) 较大事故,是指造成3人以上10人以下死亡,或者10人以上50人以下重伤,或者1000万元以上5000万元以下直接经济损失的事故;

(4) 一般事故,是指造成3人以下死亡,或者10人以下重伤,或者1000万元以下直接经济损失的事故。

其中,"以上"包括本数,"以下"不包括本数。

2. 安全事故报告和调查处理的原则

事故报告应当及时、准确、完整,任何单位和个人对事故不得迟报、漏报、谎报或者瞒报。

事故调查处理应当坚持实事求是、尊重科学的原则,及时、准确地查清事故经过、事故原因和事故损失,查明事故性质,认定事故责任,总结事故教训,提出整改措施,并对事故责任者依法追究责任。

3. 安全事故报告

生产经营单位发生生产安全事故后,事故现场有关人员应当立即报告本单位负责人。

单位负责人接到事故报告后,应当迅速采取有效措施,组织抢救,防止事故扩大,减少人员伤亡和财产损失,并按照国家有关规定立即如实报告当地负有安全生产监督管理职责的部门,不得隐瞒不报、谎报或者拖延不报,不得故意破坏事故现场、毁灭有关证据。

负有安全生产监督管理职责的部门接到事故报告后,应当立即按照国家有关规定上报事故情况。负有安全生产监督管理职责的部门和有关地方人民政府对事故情况不得隐瞒不报、谎报或者拖延不报。

有关地方人民政府和负有安全生产监督管理职责的部门的负责人接到重大生产安全事故报告后,应当立即赶到事故现场,组织事故抢救。

任何单位和个人都应当支持、配合事故抢救,并提供一切便利条件。

4. 安全事故调查

特别重大事故由国务院或者国务院授权有关部门组织事故调查组进行调查。

重大事故、较大事故、一般事故分别由事故发生地省级人民政府、设区的市级人民政府、县级人民政府负责调查。省级人民政府、设区的市级人民政府、县级人民政府可以直接组织事故调查组进行调查,也可以授权或者委托有关部门组织事故调查组进行调查。未造成人员伤亡的一般事故,县级人民政府也可以委托事故发生单位组织事故调查组进行调查。

事故调查组一般由有关人民政府、安全生产监督管理部门、负有安全生产监督管理职责的有关部门、监察机关、公安机关以及工会派人组成,并应当邀请人民检察院派人参加。事故调查组成员应当具有事故调查所需要的知识和专长,并与所调查的事故没有直接利害关系。

事故调查组履行下列职责:①查明事故发生的经过、原因、人员伤亡情况及直接经济损失;②认定事故的性质和事故责任;③提出对事故责任者的处理建议;④总结事故教训,提出防范和整改措施;⑤提交事故调查报告。

5. 安全事故处理

重大事故、较大事故、一般事故,负责事故调查的人民政府应当自收到事故调查报告之日起15日内做出批复;特别重大事故,30日内做出批复,特殊情况下,批复时间可以适当延长,但延长的时间最长不超过30日。

有关机关应当按照人民政府的批复,依照法律、行政法规规定的权限和程序,对事故发生单位和有关人员进行行政处罚,对负有事故责任的国家工作人员进行处分。事故发生单位应当按照负责事故调查的人民政府的批复,对本单位负有事故责任的人员进行处理。负有事故责任的人员涉嫌犯罪的,依法追究刑事责任。

事故发生单位应当认真吸取事故教训,落实防范和整改措施,防止事故再次发生。防范和整改措施的落实情况应当接受工会和职工的监督。安全生产监督管理部门和负有安全生产监督管理职责的有关部门应当对事故发生单位落实防范和整改措施的情况进行监督检查。

四、工程建设特大安全事故的行政责任追究

为了有效地防范特大安全事故的发生，严肃追究特大安全事故的行政责任，保障人民群众生命、财产安全，国务院《关于特大安全事故行政责任追究的规定》对下列特大安全事故中相关责任主体的行政责任追究作了规定：

(1) 特大火灾事故；

(2) 特大交通安全事故；

(3) 特大建筑质量安全事故；

(4) 民用爆炸物品和化学危险品特大安全事故；

(5) 煤矿和其他矿山特大安全事故；

(6) 锅炉、压力容器、压力管道和特种设备特大安全事故；

(7) 其他特大安全事故。

1. 地方政府领导和部门负责人失职、渎职的责任

地方人民政府主要领导人和政府有关部门正职负责人对下列特大安全事故的防范、发生，依照法律、行政法规和本规定的规定有失职、渎职情形或者负有领导责任的，依照本规定给予行政处分；构成玩忽职守罪或者其他罪的，依法追究刑事责任。

2. 特大事故防范主管人员的责任

地方人民政府和政府有关部门对特大安全事故的防范、发生直接负责的主管人员和其他直接责任人员，比照本规定给予行政处分；构成玩忽职守罪或者其他罪的，依法追究刑事责任。

3. 肇事单位和个人的责任

特大安全事故肇事单位和个人应承担民事责任和行政处罚，情节严重的，还应接受刑事处罚，具体依照有关法律、法规和规章的规定执行。

案 例 分 析

【案例1】 刘明诉铁道部第二十工程局二处第八工程公司、罗友敏工伤赔偿案

原告：刘明，男，1971年4月18日出生，四川省南部县人，农民。

被告：铁道部第二十工程局第二工程处第八工程公司。

法定代表人：邵怀全，经理。

委托代理人：朱忠顶，铁道部第二十工程局第二工程处第八工程公司工程科科长。

被告：罗友敏，铁道部第二十工程局第二工程处第八工程公司职工。

委托代理人：詹崇良，四川省眉山县法律服务中心法律工作者。

原告刘明因与被告铁道部第二十工程局第二工程处第八工程公司（以下简称第八工程公司）、罗友敏发生工伤赔偿纠纷，向四川省眉山县人民法院提起诉讼。

原告诉称：我在两被告的工地上做工，因工伤事故致左手残废。请求判令两被告共同给我赔偿误工费6000元、住院生活补助费250元、鉴定费450元、交通费1500元、残疾人生活补助费1.2万元和再次医疗的费用；诉讼费由被告承担。

两被告辩称：原告违反安全操作规定造成工伤，不同意赔偿。

眉山县人民法院经审理查明：

第十章 建设工程安全生产管理法律制度

1998年8月27日,被告第八工程公司的眉山106线项目部与本公司职工、被告罗友敏签订工程承包合同,约定由罗友敏承包眉山106线西来堰大桥行车道板的架设安装,工程总价款26万余元,费用包干。该合同还约定,施工中发生伤、亡、残事故,由罗友敏负责。合同签订后,罗友敏即组织民工进行安装。

同年9月2日,原告刘明经人介绍至被告罗友敏处打工。为防止工伤事故,罗友敏曾召集民工开会强调安全问题,要求民工在安放道板下的胶垫时必须使用铁钩勾,防止道板坠落伤人。10月6日下午6时许,刘明在安放道板下的胶垫时未使用铁钩勾,直接用手放置。由于支撑道板的千斤顶滑落,重达10多吨的道板坠下,将刘明的左手砸伤。罗友敏立即送刘明到医疗住院治疗21天后出院。刘明住院期间的医疗费、护理费、交通费、伙食费,以及出院后的治疗费用总计5308.91元,已由罗友敏全部承担。

1999年3月5日,四川省乐山市中级人民法院法医技术室对刘明的伤情进行鉴定,结论是:刘明左手第三、四掌骨骨折,食指、中指近节指骨粉碎性骨折,食指掌指关节脱位,进行左手食指近侧指间关节截指术及左手二、三掌骨钢针内固定手术后,左手中指屈伸活动功能完全丧失,伤残等级为工伤七级。

四川省眉山地区1998年职工年平均工资为5014元。

另查明,眉山106线西来堰大桥行车道板的架设安装工程,无论从现场环境还是从施工单位的技术与设备看,都允许使用吊车直接起吊道板进行安装。采用人工安装,虽然开支费用能减少,但是安全隐患增多。

眉山县人民法院认为:

《中华人民共和国宪法》第四十二条第二款规定:"国家通过各种途径,创造劳动就业条件,加强劳动保护,改善劳动条件,并在发展生产的基础上,提高劳动报酬和福利待遇。"《中华人民共和国劳动法》第三条规定,劳动者有获得劳动安全卫生保护的权利。第四条规定:"用人单位应当依法建立和完善规章制度,保障劳动者享有劳动权利和履行劳动义务。"被告罗友敏是眉山106线西来堰大桥道板架设安装工程的承包人,招收原告刘明在该工程工作后,双方形成了劳动合同关系。罗友敏作为工程承包人和雇主,依法对民工的劳动保护承担责任。采用人工安装桥梁行车道板本身具有较高的危险性,对此,罗友敏应采取相应的安全措施,并临场加以监督和指导,而罗友敏仅在作业前口头予以强调,疏于注意,以致刘明发生安全事故。虽然刘明在施工中也有违反安全操作规则的过失,但其并非铁道建设专业人员、且违章情节较轻,故不能免除罗友敏应负的民事责任。

我国历来重视加强劳动保护工作。被告第八工程公司作为眉山106线西来堰大桥的施工企业,在有条件采用危险性较小的工作方法进行行车道板架设安装的情况下,为了降低费用而将该项工程发包给个人,采用人工安装,增加了劳动者的安全风险。该公司在与被告罗友敏签订的承包合同约定"施工中发生伤、亡、残事故,由罗友敏负责",把只有企业才有能力承担的安全风险,推给能力有限的自然人承担,该条款损害了劳动者的合法权益,违反了我国宪法和劳动法前述有关规定,依照《中华人民共和国民法通则》第五十八条第一款(五)项的规定,该约定应当属于无效条款,不受法律保护。第八公司对原告刘明的工伤事故,依法应当承担连带责任。

民法通则第九十八条规定:"公民享有生命健康权。"原告刘明因工伤事故致左手残废后,请求判令两被告共同赔偿误工费、住院生活补助费、残疾人生活补助费,符合民法通则第一百一十九条的规定，应予支持。刘明请求两被告给付再医费，因再医的事实尚未发生，该费用处于不确定状态，本案现不作处理；待再医事实发生后，原告另行提出。

综上，眉山县人民法院于1999年3月18日判决：

一、被告罗友敏在本判决生效后5日内付给原告刘明医疗、误工、住院生活补助、护理、交通、伤残补助金、伤残就业补助金，共计18679.56元（已付5308.15元，执行时予以扣除）。

二、被告铁道部第二十工程局第二工程处第八工程公司对上列费用承担连带责任。

案件受理费757.18元，鉴定费450元，由罗友敏负担。

第一审宣判后，原告刘明不服，以原判没有解决再次医疗问题，其他赔偿项目也不足为由提起上诉，要求改判增加再医费、误工费等，并补发拖欠的工资。

四川省眉山地区中级人民法院二审期间，除认定一审关于工伤经过的事实外，还查明：刘明住院21天期间，被上诉人罗友敏为其支付医疗费、住院费、交通费及其他费用等共计6457.71元。刘明因工伤受到的损失，除罗友敏已支付的外，尚有出院后的误工费1500元、再医费2000元（含住院医药费、误工费、营养费、护理费等）、伤残补助金5014元、伤残就业补助金6254元以及其他损失2443元未付。此外，被上诉人第八公司尚欠刘明1998年9月份的工资1033元。

眉山地区中级人民法院认为，上诉人刘明因工伤致残，两被上诉人应当承担赔偿责任。据此，眉山地区中级人民法院依照《中华人民共和国民事诉讼法》第一百五十五条的规定主持调解，双方当事人于1999年5月17日自愿达成如下协议：

除被上诉人罗友敏已支付的6457.71元以外，再由被上诉人第八工程公司于1999年5月30日前，一次性付给上诉人刘明出院后的误工费、伤残补助金、伤残就业补助金、再医费、其他损失费用和所欠工资等，共计18244元。

一审案件受理费757.18元、鉴定费450元，二审案件受理费757.18元，共计1964.36元，由第八工程公司负担。

【案例2】 2008年11月25日杭州地铁安全事故

1. 基本案情

2008年11月15日15时20分，浙江省杭州市地铁1号线湘湖站工段施工工地（露天开挖作业）发生地面塌陷事故，造成长约100米、宽约50米的正在施工区域塌陷，施工现场西侧路基下陷达6米左右，将施工挡土墙全部推垮，自来水管、排污管断裂，大量污水涌出，同时东侧河水及淤泥向施工塌陷地点溃泻，导致施工塌陷区域逐渐被泥水淹没。

事故造成在此处行驶的11辆汽车下沉陷落（车上人员2人轻伤，其余人员安全脱险），施工人员7人死亡、14人下落不明（截至18日下午3点34分左右，事故死亡人数上升为8人。）。

2. 原因分析

经过严密的勘察和专家分析，得出事故可能发生的原因如下：

一是杭州土质特殊，发生事故的这段路选址本身就有一定问题，该处东边属于淤泥质黏土，含水的流失性强的河岸，加上今年10月，杭州出现的一次罕见的持续性降雨过程，使得地底沙土地流动性进一步加大。西边是一条交通主干道，来往车流量大，包括不少负载量很大的大型客车、货车都来往于这条路上，这给基坑西面的承重墙带来太大冲击，并不是最理想的造地铁的地段。不过，尽管当初规划时也曾考虑过其他选择，但涉及拆迁成本以及周边楼盘地产商利益等各种因素，最终被放弃。

二是企业安全生产责任不落实，管理不到位，对发现的事故隐患治理不坚决、不及时、不彻底；对施工人员的安全技术培训流于形式，甚至不培训就上岗劳务用工管理不规范，现场管理混乱；对一个城市地铁路网的层次和分工缺乏系统性、整体性的考量；有些线路设计的前期论证做得不够扎实，给后期工作带来很多隐患。表现在如下方面：很多工人刚到工地没几天就直接下井作业了，根本没有经过相应的工作培训，而这之前，他们都是在家务农的农民，从来没有接触过这项工作；以及安全培训事发一个月前，在地铁施工工地的墙面上已经出现一道明显的裂痕。从上到下有10多米长，裂缝缝隙可以伸进去一只手，基坑的维护墙面明显已经断裂，可是这条裂缝并未引起施工单位足够的重视，工程还是照常进行；技术力量不足和违规建设，也是地铁这次事故发生的深层原因，只要采取合理的施工方法，问题可以避免。专家表示"可他们偏偏选择了明挖法，这种方法最不安全，出了问题往往就是群死群伤，而且这种施工方法最破坏环境。如果采取暗挖法，先加固底层，就不容易出事故，而且还不破坏环境。"

三是来自政府的压力是整个地铁建设工程费用的不足，地方政府要控制成本，压低建造费用。往往有多条耗资巨大的地铁线路以及各种市政工程在开工之中，如果要求地方政府足额预算以及支付工程款，那将给财政造成极大压力。目前在国内的建设工程中，存在着最低价中标和不合理地限定工期完工等现象。施工单位为了节约成本也必须尽量压缩材料、人工、机械设备等方面的开支，有些安全保障措施也没有到位。

3. 事故处理

事故发生后，党中央、国务院领导同志高度重视并做出重要批示，要求抓紧搜救失踪人员，全力以赴抢救受伤人员，妥善做好事故善后，查明事故原因，严肃追究事故责任。同时，要加强城建地质勘察工作，防止再次发生塌陷事故。国务院安委会办公室副主任、国家安全监管总局副局长、国家煤矿安监局局长赵铁锤率相关人员赶赴事故现场，传达中央领导同志重要批示精神，指导事故抢险救援工作。

当前，各地建设项目大量开工，安全生产任务十分繁重。对此，通报要求：

一、切实加强对建设工程项目的安全监管。各地区、各建设施工安全主管部门要结合本地区特点，进一步加强对在建工程项目的安全监管；要完善建筑施工安全的规章制度，规范建设市场管理，强化全过程监管；要督促工程建设、勘察设计、施工、监理单位等各方主体严格执行建筑施工法律、法规和安全规程，杜绝违法违规行为发生。

二、切实落实企业安全生产主体责任。各有关部门要督促工程建设、勘察设计、施工、监理等单位明确各自安全职责，加强工程现场的沟通协调和配合，进一步建立健全安全生产管理机构，配备专职安全生产管理人员，完善安全管理各项规章制度，切实落实企业安全生产的主体责任。

三、强化施工现场安全管理。施工企业要认真制定施工方案、安全方案并严格执行，严禁擅自改变设计施工方法或者简化工序流程，严肃作业纪律。应重视地下工程开挖过程中对围岩变化的预测监控。要强化作业人员安全技术培训，提高其安全意识和安全技能。要保证安全投入的落实，严格按照现场安全的实际需要配备人员、配置设备。健全事故预防和应急体系，加强隐患排查，如发现安全风险，要迅速、正确地做出应急处理并及时上报，该停工的必须果断停工。

四、落实监理单位现场安全监理职责。监理单位要严格执行监理规范，健全安全监理制度，落实安全监理责任，严格审查安全方案、严格督促现场安全管理、设备设施安全管理、施工人员安全技术教育培训等相关措施的落实，及时发现和纠正现场施工人员的不安全行为、设备设施缺陷等安全隐患，加强现场巡视，一旦发现威胁到施工人员人身安全的重大隐患，要责令施工单位及时停止作业，整改完毕方能复工。

五、深化建筑安全隐患排查治理工作。建设工程各参建单位要把建筑施工中防坍塌、坠落、突水、突泥、爆炸等作为隐患排查治理的重点，对排查出的隐患要立即进行整改，对一时难以整改的，落实整改责任、整改措施、整改资金、整改时间和安全监控措施，确保限期整改到位。

六、严格事故责任追究。严肃追究事故责任人特别是直接责任人的责任，严厉查处违法违纪和失职渎职行为。要严格事故报告制度，加大对事故发生后瞒报、逃匿行为的惩治力度，坚决杜绝迟报、谎报、漏报和瞒报违法行为。

思 考 题

1. 工程建设安全生产的基本方针是什么？有什么含义？
2. 建筑施工企业的主要负责人对本单位安全生产工作负有哪些职责？
3. 何谓安全生产的群防群治制度？
4. 安全生产许可证的取得条件是什么？
5. 什么是安全生产"三同时"制度？
6. 施工总承包单位和分包单位的安全责任是如何划分的？
7. 工程监理单位的安全生产责任包括哪些内容？
8. 建筑施工从业人员在安全生产方面享有哪些权利？应履行哪些义务？
9. 工程建设安全事故是如何分类的？
10. 对于工程建设特大安全事故，应追究哪几类人员的责任？如何认定？

第十一章　城市房地产管理法律制度

第一节　概　　述

一、房地产管理法的基本概念

（一）房地产

房地产是房产和地产的统称。从自然形态看，房产即房屋，是指供人们居住、工作或者其他用途的建筑物和构筑物，以及有关的附属设施。地产即土地，是指用于建筑房屋的土地。但从社会属性看，房地产这一概念又有特定的含义，即所称的房地产实际上是与商品经济相联系，具有商品属性的房产和地产。在我国所称的地产，只能理解为土地使用权，而不是土地本身。我国房地产管理法所规范的房地产，实际上只是这种具有商品属性的房产与地产。

从经济学角度研究，房地产业是国民经济中的一个重要产业部门。发展房地产业对促进国民经济总体发展具有重要意义。从法学角度分析，房地产无疑具有一般"物"的属性，又称不动产，历来是法律规范的重要对象。

（二）房地产法

房地产管理法是指调整在房地产开发、经营、管理和各种服务活动中所形成的一定的社会关系的法律规范的总称。

房地产方面的立法，可以采用两种不同的体例。一是"房地产法"，二是"房地产管理法"。前者，应比较详尽地规定房地产所有权、土地使用权、房地产抵押权和典权等不动产物权的内容、取得、变更、终止和保护，以及国家对房地产及房地产业管理等事项，是一种包括有民法规范、经济法规范的综合性法律。而后者，只需要规定国家对房地产和房地产业的管理事项，对不动产物权的内容则可从略。我国房地产立法采用"房地产管理法"的体例模式。

在我国，房地产管理法有狭义和广义之分。狭义的房地产管理法，仅指1994年7月5日由第八届全国人民代表大会常务委员会第八次会议通过的，于1995年1月1日起施行的《中华人民共和国城市房地产管理法》（以下简称《城市房地产管理法》），它是调整我国房地产关系的基本法律。广义的房地产法，除《城市房地产管理法》之外，还包括所有调整房地产关系的法律规范的总和。以房地产关系为调整对象的法律规范，散见于我国的宪法、法律、行政法规、部门规章、地方性法规、地方规章之中。由这些不同法律层次的调整房地产关系所组成的法律规范的有机结合体，即是广义的房地产法。

二、房地产管理法立法的目的与现状

（一）房地产管理法立法的目的

1. 加强对房地产的管理

房地产是与社会生产和生活密切相关的基础性产业，为整个国民经济的发展提供了基

本的物质保证，为劳动者提供了必要的生活条件；在繁荣城市经济、增加财政收入、促进建筑业及相关产业的发展发挥着重要作用。同时，房地产业还促进社会消费结构的合理化，对社会投资起着导向作用。因此，房地产业是我国经济发展的基础性、先导性产业，国家必须加强对房地产的管理。

2. 维护房地产市场秩序

房地产市场秩序是指人们在从事房地产市场活动中应当遵循的准则，为防止和克服建设用地供应总量失控、国家土地资源流失、房地产开发投资结构不合理、房地产市场行为不规范等问题的产生和发展，国家可以通过行政手段、经济手段、法律手段来加强管理，维护房地产市场秩序。法律手段较之于行政手段、经济手段，更具有严肃性、稳定性和权威性，所以必须加强房地产立法，以更为有效地维护房地产市场秩序。

3. 保障房地产权利人的合法权益、促进房地产业健康发展

房地产权利人是指在房地产法律关系中，依法享有权利，承担相应义务的自然人、法人、其他社会组织和国家。国家依法保障房地产权利人的合法权益，不允许任何组织和个人加以侵犯，是保证房地产健康发展的必要条件。为此，必须加强房地产立法。

（二）房地产法的立法现状

改革开放以来，我国的房地产业得到了迅速发展，与之相适应的房地产立法工作也取得了很大成就。目前，以《城市房地产管理法》为基本法，再辅之以一系列房地产单行法规和相关法规，结合宪法、民法、行政法共同调整房地产关系的房地产法律规范体系已基本形成。

1. 宪法中所含房地产法律规范

1988年通过宪法修正案第十条，将原宪法中国有土地禁止转让的规定，修改为"……土地的使用权可以依照法律的规定转让"。这为我国国有土地使用权实行有偿有期使用制度提供了宪法依据。

2. 我国普通法律中所含的房地产法律规范

如我国《民法通则》中包括房地产在内的财产权的规定，在"债权"部分关于包括房地产在内的财产抵押、留置的规定等；又如《土地管理法》中土地管理原则、土地所有权和使用权、土地的利用和保护、国家建设用地、乡（镇）村建设用地等法律制度。

3. 调整房地产关系的专门法律

1994年7月5日，八届全国人大常委会第八次会议通过了《中华人民共和国城市房地产管理法》，并于1995年1月1日施行。该法的颁布实施，标志着我国房地产法律规范体系的基本形成。

4. 调整房地产关系的专门行政法规

主要包括：《城市房地产开发经营管理条例》、《中华人民共和国城镇国有土地使用权出让和转让暂行条例》、《城市房屋拆迁管理条例》、《城镇个人建造住宅管理办法》、《城市私有房屋管理条例》、《物业管理条例》等。

5. 调整房地产关系的专门部门规章

主要包括：《城市房地产转让管理规定》、《城市房屋租赁管理办法》、《城市异产毗连房屋管理规定》、《城市危险房屋管理规定》、《商品房销售管理办法》、《城市房地产抵押管理办法》、《城市房地产中介服务管理办法》、《土地登记办法》、《房屋登记办法》等。

6. 调整房地产关系专门地方性法规和规章

在《城市房地产管理法》颁布之前，有立法权的各地方人民代表大会及其常委会和人民政府，已经颁布了一些地方性的法规和规章。《城市房地产管理法》出台后，为了保障其具体实施，有立法权的地方人民代表大会及常务委员会和地方人民政府又相应的制定或准备制定与其配套的地方性法规和规章。

三、城市房地产管理法的基本原则

1. 节约用地，保护耕地的原则

土地，是人类最珍贵的自然资源，是人们赖以生产、生活繁衍生息，发展开拓的根基，是国家最宝贵的物质财富，是一切财富的源泉之一。节约用地，保护耕地，既是一项基本国策，也是房地产管理法的重要原则。

2. 国有土地有偿、有限期使用的原则

实践证明，实行土地的有偿使用制度，对于保护耕地，合理利用土地，节约用地，增加财政收入等，都具有十分重要的意义。因此，《城市房地产管理法》明确规定了国家实行国有土地有偿、有限期使用的原则。

考虑到我国的基本国情和国际上的一些通行做法，《城市房地产管理法》在明确国家实行国有土地有偿、有限期使用制度这一原则的同时，也规定了国家机关用地和军事用地、城市基础设施用地和公益事业用地、国家重点扶持的能源、交通、水利等项目用地以及法律、行政法规规定的其他用地，可以由县级以上人民政府依法批准划拨。

3. 国家扶持发展居民住宅的原则

过去，国家为了城镇建房投入了大量的资金，但由于不能从经济机制上制约不合理的需求，城镇住房问题并没有在国家大量投资的情况下得到缓和，反而因为人口的增加等原因积累了许多问题。因此，从 20 世纪 80 年代后期，我国开始进行城镇住房制度的改革，实行住房商品化，多方筹集建设资金，使住房的建设、分配、消费进入良性循环，从而从根本上解决住房困难问题。同时规定在房地产开发中，应当将解决城镇居民住房特别是困难户的住房问题作为一项重要的任务，要做好"安居工程房"微利房和商品房的建设，加快危旧房的改造，采取税收等方面的优惠措施鼓励和扶持房地产开发企业开发建设居民住宅。

4. 国家保护房地产权利人合法权益和房地产权利人必须守法的原则

国家保护房地产权利人的合法权益和房地产权利人必须守法，是维护房地产市场秩序，建立和培育完善房地产市场体系的一个重要条件。在房地产市场中，房地产权利人的合法权益能否得到保护，直接影响到房地产开发、房地产交易等活动能否正常、有序、健康地进行；同样，房地产权利人能否遵守法律和行政法规，不但直接影响到国家对房地产的管理问题，而且直接影响到能否建立规范的房地产市场。

四、房地产管理体制

（一）国务院主管部门

《城市房地产管理法》第六条规定："国务院建设行政主管部门、土地管理部门依照国务院规定的职权划分，各司其职，密切配合，管理全国房地产工作"。按照国务院批准的住房和城乡建设部"三定"方案，房地产业的行业管理由住房和城乡建设部负责。

（二）地方人民政府主管部门

《城市房地产管理法》第六条还规定:"县级以上地方人民政府房产管理、土地管理部门的机构设置及其职权由省、自治区、直辖市人民政府确定"。从我国目前情况来看,大多数地方人民政府实行房、地分管体制,设立建设委员会、建设厅(或房地产管理局、处)和土地管理局,但改革先行一步的广州、北京、上海、汕头等城市已经建立由一个部门统一管理的房地合一的管理体制。

《城市房地产管理法》六十二条规定:"经省、自治区、直辖市人民政府确定,县级以上地方人民政府由一个部门统一负责房产管理和土地管理工作的,可以制作、颁发统一的房地产权证书"。这个规定,既充分肯定了改革先行一步城市的经验,又为改革指明了方向。

第二节 房地产开发用地

房地产开发用地,是指以进行房地产开发为目的而取得使用权的土地。依据《土地管理法》和《城市房地产管理法》,城市国有土地的使用权可通过出让及划拨方式取得。

一、土地使用权出让

(一) 土地使用权出让的概念

土地使用权出让,是指国家将国有土地使用权(以下简称土地使用权)在一定年限内出让给土地使用者,由土地使用者向国家支付土地使用权出让金的行为。土地使用权出让具有以下几个特征:

1. 土地使用权出让是国家将国有土地使用权出让的行为

土地使用权出让,是一种国家垄断行为。因为国家是国有土地的所有者,只有国家能以土地所有者的身份出让土地。城市规划区内集体所有的土地,经依法征收转为国有土地后,方可出让该幅土地的使用权,这是为维护国家对土地管理的权威性,有效地控制出让土地的范围和数量。

2. 土地使用权有期限出让

我国是实行土地公有制的社会主义国家,这就决定了土地使用权只能在一定年限内出让给土地使用者。土地使用权出让的最高年限,即一次出让签约的最高年限,由国家法律按照土地的不同用途规定。土地使用权出让年限届满时,土地使用者可以申请续期。

3. 土地使用权有偿出让

土地使用者取得一定年限内的国有土地使用权,须向国家支付土地使用权出让金。土地使用权出让金是土地使用权有偿出让的货币表现形式,其本质是国家凭借土地所有权取得的土地经济效益。土地使用权出让金主要包括一定年限内的地租,此外还包括土地使用权出让前国家对土地的开发成本以及有关的征地拆迁补偿安置等费用。

4. 土地使用者享有权利的范围不含地下之物

土地使用者对地下的资源、埋藏物和市政公用设施等,不因其享有土地的使用权而对其享有权利。

(二) 土地使用权出让的法律限制

我国对土地使用权出让采取国家垄断经营的方式,即由国家垄断土地的一级市场,其目的在于加强政府对土地使用权出让的管理,保证土地使用权出让有计划、有步骤地进行。

1. 土地使用权出让的批准权限

《土地管理法》规定，土地使用权出让的批准权限为：凡征收基本农田的、或基本农田以外的耕地35公顷以上的，或其他土地70公顷以上再行出让的，由国务院批准。其他的由省、自治区、直辖市人民政府批准。

需要指出的是，政府对出让土地使用权的批准，不仅仅是对土地使用权出让面积的批准，而实际上是对整个出让方案的批准。在审批过程中，政府必须对出让方案所涉及的出让地块的用途、年限和其他条件等一并进行审查。出让方案应当由市、县人民政府土地管理部门会同城市规划、建设、房产管理部门共同拟定。

2. 土地使用权出让的宏观调控

《城市房地产管理法》规定，县级以上地方人民政府出让土地使用权用于房地产开发的，须根据省级以上人民政府下达的控制指标拟定年度出让土地使用权总面积方案，按照国务院规定，报国务院或者省级人民政府批准。这是国家对土地使用权出让实行总量控制和宏观调控的重要的法律规定。根据这一规定，各级政府必须将出让土地使用权的总面积严格控制在下达的指标之内。

（三）土地使用权出让的方式

《城市房地产管理法》规定，我国的国有土地使用权出让，有拍卖、招标、协议三种基本方式。

1. 拍卖出让

拍卖出让，是指土地管理部门在指定的时间、地点，利用公开场合，就所出让土地使用权的地块公开叫价竞投，按"价高者得"的原则，确定土地使用权受让者的一种方式。

拍卖出让方式，充分引进了竞争机制，排除了任何主观因素，有利于公平竞争，可以使国家最大限度地获得土地收益，增加财政收入。这种方式主要适用于投资环境好、赢利大、竞争性很强的房地产业、金融业、旅游业、商业和娱乐用地。

2. 招标出让

招标出让，是指在规定的期限以内，由符合规定条件的单位和个人，以书面投标形式，竞投某一块土地的使用权，由招标方择优确定土地使用者的出让方式。

招标出让，分为公开招标和定向招标两种形式。公开招标，是通过广播、电视、报刊等新闻媒介发布招标广告，有意获取土地使用权的受让方均可申请投标，这种招标方式也称为无限制竞争性招标。定向招标，则由招标方选择符合条件的单位和个人，并向其发出招标通知书和招标文件，邀请其参加投标，这种招标方式也称为限制竞争性招标。

招标出让时，中标者不一定是投标标价的最高者。因为在评标时，不仅要考虑投标价，而且要对投标规划设计方案和投标者的资信情况等进行综合评价。也就是说，中标者是经过全面、客观的综合评估而择优确定的。实践证明，招标出让方式的效果比较好。它不仅有利于土地规划利用的优化，确保国家获得土地收益，而且有利于公平竞争，给出让方留有一定的选择余地。招标出让方式，适用于开发性用地或有较高技术性要求的建设用地。

3. 协议出让

协议出让，是指土地所有者即出让方与土地使用者即有意受让方，在没有第三者参与竞争的情况下，通过谈判、协商，达成出让土地使用权一致意见的一种方式。

以协议方式出让土地使用权是双方协商的结果，没有引入竞争机制，这种形式人为因素较多，主观随意性较大，容易产生土地出让中的不正之风，导致国有土地收益流失。协议出让主要用于工业仓储、市政公益事业项目、非赢利项目及政府为调整经济结构，实施产业政策而需要给予优惠、扶持的建设项目等。

为防止国有土地流失，确保土地使用权出让的正常秩序，《城市房地产管理法》规定，商业、旅游、娱乐和豪华住宅用地，有条件的，必须采取拍卖、招标方式；没有条件，不能采取拍卖、招标方式的，可以采取双方协议的方式，但"采取双方协议方式出让土地使用权的出让金不得低于按国家规定所确定的最低价"。

（四）土地使用权出让的最高年限

所谓土地使用权出让的最高年限，是指法律规定的土地使用者可以使用国有土地的最高年限。国务院颁布的《中华人民共和国城镇国有土地使用权出让和转让暂行条例》规定，土地使用权出让最高年限按用途分别为：①居住用地 70 年；②工业用地 50 年；③教育科技、文化、卫生、体育 50 年；④商业、旅游娱乐用地 40 年；⑤综合或其他用地 50 年。

将土地使用权出让最高年限按不同用途分别定为 50 年、70 年，主要是考虑土地收益，其次是考虑地上房屋的折旧期一般都在 50 年左右，即土地使用期届满时，房屋残值已所剩无几。

规定土地使用权出让最高年限，具有非常重要的意义。

第一，表明土地使用权出让不是土地买卖。土地买卖是土地所有权的买断，而出让的是一定年限的土地使用权。土地使用权实际上是一种他物权。如果不在法律、法规中明确规定土地使用权出让的最高年限，土地使用权出让就会演变成为土地买卖。

第二，表明我国实行的是土地有偿、有限期的使用制度。过去几十年来，我国一直长期实行土地无偿、无限期的使用制度，国有土地一旦划拨，就变成了实际上的单位所有，使国有土地的所有权无从体现。法律、法规规定土地使用权出让的最高年限，是我国土地使用制度改革的重要成果。

第三，表明国家作为土地所有者对土地使用权有最终处置权。土地使用权出让年限届满，土地使用者或申请续期使用土地、或者由国家收回。这对合理配置和利用土地资源，提高土地资产效益，建立完善的房地产市场，都有不可估量的作用。

（五）土地使用权出让合同

1. 土地使用权出让合同的概念

《城市房地产管理法》第十四条规定："土地使用权出让，应当签订书面出让合同"。"土地使用权出让合同由市、县人民政府土地管理部门与土地使用者签订"。因为只有签订合同，出让行为才能成立，出让双方的权利义务才能明确，才能受法律保护。土地使用权出让合同，是指市、县人民政府土地管理部门与土地使用者之间就出让城市国有土地使用权所达成的、明确相互之间权利义务关系的协议。

土地使用权出让合同可分为三种类型：

（1）宗地出让合同，是指市、县人民政府土地管理部门根据有关规定，出让某一宗地的国有土地使用权，与土地使用者签订的合同。

(2) 成片开发土地出让合同，是指市、县人民政府土地管理部门根据有关规定，将国有土地使用权出让给外商，与外商签订的投资从事开发经营成片土地的合同。

(3) 划拨土地使用权补办出让合同，是指将已经由国家通过行政划拨方式分配给土地使用者使用的土地，纳入有偿、有限期、可流通轨道，市、县人民政府土地管理部门根据有关规定，与土地使用者补签的土地使用权出让合同。

2. 土地使用权出让合同的主要内容

土地使用权出让合同的内容，是指合同当事人用以确定关于土地使用权出让中双方权利和义务的各项条款。一般包括下列内容：

(1) 标的。指出让土地的位置、四邻界至、用途、面积。

(2) 使用年限。土地使用权出让年限，是关系到土地所有者与使用者利益分配的重要条款，应包括出让年限期以什么时候开始计算，一共多少年，什么时候到期。

(3) 开发期限。是指土地使用人在取得土地使用权后开发利用土地的时限。明确这项内容，是保证有效开发利用土地的依据，防止不按期开发、闲置土地等现象。

(4) 出让金数额及支付方式。公平、合理地确定土地使用权出让金数额，是订立出让合同的关键，是合同不可缺少的内容。除此之外，合同还应明确土地使用权出让金的支付期限和支付方式。

(5) 开发进度与分期投资额度。出让土地的开发工程量往往很大，一般是分期、分批进行的。因此，合同必须确定开发进度以及根据进度分期投入的资金额。

(6) 土地使用规则。土地使用权出让方应在符合城市总体规划的前提下，编制出所出让土地使用的总平面布置图、建筑密度和高度控制指标、工程管线规划、工程深度限制、环境保护、园林绿化、消防等要求，这是土地使用权出让合同的重要内容。

(7) 违约责任。是指合同当事人双方违反合同规定应当承担的民事法律责任。《城镇国有土地使用权出让和转让条例》规定，土地使用者应当在签订土地使用权出让合同后60日内，支付全部土地使用权出让金，逾期未全部支付的，出让方有权解除合同，并可请求违约赔偿。该《条例》规定，出让方应当按照合同规定，提供出让的土地使用权，未按合同规定提供土地使用权的，土地使用者有权解除合同，并可请求违约赔偿。

(8) 双方认为应约定的其他条款。

3. 土地使用权出让合同的变更和解除

一般，土地使用权出让合同一经订立，就具有法律约束力，任何部门、单位和个人不得擅自变更和解除。土地出让合同的期限很长，一般都为几十年，在合同履行过程中，因为种种原因，或者需要修正部分条款的内容，或者原订的出让合同继续履行已不必要或不可能。因此，法律允许当事人在特定情况下可以依法变更和解除出让合同。

在土地使用权出让合同变更中，比较多见的是土地使用者提出改变土地用途。为此《城市房地产管理法》规定了变更土地用途的批准程序和处理方法。

在土地使用权出让合同解除中，比较多见的是当事人双方违约，或土地使用者不按法律规定开发、利用、经营土地而导致土地管理部门将土地使用权收回。

(六) 土地使用权终止和续期

1. 土地使用权的终止

所谓土地使用权终止，根据《城市房地产管理法》和《城镇国有土地使用权出让和转让暂行条例》规定，是指因土地的灭失而导致使用者不再享有土地使用权，土地使用权出让年限届满即土地使用权出让合同期满而由国家收回土地使用权，或者土地使用权出让期满前国家因社会公共利益的需要而提前收回土地使用权。

提前终止土地使用权，地上建筑物和其他附着物亦一并收归国有，除土地使用权出让合同规定必须拆除的技术设备等外，土地使用者不得损坏一切地上建筑物及其他附着物。但是，国家必须根据土地使用者使用土地的实际年限和开发土地的实际情况以及地上建筑物和其他附着物的现存价值等情况，给土地使用者以相应补偿，从而保护土地使用者的合法权益。

2. 土地使用权的续期

土地使用权出让合同约定的使用年限届满时，如果土地使用者需要继续使用该土地，必须申请续期，经批准后，重新签订土地使用权出让合同，支付土地使用权出让金，并办理登记，方能继续享有土地使用权。《城市房地产管理法》规定，土地使用者"应当提前一年申请续期"。土地使用权出让合同约定的使用年限届满后，如土地使用者未申请续期或虽申请续期但未获批准的，土地使用权由国家无偿收回。

《城市房地产管理法》规定，土地使用者申请续期并重新办理出让手续，补交出让金的，地上建筑物、其他附着物的产权仍归土地使用者所有；土地使用权出让合同约定的使用年限届满，土地使用者未申请续期或者虽申请续期但按国家有关规定未获批准的，土地使用权由国家无偿收回。

二、土地使用权划拨

（一）土地使用权划拨的概念

《城市房地产管理法》规定，土地使用权划拨，是指县级以上人民政府依法批准，在土地使用者交纳补偿、安置等费用后将该幅土地交付其使用，或者将国有土地使用权无偿交付给土地使用者使用的行为。以划拨方式取得土地使用权的，除法律、行政法规另有规定外，没有使用期限的限制。

土地使用权的划拨有两种形式。

第一种形式，是在土地使用者缴纳补偿、安置等费用后，将该幅土地交付其使用。这主要是国家划拨的土地，即是征收城市规划区内集体所有的土地或收回其他单位的使用权的土地；将发生补偿、安置问题，其费用应由经划拨而取得土地使用权的单位支付。

第二种形式，是将国有土地使用权无偿交付给土地使用者使用。即土地使用者完全无偿地取得国有土地使用权，征地、拆迁中所需要的补偿和安置等费用全部由国家承担。

（二）土地使用权划拨的范围

《城市房地产管理法》规定，下列建设用地的土地使用权，确属必要的，可以由县级以上人民政府依法批准划拨：

1. 国家机关用地和军事用地

国家机关用地，是指行使国家职能的各种机关用地的总称，它包括国家权力机关、国家行政机关、国家审判机关、国家检察机关、国家军事机关的用地。

军事用地，是指军事设施用地。根据《中华人民共和国军事设施保护法》规定，包括下列建筑、场地和设施用地：①指挥机关、地面和地下的指挥工程，作战工程；②军用机场、港口、码头；③营区、训练场、试验场；④军事油库、仓库；⑤军用通信、侦察、导航、观测台站和测量、导航标志；⑥军用公路、铁路专用线、军用通信、输电线路、军用输油、输水管道；⑦国务院和中央军事委员会规定的其他军事设施。

2. 城市基础设施用地和公益事业用地

城市基础设施用地，是指城市给水、排水、污水处理、供电、通信、燃气、热力、道路、桥梁、市内公共交通、园林绿化、环境卫生以及消防、路标、路灯等设施用地。

城市公益事业用地，是指城市内的学校、医院、体育场馆、图书馆、文化馆、博物纪念馆、福利院、敬老院、防疫站等不以经营为目的的文体、卫生、教育、福利事业用地。

3. 国家重点扶持的能源、交通、水利等项目用地

这类用地是指由中央投资、或中央与地方共同投资或者共同引进外资以及其他投资者投资，国家采取各种优惠政策重点扶持的煤炭、石油、天然气、电力等能源项目用地；铁路、港口码头等交通项目用地；水库、防洪、防溃、防碱、农田灌溉、水力发电、江河治理、城市供水和排水等水利工程项目用地。

4. 法律、行政法规规定的其他用地。

第三节 房地产开发

一、房地产开发的概念

房地产开发是指在依法取得国有土地使用权的土地上进行基础设施、房屋建设的行为，其实质是以土地开发和房屋建设为投资对象所进行的生产经营活动。

房地产开发包括土地开发和房屋开发。土地开发，主要是指房屋建设的前期准备，即实现"三通一平"，把自然状态的土地变为可供建造房屋和各类设施的建设用地。土地开发有两种情形：一是新区土地开发，即把农业用地或者其他非城市用地改造为适合工商业、居民住宅、商品房以及其他城市用途的城市用地；二是旧城区改造，也叫土地再开发或二次开发，即通过投入新的资金、劳动等，对城市原有土地进行改造，拆除原来的建筑物，调整城市规划，改变土地用途，完善城市基础设施，提高土地的利用效益。

房屋开发包括四个方面：①住宅开发；②生产与经营性建筑物开发，如工厂厂房、各类商店、各种仓库、办公用房等；③生产、生活服务性建筑物及构筑物的开发，如交通运输设施、公用事业和服务事业设施、娱乐设施等；④城市其他基础设施的开发。

房地产开发是一种经营性的行为，由专业化的房地产开发企业进行。房地产开发企业从事的是房地产的投资和经营，即从有偿取得土地使用权，然后勘察设计和建筑施工，最终将开发产品（房屋、基础设施及其相应的土地使用权）作为商品在房地产市场转让，寻求利润回报。房地产开发，对于落实城市规划，改善投资环境和居住条件，提高城市的综合功能和总体效益，促进房地产业以及城市社会、经济的协调发展，都有重要作用。

二、房地产开发的原则

《城市房地产管理法》规定，房地产开发应当遵循以下原则：

1. 必须严格执行城市规划

城市规划，是指为确定城市的规模和发展方向，实现城市的发展目标而制定的一定时期内城市社会、经济发展的计划。它是城市建设的纲领，也是房地产开发所必须遵循的依据。

2. 必须坚持经济、文化和环境效益的统一

在市场经济条件下，房地产开发企业本身就是以赢利为目的的经济实体，追求经济效益，是房地产开发企业赖以生存和发展的必要条件，也是投资者投资房地产开发的直接目的。但是，追求经济效益，不应该是房地产开发的唯一目的。房地产开发的宗旨，总体说来是改造、完善城市基础设施和公共服务设施，改善城市居民的居住条件和居住环境，提高城市综合服务功能，完善城市形象，造福人民，造福后代。所有这些，既是社会效益也是环境效益。只有取得这些效益，房地产开发才能得到社会各方面的支持，才有蓬勃发展的可能。当然，社会效益和环境效益的实现，在很大程度上取决于房地产开发的经济效益。房地产开发的经济效益、社会效益和环境效益是一个辨证统一的整体，三者相互依存，相互促进，缺一不可。因此，房地产开发必须坚持"经济效益、社会效益、环境效益相统一的原则"。

3. 必须实行全面规划、合理布局、综合开发、配套建设

房地产开发时，应当坚持旧区改建和新区建设相结合，注重开发基础设计薄弱、交通拥挤、环境污染严重以及危旧房屋集中的区域；保护和改善城市生态环境、保护历史文化遗产；统筹安排配套基础设施，坚持先地下、后地上的原则。

三、房地产开发的要求

1. 按合同约定开发

《城市房地产管理法》规定，以出让方式取得土地使用权进行房地产开发的，必须按照土地使用权出让合同约定的土地用途，动工开发期限开发土地。超过出让合同约定的动工开发日期满一年未动工开发的，可以征收相当于土地使用权出让金百分之二十以下的土地闲置费；满两年未动工开发的，可以无偿收回土地使用权；但是，因不可抗力或者政府、政府有关部门的行为或者动工开发必需的前期工作造成动工开发迟延的除外。

土地是不可替代的稀缺资源，这一特点决定了必须节约和合理开发利用土地。但是，由于管理制度不完善等原因，土地供给总量失控，批租土地缺乏必要的调控手段，出现了圈而不用、早圈晚用、多圈少用等现象，给极为宝贵的土地资源造成了极大的浪费。同时，获取土地使用权的单位或个人，有些根本不进行任何开发建设，转手倒卖"地皮"，从中牟取暴利，致使国家收益流失，房地产价格扭曲等等。这些现象必须采取法律手段予以制止。为此《城市房地产管理法》规定了两种行政处罚措施：

（1）闲置土地满一年未开发的，征收土地闲置费。土地闲置费由造成土地闲置、荒废的用地单位或个人向当地财政缴纳、各类土地闲置费的标准是不同的。

（2）满两年未开发的，无偿收回土地使用权。这种收回土地使用权是对土地使用者不按期限开发利用土地的惩罚措施，因而与期满收回土地使用权和因国家利益及社会公共利益需要等而引起的提前收回土地使用权不同，它引起的法律后果是国家无偿取得土地使用权，其地上建筑物和其他附着物也由国家无偿取得，因为不具有对等性及补偿性。

房地产开发逾期是因不可抗力或者政府、政府有关部门的行为或者动工开发必需的前期工作造成的除外。这样规定体现了法律的严密性，避免出现漏洞。

2. 房地产开发项目的设计与施工必须符合法定标准

《城市房地产管理法》规定，房地产开发项目的设计、施工，必须符合国家的有关标准和规范。房地产项目同其他建设项目一样，具有投资量大、使用期限长等特点，必须按

标准和规范进行设计、施工。否则，一旦出现质量问题不仅直接影响项目的寿命，造成巨大的经济损失，甚至会发生房毁人亡的悲剧，实践中这方面的教训已屡见不鲜。

3. 严格竣工验收

竣工验收是全面考核开发成果、检验设计和工程质量的重要环节，也是开发成果转入流通和使用阶段的标志。为了防止不符合质量要求的房屋、基础设施投入使用，保护使用者、消费者的合法权益，《城市房地产管理法》规定，房地产开发项目竣工，经国家验收合格后，方可交付使用。

房地产开发项目的竣工验收工作，一般由开发公司组织设计单位、施工单位、质量监督部门、建设银行以及城市规划、环境保护、抗震、消防等部门，共同成立专门机构即验收委员会或验收小组来进行。城市新建住宅小区的竣工综合验收，由城市人民政府建设主管部门负责组织实施。

城市新建住宅小区的竣工综合验收，按住房和城乡建设部颁发的《城市住宅小区竣工验收管理办法》进行。综合验收的条件是：①所有建设项目按批准的小区规划和设计要求全部建成，并能满足使用；②住宅及公共配套设施、市政公用基础设施等单项工程全部验收合格，验收资料齐全；③各类建筑物的平面位置、立面造型、装修色调等符合批准的规划设计要求；④施工机具、暂设工程、建筑残土、剩余构件全部拆除、清运完毕，达到场清地平；⑤拆迁居民已合理安置。所有工程全部验收后，验收小组应向城市建设行政主管部门提交住宅小区竣工综合验收报告，报告经审查批准后，开发建设单位方可将房屋和有关设施办理交付使用手续。

四、外商投资开发经营成片土地制度

依照我国法律规定，外国公司、企业、其他经济组织和个人，除法律另有规定者外，均可依法取得土地使用权。为了吸收外商投资开发经营成片土地（以下简称"成片开发"），以加强公用设施建设，改善投资环境，引进外商投资先进企业和产品出口企业，发展外向型经济，国务院于1990年5月19日发布了《外商投资开发经营成片土地暂行管理办法》。

1. 成片开发的概念

成片开发，是指开发者在取得国有土地使用权后，依照规划对土地进行综合性的开发建设，包括平整土地、建设供水排水、供电、供热、道路交通、通信等公用设施建设，形成工业用地和其他建设用地条件，然后转让土地使用权、经营公用事业，或者进行建设通用工业厂房以及相配套的生产和生活服务设施等地面建筑物，并对这些地面建筑物进行转让或出租的经营活动。

成片开发是对大面积土地进行整体商业性的综合开发，是土地开发的一种特殊重要形式。

2. 成片开发的审批

外商成片开发的项目，应由市、县人民政府组织编制成片开发项目建议书或初步可行性研究报告。

开发区域所在的市、县人民政府向外商投资开发企业出让国有土地使用权，应依照法律规定，合理确定地块范围、用途、年限、出让金和其他条件，签订土地使用权出让合同。并按出让土地使用权的审批权限报经审批。

3. 外商成片开发的企业形式

外商投资成片开发，应当依法成立相应的开发企业，其企业形式有以下三种：①依照《中华人民共和国中外合资经营企业法》成立中外合资经营企业；②依照《中华人民共和国中外合作经营企业法》成立中外合作经营企业；③依照《中华人民共和国外资企业法》成立外资企业，即外商独资企业。以上三种外商投资开发企业依法自主经营管理，但其在开发区没有行政管理权。开发企业与其他企业是商务关系。国家鼓励国有企业以国有土地使用权作为投资或合作条件，与外商组成开发企业。

4. 外商投资开发企业土地使用权的转让

外商投资开发企业在取得土地使用权后，必须实施成片开发规划，并达到土地使用权出让合同规定的条件后，方可转让土地使用权，并必须依法办理，不得自行其是。外商投资开发企业必须服从开发区域的行政管理、司法管理、口岸管理和海关管理等，不得从事国家法律、法规禁止的经营活动和社会活动。

五、房地产开发企业

（一）房地产开发企业的设立条件

房地产开发企业是以营利为目的、从事房地产开发和经营的企业。房地产开发企业分为专营企业、兼营企业和项目公司。专营企业是指以房地产开发经营为主业的企业；兼营企业是指以其他经营项目为主，兼营房地产开发经营业务的企业；项目公司是指以开发项目为对象从事单项房地产开发经营的公司。

根据《城市房地产管理法》规定，设立房地产开发企业必须具备下列条件：

1. 有自己的名称和组织机构

作为独立的法人，房地产开发企业只准使用一个名称。此外，房地产有限责任公司、房地产股份有限公司的名称中必须分别含有"有限责任"和"股份有限"的字样。企业名称须在企业设立登记时由工商行政主管部门核准。

所谓"组织机构"，就是要有完整的、系统的经营决策层，有职能明确、分工合理的生产经营组织以及相应的分支机构和下属机构。

2. 有固定的经营场所

所谓有固定的经营场所，是指开发企业主要办事机构所在的固定住所。一个企业登记的住所只能有一个。

3. 有符合国务院规定的注册资本

注册资本反映的是企业法人的财产权，也是判断企业经济实力的依据之一。房地产开发企业是资本密集型企业，其开发经营具有投资量大，资金占用期长的特点，因而对注册资金的要求比一般流通企业要高。如一级房地产开发企业注册资本不得低于5000万元，四级房地产开发企业的注册资本也不得低于100万元。

4. 满足房地产开发资质等级要求的条件

根据2000年3月建设部颁发的《房地产开发企业资质管理规定》，房地产开发企业必须向法定的建设行政主管部门提出资质申请，经核准，并颁发资质等级证书后，才能从事许可经营范围内的房地产开发经营业务。

5. 法律、行政法规定的其他条件

按照《公司法》的规定，设立房地产有限责任公司或股份有限公司的，股东或发起人必须符合法定人数。又如根据《外资企业法》的规定,设立外商投资的房地产开发企业,须经外贸部门批准并执行有关法律的规定。

(二) 房地产开发企业的设立程序

1. 房地产开发企业的设立登记

《城市房地产管理法》第二十九条第二款规定:"设立房地产开发企业,应当向工商行政管理部门申请设立登记,工商行政管理部门对符合本法规定条件的,应当予以登记,发给营业执照。"根据《房地产开发企业资质管理规定》,在设立登记前,还应经建设行政主管部门的审查,获取相应房地产开发企业的资质等级证书。

2. 房地产开发企业的备案

房地产开发企业在办理工商登记的一个月内应当到县级以上人民政府规定的部门备案。这一程序性规定,目的是将设立登记后的房地产开发企业纳入房地产业的行业管理,以促进房地产开发企业的健康发展,实现企业市场行为的规范化。

3. 设立房地产开发有限责任公司和房地产开发股份有限公司的还须满足《中华人民共和国公司法》的有关规定。

第四节 房地产交易

一、房地产交易的一般规定

(一) 房地产交易概述

1. 房地产交易的含义

房地产交易含义有广义和狭义之分。狭义的含义仅仅是指当事人之间进行的房地产转让、房地产抵押和房屋租赁的活动。广义的房地产交易是指当事人之间在进行房地产转让、抵押、租赁等交易行为之外,还包括与房地产交易行为有着密切关系的房地产价格及体系、房地产交易的中介服务。

2. 房地产交易时权属不可分离的原则

房地产转让、抵押时,房屋的所有权和该房屋占用范围内的土地使用权同时转让、抵押。房地产属于一种不可移动的特殊商品,房屋一经建造完毕,就立于该房屋占用范围内的土地上。要使用房屋,就必须要使用该房屋占用范围内的土地,而要使用房屋占用范围内的土地,也必须要使用该房屋。房屋所有权与该房屋占用范围内的土地使用权的享有者应当为同一主体,只有这样才能发挥房地产的应有效用。所以,《城市房地产管理法》规定,房地产转让时,房屋的所有权和该房屋占用范围内的土地使用权同时转让;房地产抵押时,房屋的所有权和该房屋占用范围内的土地使用权同时抵押。

房地产转让、抵押时,当事人应当依法办理房地产权属登记。

(二) 房地产交易的价格管理

关于房地产价格管理,《城市房地产管理法》规定了两种制度,即房地产价格评估制度和房地产成交价格申报制度。

1. 房地产价格评估制度

(1) 房地产价格评估概念。房地产价格的评估是指房地产专业估价人员根据估价目的,遵循估价原则,按照估价程序,采用科学的估价方法,并结合估价经验与影响房地产价格因素的分析，对房地产最可能实现的合理价格所作出的推测与判断。无论是房地产转让、抵押还是房屋租赁，都需要对房地产进行估价，这是房地产交易过程中的一项必不可少的基础性工作。

（2）房地产价格评估原则。房地产价格评估应当遵循公正、公平、公开的原则，这是社会主义市场经济条件下应当遵循的基本原则。所谓公正原则，是指房地产价格评估机构在进行房地产价格评估的过程中，应当公正地对待各个要求对房地产价格评估的人，不得有所偏向。所谓公平原则，是指房地产价格评估中各方享有的权利和承担义务必须公平。所谓公开的原则，是指房地产价格评估的程序、标准等应当向社会公开，以便于社会公众监督，从而保证房地产价格评估的公正。

（3）房地产价格评估的方法。在进行房地产价格评估时，应当按照国家规定的技术标准，以基准地价、标定地价和各类房屋的重置价格为基础，参照当地的市场价格进行评估。

基准地价，是指按不同的土地级别、区域分别评估和测算的商业、工业、住宅等各类用地的平均价格。标定地价，是指在基准地价基础上，按土地使用年限、地块大小、形状、容积率、微观区位、市场行情条件，修订评估出的具体地块在某一时期的价格。房屋的重置价格，是指按照当前的建筑技术和工艺水平、建筑材料价格、人工和运输费用条件下，重新建造同类结构、式样、质量标准的房屋标准价。法律规定基准地价、标定地价和房屋的重置价格由国务院规定确定办法，并由相关部门定期公布。

2. 房地产成交价格申报制度

房地产成交价格申报制度，是指房地产权利人转让房地产，应当将转让房地产的实际成交价格向县级以上地方人民政府规定的部门申报，不得对成交价格隐瞒不报，或者作不实的、虚假的申报。

实行房地产成交价格申报制度，能够加强税收征收管理，保障国家税收收入；能够对房地产转让的行情进行准确的统计，保证国家进行科学的宏观调控。任何一个房地产权利人，在依法将其房地产转移给他人以后，都应当向县级以上地方人民政府规定的部门如实申报成交价。

（三）房地产估价师注册制度

《城市房地产管理法》规定，国家实行房地产价格评估人员资格认证制度，房地产价格评估人员是指经房地产估价师资格考试合格，由注册管理部门审定注册，取得资格证书后专门从事房地产经济价值评估并将其结果用价格来表示的专业技术人员。房地产估价师负责承担各种综合性房地产的估价业务，对所在单位的估价业务进行指导、检查并签署房地产估价报告书。

二、房地产的转让

所谓房地产转让，是指房地产权利人通过买卖、赠与或其他合法方式将其房地产转移给他人的法律行为。

（一）地产转让的条件

《城市房地产管理法》规定，转让房地产的，应当满足下列条件：

1. 房地产转让的一般条件

（1）按照出让合同约定已经支付全部土地使用权出让金，并取得土地使用权证书；

(2) 按照出让合同约定进行投资开发，属于房屋建设工程的，完成开发投资总额的25%以上，属于成片开发土地的，形成工业用地或者其他建设用地条件；

(3) 转让房地产时房屋已经建成的，还应当持有房屋所有权证书。

2. 以划拨方式取得土地使用权的转让房地产的额外条件

以划拨方式取得土地使用权的，转让房地产时，还必须符合下列要求：

(1) 应当按照国务院的有关规定，报经有批准权的人民政府审查批准。

(2) 有批准权的人民政府批准后由受让方办理土地使用权出让手续，即办理使用权证书。

(3) 由受让方缴纳土地使用权出让金。

(4) 以划拨方式取得土地使用权的，转让房地产报批时，有批准权的人民政府按照国务院规定的决定可以不办理土地使用权出让手续的，转让方应当按照国务院规定将转让房地产所获收益中的土地收益上缴国家或者作其他处理。

3. 不得转让的房地产

《城市房地产管理法》规定，下述房地产不得转让：

(1) 司法机关和行政机关依法裁定、决定查封或者以其他形式限制房地产权利的，不能转让。这里的司法机关是指行使国家审判权、检察权和侦察权的人民法院、检察院、公安机关。这些机关按照有关法律规定有权查封或者以其他方式限制房地产权利人的权利。这里的行政机关是指法律规定的国家的执法机关，比如房产管理部门、土地管理部门、税务机关等。这些机关也有权对房地产权利人的权利以法律规定的形式进行限制。

(2) 依法收回土地使用权的，不得转让。土地使用权的行使是以土地使用权的存在而存在的。土地使用权被收回了，土地使用权人也就无权转让土地使用权。

(3) 共有的房地产，未经过其他共有人书面同意的，不得转让。共有的房地产是属于共有人共同享有的权利，共有人中的任何人，在行使这项权利时，均必须经过另一方的同意，未经过同意，不得转让。为减少纠纷，共有人同意转让共有的房地产时，必须以书面的形式进行。

(4) 权属有争议的，不得转让。房地产的使用权或者所有权存在争议时，将其进行转让，则会引起新的纠纷，不利于争议的解决。所以，权属有争议的不得转让。

(5) 未依法登记领取权属证书的，不得转让。依法取得的土地使用权和房屋的所有权，必须办理登记手续，领取使用权证书或者所有权证书。未领取者，法律不予承认其所享有的权利。因此，不得进行转让。

(6) 法律、行政法规规定的其他禁止转让的情形。这项规定是一个比较灵活的规定；以防止难以预料情形发生。

(二) 房地产转让的程序与合同

1. 房地产转让程序

房地产转让双方必须同时到登记部门办理产权转移手续。转让双方应向房地产登记部门提交办理产权转移所需的合法证件及双方签订的房地产转让书面合同，核验无误后，办理房地产转让过户登记，并向有关机关交纳税费。

2. 房地产转让合同

房地产转让合同是指房地产转让当事人就转让房地产的有关问题所达成一致的书面协议。房地产转让合同在向有关机关交纳相应的税费、办理产权过户登记手续后才生效。房地产转让合同，应当载明土地使用权取得的方式。这是法律对房地产转让合同的特殊要求。因为房地产转让必然涉及土地使用权的转让，由于土地使用权既可通过出让也可以通过划拨取得，而这两种取得的方式不同，必然影响到房地产转让的程序、条件及效果，因而法律要求当事人在签订该合同时，必须载明土地使用权取得的方式。房地产转让合同成立，土地使用权出让合同载明的权利、义务也随之转移。房地产转让就是房屋所有权与土地使用权同时转让。原土地出让合同的效力对国家和新的土地使用权人即受让方仍然有效。以出让方式取得土地使用权的使用年限，为原出让合同约定使用年限减去原土地使用者已使用年限后的剩余年限。受让人改变土地使用权出让合同约定土地用途的，必须履行法定手续。即改变土地用途必须经过原出让方同意并签订土地使用权出让合同变更协议或重新签订土地使用权出让合同，相应调整土地使用权出让金。改变土地用途还须经市、县人民政府规划行政主管部门同意。

三、商品房预售

1. 商品房预售的概念

商品房预售是指地产开发经营企业将正在建设中的房屋预先出售给承购人，由承购人支付定金或房价款的行为。

2. 商品房预售条件

为防止炒地皮，保证正常的房地产开发活动，《城市房地产管理法》对预售商品房的条件作了明确规定：①已交付全部土地使用权出让金，取得土地使用权证书。商品房的出售，必然涉及房屋所有权及土地使用权同时转让的问题。所以预售商品房时预售人应当是已经取得土地使用权的人，即已经足额支付土地使用权出让金，并领取土地使用权证书的人。②持有建设工程规划许可证和施工许可证。预售的商品房必须是合法建筑，即只有经过城市规划及建设行政管理部门批准，发给建设工程规划许可证及施工许可证的工程建筑才可出售。③按提供预售的商品房计算，投入开发建设的资金达到工程建设总投资的25％以上，并已确定施工进行和竣工交付日期。这是以出让方式取得土地使用权的房地产转让的必备条件，目的是为了保证商品房确实存在，防止买空卖空、炒地皮现象。④向县级以上人民政府房产管理部门办理预售登记，取得商品房预售许可证明。这是预售商品房的必经手续，是不动产交易的特有条件。

3. 商品房预售合同的备案

商品房预售时除必须同时符合上述四个条件，商品房预售人应当同认购人签订预售房屋的合同，合同订立后应当按照国家有关规定将预售合同报县级以上人民政府房产管理部门和土地管理部门备案，以便于对商品房预售活动的监督与管理。

4. 商品房预售款的使用

《城市房地产管理法》规定，商品房所得款项，必须用于有关的工程建设，即主要指其运用于正在开发建设的工程，不得挪作他用。

5. 商品房预售后再行转让

关于这一问题，《城市房地产管理法》只做了一个原则性的规定，即"商品房预售的，商品房预购人将购买的未竣工的预售商品房再行转让的问题，由国务院规定。"

四、房地产抵押

（一）房地产抵押概述

1. 房地产抵押的含义

房地产抵押，是指抵押人以其合法的房地产以不转移占有的方式向抵押权人提供债务履行担保的行为。债务人不履行债务时，抵押权人有权依法以抵押的房地产拍卖所得的价款优先受偿。

2. 房地产抵押具有如下法律特征：

（1）房地产抵押具有从属性，其抵押权从属于债权。只有在债务人不履行已到期的债务时债权人才可行使抵押权来处分该房地产。抵押权随着债权的成立而成立，随着债权的转移而转移。

（2）房地产抵押是以不动产即房地产为标的作抵押的。抵押权人不以对抵押的房地产的实际占有为条件。由于抵押的房地产只是提供债务履行的担保，而不是提供给抵押权人实际支配，所以抵押人在用其合法的房地产进行抵押时，抵押人对该房地产的实际占有权并不转移。

（3）房地产抵押权人享有从抵押房地产的价款中优先受偿的权利。房地产抵押后，如果债务人到期不履行债务或债务人在抵押期间解散、被宣布破产，那么，就可以依法将抵押的房地产拍卖，对拍卖抵押房地产所得价款，抵押权人有比其他债权人优先得到清偿债务的权利。

（4）房地产抵押具有物上追及力。在抵押人将房地产抵押后，如果抵押人将抵押的房地产擅自转让他人，那么，抵押权人可以追及抵押的房地产行使权力。对于因抵押权人追及抵押的房地产行使权力而使受让人遭受损失的，非法转让抵押的房地产的抵押人应当承担相应的责任。抵押权的物上追及力还表现在抵押人将抵押的房屋租赁给他人时，抵押权不受影响；抵押人非经债权人同意，将已抵押房地产就同一担保价值作重复抵押的，重复抵押无效；抵押人在已抵押房地产上再设定其他抵押时，只能在先设抵押担保价值之外的余额的范围内设定抵押。

（二）房地产抵押的设定

1. 房地产抵押设定的含义

所谓房地产抵押的设定，是指抵押人和抵押权人根据我国有关法律法规的规定，就抵押的房地产及其担保的债务等有关事项协商一致达成协议，签订抵押合同。并到县级以上人民政府规定部门办理抵押登记的过程。

2. 房地产抵押设定的要求

（1）依法取得的房屋所有权连同该房屋占用范围内的土地使用权，可设定抵押权；以出让方式取得的土地使用权，可以设定抵押权。

（2）房地产抵押，应当凭土地使用权证书、房屋所有权证书办理。

（3）设定房地产抵押权的土地使用权是以划拨方式取得的，依法拍卖该房地产后，应当从拍卖所得的价款中缴纳相当于应缴纳的土地使用权出让金的款额后，抵押权人方可优先受偿。

（4）房地产抵押签订书面合同后，土地上新增的房屋不属于抵押财产，需要拍卖该抵押的房地产时，可依法将土地上新增的房屋与抵押财产一同拍卖，但对拍卖新增房屋所得，抵押权人无权优先受偿。

（5）依法生效的商品房预售合同，经双方约定，其商品房可作抵押物，只是在房屋设定抵押时,应连同该房屋所占用的土地使用权同时作抵押,若以同一房屋的部分设定抵押时,须将其相应所占土地份额的土地使用权同时抵押。

(6) 抵押人以共同共有的房屋设定抵押的,应事先征得其他共有人的书面同意,所有共有人均为抵押人;以按份共有的房屋设定抵押时,抵押人应当书面通知其他共有人,并以其本人所占有的份额为限。

(7) 以已出租的房屋设定抵押,原租赁合同继续有效,抵押人应将抵押情况,书面告知承租人。抵押人以已抵押的房屋再作抵押时,必须征得在先的抵押权人的书面同意,否则,后设立的抵押无效。以房屋中未设置抵押的部分设定抵押时,抵押人应事先将已作抵押的状况告知拟接受抵押的当事人。

(8) 外商投资企业、股份制企业以其房屋设定抵押时,须经企业董事会或联合管理机构书面批准,所设定的抵押期不应超过企业的营业期限和土地使用期限。外商投资企业未经中国注册会计师验资证实各方投资份额已缴足的,不得以企业的房屋设定抵押权。

(9) 国有企业以其房地产设定抵押时,必须经国有资产管理部门批准和对拟抵押房地产估价清单的书面确认。

(10) 在设定房地产抵押时,下列房地产不得抵押:第一,有产权争议的房地产;第二,用于教育、医疗等公共福利性质的房地产;第三,文物古建筑所属的房地产;第四,被依法查封、扣押或采取其他保全措施的房地产;第五,其他法律规定不得设定抵押的房地产。

五、房屋租赁

(一) 房屋租赁概述

1. 房屋租赁的含义

房屋租赁是指房屋所有权人作为出租人将其房屋出租给承租人使用,由承租人向出租人支付租金的行为。

2. 房屋租赁的特征

(1) 出租房屋的人必须是房屋的所有权人。在我国,房屋的所有权人既包括国家、集体,也包括个人。国家、集体所有的房屋通称为公房,个人所有的房屋通称为私房。一般说来,国家所有的公房由房地产管理行政机关所属的房管单位和机关、团体、事业单位以及国有企业代表国家行使所有权,这些代表国家行使对公房的所有权的人,被视为所有权人。集体所有公房的所有权人是该集体。

(2) 房屋租赁不转移出租房屋的所有权。出租人将房屋出租给承租人后,出租人只是将房屋的使用权有期限地移转给承租人,而不发生所有权的变化。在房屋租赁合同的有效期间内,出租人失去的是出租的房屋的使用权,承租人取得的是承租的房屋的使用权,出租人对该房屋依然享有所有权。

(3) 承租人向出租人支付租金。房屋的所有人可以在保持其所有权不变的前提下,根据房屋的使用年限将房屋出租以实现其收益。出租人将房屋出租给承租人以后,承租人要向出租人支付规定数量或者双方约定数量的租金。

(4) 房屋租赁有效期届满,承租人必须把该房屋返还给出租人。出租人将房屋出租给承租人以后,承租人只能在房屋租赁合同的有效期间内,使用该房屋。房屋租赁有效期限届满,承租人必须把出租的房屋返还给出租人,不得再行使用,也不得返还其他的房屋而留下该房屋。

（二）房屋租赁合同

由于房屋租赁关系复杂，为了明确双方当事人各自的权利和义务，也为了房地产管理部门便于管理，《城市房地产管理法》要求房屋租赁当事人之间应当签订书面租赁合同，并向房屋所在地房产管理部门登记备案。房屋租赁合同应当载明下列主要条款：①租赁房屋的处所、名称、状况、建筑面积、四至等；②租赁期限；③租赁用途；④租赁价格；⑤修缮责任；⑥出租人与承租人的其他权利和义务；⑦违约责任等。

六、房地产中介服务机构

1. 房地产中介服务机构的概念

所谓房地产中介服务，是指在房地产市场上从事咨询、经济和评估等业务的活动。房地产中介服务机构，就是指在房地产市场上为从事房地产投资、开发和交易等活动的主体提供咨询、经济和评估等业务服务的机构。由于这些机构一般是专门从事房地产业的活动，了解市场信息，熟悉房地产开发、利用和交易，故人们在从事房地产活动时往往要求助于这些中介服务机构。

2. 房地产中介服务机构设立条件

《城市房地产管理法》规定，房地产中介服务机构成立须同时具备如下条件：

（1）有自己的名称和组织机构；

（2）有固定的服务场所；

（3）有必要的财产和经费；

（4）有足够数量的专业人员；

（5）法律、行政法规规定的其他条件。

3. 房地产中介服务机构的种类

房地产中介服务机构主要有以下几种：

（1）房地产咨询机构。它是从事有关房地产业的投资、开发、经营决策和交易活动等咨询服务的机构。一般的，这种机构较了解房地产市场动态，故能够提出较有权威性的见解，以帮助从事房地产的人较好地经营决策。

（2）房地产价格评估机构。它是从事有关房地产的估价活动的机构，这种机构主要根据社会、经济、政治、地理和个人因素等，利用科学的评估方法，权衡土地价格、房屋价格，并参照市场价格，从而对房地产价格作出科学的评定。该机构对房地产交易及其他法律活动都有十分重要的影响。

（3）房地产经济机构。它是从事房地产代理活动的机构。即根据其他人委托，代理其他人从事房地产交易、开发等法律行为的机构。

第五节　城市房屋拆迁

一、城市房屋拆迁概述

（一）城市房屋拆迁的概念

房屋拆迁是指根据城市规划和国家专项工程的迁建计划以及当地政府的用地文件，拆除和迁移建设用地范围内的房屋及其附属物，并由拆迁人对原房屋及其附属物的所有人或使用人进行补偿和安置的行为。

根据《城市房屋拆迁管理条例》规定，房屋拆迁的地域范围，主要指城市规划区内的国有土地。城市规划区内集体所有的土地，在被征收为国有土地时，已按《土地管理法》的规定予以补偿，所以不再存在拆迁问题。拆迁房屋包括公有房屋、私有房屋、住宅房屋和非住宅房屋。附属物主要是指房屋的附属建筑物和构筑物。

（二）房屋拆迁形式

房屋拆迁主要有两种：即自行拆迁和委托拆迁。

（1）自行拆迁。它是指拆迁人自己对被拆迁人进行拆迁安置和补偿。实践中，不少房屋开发公司都有自己的拆迁机构和专业拆迁队伍，它们基本上都采用自行拆迁的形式。此外，有些建设单位，也实行自行拆迁的形式。

（2）委托拆迁。它是指拆迁人在取得拆迁许可证后，与取得房屋拆迁资格证书的被委托人订立委托拆迁合同，由被委托人组织拆除房屋及附属物，并负责对被拆迁人进行安置和补偿。被委托人不得转让拆迁业务。房屋拆迁管理部门不得作为拆迁人，也不得接受拆迁委托。

（三）房屋拆迁协议

1. 房屋拆迁协议含义

房屋拆迁协议是拆迁人与被拆迁人因房屋拆迁而达成的明确双方相互权利义务的书面协议。当所拆迁的房屋为非租赁房屋时，由拆迁人与被拆迁人订立补偿安置协议，当所拆迁的房屋为租赁房屋时，拆迁人则应与被拆迁人及房屋承租人共同签订补偿安置协议。

2. 房屋拆迁协议的主要条款

①被拆除房屋的坐落地点、面积和用途；②补偿形式，是作价补偿还是产权调换，是一次安置还是先行临时过渡；③补偿金额；④安置用房面积；⑤安置地点；⑥搬迁过渡方式，是自行过渡还是提供周转房过渡；⑦过渡期限即回迁期限；⑧违约责任。拆迁协议还必须写明：双方当事人的姓名、住址；协议生效的日期；协议的份数；补助费、搬家费的金额；协议是否需要公证等。

拆迁补偿安置协议签订后，是否进行公证，一般由当事人自由选择。但是，若拆除代管房屋，代管人是房屋拆迁主管部门的，即指拆除房地产管理局直管公房的，拆迁补偿安置协议必须到房屋所在地的公证机关进行公证，并办理拆迁补偿、安置的证据保全，拆迁协议才能正式生效。

二、房屋拆迁补偿

（一）拆迁补偿的概念

所谓拆迁补偿是指拆迁人因拆除、迁建被拆迁人的房屋及其附属物，使被拆迁人受到一定的经济损失，而根据国家法律、法规的有关规定给予被拆迁人的一定补偿。

拆迁补偿的范围是被拆除的房屋及其附属物。但拆除违章建筑、超过期限的临时建筑不予补偿。拆除未超过批准期限的临时建筑，按临时建筑在使用期限内的残存价值并参考剩余期限，给予适当补偿。

（二）拆迁补偿形式

拆迁补偿的形式有两种：货币补偿、产权调换。采用何种补偿方式，一般情况下，可由被拆迁人自行选择。

1. 货币补偿

所谓货币补偿，是指拆迁人对拆除的房屋，按其价值，以付给货币的方式对被拆迁人的经济损失进行补偿。货币补偿的金额，按等价有偿的基本原则，根据被拆迁房屋的区位、用途、建筑面积等因素，以房地产市场评估价格确定。

被拆迁房屋的区位，是指房屋的地理位置，主要包括在城市或区域中的地位，与市中心、机场、港口、车站、政府机关、同业等重要场所的距离、往来交通的便捷性及其房屋周围环境、景观等。

被拆迁房屋的用途是指其所有权证书上所标明的用途，所有权证书上未标明用途的，以产权档案中记录的用途为准。产权档案中也未记录用途的，以实际用途为准，但其实际用途必须是已依法征得规划部门同意，并取得合法手续的方为有效。

在确定补偿金额时，除房屋的区位、用途和建筑面积外，还应考虑被拆迁房屋的成新程度、权益状况、建筑结构形式、使用率、楼层、朝向等因素。

2. 产权调换

所谓产权调换，就是拆迁人以其他的或再建的房屋与被拆迁人的被拆迁房屋相交换，使被拆迁人对拆迁人提供的房屋拥有所有权。

产权调换时，拆迁人与被拆迁人应按规定计算出被拆迁房屋的补偿金额和所调换房屋的价格，然后结清产权调换的差价。

所调换房屋的价格，如是通过购买方式取得的，原则上不得高于购买价格，但购买时间较早、现已升值的除外；如是原地回迁，其价格由拆迁人与被拆迁人根据市场情况协商议定，协商不成的，则另行选择调换房屋。

拆迁非公益事业房屋的室外厕所、门斗、烟囱、化粪池等附属物，不作产权调换，只给予货币补偿。

（三）拆迁补偿的具体规定

1. 对公益事业房屋及其附属物的拆迁补偿

《城市房屋拆迁管理条例》对拆除用于公益事业的房屋及其附属物规定了两种补偿方式：依法重建、货币补偿。

在采用重建方式予以补偿时，必须满足有关法律、法规的规定和城市规划的要求。采用货币补偿时，补偿金额按前述方法，以房地产市场评估价格确定。

2. 对租赁房屋的拆迁补偿

对租赁房屋的拆迁补偿，《城市房屋拆迁管理条例》对两种不同情况分别做出了规定。

（1）被拆迁人与房屋承租人已解除了租赁关系，或被拆迁人对房屋承租人已进行了安置，由拆迁人对被拆迁人进行补偿。是采用货币补偿或产权调换，由被拆迁人选择。

（2）被拆迁人与房屋租赁人达不成解除租赁关系的协议，为保护承租人的利益，规定被拆迁人只能进行产权调换，调换得来的房屋仍由原承租人承租，被拆迁人与承租人应重新订立房屋租赁合同。

3. 对产权不明确房屋的拆迁补偿安置

《城市房屋拆迁管理条例》规定："拆迁产权不明确的房屋，拆迁人应当提出补偿安置方案，报房屋拆迁管理部门审核同意后实施拆迁。拆迁前，拆迁人应当就被拆迁房屋的有关事项向公证机关办理证据保全。"

房屋产权不明确包括无产权关系证明、产权人下落不明、暂时无法考证产权的合法所有人或因产权关系在诉讼等情况，此时接受补偿安置的主体是不明确的，但决不能因此而不予补偿或降低补偿标准。为保护实际产权人的合法权益，条例特规定了拆迁人的法定义务，一是事先提出补偿安置方案，并报房屋拆迁管理部门审查批准。二是要就被拆迁房屋的有关事项向公证机关办理证据保全，以保证证据资料的法律效力，拆迁人还必须立案归档以备查用。

4. 对设有抵押权房屋的拆迁补偿

由于被拆迁房屋已先行抵押，因此，房屋的拆迁还会涉及抵押权人的利益，所以必须考虑因抵押而产生的担保法律关系。《城市房屋拆迁管理条例》规定，此种情况下"依照国家有关担保的法律执行"。目前，我国有关担保的法律主要有《中华人民共和国担保法》、《城市房地产抵押管理办法》和《最高人民法院关于试用〈中华人民共和国担保法〉若干问题的解释》等。依照上述法律有关规定，在拆除设有抵押权的房屋时，拆迁人在认定房屋抵押的有效性后，要将有关拆迁事宜及时通知抵押权人。抵押人与抵押权人经协商解除抵押合同的，在抵押权人认可后，拆迁人可将拆迁补偿款付给被拆迁人；如不能解除抵押关系，则按法定清偿顺序进行清偿。不足清偿的，由抵押权人依法向抵押人追偿。

三、房屋拆迁安置与补助

（一）房屋拆迁安置

拆迁安置是拆迁人因拆除被拆迁人的房屋而对被拆除房屋使用人所做的用房安排处置。拆迁安置可分为长期安置和临时安置。长期安置是拆迁人一次性解决房屋使用人的安置问题，它包括货币补偿和现房产权调换。临时安置是指一次性安置有困难时，由拆迁人为被拆迁房屋使用人提供临时周转用房或被拆除房屋使用人自行寻找房屋过渡而由拆迁人付给临时安置补助费的一种安置方式。拆迁人必须提供符合国家质量安全标准的房屋，用于拆迁安置。而周转房的使用人也应按时腾、退周转房，不得在取得安置用房之后拒不迁走，也不得强占周转房。

（二）房屋拆迁补助

房屋拆迁补助是指拆迁人对被拆迁人或房屋承租人因房屋拆迁而产生的一些费用的必要补助，它包括：搬迁补助费、临时安置补助费和停产、停业补偿费。

1. 搬迁补助费

由于房屋被拆迁，该房屋的使用人必须搬迁至其他地方，而这必然会发生一定的费用，拆迁人对此理应承担一定的责任。所以《城市房屋拆迁管理条例》规定，拆迁人应支付给拆迁房屋使用人搬迁补偿费，当房屋是由被拆迁人自己使用的，付给被拆迁人；当房屋是由承租人使用的，则支付给承租人。搬迁补偿费标准由各省、自治区、直辖市人民政府规定。

2. 临时安置补助费

临时安置补助费，是指拆迁人对被拆迁人或者房屋承租人在过渡期内自行安排住处可能发生费用的补助，通常又称为过渡费。临时安置补助费的付费期限为整个过渡期，即拆迁协议中约定的将被拆迁房屋交由拆迁人拆除之日起至搬迁至拆迁人提供的新安置用房之日止的时间。临时安置补助费标准由各省、自治区、直辖市人民政府规定。对于被拆迁人或房屋承租人使用由拆迁人提供的周转房的，拆迁人将不付给临时安置补助费。

如因拆迁人的责任延长过渡期限的，不管是自行安排住处的，还是使用拆迁人提供的周转房的，拆迁人都应自逾期之日起向被拆迁人或房屋承租人付给临时安置补助费。

3. 停产、停业补偿费

停产、停业补偿费，是指在拆迁生产、经营用房时，拆迁人给予被拆迁人因拆迁而造成的停产、停业损失的适当补偿。它只在采用产权调换这种方式时才会发生。如采用货币补偿方式，在评估作价时，对停产、停业的损失已做充分考虑，所以，不再另行付给停产、停业补偿费。

补偿标准由各地具体规定，实际操作中可委托评估机构进行评估。

第六节 房地产权属登记管理

房地产产权登记管理，是指国家有关房地产行政主管部门代表政府对房地产产权及其合法变动情况，予以审查、确认、记载，并颁发相应证书的管理活动。房地产产权登记制度能够确认和保护房地产权利人的合法权益，能够保证房地产权利人取得、变更房地产的法律效力，便于加强国家对房地产工作的管理，并能成为有关国家机关处理房地产权属纠纷提供必要的依据。因此，《城市房地产管理法》第59条明确规定："国家实行土地使用权和房屋所有权登记发证制度。"

一、土地登记管理

土地产权登记主要包括土地使用权登记、土地所有权登记和土地他项权利登记。土地产权登记的法律凭证有《国有土地使用权证》、《集体土地所有权证》和《土地他项权利证明书》。

按照2008年2月1日起实施的中华人民共和国国土资源部第40号令《土地登记办法》的规定，地产产权登记分为土地总登记、初始登记、变更登记、注销登记和其他登记。

（一）土地总登记

土地总登记是指在一定时间内对辖区内全部土地或特定区域的土地进行的全面登记。土地总登记应当发布公告，对符合总登记要求的宗地，由国土资源行政主管部门予以公告。

（二）初始登记

初始登记，是指申请人为设定土地使用权、所有权和他项权利，而依法向土地管理部门申请进行登记的活动，分为以下几种情况：

（1）以划拨方式取得土地使用权的，新开工的大中型建设项目使用划拨国有土地的，建设单位应当在接到县级以上人民政府发给的建设用地批准书之日起30日内，持建设单位用地批准书申请土地预登记，建设项目竣工验收以后，建设单位应当在竣工验收之日起30日内，持建设项目竣工验收报告和其中有关文件申请国有土地使用权登记；其他项目使用划拨国有土地的，土地使用单位或者个人应当在接到县级以上人民政府批准用地文件之日起30日内，持批准用地文件申请国有土地使用权设定登记。

（2）以出让方式取得土地使用权的，受让方应当在按出让合同约定支付全部土地使用权出让金后30日内，持土地使用权出让合同和土地使用权出让金支付凭证申请土地使用权设定登记。

（3）国家将国有土地使用权作价入股方式让与股份制企业的，该企业应当在签订入股合同之日起 30 日内，持土地使用权入股合同和其他有关证明文件申请土地使用权设定登记。

（4）依法向政府土地管理部门承租国有土地的，承租人应当在签订租赁合同之日起 30 日内，持土地租赁合同和其他有关证明文件申请土地使用权设定登记。

（5）依法抵押土地使用的，当事人应当在抵押合同签订后 15 日内，持抵押合同以及有关文件申请土地使用权抵押登记。土地管理部门应当在被抵押土地的土地登记卡上登记，并向抵押权人颁发土地他项权利证书。

同一宗地多次抵押时，以收到抵押登记申请先后顺序办理抵押登记和实现抵押权。

（6）有出租权的土地使用者依法出让土地使用权的，出租人与承租人应当在租赁合同签订后 15 日内，持租赁合同及有关文件申请土地使用权出租登记。土地管理部门应当在出租土地的土地登记卡上进行登记，并向承租人颁发土地他项权利证书。

（三）变更登记

变更登记，是指申请人为变更土地使用权、所有权和他项权利，而依法向土地管理部门申请登记的活动。申请变更土地使用权登记，申请者应当按规定申报地价；未申报地价的，按宗地标定地价进行登记。变更土地权利登记主要有以下几种情况：

（1）划拨土地使用权依法办理土地使用权出让手续的，土地使用者应当在缴纳土地使用权出让金后 30 日内，持土地使用权出让合同、出让金缴纳凭证及原《国有土地使用证》申请变更登记。

（2）企业通过出让或者国家入股等形式取得的土地使用权，再以入股方式转让的，转让双方当事人应当在入股合同签订之日起 30 日内，持出让或者国家入股等方式取得土地使用权的合法凭证、入股合同和原企业的《国有土地使用证》申请变更登记。

（3）集体土地所有者将集体土地使用权作为联营条件兴办三资企业和内联企业的，双方当事人应当在联营合同签订后 30 日内，持县级以上人民政府批准文件和入股合同申请变更登记。

（4）依法转让土地使用权的，即因买卖、转让地上建筑物、附着物等一并转移土地使用权的，土地使用权转让双方当事人应当在转让合同或者协议签订后 30 日内，涉及房产变更的，在房产变更登记发证后 15 日内，持转让合同或者协议、土地税费缴纳证明文件和原土地证书等申请变更登记。

房屋所有权变更而使土地使用权变更的，在申请变更登记时，应当提交变更后的房屋所有权证书。

（5）因单位合并、分离、企业兼并等原因引起土地使用权变更的，有关方面应当在合同签订后 30 日内或者在接到上级主管部门的批准文件后 30 日内，持合同或者上级主管部门的批准文件和原土地证书申请变更登记。

（6）因交换、调整土地而发生土地使用权、所有权变更的，交换、调整土地的各方应当在接到交换、调整协议批准文件后 30 日内，持协议、批准文件和原土地证书共同申请变更登记。

（7）因处分抵押财产而取得土地使用权的权利人和原抵押人应当在抵押财产处分后

30 日内，持有关证明文件申请变更登记。

（8）商品房预售。预售人应当在预售合同签订后 30 日内，将预售合同报县级以上人民政府房产管理部门和土地管理部门登记备案簿，记录预售人和预购人名称、商品房所占土地位置、预售金额、交付使用日期、预售面积等内容。

（9）出售公有住房，售房单位与购房职工应当在县级以上地方人民政府房产管理部门登记房屋所有权之日起 30 日内，持公房出售批准文件、售房合同、房屋所有权证书和售房单位原土地证书申请变更登记。

（10）土地使用权抵押期间，抵押合同发生变更的，土地使用权出租期间，租赁合同发生变更的及变更其他土地他项权利的，当事人应当在变更之日起 15 日内申请变更登记。

（11）依法继承土地使用权和土地他项权利的，或涉及其他形式的土地使用权、所有权和土地他项权利变更的，继承人或其他当事人应当在发生变更之日起 30 日内，持有关证明文件申请变更登记。

（12）土地使用者、所有者和土地他项权利享有者更改名称、地址和依法变更土地用途的，必须依照规定向土地管理部门申请登记。

（四）注销登记

集体所有的土地依法被全部征收或者农业集体经济所属成员依法转为城镇居民的；县级以上人民政府依法收回国有土地使用权的；国有土地使用权出让或者租赁期满，未申请续期或者续期申请未获批准的；因自然灾害等造成土地权利灭失的；土地他项权利终止的，土地使用者、所有者和土地他项权利享有者，均应依法办理注销登记。土地使用者、所有者和土地他项权利享有者未按照规定申请注销登记的，土地管理部门可以依照规定直接注销土地登记，注销土地证书。

（五）其他登记

其他登记包括更正登记、异议登记、预告登记和查封登记。

土地登记簿记载的事项被发现确有错误，可进行更正登记。土地登记簿记载的权利人不同意更正的，利害关系人可申请异议登记。当事人签订土地权利转让协议后，可以按照约定持转让协议申请预告登记。国土资源行政主管部门根据人民法院提供的查封裁定书和协助执行通知书对被查封的土地进行查封或预查封登记。

二、房屋登记管理

（一）房屋登记概述

1. 房屋登记的概念

根据中华人民共和国建设部第 168 号令《房屋登记办法》的规定，所谓房屋登记，是指房屋登记机构依法将房屋权利和其他应当记载的事项在房屋登记簿上予以记载的行为。房屋登记由房屋所在地的房屋登记机构办理，房屋登记机构应当建立本行政区内统一的房屋登记簿。房屋登记簿是房屋权利归属和内容的根据，由房屋登记机构管理。

2. 房屋登记机构

根据《房屋登记办法》的规定，房屋登记机构是指直辖市、市、县人民政府建设（房地产）主管部门或其他设置的负责房屋登记工作的机构。

国务院建设主管部门负责指导、监督全国的房屋登记工作。省、自治区、直辖市人民政府建设（房地产）主管部门负责指导、监督本行政区域内的房屋登记工作。

(二) 房屋权属登记种类

1. 所有权登记

房屋所有权登记包括新建房屋的所有权初始登记、房屋所有权转移登记、房屋所有权变更登记、房屋所有权注销登记。

(1) 新建房屋的所有权初始登记

合法建造房屋申请房屋所有权初始登记的，应当向登记机关提交登记申请书、申请人身份证明、建设用地使用权证明、建设工程符合规划的证明、房屋已竣工的证明、房屋测绘报告以及其他必要材料。

房地产开发企业申请房屋所有权初始登记时，应当对建筑区划内依法属于全体业主共有的公共场所、公用设施和服务用房等房屋一并申请登记，由房屋登记机构在房屋登记簿上予以记载，不颁发房屋权属证书。

(2) 房屋所有权转移登记

发生买卖、互换、赠与、继承、受遗赠、房屋分割、合并导致所有权发生转移的，以房屋出资入股、法人或其他组织分立、合并导致房屋所有权转移，以及法律、法规规定的其他情形的，当事人应当在有关法律文件生效或事实发生后申请房屋所有权转移登记。

(3) 房屋所有权变更登记

发生下列情形之一的，权利人应当在有关法律文件生效或事实发生后申请房屋所有权变更登记：①房屋所有权人的姓名或名称变更的；②房屋坐落的街道、门牌号或房屋名称变更的；③房屋面积增加或减少的；④同一所有权人分割、合并房屋的；⑤法律、法规规定的其他情形。

(4) 房屋所有权注销登记

经依法登记的房屋发生下列情形之一的，房屋登记簿记载的所有权人应当自事实发生后申请房屋所有权注销登记：①房屋灭失的；②放弃所有权的；③法律、法规规定的其他情形。

2. 抵押权登记

所谓抵押，是指债务人或第三人不转移对《担保法》第34条所列财产的占有，将该财产作为债权的担保，债务人不履行债务时，债权人有权依法以该财产折价或拍卖、变卖该财产的价款优先受偿。房地产抵押登记，是房地产他项权利登记的主要内容，是房地产管理部门代表政府做出的行政行为，其主要作用是公示。房屋抵押登记包括房屋抵押权设立登记、房屋抵押权变更登记和房屋抵押权注销登记。

申请房屋抵押权登记，应当提交下列文件：登记申请书，申请人的身份证明，房屋所有权证书或房地产权证书，抵押合同，主债权合同，其他必要材料。抵押合同自抵押登记之日起生效。

3. 地役权登记

所谓地役权是指为自己土地之便利而使用他人土地的权利。地役权对调整相邻土地关系，充分发挥土地资源的社会价值具有积极作用。在房屋上设立地役权的，当事人可以申请地役权设立登记。已登记的地役权发生变更、转让或消灭的，当事人应当申请变更登记、转移登记、注销登记。

4. 预告登记

当事人签订买卖房屋或者其他不动产物权的协议，为保障将来实现物权，按照约定可以向登记机构申请预告登记。有下列情形之一的，当事人可以申请预告登记：①预购商品房；②以预购商品房设定抵押；③房屋所有权转让、抵押；④法律、法规规定的其他情形。债权消灭或者自能够进行相应的房屋登记之日起3个月内，当事人申请房屋登记的，房屋登记机构应当按照预告登记事项办理相应登记。预告登记后，未经预告登记的权利人同意，处分该房屋申请登记的，房屋登记机构应当不予办理。

5. 其他登记

权利人、利害关系人认为房屋登记簿记载的事项有错误，可以申请更正登记。利害关系人认为房屋登记簿记载的事项错误，而权利人不同意更正的，利害关系人可以持登记申请书、申请人的身份证明、房屋登记簿记载的错误的证明文件材料申请异议登记。

（三）房屋权属登记程序

1. 申请

申请人应当向房屋所在地的房屋登记机构提出申请，提交申请登记材料，并对材料的真实性、合法性、有效性负责。共有房屋，应当由共有人共同申请登记；未成年人的房屋，应当由其监护人代为申请登记；委托代理人申请房屋登记的，代理人应当提交授权委托书和身份证明。申请房屋登记的，申请人应当按照国家有关规定缴纳登记费。

2. 受理

申请人提交的申请登记材料齐全且合法定形式的，应当予以受理，并且出具书面凭证。申请人提交的申请登记材料不齐全或者不符合法定形式的，应当不予受理，并告知申请人需要补正的内容。

3. 审核

房屋登记机构应当查验申请登记材料，并根据不同登记申请就申请登记事项是否是申请人的真实意思表示、申请登记房屋是否为共有房屋、房屋登记簿记载的权利人是否同意更正，以及申请登记材料中须进一步明确的其他有关事项询问申请人。询问结果应当经申请人签字确认，并存档保留。

4. 记载于登记簿

登记申请符合条件的，房屋登记机构应当予以登记，将房屋自然状况、权力状况及其他依法应当登记的事项记载于房屋登记簿。房屋登记簿可以采用纸介质，也可采用电子介质。

5. 发证

房屋登记机构应当根据房屋登记簿的记载，缮写并向权利人发放房屋权属证书。房屋登记机构认为必要时，可以就登记事项进行公告。

第七节　物　业　管　理

一、物业管理概述

1. 物业管理的概念

物业管理又称物业服务，是指物业服务企业接受业主（即房屋所有权人）的委托，依据合同约定，对房屋及与之相配套的设备、设施和相关场地进行专业化维修、养护、维护相关区域内环境卫生和公共秩序，并提供相关服务活动。物业管理是集管理、经营、服务为一体的，走社会化、专业化、企业化经营之路，最终目的是实现社会效益、经济效益、环境效益的统一。

为规范物业管理服务行为，明确物业所有权人、使用权人和物业服务企业之间的法律关系和责任，保障业主和物业服务企业的合法权益，推进物业管理服务的市场化进行，促进和谐社区建设，实现社会效益、经济效益和环境效益的共同提高，国家先后发布了一系列重要的物业管理法规。我国现行的与物业管理有关的主要法规有：

《城市新建住宅小区管理办法》（1994年3月建设部发布）；《城市住宅小区物业管理服务收费暂行办法》（1996年2月国家计划委员会、建设部联合发布）；《物业管理委托合同示范文本》（1997年8月建设部、国家工商行政管理局联合发布）；《物业管理企业财务管理规定》（1998年3月财政部发布）；《关于进一步深化城镇住房制度改革加快住房建设的通知》（1998年7月国务院发布）；《住宅共用部位共用设施设备维修基金管理办法》（1998年12月建设部、财政部联合发布）；《物业管理条例》（2003年6月国务院颁布2007年修订）；《关于促进房地产市场持续健康发展的通知》（2003年8月国务院发布）；《物业管理企业资质管理办法》（2004年3月建设部发布）；《中华人民共和国物权法》（2007年3月十届全国人大第五次会议通过）。

2. 物业管理的性质和职能

（1）物业管理的性质

是一种社会化、专业化经营型的管理服务：

1）物业管理是一种社会化的管理服务模式，它变多个产权单位、多个管理部门的多头、多家管理为一家统一管理，从而提高了对物业的社会化管理程度。

2）物业管理是一种专业化的管理服务，它是由专门的物业管理企业通过法律法规的规定或合同的约定，按照产权人的意志和要求，利用专门的技术和管理手段，对合同中约定的物业，在其职权范围内提供的专业化管理服务。

3）物业管理是一种经营型管理服务。物业管理企业通过自己的管理服务活动，使物业产权人的权利和利益得到保障，作为收益人的物业产权人应按合同的约定，向物业管理企业支付报酬。

（2）物业管理的职能

主要有以下三种职能：

1）服务。服务是物业管理的主要职能。服务的内容主要有：公共服务，即为物业的产权人和使用人提供经常性基本服务，如治安、消防、绿化、环卫等；专项服务，如各种设备、设施的维修等；特约服务，即为满足特定的物业产权人的特别需求而提供的服务，如代管房屋，代托小孩，代请医生等。

2）管理。管理是物业管理为完成服务职能而必须具有的另一职能，它是依据物业管理企业与物业所有权人签订的合同进行的综合管理，内容主要有：制定物业管理服务的各种规章制度，如管理标准、操作规范、服务标准、物业区管理办法等；协调物业所有人相互之间的关系；管理物业档案等。

3）经营。根据物业产权人的需要，可以实行多种经营，以其收益补充小区管理服务经费。

二、业主及业主大会

（一）业主的权利和义务

业主是房屋的所有权人，业主的财产权利是物业管理的基础。《物业管理条例》第6条规定，业主在物业管理活动中享有以下权利：

(1) 按照物业服务合同的约定，接受物业管理企业提供的服务；

(2) 提议召开业主大会，并就物业管理的有关事项提出建议；

(3) 提出制定和修改业主公约、业主大会议事规则的建议；

(4) 参加业主大会会议，行使投票权；

(5) 选取业主委员会委员，并享有被选举权；

(6) 监督业主委员会的工作；

(7) 监督物业管理企业履行物业服务合同；

(8) 对物业共用部位、共用设施设备和相关场地使用情况享有知情权和监督权；

(9) 监督物业共用部位、共用设施设备专项维修资金的管理和使用；

(10) 法律、法规规定的其他权利。

业主在物业管理活动中，履行下列义务：

(1) 遵守业主公约、业主大会议事规则；

(2) 遵守业主管理区域内物业共用部位和共用设施设备的使用、公共秩序和环境卫生的维护等方面的规章制度；

(3) 执行业主大会的决定和业主大会授权业主委员会做出的决定；

(4) 按照国家有关规定缴纳物业共用部位共用设施设备的专项维修资金；

(5) 按时缴纳物业服务费用；

(6) 法律、法规规定的其他义务。

（二）业主大会

业主大会由物业管理区域内的全体业主组成，业主大会应当代表和维护物业管理区域内全体业主在物业管理活动中的合法权益。业主大会分为定期会议和临时会议，业主大会定期会议应当按照业主大会议事规则的规定召开，经20%以上的业主提议，业主委员会组织召开业主大会临时会议。

业主大会会议可以采用集体讨论的形式，也可以采用书面征求意见的形式，但应当有物业管理区域内持有1/2以上投票权的业主参加。业主大会做出的决定，必须经与会业主所持投票权1/2以上通过。业主大会做出制定和修改业主公约、业主大会议事规则，选聘和解聘业主物业管理企业，专项维修资金使用和续筹方案的决定，必须经物业管理区域内全体业主所持投票权2/3以上通过。业主大会做出的决定对物业管理区域内的全体业主具有约束力。

《物业管理条例》第11条规定，业主大会履行以下职责：

(1) 制定、修改业主公约和业主大会议事规则；

(2) 选举、更换业主委员会委员，监督业主委员会的工作；

(3) 选聘、解聘物业管理企业；

(4) 决定专项维修资金使用、筹续方案，并实施监督；

(5) 制定、修改物业管理区域内物业共用部位和共用设施设备的使用、公共秩序和环

境卫生维护方面的规章制度;

(6) 法律法规或业主大会议事规则规定的其他有关物业管理的职责。

（三）业主委员会

业主委员会是业主大会的执行机构。业主委员会委员应当由热心公益事业、责任心强、具有一定组织能力的业主担任，业主委员会主任、副主任在业主委员会会员中推选产生。只有一个业主，或业主人数较少且经全体业主一致同意，决定不成立业主大会的，由业主共同履行业主大会、业主委员会职责。

《物业管理条例》第 15 条规定，业主委员会履行下列职责：

(1) 召开业主大会，报告物业管理的实施情况；

(2) 代表业主与业主大会选聘的物业管理企业签订物业服务合同；

(3) 及时了解业主、物业使用人的意见和建议，监督和协调物业管理企业履行物业服务合同；

(4) 监督业主公约的实施；

(5) 物业大会赋予的其他职责。

三、住宅小区管理

（一）住宅小区管理的基本原则

1. 服务第一，方便群众

住宅小区管理的目的就是为了尽可能地满足人民群众居住生活的需要，创造一个整洁、文明、安全、生活方便的居住环境。从事这项工作的部门、单位和个人，必须有正确的指导思想和端正的经营作风，树立"为人民服务，对人民负责"的管理思想。

2. 按合同进行管理

房地产开发企业在出售住宅小区房屋前，应当选物业管理公司承担住宅小区的管理，并与其签订物业管理合同。物业管理合同应当明确：管理项目、管理内容、管理费用、双方权利和义务、合同期限、违约责任等。房地产开发企业在办理售房手续时，应在买卖合同中对房地产产权人有承诺遵守小区管理办法的约定。房地产产权人与使用人分离时，应在租赁合同中对使用人有承诺遵守小区管理办法的约定。

3. 统一管理与综合服务相结合

针对住宅小区的产权多元、管理项目多样化的客观现实，必须按照社会化、专业化的要求组织实施住宅小区的统一管理和综合服务。经过几年的实践探索，将过去按产权分散管理的体制逐步转化为按区域进行综合管理。实行管理与服务相结合，变被动管理为主动管理，变按产权多头管理为成片综合管理，变只管房屋为房屋与环境一起管，从而创造一套全新造福于民的住宅小区管理体系。实践证明，只有按照住宅小区的客观实际，实行统一管理与综合服务，才能实施有效的、可行的管理。

（二）住宅小区的管理内容

住宅小区管理是房地产经营管理的一个重要组成部分，与房屋的维修管理、租赁管理等内容密切相关。这里所讲的主要是与住宅小区特点相关的管理内容，其他内容则不再过多阐述。

(1) 房屋及设备的维护与修缮管理。通过对房屋及设备的维护与修缮管理，可以保证房屋设备及住户的安全和有效使用，延长住宅的使用年限，最大限度地发挥其效益。

(2) 住宅小区环境的维护管理。住宅小区环境的维护管理主要包括对住宅小区内市政公用设施、环境卫生、绿化、治安和车辆交通等的管理。

(3) 开展多种形式的便民有偿服务。住宅小区与人民的生活密切相关,随着家庭劳动的社会化,各地住宅小区开展了许多便民服务项目,向居民提供多层次、多项目的综合性服务。

(三) 物业管理公司的职责

(1) 根据有关法规,制定小区管理办法;

(2) 依照物业管理合同和小区管理办法对住宅小区实施管理;

(3) 依照物业管理合同和有关规定收取管理费用;

(4) 组织综合性的生活服务项目,开展便民有偿服务;

(5) 加强社会主义精神文明建设,开展创建文明住宅小区活动;

(6) 维护居民的正当权益,向所在行政区人民政府及有关部门反映居民的意见和要求。

第八节 房地产管理中的法律责任

一、房地产违法与法律责任

1. 房地产违法的概念

房地产违法,是指违反房地产法律规定,依法应承担法律责任的行为。这种行为,包括同房地产法律规范的要求相对立的行为和超越房地产法律规范允许范围的行为。亦即房地产法律关系的主体对房地产法禁止行为而为之,对房地产法规定应为之行为而不为,从而违反了房地产法律规范。

2. 房地产违法的种类

房地产违法按其性质来划分,可分为房地产行政违法、房地产民事违法、房地产刑事违法三大类。

房地产行政违法,是指违反房地产行政法律规范,依法应当承担行政法律责任的行为。它可分为两种情况。一种是国家机关及其工作人员在履行自己职责时违反房地产法律规范的行为;另一种是公民、法人或其他社会组织违反房地产行政法律规范的行为。

房地产民事违法,是指违反房地产民事法律规范,依法应当承担民事法律责任的行为。这些行为主要包括侵犯国有土地使用权;违反房屋所有权;侵犯房地产买卖、赠与、继承、抵押、典当和房屋租赁等合同的行为。

房地产刑事违法,是指违反房地产刑事法律规范,依法应当承担刑事法律责任的行为。如《城市房地产管理法》第七十条所规定的房产管理部门、土地管理部门工作人员玩忽职守滥用职权;或利用职务上的便利,索取他人财物,或非法接受他人财物为他人谋取利益,构成犯罪的,依法追究其刑事法律责任。

3. 房地产法律责任

房地产法律责任,是指由房地产违法行为引起的依法所应承担的带有强制性的责任。这种责任与道义责任、纪律责任不同,它是国家以其强制力作后盾,对房地产违法行为人造成的危害后果的追究。

房地产法律责任与房地产违法相对应,从性质上来划分,可分为房地产行政法律责任、房地产民事法律责任、房地产刑事法律责任。

二、房地产行政法律责任

房地产行政法律责任,是指由房地产法律规范规定,以国家强制力作后盾,通过行政法程序,追究房地产违法行为人的责任。

根据我国《城市房地产管理法》的规定,房地产行政法律责任的承担方式分为行政处分和行政处罚两类。

1. 行政处分

下列情形给予违法者相应的行政处分:

(1) 擅自批准出让或者擅自出让土地使用权用于房地产开发的,由上级机关或者所在单位给予有关责任人员行政处分;

(2) 没有法律、法规的依据,向房地产开发企业收费,情节严重的,由上级机关或者所在单位给予直接责任人员行政处分;

(3) 房产管理部门、土地管理部门工作人员玩忽职守,滥用职权,不构成犯罪的,给予行政处分;

(4) 房产管理部门、土地管理部门工作人员利用职务上的便利,索取他人财物,或者非法收受他人财物为他人谋取利益,不构成犯罪的,给予行政处分。

行政处分的形式有警告、记过、记大过、降级、撤职、开除六种。

2. 行政处罚

下列情形给予违法者相应的行政处罚:

(1) 未取得营业执照擅自从事房地产开发业务的,由县级以上人民政府工商行政管理部门责令停止房地产开发业务活动,没收违法所得,可以并处罚款;

(2) 未按照出让合同约定支付全部土地使用权出让金,并取得土地使用权证书,转让土地使用权的,由县级以上人民政府土地管理部门没收违法所得,可以并处罚款;

(3) 以划拨方式取得土地使用权,转让房地产时,未按国务院规定报批,或未依照国家有关规定缴纳土地使用权出让金的,由县级以上人民政府土地管理部门责令缴纳土地使用权出让金,没收违法所得,可以并处罚款;

(4) 没有交付全部土地使用权出让金,并取得土地使用权证书,预售商品房的,由县级以上人民政府房产管理部门责令停止预售活动,没收违法所得,可以并处罚款;

(5) 未取得营业执照擅自从事房地产中介服务的,由县级以上人民政府工商行政管理部门责令停止房地产中介服务业务活动,没收违法所得,可以并处罚款。

三、房地产民事法律责任

房地产民事法律责任是指由房地产民事法律规范规定,以国家强制力作后盾,通过民事法律程序追究房地产违法人的责任。

房地产民事法律责任通过民事法律程序予以追究。原则上应由民事权利被侵害人主张。人民法院无主动追究民事责任的职能。

根据我国《民法通则》的有关规定,房地产民事法律责任的承担方式有以下几种:

1. 确认房地产产权

当房屋所有权、土地所有权、土地使用权归属不明,双方当事人为其发生争议时,当事人可以向人民法院或仲裁机构提起诉讼或仲裁申请,确认房地产权归属。

2. 停止侵害

在房地产权属明确的前提下,如果权利人所有或使用的房地产受到他人不法侵害时,权利人可诉请人民法院责令侵害人停止侵害。

3. 排除妨碍

房地产权利人在行使房地产权利时,如果受到他人妨碍,可诉请人民法院排除妨碍。

4. 消除危险

当他人的行为可能对房地产权利人的房地产造成危险时,房地产权利人可诉请人民法院责令行为人消除危险。

5. 返还房地产产权

当房地产权利人的房地产被他人非法占有时,房地产权利人可诉请人民法院责令违法房地产人返还该房地产产权。

6. 恢复原状

当房地产权利人的房地产被他人损坏、拆除或变更物质形态时,房地产权利人可诉请人民法院责令恢复原状。

7. 赔偿损失

当房地产因受他人不法侵害而造成损失,而又无法恢复原状时,房地产权利人可诉请人民法院责令其赔偿损失。

8. 返还不当得利

对他人因侵害房地产权利人的房地产权而得到不具有法律依据的收益时,可诉请人民法院返还不当得利。

上述房地产民事责任的承担方式,可单独适用,也可合并适用。

四、房地产刑事法律责任

房地产刑事法律责任,是指由房地产刑事法律规范规定,以国家强制力作后盾,通过刑事法律程序,追究房地产违法人的责任。

房地产刑事法律责任是违反房地产法最严重的一种法律责任。

根据《城市房地产管理法》第七十条的规定,房产管理部门、土地管理部门工作人员玩忽职守,滥用职权,构成犯罪的,依法追究刑事责任。房产管理部门,土地管理部门工作人员利用职务上的便利,索取他人的财物,或者非法收受他人财物为他人谋取利益,构成犯罪的,依照惩治贪污罪贿赂罪的补充规定追究刑事责任。

案 例 分 析

【案例1】 王某急需住房,同事张某恰好有二手房出售,于是双方订立了买卖协议,约定王某向张某支付房价款80万,张某将房屋所有权转移给王某。双方到房产部门办理过户手续,房产部门因故当天不办公。因此双方约定,王某先付款80万,张某把房交付给王某居住,以后另订时间补办过户手续。在之后的一年中,王某多次找张某同去办理过户,张某一直以各种理由拒绝。王某入住该房一年后,该房被市政划入拆迁范围,由某开发公司负责拆迁。此时张某找到开发公司,声称王某居住的房屋产权人系自己,开发公司应与自己订立私房拆迁补偿协议,为自己安排住房。王某则主张所住的房屋已由自己买下，现在由于张某的过失未办过户，开发公司应给自己安置。开发公司认为，王某和张某的买卖行为是不合法的，王某的权益无法得到法律保护，要求王某在拆迁前自己找住处搬家。王某遂诉至法院，认为张某违约，要求其承担违约赔偿责任，并要求开发公司为自己安置住房。一审法院对本案判决如下：①双方的房屋买卖关系无效；②张某从房款中扣除17500元作为租金，剩余款返还王某；③开发公司拆迁前，给王某安排住房。王某不服一审判决，提起上诉。

【简析】 本案是一起由产权未办过户引发的拆迁法律纠纷，分析如下：

(1) 一审法院对于双方买卖关系无效的判决有误。

房屋买卖合同是债的关系，在不违背法律、行政法规强制规定的前提下奉行意思自治原则，买卖合同即有效成立。就本案而言，房屋买卖是双方当事人真实意思表示，双方具有合格的行为能力，没有违反法律法规规定，没有损害社会公益，其买卖关系有效成立。产权过户登记并不是房屋买卖合同的有效要件，不能以未办过户手续否定买卖关系的效力。故在本案中，王某与张某的房屋买卖关系是合法有效的。

(2) 王某无法主张享有房屋产权。

产权过户手续是不动产物权变动的生效要件。物权具有强大的对世效力，为保护第三人的交易安全，要求物权必须以公示方式取得。本案中，虽然房屋买卖各方订立协议，王某交付了房款并已入住，但由于未办理产权过户登记手续，不发生所有权转移的法律效果，王某仍不是该房的产权人，他只享有基于债的关系的对房屋合法的使用权。

(3) 王某可以主张开发公司为自己安置住房。

王某尽管不是产权人，但已使用被拆迁房屋达1年之久。根据《城市房屋拆迁管理条例》规定，被拆除房屋及其附属物的使用人也是被拆迁人，拆迁人有义务与被拆除房屋使用人订立拆迁安置协议，依照《城市房屋拆迁管理条例》的规定予以安置。开发公司让王某另找住处，不予安置的行为违反拆迁条例的规定，侵害了王某的合法权益，故法院判定开发公司为王某安置住房是正确的。

(4) 王某可以向张某主张权利。

王某与张某的房屋买卖合同有效，张某依约负有协助王某办理产权过户的义务，王某就此享有对张某的登记请求权。张某不履行协助王某办理产权过户的行为属于违约行为，应承担违约责任。王某可以选择以下方式之一主张其权利：①王某主张买卖合同继续履行，请求法院判令张某协助自己办理产权过户手续，并承担违约责任；②王某主张解除合同，恢复原状，由张某承担损害赔偿责任。

【案例2】 甲、乙、丙系三兄妹。2001年，其父母相继去世，留有二层小楼一幢。由于乙和丙常年在外工作，所以兄妹三人并未对房屋进行分割，而是由甲一家居住。之后，甲持房屋产权证到房地产管理部门进行了产权变更，将房屋登记在自己一人名下。2002年7月，甲与李某签订房屋买卖合同，将该幢小楼卖于李某，并到房产管理部门办理了变更登记手续。同年年底，乙和丙回家探亲时得知此事，立即提出异议：认为房屋系三人共有，甲未经他们二人同意擅自出售房屋，侵犯了他们的合法权益，因此要求收回房屋。李某则凭借房屋买卖合同和房产证书，也主张对房屋的所有权。双方争执不下，乙、丙遂将甲和李某告上法庭，要求确认甲、李某之间的房屋买卖协议无效。

【简析】 本案纠纷是由于部分共有人擅自处分共有房屋所引起，房屋买卖合同的有效与否是双方当事人争执的核心问题，简要分析如下：

（1）争议房屋为三兄妹共同共有。《民法通则》第78条规定："财产可以有两个以上公民、法人共有。共有分为按份共有和共同共有。共有人按照各自的份额，对共有财产分享权利，承担义务。"本案中，争议房屋在三兄妹父母去世前，属于其父母的夫妻共同财产；父母去世后，该房屋由三兄妹共同继承。由于三兄妹未对该房屋进行实际分割，应属三兄妹共有财产。尽管甲将房屋登记在自己一人名下，但并未改变房屋为三兄妹共同共有的事实。

（2）甲和李某签订的房屋买卖合同有效。最高人民法院《关于执行＜中华人民共和国民法通则＞若干问题的意见》第89条规定："共同共有人对共有财产享有共同的权利，承担共同的义务。在共同共有关系存续期间，部分共有人擅自处分共有财产的，一般认定无效。但第三人善意、有偿取得该财产的，应当维护第三人的合法权益；对其他共有人的损失，由擅自处分共有财产的人赔偿。"本案中，甲作为争议房屋的共有人之一，在其他共有人不知情的情况下，擅自将房屋出卖与李某，其行为侵犯了其他共有人的合法权利，应属无效。但由于房屋产权证登记的产权人为甲一人，李某相信甲有权处分房屋并无过失，且双方到房地产管理部门办理了房屋过户手续，李某取得房屋出于善意。同时，李某取得争议房屋是通过买卖的方式，属于有偿取得，应保护其对房屋的所有权。由此可知，李某与甲签订的房屋买卖合同成立并已生效，房屋的所有权转归李某所有。

（3）乙、丙的损失由甲予以赔偿。出于维护交易安全的需要，法律规定了善意取得制度，以保护善意第三人的合法权益。本案中，由于李某依法善意、有偿取得了房屋的所有权，乙和丙无权再要回房屋。但乙和丙的损失是由甲擅自处分共有房屋引起，故可要求甲予以赔偿。

思 考 题

1. 简述我国房地产管理法规的立法现状。
2. 我国土地使用权出让有几种方式，分别适用什么情形？
3. 土地使用权终止的原因有哪些，终止以后能否续期使用？
4. 适宜采用划拨方式取得土地使用权的条件是什么？
5. 简述房地产开发的概念、特点和原则。
6. 成立房地产开发企业应具备哪些条件？
7. 什么是房地产交易，应遵循哪些原则？
8. 什么是房地产转让？如何办理房地产转让手续？
9. 房屋拆迁的形式有哪些？房屋拆迁时的补偿、安置、补助如何确定？
10. 简述房地产权属登记的意义和程序。
11. 什么是物业管理？物业管理中的业主享有什么权利，承担哪些义务？
12. 简述违反房地产法律法规的法律责任。

第十二章　风景名胜区法律制度

第一节　概　　述

一、风景名胜区的概念

（一）风景名胜区的概念

广义上的风景名胜区，是具有较高美学、科学与历史文化价值，以自然景观为主，融人文景观为一体，有国家典型性、代表性的特殊地域。我国的风景名胜区则是特指风景名胜集中、自然环境优美、具有一定规模和游览条件、经县级以上人民政府审定命名、划定范围，供人游览、观赏、休息和进行科学文化活动的地域。它分为国家级、省级和市、县级三级。我国国家级风景名胜区是与国际上的国家公园（National Park）相对应，同时又有自己的特点。我国国家级风景名胜区的英文名称为 National Parkof China。

风景名胜区是风景资源集中的地域。风景资源可分为自然资源与人文资源两大类，自然资源是指：山川、河流、湖泊、海滨、岛屿、森林、动植物、特殊地质、地貌、溶洞、化石、天文气象等自然景观。人文资源包括文物古迹、历史遗址、革命纪念地、园林、古建筑、工程设施、宗教寺庙等人文景物和它们所处环境以及风土人情。

1872 年，世界上第一个国家公园——美国的黄石公园诞生。100 多年来，世界上已有 124 个国家建立了 2600 多个国家公园，其面积约占地球陆地面积的 2.6%。

（二）风景名胜区的特点

风景名胜区其真正的价值在于人与自然的交流，是欣赏自然和陶冶情操的场所，也是获得爱国主义激情瑰宝之地。

风景名胜区与一般城市公园、经济开发区、度假区相比，有其自身的特点：

（1）风景名胜区是一个珍贵的资源库，它是自然遗产或是前人的文化遗产。我们后人的首要任务是对这些珍贵的遗产给予加倍的保护，使之传之后世。

（2）风景名胜区的这类资源是可供人欣赏，能给人以美感或精神熏陶的自然景物或人文景物，具有社会效益，环境效益又具有经济效益。

（3）风景名胜区的资源既是珍贵的，又是脆弱的，不可再生。

因此，其特点决定了对风景名胜区的保护是第一位的。

国际上对国家公园的认同价值是，认为国家公园是"生物基因库"，环境的指示器和自然博物馆，是研究生态系统的实验室和环境教育的课堂。现在各国也都从以上几个方面的价值趋向对国家公园予以审定。

（三）我国风景名胜区概况

我国地域辽阔、历史悠久，风景名胜资源也遍布各地，这是大自然和前人留给我们的宝贵财富，自 20 世纪 80 年代以来，我国加大了对风景名胜区的保护力度。1982 年 11 月国务院审定公布了第一批 44 个国家级风景名胜区，总面积约 1.4 万平方公里，占国土面积的 0.15%。1988 年公布了第二批共 40 个，国家级风景名胜区面积 3 万平方公里，加上省、市县级风景名胜区共 512 处，各级风景名胜区总面积为 9.6 万平方公里，占国土面积的 1%。1993 年国务院公布了第三批共 35 处，国家级风景名胜区面积约为 2.1 万平方公里。2002 年 5 月，国务院公布了第四批 32 处。截至 2007 年底，全国国家级风景名胜区已达到 187 个，省级风景名胜区约 480 处，总面积近 11 万平方公里，约占国土面积的 1.13%，基本形成了国家级、省级风景名胜区的管理体系。

这些风景名胜区集中了中国风景名胜的精华，包括了山岳、峡谷、江河、湖泊、瀑布、溶洞、冰川、火山、海滨、岛屿、森林、草原珍贵动植物、历史遗迹、革命胜地、民俗风情等各种类型的代表性景观。其中泰山、黄山、武陵源、九寨沟、黄龙、峨眉山、庐山、武夷山、云南"三江并流"、南方喀斯特和三清山等风景区，被列为世界遗产，还有一些风景区正在申报世界遗产。

风景名胜区具有山河壮丽、文化灿烂、历史积淀非常深厚、民俗风情十分丰富的特点，吸引了大量游人前去访胜猎奇，从中陶冶情操，锻炼体魄，进而激发热爱祖国的激情。它们还是研究地球变化、生物进化等自然科学的天然实验室和博物馆，其中人文景观为研究人类文明进步提供了直接的标本。通过严格保护下的合理利用，它们还能作为旅游资源加以开发，从而带动地方的经济建设，并通过开展科研文化活动产生社会效益。

二、风景名胜区管理法规现状

我国风景名胜区管理的立法工作是与国家法制的健全和完善进程同步发展的。

1983 年 3 月，国务院批转国家城建总局、国务院环境保护领导小组、国家文物局和国家旅游局《关于加强风景名胜区保护管理工作的报告》，报告系统地阐述了有关风景名胜区工作的方针、政策，并对风景名胜区资源的调查、管理体制、机构设置和规划建设等都作了明确规定。这是国家推进风景名胜区工作的一个重要的指导性文件。

1985 年 6 月 7 日，国务院颁布了《风景名胜区管理暂行条例》（以下简称《条例》）共十七条。这是我国第一个关于风景名胜区工作的行政法规。《条例》的颁布为我国风景名胜区资源保护，以及规划、建设、管理工作提供了科学的法律依据，对指导和保障风景名胜区事业健康发展起了十分重要的作用。

1985 年，全国人大批准我国加入联合国教科文组织的《保护世界文化和自然遗产公约》，这样，使得我国的风景名胜区管理工作有了国际标准，中国的风景名胜将以其珍贵的价值和绚丽的风姿展现于世界。

1987 年 6 月，城乡建设环境保护部颁布了《风景名胜区管理暂行条例实施办法》，对贯彻执行国务院的《条例》作了具体规定。

1992 年 11 月，建设部发布《风景名胜区环境卫生管理标准》。1993 年 12 月 20 日，建设部发布《风景名胜区建设管理规定》。1994 年 3 月 4 日，建设部发布《中国风景名胜区形式与展望》绿皮书，回顾了风景名胜区事业十五年来的发展历程，并对未来的发展方向及需要采取的措施作了明确的规定。

之后，国家陆续发布了其他一系列风景名胜区管理的法规。1994 年 11 月，建设部发布《风景名胜区管理处罚规定》；1995 年 3 月，建设部发布《风景名胜区安全管理标准》；1995 年 3 月，国务院办公厅印发《关于加强风景名胜区保护管理工作的通知》；2000 年 9 月，建设部发布《城市古树名木保护管理办法》；2001 年 4 月，建设部发布《国家重点风景名胜区规划编制审批管理办法》；2003年10月，建设部和国家文物局发布《关于公布中国历史文化名镇（村）（第一批）的通知》；2004年1月，建设部发布《国家重点风景名胜区审查办法》；2006年1月，建设部发布《关于命名国家园林城市的决定》。

此外，各地方人大、地方政府结合本地实际情况，制定颁布了地方性的风景名胜区管理法规、规章，如辽宁、江苏、四川、黑龙江等省都颁布了本省的风景名胜区管理条例。一些风景名胜区管理机构，如杭州西湖、苏州寒山寺、安徽黄山、云南石林等风景名胜区管理部门也都颁发了各地的风景名胜区管理办法或实施细则。

第二节 风景名胜区的保护

一、风景名胜区的审定

（一）风景名胜区审定的标准

1991年，联合国国际自然和自然保护联合会通过了关于确定国家公园标准的主要原则。我国已于1985年加入联合国《保护世界文化和自然遗产公约》；中国风景园林学会风景名胜专业委员会和中国城市规划学会风景环境学术委员会1992年11月18日在杭州西湖通过的《国家风景名胜区宣言》（《西湖宣言》）确定对我国的国家风景名胜区的审定，也基本上采用国际标准。依据此标准，风景名胜区应满足以下几个方面的要求：

（1）面积不少于10平方公里，具有优美景观，特殊生态或地形，具有国家代表性；

（2）为长期保护优美自然景观，原生动植物、特殊生态系统而设置；

（3）应由国家权力机构采取措施，限制工商业及聚居的开发，禁止伐木、采矿、建厂、放牧及狩猎等行为，以便有效地维护自然景观和生态；

（4）要维护现有的自然景观，作为现代及未来的旅游审美、科研、教育及启智的资源。

根据联合国教科文组织世界遗产委员会的确定标准，世界遗产地应该具有以下条件：

（1）反映地球进化历史主要阶段的突出范例；

（2）重要的地质过程、生物进化和人与自然环境关系的突出代表者；

（3）独特、珍稀濒危生物物种的栖息地。

（二）风景名胜区审定的程序

风景名胜区按其景物的观赏、文化、科学价值和环境质量、规模大小、游览条件等，划分为三级，即国家重点风景名胜区、省级风景名胜区、县（市）级风景名胜区。

它们的审定程序为：

（1）具有重要的观赏、文化或科学价值，景观独特，国内外著名，规模较大的定为国家重点风景名胜区。国家重点风景名胜区，由省、自治区、直辖市人民政府提出风景资源调查评价报告，报国务院审定公布；

（2）具有较重要观赏、文化或科学价值，景观有地方代表性，有一定规模和设施条件，在省内外有影响的定为省级风景名胜区。省级风景名胜区，由市、县政府提出风景名胜资源调查评价报告，报省、自治区、直辖市人民政府审定公布，并报住房和城乡建设部备案；

（3）具有一定观赏、文化或科学价值，环境优美，规模较小，设施简单，以接待本地区游人为主的定为县（市）级风景名胜区。县（市）级风景名胜区，由县（市）主管部门组织有关部门提出风景名胜资源调查评价报告，报县（市）人民政府审定，并报省级主管部门备案。

(三) 国家重点风景名胜区审查办法

(1) 申报国家重点风景名胜区，由风景名胜区所在地县级以上人民政府提出，经省级建设行政主管部门组织初评，由风景名胜区所在的省、自治区、直辖市人民政府提出申请报告，按规定程序报国务院。

(2) 对于跨市、县的风景名胜区，由所在地人民政府协商一致后，由上级人民政府向所在省、自治区、直辖市人民政府提出申请，由省、自治区、直辖市人民政府报国务院。对于跨省、自治区、直辖市的风景名胜区，由涉及的省级人民政府按规定程序联合报国务院。

(3) 申报国家重点风景名胜区必须经省（自治区、直辖市）人民政府审定公布为省（自治区、直辖市）级风景名胜区二年以上，风景名胜区面积必须在10平方公里以上。

(4) 申报国家重点风景名胜区必须提交下列材料：

①省、自治区、直辖市人民政府关于申报列为国家重点风景名胜区的请示；②风景名胜区资源调查评价报告；③国家重点风景名胜区申报书；④风景名胜区位置图、地形图、风景资源分布图、风景名胜区土地利用现状图等图件资料；⑤重要景点、景物的图纸、照片、录像带、VCD和有关材料；⑥同风景名胜区有关的省政府有关部门的审查意见；⑦批准建立省（自治区、直辖市）级风景名胜区的文件、土地使用权属证等有关资料。

(5) 申报材料必须于每年的7月1日前报送，逾期则按次年度申报工作处理。

(6) 住房和城乡建设部成立由多学科、多专业组成的国家重点风景名胜区评审委员会，负责国家重点风景名胜区的评审、复查工作。

(7) 住房和城乡建设部收到国务院办公厅批办件之后，委托专业机构对申报材料进行审查。申报材料合格的，每年10月底前派出专家考察小组赴申报风景名胜区实地考察，并向国家重点风景名胜区评审委员会提交考察评估报告。

(8) 根据各地呈送的国家重点风景名胜区申报材料、专家考察评估报告和《国家重点风景名胜区审查评分标准》，住房和城乡建设部组织评审委员会全体会议对申报项目打分表决。经评审委员会全体委员三分之二以上（包括三分之二、含委员委托的代表或书面评审意见）表决通过的风景名胜区，具备报国务院审批的资格。

(9) 住房和城乡建设部根据评审委员会的结论，并征求有关部门意见，协商一致后报国务院。

(10) 凡批准建立的国家重点风景名胜区必须在一年内编制完成风景名胜区总体规划，并按规定程序报国务院审批。

(11) 国家重点风景名胜区必须每年就风景名胜区的资源保护、规划编制及实施、基本建设、旅游发展、组织机构等内容提交书面报告。

(12) 住房和城乡建设部对国家重点风景名胜区实行定期检查。对未按要求编制总体规划或严重违背总体规划、造成风景资源破坏的风景名胜区提出警告和书面整改意见，并在系统内通报。

(13) 国家重点风景名胜区在接到整改意见后，必须在限期内进行整改，并取得明显成效。对于不进行整改或整改无效、已不具备国家重点风景名胜区条件的，由住房和城乡建设部报请国务院撤销其命名。

二、风景名胜区保护的原则和措施

（一）风景名胜区保护的原则

风景名胜区的各种自然资源和人文资源组成的各具特色的景观是风景名胜区的宝贵财富。鉴于风景名胜区资源的珍贵性和脆弱性以及其不可再生性等特性，对风景名胜区资源的保护必须是第一位的，在任何情况下都应贯彻"严格保护，统一管理，合理开发，永续利用"的方针。开发利用风景名胜资源应该是保护性开发和合理地利用。而对风景名胜区的保护必须遵循下列原则。

1. 整体保护原则

风景名胜区是自然与历史文化相融合的有机整体，是一个地域概念。保护不仅仅是保护区域内的几个点或是几条线。保护，首先应该是整体观念上的保护，是区域的保护。

2. 自然的保护方法原则

保护风景名胜区应尽可能采取自然的方法，在修复遭受破坏的风景或名胜地时，也应尽量恢复其原貌。要保护风景名胜区的典型性、代表性的自然景观，保护其特有的空间尺度感和自然美的感染力，保护好自然景观的"天生丽质"。

3. 维护自然生态原则

要保护山岳、水流植物不受破坏，水体、空气等环境不受污染。大力提倡植树绿化，封山育林，防止水土流失，保护好名木古树。

4. 尊重历史文化原则

保护有历史文化价值的史迹、古建筑、摩崖、石刻名人故居等名胜古迹，要保护好历史文化的氛围。对历史文化遗迹的修复要慎重，原则应是修旧如旧。

（二）风景名胜区保护的措施

保护国家风景名胜人人有责。在风景名胜区内的所有机关、单位、部队、居民和游人都必须爱护风景名胜区的景物、林木、设施和环境。为达到保护的目的，各风景名胜区应采取以下几方面的措施：

（1）建立健全规章制度，落实保护责任。要确定风景名胜区的范围，树立醒目的界桩和标志，建立风景名胜资源档案，进行分级、分类保护。

（2）保护风景名胜区的土地资源。风景名胜区内的土地不得出售，不得经营房地产开发。除了经批准的规划确定的公共设施、旅游设施及民居外，不准侵占土地，建造与风景名胜无关的建筑物或构筑物，现有占据风景点的单位要限期搬迁，严重有碍观瞻的建筑物、构筑物应予拆除。

（3）严格保护风景名胜区的地貌，严禁开山采石，挖砂取土等经营活动。

（4）保护风景名胜区的水体，制止可能导致水体污染的活动。对河流、湖泊等应及时进行清理和疏浚，不得随意围、填、堵、塞或作其他改变，保护风景名胜区内的水源地。

（5）风景名胜区内的林木属特殊用途林，不得砍伐。必要的疏伐、更新以及确需砍伐的林木需报有关机构批准。

（6）风景名胜区内的古树名木要严格保护，严禁砍伐、移植，并且要进行调查、鉴定、登记造册，建立档案。要落实古树名木的保护原状措施，保护古树名木的生息环境。

（7）要保护好动物的栖息环境，严禁伤害和滥捕野生动物。

(8) 对古建筑、古园林、石刻等文物古迹、革命遗址和其他人文景物及其所处的环境要严格保护，定期维护，落实防火、避雷、防洪、防震、防蛀等措施。

第三节 风景名胜区的规划与建设

一、风景名胜区的规划

（一）风景名胜区规划的原则

风景名胜区规划应遵循以下原则：

1. 全面调查，整体保护

风景名胜区的规划应建立在该区域的自然资源、历史人文、综合环境和社会经济条件全面系统的调查研究基础上，揭示其整体价值，制定优化的技术措施，提出有效的保护措施。规划应充分发挥风景名胜区的环境、社会和经济上的效益，协调各项事业之间的关系。

2. 因地制宜，因景制宜

风景名胜区的规划必须坚持因地制宜，因景制宜，突出本风景名胜区特性和自然环境的主导作用，切忌大搞"人工化"造景。

3. 恰当、合理布置配套设施

风景名胜区的规划要对区域内的基础设施进行全面评估，提出改进和完善的意见，对商业、服务等设施提出分级分类设置的方案，避免损害景观价值的行为。

（二）风景名胜区规划的编制

根据《条例》的规定，风景名胜区规划的内容和编制程序为：

1. 规划编制的内容

（1）确定风景名胜区的性质；

（2）划定风景名胜区的范围及其外围、保护地带；

（3）划分景区和其他功能区；

（4）确定保护和开发利用风景名胜资源的措施；

（5）确定游览接待客流量和游览活动的组织管理措施；

（6）统筹安排公用、服务及其他设施；

（7）估算投资和效益；

（8）其他需要规划的事项。

2. 规划编制的程序

（1）风景名胜区的规划，在风景名胜区所属人民政府领导下，由建设行政主管部门会同土地、林业、环保、文物、旅游、宗教、交通、卫生、水利等有关部门共同编制。

（2）主管部门在编制规划时，应广泛征求各有关部门、专家的意见，进行多方案的比较和论证。

（3）风景名胜区规划经主管部门审查后，报审定该风景名胜区的人民政府审批，并报上级主管部门备案。

3. 规划的审批

各级风景名胜区规划的审批程序是：

(1) 县（市）级风景名胜区规划，由县（市）建设行政主管部门审查后，报县（市）人民政府审批，并报省级行政主管部门备案。

(2) 省级风景名胜区的规划，由风景名胜区管理机构所在市、县人民政府报省、自治区、直辖市人民政府审批，并向住房和城乡建设部备案。

(3) 国家重点风景名胜区规划，由所在省、自治区、直辖市人民政府报国务院审批。

(4) 国家重点风景名胜区的详细规划，一般由所在省、自治区、直辖市建设行政主管部门审批。特别重要的区域详细规划，经省级建设行政主管部门审查后，报住房和城乡建设部审批。

二、风景名胜区的建设

（一）风景名胜区建设的含义

风景名胜区的建设与一般意义的开发建设不同，它是服从于风景资源保护这一首要任务的。风景名胜区的建设所追求的首先是社会效益和环境效益，同时又要考虑经济效益。因此，风景名胜区建设有其特定的含义：

首先，是对处于原始状态的景物及周围环境的清理整治，包括对古建筑、古迹文物的修复和绿化工程设施的建设等。

其次，是对风景名胜区内的道路、交通、供水、供电、排水、排污、环境卫生等基础设施的建设。

第三，是对风景名胜区内旅馆、索道停车场、商店等旅游设施和生活设施的建设。

（二）风景名胜区建设的原则

1. 以保护为主的原则

风景名胜区的建设是我国风景名胜区历史的延续，是对自然景观和人文景观的必要的保护和合理利用。

2. 遵循规划原则

风景名胜区规划是切实地保护、合理地开发建设和科学地管理风景名胜区的综合部署。经批准的规划就是风景名胜区开发建设的依据，所有开发建设都必须遵循总体规划和详细规划。

3. 风格协调和谐的原则

风景名胜区的建设应充分认识到现有的自然景观和历史文化遗产是主体，是根本性的，人造的物质形象只能是从属于主体，服务于风景环境的需要。因此，风景名胜区的建设应力求风格协调和谐，防止和制止损害景区、景点审美价值的"破坏性"建设。

（三）风景名胜区建设的管理

1. 可行性论证

风景名胜区，凡是重要的建设项目，如大型水库、公路、火车站、缆车索道、旅馆等，都要经过专家论证，然后才进行决策。其建设可行性研究报告或设计任务书，在报请计划主管部门审批之前，必须经同级建设行政主管部门审查同意。

2. 建设用地管理

风景名胜区的土地所有权属于国家所有。风景名胜区的土地和设施实行有偿使用制度。在风景名胜区规划范围内进行建设需要申请用地的，必须持有批准建设项目的有关文件，向风景名胜区管理机构申请定点，由其核发《风景名胜区建设用地许可证》。然后，由建设单位持许可证向县级以上人民政府土地管理部门申请用地，经县级以上人民政府审查批准后，由土地管理部门划拨土地。建设单位只享有土地使用权。

3. 严格控制建设项目

(1) 禁止建设的项目。在风景名胜区及其外围保护地带内，不得建设工矿企业、铁路、站场、仓库、医院等同风景和浏览无关或破坏景观、污染环境、妨碍游览的单位和设施。在游人集中的游览区和自然环境保留地内，不得建设旅馆、招待所、休疗养机构、管理机构、生活区以及大型工程等设施。

(2) 从严控制的项目。根据《风景名胜区管理暂行条例实施办法》及《风景名胜区发展建设管理规定》，下列建设应从严控制，严格审查：

①公路、索道与缆车；

②大型文化、体育与游乐设施；

③旅馆建筑；

④设置中国国家风景名胜区徽志的标志的建筑；

⑤由上级建设行政主管部门认定的其他重大建设项目。

4. 建设项目的审批程序

(1) 项目选址审批。对由《风景名胜区建设管理规定》从严控制的建设项目选址，实行分级审批。属于国家级风景名胜区的，由省级建设行政主管部门审查后报国务院建设行政主管部门或其授权部门审批。属于省级和县（市）级风景名胜区的，报省级建设行政主管部门或其授权部门审批。

在各级风景名胜区进行的其他建设项目选址，由省级建设行政主管部门或其授权部门审批。

各级审查机关在收到《建设选址审批书》后，要依据国家有关规定和各风景名胜区规划，严格审查，一个月内批复。

(2) 项目立项审批。经审批批准的项目，由建设单位持经批准的《建设选址审批书》按国家规定报有关部门办理立项等有关手续。已立项的建设项目可行性研究报告、初步设计和设计任务书，在报请计划部门审批之前，必须经建设行政主管部门审查同意。

5. 设计施工管理

(1) 资质管理。凡承担风景名胜区建设项目设计任务的设计单位，应向风景名胜区管理机构的上级主管部门提交设计资质证书，经确认后方可进行设计。

凡承担风景名胜区建设项目施工任务的施工单位，应向当地风景名胜区管理机构提交施工资质证书，经确认后方可进行施工。

(2) 施工环境管理。在风景名胜区及其外围保护地带内各类建设项目在施工过程中，必须采取有效措施保护景物及周围的林木、植被、水体、地貌，不得造成污染和破坏。

施工结束后，施工单位必须及时清理场地，进行绿化，恢复环境原貌。

第四节 风景名胜区的管理

一、风景名胜区的管理体制

(一) 风景名胜区的管理机构

对风景名胜区这一法定区域实行统一管理，这是由风景名胜资源的特点所决定的。风景名胜资源是土地、森林、水体、动植物、文物等各种资源的有机结合体，不可分割。这种综合资源的价值不仅大大高于单项资源的价值，也高于各项资源价值的简单叠加。只有实行统一管理，才能科学、合理地配置各类资源，充分发挥资源的综合性功能，避免造成资源破坏。

为实现统一管理，国务院"三定"规定，住房和城乡建设部主管全国风景名胜区工作，由住房和城乡建设部统一行使风景名胜区的保护、规划、建设、管理职能。

各风景名胜区的专门管理机构则根据具体情况进行设置：

（1）建设行政主管部门在风景名胜区设立管理机关，全面负责风景名胜区的保护、利用规划和建设。

（2）地方人民政府在风景名胜区设立管理机构，主持风景名胜区的管理工作，在业务上接受建设部门的领导。设在风景名胜区内的所有单位，除各自业务受上级主管部门领导外，都必须服从管理机构对风景名胜区的统一规划和管理。

世界各国一般都设国家公园管理局，代表国家全权管理全国的国家公园。它不但设有管理机构和相应的人员，而且还有公园警察，有的还有武装警察巡逻，以保护公园资源免受损失。

（二）风景名胜区的协调管理

风景名胜区的管理工作涉及相关行业部门，包括旅游、宗教、文物、林业、土地、环保、交通、卫生、水利等部门。风景名胜区各项事业相互依存，各有关部门应结合履行自己的职责相互配合协调，形成一股合力，有效地保护和利用各种资源，促进各项事业共同繁荣和整个风景名胜区的发展。

风景名胜区管理机构对设在风景名胜区内的园林、文物、环保、农林、科研、宗教、公交、商业、服务、环卫、治安等所有单位实行统一规划和管理。

风景名胜区内所有单位和个人，应遵守风景名胜区规划，服从统一管理。

二、风景名胜区的管理职责

对风景名胜区的管理，除保护、规划、建设等专项管理工作外，其经常性的管理工作，应包括以下几个方面的内容：

（一）治安、安全管理

（1）要设置维护游览秩序和治安的机构或专门人员，打击扰乱秩序的违法犯罪活动。

（2）对船、车、缆车、索道、码头等交通设施，游览活动器械，险要道口、繁忙道口及危险地段，要定期检查，排除危险因素，确保游客的人身安全。

（二）环境卫生管理

（1）要妥善处理生活污水、垃圾，严禁随意排泄或倾倒，污染环境。

（2）加强对饮食和服务业的卫生管理，确保游人的饮食卫生。

（三）生产经营管理

（1）有计划地组织当地群众，发展具有地方特色的生产和服务事业，生产游览纪念品，提供多种服务，停止那些破坏景观、污染环境的生产事业。

（2）在风景名胜区内进行经营活动的单位和个人，都必须经风景名胜区管理机构同意并持有营业执照，在规定的区域和营业范围经营。

风景名胜区要做好文明游览的宣传教育工作，引导游人遵守公共秩序，爱护风景名胜资源，开展多种多样的游览休息和科学文化活动。

案 例 分 析

【案例】 宜昌景区位于长江三峡的西陵峡段，是三峡大坝蓄水后长江三峡风光中唯一原貌保存的百里山水峡谷画廊，拥有中外驰名的三峡水利枢纽工程和葛洲坝水利枢纽工程，景区旅游中心城市宜昌市有"世界电都"之称，在整个长江三峡风景名胜区和长江三峡旅游格局中占有举足轻重的地位。

宜昌景区内的经济、文化发展水平比较落后，当地居民长期以采掘（采石、采矿等）采伐、垦殖为生，人们缺乏生态环保意识，使得景区的资源环保利益与社区的经济利益存在尖锐的矛盾与冲突，这给景区的环境保护管理工作带来很大难度。长期以来，宜昌景区的风景资源保护开发利用与管理体制上存在许多问题，各种利益矛盾盘根错节，屡屡发生冲突。有的景点景段隶属多家领导，条块分割，管理权限虚置，不能形成统一的管理体制和行之有效的管理运行机制。为解决这一老大难问题，宜昌市政府组建成立了长江三峡风景名胜区宜昌景区管理局，并选派年富力强的同志为景区管理局局长兼党委书记。新的领导班子上任后，深入实地调查研究，取得了大量第一手资料，对症下药，综合治理，探索出统一建制下实行有效管理的方法与途径。

宜昌景区的环境保护管理工作，首先从狠抓法制建设和宣传教育入手。"一手硬"，即重拳出击，严厉打击破坏生态环保的各种劣行，取缔景区内开山炸石的违法行为，拆迁景区内严重污染环境的企业；"一手软"，即开展法制宣传教育，做好深入细致的思想教育工作，兼顾部门利益与社区利益，妥善处理各种利益矛盾，取得了各部门和社区民众的广泛支持。"硬软兼施"，双管齐下，各部门齐抓共管，有效地扼制了景区内破坏生态环境的不良行为。其次，完善规划，规范管理。宜昌景区在环境保护管理工作中，认真修订和完善景区规划，用规划带动管理。通过完善景区规划，建章立制，为风景资源和生态环境保护提供了依据，使景区的资源与环境保护管理工作有章可循；加强景区的硬件建设与软件建设，使景区生态环境保护管理工作有了坚实的支撑条件，提高了景区资源开发与生态环境保护的综合管理水平。此外，充分调动社区民众参与景区风景资源与生态环境保护的积极性。例如，结合退耕还林，进行农业结构调整，促进景区的绿化与水土保持工作；加强景区水、电、路等基础设施建设，积极改善群众生产生活条件，帮助解决了当地居民生产生活的部分困难，把保护与开发有机结合起来，引导景区农民积极参与旅游开发，捧起旅游经济的"金饭碗"，促成了当地居民思想观念和生产生活方式的转变。

【简析】 从宜昌景区生态环境保护管理工作的成功经验，可得到以下启示：

(1) 应坚持风景名胜资源国家产权管理的原则

从传统管理体制来看，风景名胜资源名义上为国家所有，但实际上是"产权虚置"，"谁占有，谁开发；谁开发，谁所有"。所有权被化为各地方、各部门所有，往往找不到产权管理的责任人。"产权虚置"导致许多景区的资源与环境破坏，国有资产的流失，为了有效地实施景区的资源与生态环境保护管理工作，应更新思想观念，大力进行体制改革，把风景资源和生态环境看成是国有资产的重要组成部分，对其进行资产化管理，并建立相应的管理体制，加强风景资源核算工作，这是今后风景名胜区管理体制改革的一个重要方面。只有这样,才能保证我国景区资源与环境保护管理工作的可持续发展。

(2) 充分发挥政府部门在旅游业和风景名胜区环境保护管理中的作用

旅游业综合性强,涉及领域广,同时旅游产品具有公共性,同一旅游资源谁都想分享并可能加以利用,从而会产生"搭便车"的现象,加之景区内的生态环境保护管理工作牵涉到多部门多地域的利益矛盾,需要统筹、协调解决,单靠景区管理部门往往无能为力,这就需要发挥政府的主导作用与调控、协调职能。否则,景区的生态环境保护管理工作就难以取得成效。实行政府主导型战略,在法制的基础上建立起统一高效和权威的风景名胜区管理体制,是实现旅游业可持续发展和景区生态环保管理工作可持续发展的保证。

(3) 把严格执法和宣传教育工作有机结合

景区的资源和生态环境遭到破坏的原因与执法不严和宣传教育不力都有很大关系,在严格执法的同时,应对景区的居民和游客大力开展环境保护法规知识的宣传工作,努力增强人们的环保意识。有了地方居民和游客的支持和配合,景区的环境管理工作将顺利得多。

(4) 公众参与,民主管理是景区环境保护管理的重要方向

景区的生态环境保护管理工作应增强民主管理意识,重视利益相关者的介入;搞好利益协调,实行利益分享或景区与社区的"双赢",增强景区居民环保工作的责任感,发挥其能动作用。这对有效地搞好景区环境保护管理工作具有十分重要的作用和意义。

(5) 景区生态环境保护工作是一项系统工程,必须统筹兼顾,综合治理

景区生态环境保护管理工作的研究对象是人与自然这个相互作用的复杂系统,管理工作涉及自然、环境、社会、人口、资源、经济、体制、法律、科技、文化、宣传、教育等诸多因素,牵涉到多部门、跨地域的复杂利益关系,是一项复杂的系统工程,必须持综合的观点、系统的思想,采取灵活多样的方法与措施,统筹兼顾,硬软结合,综合治理。只有这样,才能收到较理想的效果。

(6) 景区资源与环境保护管理工作是一项艰巨、长期、持续、渐进的工作

风景名胜区的资源与生态环境保护管理工作,应以可持续发展的理念为指导,它既不是一朝一夕式的工作,也不可能是一蹴而就、一劳永逸的,而是一项艰巨、长期、持续、渐进的工作,风景名胜区管理部门应积极、主动地在景区推行 ISO 14000 环境管理体系,使风景名胜区的资源保护和环境管理工作步入自我完善、不断提高、持续发展的良性循环轨道。

思 考 题

1. 什么是风景名胜区,有哪些特点?
2. 简述风景名胜区审定的标准和程序。
3. 简述风景名胜区的保护原则和措施。
4. 简述如何正确规划和建设风景名胜区。
5. 简述如何对风景名胜区进行管理。

第十三章 市政公用事业法律制度

第一节 概 述

一、市政公用事业的概念及分类

（一）市政公用事业的概念

市政公用事业是指城市人民政府管理的，为城镇居民生产生活提供必需的普遍服务的行业。市政公用事业既有行业的含义，也有活动的含义。从行业含义说，市政公用事业包括市政工程、公用事业、园林绿化、市容和环境卫生四大行业。市政公用事业是城市的重要基础设施，是城市经济和社会发展的主要载体，是重要的社会公共事业，直接关系到社会公共利益，关系到人民群众生活质量，关系到城市经济和社会的可持续发展，具有显著的基础性、先导性、公用性等特点。

从活动的含义说，市政公用事业包括供水、供气、供热、公共交通、园林绿化、市容和环境卫生、排水、防洪、道路、桥涵、路灯等与城市发展、公民生产、生活密切相关的活动。

（二）市政公用事业的分类

1. 市政工程业

市政工程业是指从事道路、桥涵、排水、污水处理、防洪、路灯等建设的行业。市政工程业可划分为：城市道路、城市排水、城市防洪三部分。

2. 城市公用事业

城市公用事业是指从事城市供水、供热、供气、公共交通（公共汽车、电车、地铁、轮渡、出租汽车及索道缆车）等建设与管理的行业。

3. 园林和绿化业

园林与绿化业是指从事各类园林、苗圃、树木、花草等城市绿化建设与管理的行业。

4. 市容和环境卫生

市容和环境卫生业是指从事城市容貌、环境卫生设施、城市生活垃圾及卫生埋填、城市公共厕所等建设与管理的行业。

二、市政公用事业市场化改革

我国的市政公用事业是在计划经济时期建立起来的，在我国实行市场经济后，计划经济时期的管理和运行方式与市场经济的要求产生了许多冲突。建设部在 2002 年 12 月 27 日发布了《关于加快市政公用行业市场化进程的意见》，认为开放市政公用行业投资建设、运营、作业市场，建立政府特许经营制度，是为保证公众利益和公共工程的安全，促进城市市政公用事业发展，提高市政公用行业的运行效率而建立的一种新型制度。各级建设行政主管部门应妥善处理好改革、发展、稳定的关系，解决好市场化过程中出现的实际问题，积极稳妥地推进市政公用行业市场化进程。具体的改革措施包括以下几个方面：

（一）开放市政公用行业市场

第一，鼓励社会资金、外国资本采取独资、合资、合作等多种形式，参与市政公用设施的建设，形成多元化的投资结构。对供水、供气、供热、污水处理、垃圾处理等经营性市政公用设施的建设，应公开向社会招标选择投资主体。

第二，允许跨地区、跨行业参与市政公用企业经营。采取公开向社会招标的形式选择供水、供气、供热、公共交通、污水处理、垃圾处理等市政公用企业的经营单位，由政府授权特许经营。

第三，通过招标发包方式选择市政设施、园林绿化、环境卫生等非经营性设施日常养护作业单位或承包单位。逐步建立和实施以城市道路为载体的道路养护、绿化养护和环卫保洁综合承包制度，提高养护效率和质量。

第四，市政公用行业的工程设计、施工和监理、设备生产和供应等必须从主业中剥离出来，纳入建设市场统一管理，实行公开招标和投标。

（二）建立市政公用行业特许经营制度

市政公用事业特许经营，是指政府按照有关法律、法规规定，通过市场竞争机制选择市政公用事业投资者或者经营者，明确其在一定期限和范围内经营某项市政公用事业产品或者提供某项服务的制度。建设部在2004年3月19日发布了《市政公用事业特许经营管理办法》，对这一制度做出了具体规定。

（三）转变政府管理方式

城市人民政府负责本行政区域内特许经营权的授予工作。各城市市政公用行业主管部门由当地政府授权代表城市政府负责特许经营的具体管理工作，并行使授权方相关权利，承担授权方相关责任。

市政公用行业主管部门要进一步转变管理方式，从直接管理转变为宏观管理，从管行业转变为管市场，从对企业负责转变为对公众负责、对社会负责。

市政公用行业主管部门的主要职责是认真贯彻国家有关法律法规，制定行业发展政策、规划和建设计划；制定市政公用行业的市场规则，创造公开、公平的市场竞争环境；加强市场监管，规范市场行为；对进入市政公用行业的企业资格和市场行为、产品和服务质量、企业履行合同的情况进行监督；对市场行为不规范、产品和服务质量不达标和违反特许经营合同规定的企业进行处罚。

（四）供热体制改革

供热体制改革的重心有四个方面：一是"暗补"变"明补"的热费制度改革。二是解决好低收入群体的供热保障。三是供热热计量的改革与创新。四是供热企业的改革。

供热体制改革的目的不是为了单纯的收费改革，而主要是在基本保证采暖需求的前提下促进节能，减少能源消耗，利用价格机制这个杠杆，促进建筑节能，降低成本，提高服务水平和能力。

（五）加强领导，积极稳妥推进市场化进程

加快市政公用行业市场化进程，建立特许经营制度是建立社会主义市场经济体制的必然要求，是市政公用行业的一项重大改革，各地要加强领导，积极稳妥地推进。

城市人民政府及其行业主管部门要本着对人民、对事业高度负责的精神，精心组织、统筹规划，妥善处理好改革、发展、稳定的关系，积极稳妥地推进市政公用行业市场化进程。要制定总体实施方案，落实相关配套政策。要从本地实际情况出发，因地制宜、分类指导，切实解决好市场化过程中出现的实际问题。在实施产权制度改革时，要按照国家和当地政府的相关政策，妥善解决好职工养老、医疗等社会保险问题。

三、市政公用事业特许经营制度

（一）市政公用事业特许经营的适用范围和管理分工

城市供水、供气、供热、公共交通、污水处理、垃圾处理等行业，可以依法实施特许经营。实施特许经营的项目由省、自治区、直辖市通过法定形式和程序确定。

国务院建设主管部门负责全国市政公用事业特许经营活动的指导和监督工作。省、自治区人民政府建设主管部门负责本行政区域内的市政公用事业特许经营活动的指导和监督工作。直辖市、市、县人民政府市政公用事业主管部门依据人民政府的授权，负责本行政区域内的市政公用事业特许经营的具体实施。

（二）参与市政公用事业特许经营权竞标者的条件

参与特许经营权竞标者应当具备以下条件：①依法注册的企业法人；②有相应的注册资本金和设施、设备；③有良好的银行资信、财务状况及相应的偿债能力；④有相应的从业经历和良好的业绩；⑤有相应数量的技术、财务、经营等关键岗位人员；⑥有切实可行的经营方案；⑦地方性法规、规章规定的其他条件。

（三）市政公用事业特许经营权投资者或者经营者的选择程序

实施特许经营，应该通过规定的程序公开向社会招标选择投资者和经营者。要按照《中华人民共和国招标投标法》的规定，首先向社会发布特许经营项目的内容、时限、市场准入条件、招标程序及办法，在规定的时间内公开接受申请；要组织专家根据市场准入条件对申请者进行资格审查和严格评议，择优选择特许经营权授予对象。

主管部门应当依照下列程序选择投资者或者经营者：①提出市政公用事业特许经营项目，报直辖市、市、县人民政府批准后，向社会公开发布招标条件，受理投标；②根据招标条件，对特许经营权的投标人进行资格审查和方案预审，推荐出符合条件的投标候选人；③组织评审委员会依法进行评审，并经过质询和公开答辩，择优选择特许经营权授予对象；④向社会公示中标结果，公示时间不少于 20 天；⑤公示期满，对中标者没有异议的，经直辖市、市、县人民政府批准，与中标者签订特许经营协议。

（四）市政公用事业特许经营协议

1. 特许经营协议的内容

特许经营协议应当包括以下内容：①特许经营内容、区域、范围及有效期限；②产品和服务标准；③价格和收费的确定方法、标准以及调整程序；④设施的权属与处置；⑤设施维护和更新改造；⑥安全管理；⑦履约担保；⑧特许经营权的终止和变更；⑨违约责任；⑩争议解决方式；⑪双方认为应该约定的其他事项。

2. 主管部门的责任

主管部门应当履行下列责任：①协助相关部门核算和监控企业成本，提出价格调整意见；②监督获得特许经营权的企业履行法定义务和协议书规定的义务；③对获得特许经营权的企业的经营计划实施情况、产品和服务的质量以及安全生产情况进行监督；④受理公众对获得特许经营权的企业的投诉；⑤向政府提交年度特许经营监督检查报告；⑥在危及或者可能危及公共利益、公共安全等紧急情况下，临时接管特许经营项目；⑦协议约定的其他责任。

3. 获得特许经营权企业的责任

获得特许经营权的企业应当履行下列责任：①科学合理地制定企业年度生产、供应计划；②按照国家安全生产法规和行业安全生产标准规范，组织企业安全生产；③履行经营协议，为社会提供足量的、符合标准的产品和服务；④接受主管部门对产品和服务质量的监督检查；⑤按规定的时间将中长期发展规划、年度经营计划、年度报告、董事会决议等报主管部门备案；⑥加强对生产设施、设备的运行维护和更新改造，确保设施完好；⑦协议约定的其他责任。

4. 特许经营期限

特许经营期限应当根据行业特点、规模、经营方式等因素确定，最长不得超过30年。

5. 特许经营协议的变更与解除

在协议有效期限内，若协议的内容确需变更的，协议双方应当在共同协商的基础上签订补充协议。获得特许经营权的企业确需变更名称、地址、法定代表人的，应当提前书面告知主管部门，并经其同意。

获得特许经营权的企业承担政府公益性指令任务造成经济损失的，政府应当给予相应的补偿。

获得特许经营权的企业在协议有效期内单方提出解除协议的，应当提前提出申请，主管部门应当自收到获得特许经营权的企业申请的3个月内作出答复。在主管部门同意解除协议前，获得特许经营权的企业必须保证正常的经营与服务。

获得特许经营权的企业在特许经营期间有下列行为之一的，主管部门应当依法终止特许经营协议，取消其特许经营权，并可以实施临时接管：①擅自转让、出租特许经营权的；②擅自将所经营的财产进行处置或者抵押的；③因管理不善，发生重大质量、生产安全事故的；④擅自停业、歇业，严重影响到社会公共利益和安全的；⑤法律、法规禁止的其他行为。

特许经营权发生变更或者终止时，主管部门必须采取有效措施保证市政公用产品供应和服务的连续性与稳定性。

（五）市政公用事业特许经营的监管

1. 特许经营协议的备案

主管部门应当在特许经营协议签订后30日内，将协议报上一级市政公用事业主管部门备案。

未经直辖市、市、县人民政府批准，获得特许经营权的企业不得擅自停业、歇业。获得特许经营权的企业擅自停业、歇业的，主管部门应当责令其限期改正，或者依法采取有效措施督促其履行义务。

2. 特许经营的中期评估

在项目运营的过程中，主管部门应当组织专家对获得特许经营权的企业经营情况进行中期评估。评估周期一般不得低于两年，特殊情况下可以实施年度评估。

3. 审定和监管市政公用事业产品和服务价格

直辖市、市、县人民政府有关部门按照有关法律、法规规定的原则和程序，审定和监管市政公用事业产品和服务价格。

4. 特许经营项目的临时接管制度

主管部门应当建立特许经营项目的临时接管应急预案。对获得特许经营权的企业取消特许经营权并实施临时接管的，必须按照有关法律、法规的规定进行，并召开听证会。

5. 法律责任

对以欺骗、贿赂等不正当手段获得特许经营权的企业，主管部门应当取消其特许经营权，并向国务院建设主管部门报告，由国务院建设主管部门通过媒体等形式向社会公开披露。被取消特许经营权的企业在三年内不得参与市政公用事业特许经营竞标。

主管部门或者获得特许经营权的企业违反协议的，由过错方承担违约责任，给对方造成损失的，应当承担赔偿责任。

主管部门及其工作人员有下列情形之一的，由对其授权的直辖市、市、县人民政府或者监察机关责令改正，对负主要责任的主管人员和其他直接责任人员依法给予行政处分；构成犯罪的，依法追究刑事责任：①不依法履行监督职责或者监督不力，造成严重后果的；②对不符合法定条件的竞标者授予特许经营权的；③滥用职权、徇私舞弊的。

四、市政公用事业的监督管理

市政公用事业是自然垄断性行业。为维护人民群众的利益，保证市政公用事业的安全运行，城市人民政府必须切实加强对市政公用事业的监管。加强市政公用事业监管是推进市政公用事业市场化的重要内容，健全的市政公用事业监管体系是推进市场化的重要保障，市政公用事业监管应贯穿于市政公用事业市场化的全过程。

（一）市场准入的监督管理

市场准入是市政公用事业监管的首要环节，必须科学制定标准，严格操作程序，把好市场准入关。各城市市政公用事业主管部门要严格按照市场准入条件和程序，结合项目的特点，认真组织编制招标文件。要明确招标主体、招标范围、招标程序、开标、评标和中标规则，进行公开招标。要将特许经营协议的核心内容作为招标的基本条件，综合考虑成本、价格、经营方案、质量和服务承诺、特殊情况的紧急措施等因素，择优选择中标者。

各地要制定和完善市场退出规则，明确规定市场退出的申请和批准程序。经营期限届满，应按照准入程序和准入条件，重新进行招标。

（二）产品和服务质量的监督管理

产品和服务质量监管是市政公用事业监管的重要内容。市政公用事业主管部门应定期对市政公用事业的产品和服务质量进行检验、检测和检查。

城市市政公用事业主管部门要按照有关产品和服务质量标准的要求，建立市政公用事业产品和服务质量监测制度，对企业提供的产品和服务质量实施定点、定时监测。监测结果要按有关规定报上级主管部门。

要加强对特许经营项目的评估工作，建立定期评估机制。对评估中发现的产品和服务质量问题，要提出整改意见并监督企业限期整改。评估的结果应与费用支付和价格调整挂钩。评估结果要及时报上一级主管部门备案。

要尊重社会公众的知情权，鼓励公众参与监督，建立通畅的信息渠道，完善公众咨询、监督机制，及时将产品和服务质量检查、监测、评估结果和整改情况以适当的方式向社会公布。

对于供水、供气、污水和垃圾处理等行业，市政公用事业主管部门可派遣人员驻场监管。监管员不应干预企业正常的生产和经营活动。

（三）安全防范措施监督管理

市政公用事业的安全运行关系到公共安全和社会稳定，责任重大。市政公用事业主管部门要切实加强对生产运营和作业单位安全生产的监管，监督企业建立和完善各项安全保障制度，严格执行安全操作规程，确保市政公用事业生产、供应和服务的连续性、稳定性。

市政公用事业主管部门要制定安全生产紧急情况应对预案，建立健全安全预警和应急救援工作机制。

要制定特殊情况下临时接管的应急预案。实施临时接管，必须报上一级主管部门批准。必要时，上一级主管部门可跨区域组织技术力量，为临时接管提供支持和保障。

（四）成本监督管理

成本监管是合理确定市政公用事业价格，促进企业提高效率的重要手段。各地市政公用事业主管部门要加强对市政公用事业产品和服务的成本监管，配合物价管理部门加快供水、供气、供热等价格的改革，形成科学合理的价格形成机制。

要通过完善相关定额和标准、进行区域同行业成本比较和绩效评价、定期公布经营状况和成本信息等措施，建立健全成本约束机制，激励经营和作业者改进技术、开源节流、降低成本。要建立市政公用事业产品和服务成本定期监审制度，及时掌握企业经营成本状况，为政府定价提供基础依据，防止成本和价格不合理上涨。

要完善污水、垃圾处理收费政策，提高收缴率。加强污水和生活垃圾处理费的使用管理，保证处理费专项用于污水和生活垃圾的收集、输送和处理。

（五）市场竞争秩序的监督管理

市政公用事业企业应当遵守国家法律的规定，不得利用自身的优势地位妨碍其他经营者的公平竞争，也不得侵害消费者的合法权益。市政公用事业在市场交易中，不得实施下列限制竞争的行为：①限定用户、消费者只能购买和使用其附带提供的相关商品，而不得购买和使用其提供的符合技术标准要求的同类商品；②限定用户、消费者只能购买和使用其指定的经营者生产或者经销的商品，而不得购买和使用其他经营者提供的符合技术标准要求的同类商品；③强制用户、消费者购买其提供的不必要的商品及配件；④强制用户、消费者购买其指定的经营者提供的不必要的商品；⑤以检验商品质量、性能等为借口，阻碍用户、消费者购买、使用其他经营者提供的符合技术标准要求的其他商品；⑥对不接受其不合理条件的用户、消费者拒绝、中断或者削减供应相关商品，或者滥收费用；⑦其他限制竞争的行为。

市政公用事业企业实施上述行为的，由工商行政管理机关责令停止违法行为，并可以根据情节，处以五万元以上、二十万元以下罚款。市政公用事业企业拒不执行处罚决定，继续实施前条所列行为的，视为新的违法行为，从重予以处罚。

第二节　市政工程法律制度

一、市政工程的范围

市政工程主要是指城市基础设施建造，一般是由政府投资的公益性项目，其产品为公众使用。随着科学技术和经济的发展，市政工程的范围不断扩大。市政工程主要服务于城市区域，政府的目标、交通的限制、便利市民的要求，市政工程的工期一般不会太长。原城乡建设环境保护部于1982年8月21日发布了《市政工程设施管理条例》，规定了建设领域的市政工程的范围。

（一）城市道路

城市道路包括机动车道、非机动车道、人行道、广场、街头空地、路肩等。

（二）城市桥涵

城市桥涵包括桥梁、涵洞、立体交叉桥、过街人行桥、城市道路与铁路两用桥等。

（三）城市排水设施

城市排水设施包括雨水管道、污水管道、雨水污水合流管道、明渠、泵站、污水处理厂及其附属设施等。

（四）城市防洪设施

城市防洪设施包括城市防洪堤岸、河坝、防洪墙、排涝泵站、排洪道及其附属设施等。

（五）城市道路照明设施

城市道路照明设施包括城市道路、桥梁、广场、不售票的公共绿地等处的照明设施等。

二、城市道路工程

规范城市道路工程的主要法律依据是国务院1996年6月4日发布的《城市道路管理条例》。按照《城市道路管理条例》的界定，城市道路，是指城市供车辆、行人通行的，具备一定技术条件的道路、桥梁及其附属设施。因此，城市道路工程又包括了城市桥涵、城市道路照明设施。

（一）城市道路的规划和建设

1. 城市道路规划

县级以上城市人民政府应当组织市政工程、城市规划、公安交通等部门，根据城市总体规划编制城市道路发展规划。市政工程行政主管部门应当根据城市道路发展规划，制定城市道路年度建设计划，经城市人民政府批准后实施。

城市供水、排水、燃气、热力、供电、通信、消防等依附于城市道路的各种管线、杆线等设施的建设计划，应当与城市道路发展规划和年度建设计划相协调，坚持先地下、后地上的施工原则，与城市道路同步建设。

2. 城市道路建设资金

城市道路建设资金可以按照国家有关规定，采取政府投资、集资、国内外贷款、国有土地有偿使用收入、发行债券等多种渠道筹集。

政府投资建设城市道路的，应当根据城市道路发展规划和年度建设计划，由市政工程行政主管部门组织建设。

单位投资建设城市道路的，应当符合城市道路发展规划，并经市政工程行政主管部门批准。

城市住宅小区、开发区内的道路建设，应当分别纳入住宅小区、开发区的开发建设计划配套建设。

国家鼓励国内外企业和其他组织以及个人按照城市道路发展规划，投资建设城市道路。

3. 城市道路的设计和施工

城市道路的建设应当符合城市道路技术规范。城市道路的设计、施工，应当严格执行国家和地方规定的城市道路设计、施工的技术规范。

承担城市道路设计、施工的单位，应当具有相应的资质等级，并按照资质等级承担相应的城市道路的设计、施工任务。

城市道路施工，实行工程质量监督制度。城市道路工程竣工，经验收合格后，方可交付使用；未经验收或者验收不合格的，不得交付使用。

城市道路实行工程质量保修制度。城市道路的保修期为1年，自交付使用之日起计算。保修期内出现工程质量问题，由有关责任单位负责保修。

4. 城市道路与铁路、河道相交

新建的城市道路与铁路干线相交的，应当根据需要在城市规划中预留立体交通设施的建设位置。城市道路与铁路相交的道口建设应当符合国家有关技术规范，并根据需要逐步建设立体交通设施。建设立体交通设施所需投资，按照国家规定由有关部门协商确定。

建设跨越江河的桥梁和隧道，应当符合国家规定的防洪、通航标准和其他有关技术规范。

5. 过桥收费制度

市政工程行政主管部门对利用贷款或者集资建设的大型桥梁、隧道等，可以在一定期限内向过往车辆（军用车辆除外）收取通行费，用于偿还贷款或者集资款，不得挪作他用。

收取通行费的范围和期限，由省、自治区、直辖市人民政府规定。

（二）城市道路的养护和维修

1. 城市道路养护和维修资金

市政工程行政主管部门对其组织建设和管理的城市道路，按照城市道路的等级、数量及养护和维修的定额，逐年核定养护、维修经费，统一安排养护、维修资金。

2. 城市道路养护和维修的基本要求

承担城市道路养护、维修的单位，应当严格执行城市道路养护、维修的技术规范，定期对城市道路进行养护、维修，确保养护、维修工程的质量。

城市道路的养护、维修工程应当按照规定的期限修复竣工，并在养护、维修工程施工现场设置明显标志和安全防围设施，保障行人和交通车辆安全。

城市道路养护、维修的专用车辆应当使用统一标志；执行任务时，在保证交通安全畅通的情况下，不受行驶路线和行驶方向的限制。

3. 城市道路养护和维修责任的划分

市政工程行政主管部门组织建设和管理的道路，由其委托的城市道路养护、维修单位负责养护、维修。单位投资建设和管理的道路，由投资建设的单位或者其委托的单位负责养护、维修。城市住宅小区、开发区内的道路，由建设单位或者其委托的单位负责养护、维修。

设在城市道路上的各类管线的检查井、箱盖或者城市道路附属设施，应当符合城市道路养护规范。因缺损影响交通和安全时，有关产权单位应当及时补缺或者修复。

4. 城市道路养护和维修责任的监督检查

市政工程行政主管部门负责对养护、维修工程的质量进行监督检查,保障城市道路完好。

(三) 城市道路照明设施的管理

1. 城市道路照明设施的概念和主管部门

城市道路照明设施,是指用于城市道路(含里巷、住宅小区、桥梁、隧道、广场、公共停车场)、不售票的公园和绿地等处的路灯配电室、变压器、配电箱、灯杆、地上地下管线、灯具、工作井以及照明附属设备等。

国务院建设行政主管部门主管全国城市道路照明设施工作。县级以上地方人民政府城市建设行政主管部门负责本行政区域城市道路照明设施工作。城市人民政府城市建设行政主管部门可以委托有关机构,负责本城市规划区内道路照明设施的日常管理工作。

2. 照明设施的规划和建设

城市道路照明设施规划、建设和改造计划应当纳入城市道路建设、改造规划和年度建设计划,并与其同步实施。城市建设行政主管部门负责制定城市道路照明设施规划和建设计划,报同级人民政府批准后由城市道路照明设施管理机构负责具体实施。需要改造的城市道路照明设施,由城市道路照明设施管理机构负责编制改造规划,报城市建设行政主管部门批准后由城市道路照明设施管理机构负责具体实施。

城市新建和改建的城市道路照明设施必须符合有关设计安装规程规定,并积极采用新光源、新技术、新设备。城市道路照明设施的新建、改建工程必须符合国家有关标准规范,并经验收合格后交付使用。建设部在2006年7月4日发布了《"十一五"城市绿色照明工程规划纲要》,要求全面推进城市绿色照明工程,要以科学发展观统领全局,认真贯彻落实节约资源和保护环境的要求,认真贯彻落实我国"十一五"规划纲要明确的任务和要求。坚持以人为本,坚持节能优先,以高效、节电、环保、安全为核心,以健全法规标准、强化政策导向、优化产业结构、加快技术进步为重点,以依法管理为保障,解放思想,创新机制,健全法规,完善政策,强化管理,加强宣传,努力构建绿色、健康、人文的城市照明环境,切实提高城市照明发展质量和综合效益。

厂(矿)或者其他单位投资建设的城市道路照明设施,需移交城市道路照明设施管理机构的,应当报城市建设行政主管部门审核同意,并应当具备下列条件:①符合道路照明安装及施工质量标准;②提供必要的维修、运行条件。对符合上述条件的城市道路照明设施,由城市建设行政主管部门组织验收,合格后方可办理资产移交手续。

城市道路照明设施的改建和维护,应当按照现有资金渠道安排计划。住宅小区和旧城改造中的城市道路照明设施应当同步建设。城市道路照明设施中的灯杆,可以分为专用杆和合用杆。对道路两侧符合城市道路照明设施条件的电力杆和无轨电车杆在不影响其功能和交通的前提下应当予以利用。

3. 照明的维护和管理

城市道路照明设施的维护和管理应当坚持安全第一,认真执行各项规章制度,保证城市道路照明设施的完好、运行正常。城市建设行政主管部门必须对道路照明设施管理机构建立严格的检查和考核制度,及时督促更换和修复破损的照明设施,使亮灯率不低于95%。

各地根据其具体情况可以采用以下节能方式：①根据道路的行人、车辆流量等因素实行分时照明；②对气体放电灯采用无功补偿；③采用先进的停电、送电控制方式；④推广和采用高光效光源、逐步取代低光效光源；⑤采用节能型的镇流器和控制电器；⑥采用高效率的照明灯具，并定期对照明灯具进行清扫，提高照明效果；⑦其他行之有效的节能措施。

任何单位和个人在进行可能触及、迁移、拆除城市道路照明设施或者影响其安全运行的地上、地下施工时，应当经城市建设行政主管部门审核同意后，由城市道路照明设施管理机构负责其迁移或拆除工作，费用由申报单位承担。

城市道路照明设施附近的树木距带电物体的安全距离不得小于1.0米。因自然生长而不符合安全距离标准影响照明效果的树木，由城市道路照明设施管理机构与城市园林绿化管理部门协商后剪修；因不可抗力致使树木严重危及城市道路照明设施安全运行的，城市道路照明设施管理机构应当采取紧急措施进行剪修，并同时通知城市园林绿化管理部门。任何单位和个人在损坏道路照明设施后，应当保护事故现场，防止事故扩大，并立即通知城市道路照明设施管理机构及有关单位。

（四）城市道路的路政管理

1. 城市道路路政管理的含义

城市道路路政管理，是指市政工程行政主管部门或者其设置的城市道路管理机构，为维护城市道路管理者、使用者的合法权益，根据法律、行政法规和规章的规定，实施保护城市道路及附属设施的行政管理。城市道路路政管理的任务是：制定城市道路管理规章，负责城市道路的日常管理，制止一切破坏城市道路和妨碍城市道路正常使用的行为。

市政工程行政主管部门执行路政管理的人员执行公务，应当按照有关规定佩戴标志，持证上岗。

2. 城市道路范围内的禁止行为

城市道路范围内禁止下列行为：①擅自占用或者挖掘城市道路；②履带车、铁轮车或者超重、超高、超长车辆擅自在城市道路上行驶；③机动车在桥梁或者非指定的城市道路上试刹车；④擅自在城市道路上建设建筑物、构筑物；⑤在桥梁上架设压力在4公斤/平方厘米（0.4兆帕）以上的煤气管道、10千伏以上的高压电力线和其他易燃易爆管线；⑥擅自在桥梁或者路灯设施上设置广告牌或者其他挂浮物；⑦其他损害、侵占城市道路的行为。

3. 城市道路范围内的限制行为

履带车、铁轮车或者超重、超高、超长车辆需要在城市道路上行驶的，事先须征得市政工程行政主管部门同意，并按照公安交通管理部门指定的时间、路线行驶。

军用车辆执行任务需要在城市道路上行驶的，可以不受前款限制，但是应当按照规定采取安全保护措施。

依附于城市道路建设各种管线、杆线等设施的，应当经市政工程行政主管部门批准，方可建设。

4. 城市道路占用、挖掘管理

未经市政工程行政主管部门和公安交通管理部门批准，任何单位或者个人不得占用或者挖掘城市道路。

(1) 临时占用城市道路的批准和使用要求。因特殊情况需要临时占用城市道路的，须经市政工程行政主管部门和公安交通管理部门批准，方可按照规定占用。经批准临时占用城市道路的，不得损坏城市道路；占用期满后，应当及时清理占用现场，恢复城市道路原状；损坏城市道路的，应当修复或者给予赔偿。

(2) 占用城市道路作为集贸市场的批准。城市人民政府应当严格控制占用城市道路作为集贸市场。确需占用城市道路作为集贸市场的，应当经县级以上城市人民政府批准；未经批准，擅自占用城市道路作为集贸市场的，市政工程行政主管部门应当责令限期清退，恢复城市道路功能。

(3) 因工程建设需要挖掘城市道路的批准和限制。因工程建设需要挖掘城市道路的，应当持城市规划部门批准签发的文件和有关设计文件，到市政工程行政主管部门和公安交通管理部门办理审批手续，方可按照规定挖掘。新建、扩建、改建的城市道路交付使用后5年内、大修的城市道路竣工后3年内不得挖掘；因特殊情况需要挖掘的，须经县级以上城市人民政府批准。埋设在城市道路下的管线发生故障需要紧急抢修的，可以先行破路抢修，并同时通知市政工程行政主管部门和公安交通管理部门，在24小时内按照规定补办批准手续。

(4) 占用、挖掘城市道路的要求。经批准挖掘城市道路的，应当在施工现场设置明显标志和安全防围设施；竣工后，应当及时清理现场，通知市政工程行政主管部门检查验收。经批准占用或者挖掘城市道路的，应当按照批准的位置、面积、期限占用或者挖掘。需要移动位置、扩大面积、延长时间的，应当提前办理变更审批手续。

(5) 城市道路占用、挖掘收费管理。占用或者挖掘由市政工程行政主管部门管理的城市道路的，应当向市政工程行政主管部门交纳城市道路占用费或者城市道路挖掘修复费。城市道路占用费的收费标准，由省、自治区人民政府的建设行政主管部门、直辖市人民政府的市政工程行政主管部门拟定，报同级财政、物价主管部门核定；城市道路挖掘修复费的收费标准，由省、自治区人民政府的建设行政主管部门、直辖市人民政府的市政工程行政主管部门制定，报同级财政、物价主管部门备案。根据城市建设或者其他特殊需要，市政工程行政主管部门可以对临时占用城市道路的单位或者个人决定缩小占用面积、缩短占用时间或者停止占用，并根据具体情况退还部分城市道路占用费。

三、城市排水工程

(一) 城市排水的概念

城市排水是指由城市排水系统收集、输送、处理和排放城市污水和雨水的排水方式。城市排水工程是指为收集、输送、处理和排放城市污水和雨水而兴建的各种工程设施。含污染物的生活污水和工业废水，通称城市污水。城市污水，一般应当通过城市排水管网输送到城市污水处理厂进行净化，达到规定的水质标准后，再加以利用或排入水体。城市排水设施，是保证城市地面水排除，防治城市水污染，并使城市水资源保护得以良性循环的必不可少的基础设施。由于城市排水设施的功能和特性，使其工程规模大，投资额大，施工难度大，工期长，且在运行中消耗大量的能源和资源。在社会经济尚未得到充分发展前，城市往往不易做到具有完善的排水设施和良好的水环境。多数是过分利用自然净化能力，造成水环境的污染。

(二) 城市排水的规划和建设

城市建设行政主管部门应当根据城市规划和城市经济发展计划，经济发展的需要编制城市排水设施建设规划和年度建设计划，报城市人民政府批准后实施。

城市排水工程设施规划要结合城市总体规划，从全局出发，统筹安排，使城市排水工程成为城市有机整体的重要组成部分。全面规划，合理布局，应有利于水环境的保护和水质的改善。应该把城市集中饮用水源地的保护放在首要位置。改善河道水质状况，维持河道的景观观瞻，在规划时应考虑"上下游结合"的原则。对于缺水城市，应考虑污水及污泥的资源化，考虑处理水的再利用。城市排水规划应当与城市道路规划、地下设施规划、竖向规划、环境保护规划、防灾规划等专业规划密切配合，相互协调，处理好与其他地下管线的矛盾，有利于管线综合利用。

承担城市排水工程建设任务的设计和施工单位必须具备相应的资质证书。城市排水工程建设项目必须严格执行国家和地方技术规范和标准。

（三）城市排水设施的维护和使用

市政工程管理部门对城市排水设施，应建立经常的管理、养成护、维修和疏浚制度，经常保持管理畅通，不得污染城市环境。任何单位和个人不准任意损坏排水设施。不得在排水管道上，圈占用地或兴建构筑物，不得向排水明沟、检查井、雨水口内倾倒垃圾、粪便、渣土等杂物。不准任意在检查井、排水道口及排水明沟内，设闸憋水或安泵抽升。排水系统采取分流制的，不准将雨水管和污水管混接。

凡因工作需要，临时占压、开挖排水管道者，应事先报经市政工程管理部门批准，并设置安全防护措施后，方可占压、开挖。

企业、事业单位的雨水、污水需排水城市排水管网者，应向市政工程管理部门申请批准，按规定位置及技术要求接入管网。有毒、有害、含有易燃、易爆物质的污水，必须经过自行处理，达到排入城市排水道标准后，方可排水。对于超过排放标准而损坏城市排水管道者，应由排放单位赔偿经济损失。对危害养护工人身体健康，造成伤亡事故者，应追究责任。

城市污水处理厂建成后，必须及时投入运转使用。处理厂应经常检测污水水质，监督有毒污水的排放。发现污水有损处理厂设施，影响处理效率者，处理厂有权向排放单位索赔损失。

（四）城市排水许可管理

1. 城市排水的申请和颁发

排水户向城市排水管网及其附属设施排放污水，应当申请领取城市排水许可证书。未取得城市排水许可证书，排水户不得向城市排水管网及其附属设施排放污水。排水户，是指因从事制造、建筑、电力和燃气生产、科研、卫生、住宿餐饮、娱乐经营、居民服务和其他服务等活动向城市排水管网及其附属设施排放污水的单位和个体经营者。

直辖市、市、县人民政府负责城市排水管理的部门负责本行政区域内城市排水许可证书的颁发和管理。国务院建设主管部门负责全国城市排水许可的监督管理。省、自治区人民政府建设主管部门负责本行政区域内城市排水许可的监督管理。

排水户需要向城市排水管网及其附属设施排放污水的，应当持有关材料向所在地排水管理部门申请办理城市排水许可证书。排水管理部门应当自受理申请之日起20日内作出决定。

2. 颁发城市排水许可证的条件

符合以下条件的，予以核发城市排水许可证书：①污水排放口的设置符合城市排水规划的要求；②排放的污水符合《污水排入城市下水道水质标准》（CJ 3082）等有关标准和规定，其中，经由城市排水管网及其附属设施后不进入污水处理厂、直接排入水体的污水，还应当符合《污水综合排放标准》（GB 8978）或者有关行业标准；③已按规定建设相应的污水处理设施；④已在排放口设置专用检测井；⑤排放污水易对城市排水管网及其附属设施正常运行造成危害的重点排污工业企业，已在排放口安装能够对水量、pH 值、COD_{cr}（或 TOC）进行检测的在线检测装置；其他重点排污工业企业和重点排水户，具备对水量、pH 值、COD_{cr}、SS 和氨氮等进行检测的能力和相应的水量、水质检测制度；⑥对各类施工作业临时排水中有沉淀物，足以造成排水管网及其附属设施堵塞或者损坏的，排水户已修建预沉设施，且排放污水符合本条第二项规定的标准。

重点排污工业企业和重点排水户，由排水管理部门会同有关部门确定并向社会公布。

3. 申请办理城市排水许可证书应当提交的材料

申请办理城市排水许可证书，应当如实提交下列材料：①城市排水许可申请表；②有关专用检测井、污水排放口位置和口径的图纸及说明材料；③按规定建设污水处理设施的有关材料；④排水许可申请受理之日前一个月内由具有计量认证资格的排水监测机构出具的排水水质、水量检测报告；⑤排放污水易对城市排水管网及其附属设施正常运行造成危害的重点排污工业企业，应当提供已在排放口安装能够对水量、pH 值、COD_{cr}（或 TOC）进行检测的在线检测装置的有关材料；其他重点排污工业企业和重点排水户，应当提供具备检测水量、pH 值、COD_{cr}、SS 和氨氮能力及检测制度的材料。

4. 排水户的禁止行为

排水户不得有下列行为：①未取得城市排水许可证书，向城市排水管网及其附属设施排放污水；②超过城市排水许可证书有效期限向城市排水管网及其附属设施排放污水；③违反城市排水许可证书规定的内容，向城市排水管网及其附属设施排放污水；④向城市排水管网及其附属设施排放剧毒物质、易燃易爆物质和有害气体等；⑤堵塞城市排水管网或者向城市排水管网及其附属设施内倾倒垃圾、渣土、施工泥浆等易堵塞物；⑥擅自占压、拆卸、移动和穿凿城市排水管网及其附属设施；⑦擅自向城市排水管网及其附属设施加压排放污水；⑧其他损害城市排水管网及其附属设施正常运行的行为。

四、城市防洪设施工程

（一）城市防洪工程措施

城市防洪工程措施可分为挡洪、泄洪、蓄（滞）洪、排涝及泥石流防治等五类：①挡洪工程主要包括堤防、防洪闸等工程设施；②泄洪工程主要包括河道整治、排洪河道、截洪沟等工程设施；③蓄（滞）洪工程主要包括分蓄洪区、调洪水库等工程设施；④排涝工程主要包括排水沟渠、调蓄水体、排涝泵站等工程设施；⑤泥石流防治工程主要包括拦挡坝、排导沟、停淤场等工程设施。

城市防洪是城市建设的重要组成部分，同时又是河流流域防洪的一部分，并且是河流流域防洪的重点。做好城市防洪工作，对确保城市建设和城市公民的生命财产安全具有重要的意义。

（二）城市防洪的规划和建设

城市防洪规划是城市防洪建设的前提，应按有关规程、规范规定的要求，进行深入的调查研究，达到一定的深度。要做到全面规划，综合治理，因地制宜，防治结合，以防为主的原则。城市防洪规划期限、范围应与城市总体规划期限、范围相一致。

城市防洪规划应包括下列主要内容：①确定城市防洪、排涝规划标准；②确定城市用地防洪安全布局原则，明确城市防洪保护区和蓄滞洪区范围；③确定城市防洪体系，制定城市防洪、排涝工程方案与城市防洪非工程措施。

城市防洪设施的建设应当根据轻重缓急、近远期相结合、分期分批建设城市防洪设施，充分起到防御洪水灾害的作用。

(三) 城市防洪设施的维护

城市防洪设施是确保城市人民生命、财产的重要设施，主管部门和有关单位都要积极维护河岸、堤坝、排洪道和泵站的完好。在防洪设施防护带内，不准乱挖、乱填、搭盖、堆放物料，不准进行有损防洪设施的任何作业。凡因工程需要，在管理范围内立杆、架线、埋设管道者，必须事先报请市政工程管理部门批准，并按防洪要求施工。

在防洪设施的防护带内，禁止在非码头区装卸或堆放货物。机械装卸设备需要装设在护岸、防水墙或排洪道上时，应报经市政工程管理部门批准，并采取相应的安全措施。

第三节 城市公用事业法律制度

城市公用事业单位，是指从事市政公用设施的养护、监护、管理以及提供相关服务的组织机构。其主要特征是：维护城市公用设施建设为宗旨；其中的部分单位受政府委托承担市政执法监督职能，但不具有行政处罚权。城市公用事业单位的主要类别是：园林绿化事业单位，包括园林绿化队（站）、公园等；城市环卫事业单位，包括环卫所、清洁卫生队（站）、管道疏通队（站）等；市政维护管理事业单位；房地产服务事业单位，包括房管所、房地产交易中心、房屋安全鉴定所（站）、住房公积金管理中心、房屋建设服务中心等；市政设施维护管理事业单位；其他城市公用事业单位。

一、城市供水

(一) 城市供水概述

1. 城市供水的概念

城市供水，包括城市公共供水和自建设施供水。城市公共供水，是指城市自来水供水企业以公共供水管道及其附属设施向单位和居民的生活、生产和其他各项建设提供用水。自建设施供水，是指城市的用水单位以其自选建设的供水管道及其附属设施主要向本单位的生活、生产和其他各项建设提供用水。

2. 城市供水的原则

城市供水工作实行开发水源和计划用水、节约用水相结合的原则。

3. 国家推进城市供水

国家实行有利于城市供水事业发展的政策，鼓励城市供水科学技术研究，推广先进技术，提高城市供水的现代化水平。县级以上人民政府应当将发展城市供水事业纳入国民经济和社会发展计划。

(二) 城市供水水源

1. 编制城市供水水源开发利用规划

县级以上城市人民政府应当组织城市规划行政主管部门、水行政主管部门、城市供水行政主管部门和地质矿产行政主管部门等共同编制城市供水水源开发利用规划，作为城市供水发展规划的组成部分，纳入城市总体规划。

编制城市供水水源开发利用规划要符合以下原则：第一，应当从城市发展的需要出发，并与水资源统筹规划和水长期供求计划相协调；第二，应当根据当地情况，合理安排利用地表水和地下水；第三，应当优先保证城市生活用水，统筹兼顾工业用水和其他各项建设用水。

2. 饮用水水源的保护

县级以上地方人民政府环境保护部门应当会同城市供水行政主管部门、水行政主管部门和卫生行政主管部门等共同划定饮用水水源保护区，经本级人民政府批准后公布；划定跨省、市、县的饮用水水源保护区，应当由有关人民政府共同商定并经其共同的上级人民政府批准后公布。在饮用水水源保护区内，禁止一切污染水质的活动。

饮用水水源保护区一般划分为一级保护区和二级保护区，必要时可增设准保护区。各级保护区应有明确的地理界线。饮用水水源各级保护区及准保护区均应规定明确的水质标准并限期达标。

饮用水地表水源保护区包括一定的水域和陆域，其范围应按照不同水域特点进行水质定量预测并考虑当地具体条件加以确定，保证在规划设计的水文条件和污染负荷下，供应规划用水量时，保护区的水质能满足相应的标准。饮用水地表水源取水口附近划定一定的水域和陆域作为饮用水地表水源一级保护区。在饮用水地表水源一级保护区外划定一定的水域和陆域作为饮用水地表水源二级保护区。根据需要可在饮用水地表水源二级保护区外划定一定的水域及陆域作为饮用水地表水源准保护区。准保护区的水质标准应保证二级保护区的水质能满足规定标准。

饮用水地下水源保护区应根据饮用水水源地所处的地理位置、水文地质条件、供水的数量、开采方式和污染源的分布划定。饮用水地下水源保护区的水质均应达到国家规定的生活饮用水卫生标准的要求。各级地下水源保护区的范围应根据当地的水文地质条件确定，并保证开采规划水量时能达到所要求的水质标准。饮用水地下水源一级保护区位于开采井的周围，其作用是保证集水有一定滞后时间，以防止一般病原菌的污染。直接影响开采井水质的补给区地段，必要时也可划为一级保护区。饮用水地下水源二级保护区位于饮用水地下水源一级保护区外，其作用是保证集水有足够的滞后时间，以防止病原菌以外的其他污染。饮用水地下水源准保护区位于饮用水地下水源二级保护区外的主要补给区，其作用是保护水源地的补给水源水量和水质。

（三）城市供水工程建设

城市供水工程的建设，应当按照城市供水发展规划及其年度建设计划进行。

城市新建、扩建、改建工程项目需要增加用水的，其工程项目总概算应当包括供水工程建设投资；需要增加城市公共供水量的，应当将其供水工程建设投资交付城市供水行政主管部门，由其统一组织城市公共供水工程建设。

城市供水工程的设计、施工，应当委托持有相应资质证书的设计、施工单位承担，并遵守国家有关技术标准和规范。禁止无证或者超越资质证书规定的经营范围承担城市供水工程的设计、施工任务。

城市供水工程竣工后,应当按照国家规定组织验收;未经验收或者验收不合格的,不得投入使用。

(四)城市供水经营

1. 城市供水企业的资质管理

城市供水企业系指专门从事向社会供水的企业和其他向社会供水的企业。城市自来水供水企业和自建设施对外供水的企业,必须经资质审查合格并经工商行政管理机关登记注册后,方可从事经营活动。

城市供水企业资质按日综合供水能力实行分级审批。日综合供水能力在100万立方米以上(含100万立方米)企业的资质,由省、自治区、直辖市、计划单列市人民政府城市建设行政主管部门进行预审并提出意见,报国务院建设行政主管部门审查批准并发证;也可委托省、自治区、直辖市、计划单列市人民政府城市建设行政主管部门审查同意,由住房和城乡建设部核准并发证。日综合供水能力不足100万立方米企业的资质由省、自治区、直辖市人民政府城市建设行政主管部门审查批准并发证;也可根据企业规模大小,委托企业所在地城市人民政府城市建设行政主管部门审查同意,由省、自治区、直辖市城市建设行政主管部门核准并发证,报住房和城乡建设部备案。

2. 城市供水企业的检测制度

城市自来水供水企业和自建设施对外供水的企业,应当建立、健全水质检测制度,确保城市供水的水质符合国家规定的饮用水卫生标准。

城市自来水供水企业和自建设施对外供水的企业,应当按照国家有关规定设置管网测压点,做好水压监测工作,确保供水管网的压力符合国家规定的标准。

3. 城市供水企业的供水要求

城市自来水供水企业和自建设施对外供水的企业应当保持不间断供水。由于工程施工、设备维修等原因确需停止供水的,应当经城市供水行政主管部门批准并提前24小时通知用水单位和个人;因发生灾害或者紧急事故,不能提前通知的,应当在抢修的同时通知用水单位和个人,尽快恢复正常供水,并报告城市供水行政主管部门。

禁止在城市公共供水管道上直接装泵抽水。

4. 对用水者的要求

用水单位和个人应当按照规定的计量标准和水价标准按时缴纳水费。禁止盗用或者转供城市公共供水。

(五)城市供水设施维护

城市自来水供水企业和自建设施供水的企业对其管理的城市供水的专用水库、引水渠道、取水口、泵站、井群、输(配)水管网、进户总水表、净(配)水厂、公用水站等设施,应当定期检查维修,确保安全运行。

用水单位自行建设的与城市公共供水管道连接的户外管道及其附属设施,必须经城市自来水供水企业验收合格并交其统一管理后,方可合作使用。在规定的城市公共供水管理及其附属设施的地面和地下的安全保护范围内,禁止挖坑取土或者修建建筑物、构筑物等危害供水设施安全的活动。因工程建设确需改装、拆除或者迁移城市公共供水设施的,建设单位应当报经县级以上人民政府城市规划行政主管部门和城市供水行政主管部门批准,并采取相应的补救措施。

涉及城市公共供水设施的建设工程开工前,建设单位或者施工单位应当向城市自来水供水企业查明地下供水管网情况。施工影响城市公共供水设施安全的,建设单位或者施工单位应当与城市自来水供水企业商定相应的保护措施,由施工单位负责实施。

禁止擅自将自建的设施供水管网系统与城市公共供水管网系统连接;因特殊情况确需连接的,必须经城市自来水供水企业同意,报城市供水行政主管部门和卫生行政主管部门批准,并在管道连接处采取必要的防护措施。禁止产生或者使用有毒有害物质的单位将其生产用水管网系统与城市公共供水管网系统直接连接。

二、城市供热管理

(一)城市供热概述

城市供热,是指我国北方地区的城市对市民的工作、生活建筑物在冬季提供暖气的活动。目前我国的城市供热以集中供热为主导,多种方式相结合。国家鼓励发展热电联产和集中供热,允许非公有资本参与供热设施的投资、建设与经营,逐步推进供热商品化、货币化。

在市场经济条件下,煤炭的市场价格波动,对于供热企业因煤价上涨而导致的成本增支,按照政府财政、企业和用户共同负担的原则,综合采取价格、财政、税收措施予以适当缓解。在价格方面,适当调整供热价格,各城市按照定价分工管理权限和规定的程序,适当调整供热价格。各地调整供热价格前,应对供热企业的成本、经营状况进行认真调查,需要听证的,按照规定程序召开价格听证会,广泛听取社会各界意见。在财政方面,加大财政补贴力度,加大对困难地区转移支付力度,进一步完善一般性转移支付测算办法,加大对相关采暖困难地区转移支付力度。各城市也应当增加地方财政对供热专项补贴资金。在税收方面,给予供热企业相关税收优惠政策。

(二)城市供热价格管理

城市供热价格(以下简称热价)是指城市热力企业(单位)通过一定的供热设施将热量供给用户的价格。国家鼓励发展热电联产和集中供热,允许非公有资本参与供热设施的投资、建设与经营,逐步推进供热商品化、货币化。热价原则上实行政府定价或者政府指导价,由省(区、市)人民政府价格主管部门或者经授权的市、县人民政府(以下简称热价定价机关)制定。经授权的市、县人民政府制定热价,具体工作由其所属价格主管部门负责。供热行政主管部门协助价格主管部门管理热价。具备条件的地区,热价可以由热力企业(单位)与用户协商确定。

1. 热价分类与构成

城市供热价格分为热力出厂价格、管网输送价格和热力销售价格。热力出厂价格是指热源生产企业向热力输送企业销售热力的价格;管网输送价格是指热力输送企业输送热力的价格;热力销售价格是指向终端用户销售热力的价格。

城市供热实行分类热价。用户分类标准及各类用户热价之间的比价关系由城市人民政府价格主管部门会同城市供热行政主管部门结合实际情况确定。

城市供热价格由供热成本、税金和利润构成。供热成本包括供热生产成本和期间费用。供热生产成本是指供热过程中发生的燃料费、电费、水费、固定资产折旧费、修理费、工资以及其他应当计入供热成本的直接费用;供热期间费用是指组织和管理供热生产经营所发生的营业费用、管理费用和财务费用。税金是指热力企业（单位）生产供应热力应当缴纳的税金。利润是指热力企业（单位）应当取得的合理收益。现阶段按成本利润率核定，逐步过渡到按净资产收益率核定。输热、配热等环节中的合理热损失可以计入成本。

2. 热价的制定和调整

热价的制定和调整（以下简称制定）应当遵循合理补偿成本、促进节约用热、坚持公平负担的原则。成本是指价格主管部门经过成本监审核定的供热定价成本。热电联产企业应当将成本在电、热之间进行合理分摊。利润按成本利润率计算时，成本利润率按不高于3%核定；按净资产收益率计算时，净资产收益率按照高于长期（5年以上）国债利率2~3个百分点核定。

制定和调整居民供热价格时，应当举行听证会听取各方面意见，并采取对低收入居民热价不提价或少提价，以及补贴等措施减少对低收入居民生活的影响。符合以下条件的热力企业（单位）可以向政府价格主管部门提出制定或调整热价的书面建议，同时抄送城市供热行政主管部门：①按照国家法律、法规合法经营，热价不足以补偿供热成本致使热力企业（单位）经营亏损的；②燃料到厂价格变化超过10%的。消费者可以依法向政府价格主管部门提出制定或调整热价的建议。

政府价格主管部门和供热行政主管部门对调价建议进行统筹研究，拟定调价方案。因燃料价格下跌、热力生产企业利润明显高于规定利润率时，价格主管部门可以直接提出降价方案报当地人民政府审批。政府价格主管部门受理热力企业（单位）关于制定和调整热价的建议后，要按规定进行成本监审。

制定和调整热价的方案经人民政府批准后，由政府价格主管部门向社会公告，并报上级人民政府价格主管部门和供热行政主管部门备案。

3. 热价执行与监督

价格主管部门应当建立供热成本监审制度，促进热力企业（单位）建立有效的成本约束机制。省、市供热行政主管部门要逐步建立、健全城市供热质量监管体系，加强对各类计量器具和供热质量的监管，维护供、用热双方的合法权益。

热力企业（单位）应当严格执行政府制定的供热价格，不得擅自提高热价或变相提高热价。应当按照规定的热价按时交纳供热费用。对无正当理由拒交供热费用的用户，供热企业可以按有关规定加收滞纳金。热力企业（单位）的供热质量必须符合规定的供热质量标准。达不到规定供热质量标准的，热力企业（单位）应当按照供用热合同的约定对用户进行补偿或赔偿。

各级价格主管部门应当加强对本行政区域内供热价格执行情况的监督检查。鼓励群众举报热力企业（单位）的价格违法行为；群众举报属实的，价格主管部门应给予适当奖励。加强新闻舆论对供热价格执行情况的监督。

（三）供热的节能管理

2008年7月23日国务院第18次常务会议通过了《民用建筑节能条例》，自2008年10月1日起施行。该"条例"第9条规定："国家积极推进供热体制改革，完善供热价格形成机制，鼓励发展集中供热，逐步实行按照用热量收费制度。"该"条例"还规定，在具备太阳能利用条件的地区，有关地方人民政府及其部门应当采取有效措施，鼓励和扶持单位、个人安装使用供热系统等太阳能利用系统，县级以上人民政府应当安排民用建筑节能资金，用于支持民用建筑节能的科学技术研究和标准制定、既有建筑围护结构和供热系统的节能改造、可再生能源的应用，以及民用建筑节能示范工程、节能项目的推广。

1. 新建建筑供热节能

实行集中供热的建筑应当安装供热系统调控装置、用热计量装置和室内温度调控装置；公共建筑还应当安装用电分项计量装置。居住建筑安装的用热计量装置应当满足分户计量的要求。计量装置应当依法检定合格。

设计单位应当严格按照国家有关工程建设标准进行供热计量工程的设计，并对其设计质量全面负责。施工图设计文件审查机构在进行施工图设计文件审查时，应当按照工程建设强制性标准对供热计量设计文件进行审查，不符合工程建设强制性标准的不得出具施工图设计文件审查合格证明。建设单位申请施工许可证时，应当提交包含供热计量内容的施工图设计文件审查合格证明，否则建设主管部门不予颁发施工许可证。

2. 既有建筑供热节能

既有建筑供热节能改造应当根据当地经济、社会发展水平和地理气候条件等实际情况，有计划、分步骤地实施分类改造。县级以上地方人民政府建设主管部门应当对本行政区域内既有建筑的建设年代、结构形式、用能系统、能源消耗指标、寿命周期等组织调查统计和分析，制定既有建筑节能改造计划，明确节能改造的目标、范围和要求，报本级人民政府批准后组织实施。为了推动既有建筑供热节能改造，住房和城乡建设部和财政部于2008年5月21日发布了《关于推进北方采暖地区既有居住建筑供热计量及节能改造工作的实施意见》，要求做好改造各项工作：①做好建筑现状调查和能耗统计；②编制改造实施方案；③组织实施节能改造；④建立完善的评估机制；⑤总结经验、积极宣传推广。

为了推动既有建筑供热节能改造，国家财政安排资金专项用于对北方采暖地区开展既有居住建筑供热计量及节能改造工作进行奖励。奖励资金使用范围：①建筑围护结构节能改造奖励；②室内供热系统计量及温度调控改造奖励；③热源及供热管网热平衡改造等改造奖励；④财政部批准的与北方采暖地区既有居住建筑供热计量及节能改造相关的其他支出。奖励资金采用因素法进行分配，即综合考虑有关省（自治区、直辖市、计划单列市）所在气候区、改造工作量、节能效果和实施进度等多种因素以及相应的权重。

（四）民用建筑供热计量管理

新建建筑和进行节能改造的既有建筑必须按照规定安装供热计量装置、室内温度调控装置和供热系统调控装置，实行按用热量收费的制度。用于热费结算的热能表，应当依法取得制造计量器具许可证并通过安装前的首次检定；进口的用于热费结算的热能表应当取得国家质检总局颁发的《中华人民共和国进口计量器具型式批准证书》，并通过进口计量器具检定。用于热量分摊的装置应当符合国家有关标准。

供热单位是供热计量收费的责任主体，应按照供热计量的工作目标积极推进供热计量工作。

供热单位应当按照供热计量的要求，对供热系统进行技术改造并实施供热计量管理。供热单位应依法做好能源消耗统计工作，并确保统计数据真实、完整。供热主管部门应当根据城市建筑的建设年代、结构形式、设计能耗指标以及供热系统的能源利用率，对各单位能源消耗进行监管，对供热单位负责人进行考核。

供热主管部门应当指导供热单位逐步建立健全供热计量户籍热费管理系统，建立包括用户热费、职工补贴、房屋建筑等基本信息的用户个人账户档案，实现个人账户热费网络化管理。供热单位应与用户签订供用热合同，约定双方的权利和义务，合同中应包含供热计量装置管理、维护、更换及供热价格、收费方式、纠纷处理等内容。

（五）供热企业资质管理

城市供热企业资质按供热能力实行分级审批。供热能力在 500 万平方米以上（含 500 万平方米）的供热企业，其资质由省、自治区、直辖市人民政府建设行政主管部门预审并提出审查意见，报国务院建设行政主管部门审批；也可由国务院建设行政主管部门委托省、自治区、直辖市人民政府建设行政主管部门审批，报国务院建设行政主管部门核准发证。供热能力在 500 万平方米以下的供热企业，其资质由省、自治区、直辖市人民政府建设行政主管部门审批，报国务院建设行政主管部门备案。

三、城市燃气管理

城市燃气是指人工煤气、天然气和液化石油气等气体燃料的总称。城市燃气的发展应当实行统一规划、配套建设、因地制宜、合理利用能源、建设和管理并重的原则。国家鼓励和支持城市燃气科学技术研究，推广先进技术，提高城市燃气的科学技术水平。

（一）城市燃气的规划和建设

县级以上地方人民政府应当组织规划、城建等部门根据城市总体规划编制本地区燃气发展规划。城市燃气新建、改建、扩建项目以及经营网点的布局要符合城市燃气发展规划，并经城市建设行政主管部门批准后，方可实施。城市燃气建设资金可以按照国家有关规定，采取政府投资、集资、国内外贷款、发行债券等多种渠道筹集。

燃气工程的设计、施工，应当由持有相应资质证书的设计、施工单位承担，并应当符合国家有关技术标准和规范。住宅小区内的燃气工程施工可以由负责小区施工的具有相应资质的单位承担。民用建筑的燃气设施，应当与主体工程同时设计、同时施工、同时验收。燃气表的安装要符合规范，兼顾室内美观，方便用户。

燃气工程施工实行工程质量监督制度。燃气工程竣工后，应当由城市建设行政主管部门组织有关部门验收；未经验收或者验收不合格的，不得投入使用。

在燃气设施的地面和地下规定的安全保护范围内，禁止修建建筑物、构筑物，禁止堆放物品和挖坑取土等危害供气设施安全的活动。确需改动燃气设施的，建设单位应当报经县级以上地方人民政府城市规划行政主管部门和城市建设行政主管部门批准。改动燃气设施所发生的费用由建设单位负担。

（二）城市燃气经营

用管道供应城市燃气的，实行区域性统一经营。瓶装燃气可以多家经营。

燃气供应企业应当遵守下列规定：①燃气的气质和压力应当符合国家规定的标准。保证安全稳定供气，不得无故停止供气；②禁止向无《城市燃气企业资质证书》的单位提供经营性气源；③不得强制用户到指定的地点购买指定的燃气器具；④禁止使用超过检验期限和检验不合格的钢瓶；⑤禁止用槽车直接向钢瓶充装液化石油气；⑥其他应当遵守的规定。

燃气供应企业和燃气用具安装、维修单位的职工应当实行持证上岗制度。燃气供应企业及分销站点需要变更、停业、歇业、分立或者合并的，必须提前 30 日向城市建设行政主管部门提出申请。经批准后，方可实施。

(三) 城市燃气器具

燃气器具的生产实行产品生产许可或者安全质量认证制度。燃气器具必须取得国家燃气器具的产品生产许可证或者安全质量认证后，方可生产。燃气器具必须经销售地城市建设行政主管部门指定的检测机构的气源适配性检测，符合销售地燃气使用要求，颁发准销证后方可销售。取得准销证的产品由城市建设行政主管部门列入当地《燃气器具销售目录》，并向用户公布。

燃气器具安装、维修单位，必须经城市建设行政主管部门资质审核合格，方可从事燃气器具的安装、维修业务。燃气器具生产、经营企业在销售地必须有产品售后维修保证措施。

(四) 城市燃气使用

燃气供应企业应当建立燃气用户档案，与用户签订供气用气合同，明确双方的权利和义务。燃气用户未经燃气供应企业批准，不得擅自接通管道使用燃气或者改变燃气使用性质、变更地址和名称。

燃气计量应当采用符合国家计量标准的燃气计量装置，按照规定定期进行校验。燃气用户应当按时交纳气费。燃气用户有权就燃气经营的收费和服务向燃气供应企业查询，对不符合收费和服务标准的，可以向其行政主管部门投诉。

(五) 城市燃气安全

燃气供应企业必须建立安全检查、维修维护、事故抢修等制度，及时报告、排除、处理燃气设施故障和事故，确保正常供气。燃气供应企业必须向社会公布抢修电话，设置专职抢修队伍，配备防护用品、车辆器材、通讯设备等。

燃气供应企业应当实行每日24小时值班制度，发现燃气事故或者接到燃气事故报告时，应当立即组织抢修、抢险。燃气供应企业必须制定有关安全使用规则，宣传安全使用常识，对用户进行安全使用燃气的指导。燃气供应企业应当按照有关规定，在重要的燃气设施所在地设置统一、明显的安全警示标志，并配备专职人员进行巡回检查。

任何单位和个人发现燃气泄漏或者燃气引起的中毒、火灾、爆炸等事故，有义务通知燃气供应企业以及消防等部门。发生燃气事故后，燃气供应企业应当立即向城市建设行政主管部门报告，重大燃气事故要及时报国务院建设行政主管部门。

除消防等紧急情况外，未经燃气供应企业同意，任何人不得开启或者关闭燃气管道上的公共阀门。

(六) 燃气供应企业资质管理

燃气供应企业是指燃气生产、储运、输配、供应的企业。燃气供应企业，必须经资质审查合格并经工商行政管理机关登记注册，方可从事经营活动。资质审查办法按《城市燃气和供热企业资质管理规定》执行。

城市燃气资质按供气能力实行分级审批。供气能力在20万户以上（含20万户）的燃气企业，其资质由省、自治区、直辖市人民政府建设行政主管部门预审并提出审查意见，报国务院建设行政主管部门审批；也可由国务院建设行政主管部门委托省、自治区、直辖市人民政府建设行政主管部门审批，报国务院建设行政主管部门核准发证。供气能力在20万户以下的燃气企业，其资质由省、自治区、直辖市人民政府建设行政主管部门审批，报国务院建设行政主管部门备案。

四、城市公共交通管理

城市公共交通是公益性事业。城市人民政府应当优先发展城市公共交通，采取有效措施，提高线网密度和站点覆盖率，优化运营结构，确立城市公共交通在城市交通中的主体地位，为公众提供安全可靠、方便周到、经济舒适的公共交通服务。城市公共交通应当遵循统筹规划、政府主导、积极扶持、有序竞争、方便群众的原则。国家鼓励利用高新技术和先进的管理方式，改进公共交通系统，推进智能化公共交通体系建设。

（一）城市公共交通的规划

城市人民政府应当组织编制城市综合交通体系规划和城市公共交通专项规划；建设城市轨道交通的，应当组织编制城市轨道交通专项规划。

城市综合交通体系规划和城市公共交通专项规划应当与城市的经济发展、环境保护、防灾减灾和人民生活水平相适应，并保证各种交通方式协调发展。城市综合交通体系规划应当确定公共交通在城市综合交通体系中的比例和规模、优先发展公共交通的措施、城市交通与区域交通的衔接和优化方案。

城市公共交通专项规划应当包括：各种城市公共交通方式的构成比例和规模、公共交通设施的用地范围、枢纽和场站布局、线路布局、设施配置、公共汽车和电车专用道、无障碍设施配置等。

城市轨道交通专项规划应当包括：轨道交通建设的远期目标和近期建设任务、投资估算及资金筹集方案、线路走向、站点选址、沿线土地利用及用地规划控制、换乘站、枢纽站建设以及与其他交通方式的衔接方案等。

组织编制机关在编制规划过程中应当采取论证会、听证会或者其他形式，广泛征求有关部门、公众和专家的意见。城市综合交通体系规划和城市公共交通专项规划应当纳入城市总体规划，并按照城市总体规划的审批程序一并报批。报批时应当附具社会各界对城市综合交通体系规划和城市公共交通专项规划的意见和意见采纳的情况以及未予采纳的理由。

城市公共交通发展和建设必须符合城市综合交通体系规划、城市公共交通专项规划以及城市轨道交通专项规划。

（二）城市公共交通的设施建设

城市公共交通设施，是指公共交通场站、换乘枢纽、公共交通专用道、优先通行信号装置、轨道交通设施等。建设航空港、铁路客运站、公路客运站、客运码头、城市道路、居住区和大型公共活动场所，应当按照标准配套建设相应的城市公共交通设施。

城市人民政府应当加大对城市公共交通的投入，在轨道交通、换乘枢纽、场站建设以及车辆和设施装备配置与更新等方面，给予必要的资金和政策扶持。城市公用事业附加费、基础设施配套费等政府性基金应当按照国家有关规定用于城市交通建设，并向城市公共交通倾斜。

城市人民政府应当在城市规划中确定相关的城市公共交通设施用地。城市公共交通规划确定的停车场、车辆段、保养场、首末站、调度中心、控制中心、换乘枢纽等设施用地，符合《划拨用地目录》的，可以以划拨方式取得。城市公共交通设施用地应当符合国家关于城市公共交通设施用地定额指标的规定。

城市人民政府应当依据城市公共交通专项规划，建设换乘枢纽，并配套相应的机动车、非机动车停车场，配备指向标识、线路图、时刻表、换乘指南等服务设施。城市人民政府应当依据城市公共交通专项规划，建设公共交通线路运行显示系统、多媒体综合查询系统、乘客服务信息系统。

公共交通场站的所有权人应当采用招标方式确定场站管理单位。场站管理单位应当制定运营管理制度，维护公共交通场站内的运营秩序，保障安全畅通。

(三) 城市公共交通线路经营

城市公共交通线路的设置、调整，应当符合城市公共交通专项规划确定的线路布局和客流需要，并广泛听取公众、专家和有关部门的意见。

国家实行城市公共交通线路经营许可制度。对新开辟的线路、经营期限届满需要重新确定经营者的线路或者在经营期限内需要重新确定经营者的线路，城市人民政府公共交通主管部门应当与经营者签订线路经营协议，并核发线路经营许可证。禁止拍卖、重复授予线路经营许可证。

线路经营协议应当包括线路走向、经营期限、站点、载客量、发车频率、首发车和末班车时间、车辆数、车型等内容。其中，线路走向和经营期限应当在线路经营许可证中予以注明。城市人民政府公共交通主管部门可以根据实际需要，对线路经营协议中的发车频率、首发车和末班车时间作出调整。

线路经营者因破产、解散或者其他原因不能正常运营时，城市人民政府公共交通主管部门应当及时采取措施，保证公共交通服务的连续、稳定。城市人民政府应当对城市公共交通企业因实行低票价、月票以及老年人、残疾人等减免票措施形成的政策性亏损给予补贴。

从事出租汽车经营的企业或者个人，应当符合运营车辆、资金、停车场所、驾驶员资格等有关条件，并依法取得出租汽车经营许可证后，方可从事出租汽车经营。

(四) 城市公共交通的服务质量和安全责任

城市人民政府公共交通主管部门应当组织有关部门和乘客对经营者运营服务质量进行评议，并将评议结果记入信用档案。城市人民政府公共交通主管部门应当将评议结果向社会公布，并作为撤销线路经营许可的依据之一。

经营者应当加强对运营车辆的检查、保养和维修，保证运营车辆符合技术、卫生等要求。经营者应当加强对驾驶员、售票员、调度员的管理，提高服务质量。

经营者应当建立、健全安全管理制度，定期检查各项安全防范措施落实情况，保证运营安全，及时消除事故隐患，并制定具体的城市公共交通突发事件应急预案。

轨道交通建设单位和经营者应当保证安全资金投入，设立相应的安全管理机构，配备专职安全管理人员，制定轨道交通突发事件应急预案，建立应急救援组织，配备救援器材设备，定期组织演练，并依法承担轨道交通建设和运营的安全责任。轨道交通经营者应当采取多种形式，向乘客宣传安全乘运的知识和要求。轨道交通建设单位应当按照有关规定建设安全监测保障系统，并设置消防、防汛、防护、报警、救援等器材和设备。轨道交通经营者定期对轨道交通安全保障系统进行检测、维修、更新和改造，保证其处于良好的运行状态。轨道交通建设单位应当按照国家有关规定设置安全保护区。在安全保护区内进行可能影响安全运营作业的，作业单位应当制定有效的安全防护方案，在征得轨道交通经营者的同意后，方可申请办理有关的行政许可手续。

发生自然灾害、城市公共交通运营安全事故以及其他突发事件后，经营者应当启动城市公共交通突发事件应急预案，抢救伤者、排除障碍、恢复正常运行，并及时、如实向有关部门报告。

经营者应当按照规定的收费标准向乘客收取费用，并出具省级税务部门监制的税务发票。

第四节 城市市容和环境卫生法律制度

一、城市市容和环境卫生管理概述

城市市容和环境卫生管理是城市管理的重要组成部分，我国各级政府对这一工作十分重视。1982年城乡建设环境部颁布了《城市市容和环境卫生管理条例》，经过十年的试行后，国务院于1992年6月28日正式发布了《城市市容和环境卫生管理条例》，自1992年8月1日起正式施行。随后，各省、自治区、直辖市纷纷颁布了城市市容和环境卫生管理的地方立法。建设部在2004年8月18日发布了《市容环境卫生术语标准》，住房和城乡建设部于2008年10月15日发布了《城市容貌标准》。

（一）城市市容和环境卫生管理的必要性

1. 创造清洁、优美的城市工作、生活环境

城市市容和环境卫生直接影响着城市居民的身体健康，同时也是一个城市文明程度的重要体现。清洁、优美的城市环境能提高城市居民的工作效率和生活质量。

目前，我国仍有部分城市或城市中的部分地区给人的印象是脏、乱、差。未来改变这种状况，必须加强城市市容和环境卫生管理，提高对市容和环境卫生事业的地位和作用的认识，提高全民族的环境卫生意识，完善管理机构，增加人员、设备和资金。

2. 促进城市社会主义物质文明和精神文明建设

清洁、优美的城市环境能提高公民的工作效率，促进城市社会主义物质文明建设，同时，还可以改善人的精神面貌和生活方式，可以改变、破除某些人的旧习惯、旧风俗，促进城市社会主义精神文明建设。物质文明和精神文明的提高是搞好城市市容和环境卫生工作的基础，伴随着社会生产力的发展和人民物质生活水平的提高，必然要求有一个与之相适用的城市容貌和环境卫生。

3. 城市社会经济的发展的必然要求

改革开放以来，我国各个城市的社会经济快速发展，对城市市容和环境卫生管理不断提出新要求。第一，城乡一体化发展，城市化区域不断扩大。同时，按照科学发展观要求，这一发展趋势会加快，按照城市进行市容和环境卫生管理的范围应当不断扩大，原来的规定难以适应。第二，城市市容和环境卫生的管理方式需要不断创新。城市一些主要街道和重点地区的街景和城雕的管理，城市道路、城市灯光的管理，环境卫生责任区的划分和责任，环境卫生作业服务的市场化确定方法，餐饮垃圾、宠物垃圾的管理，生活垃圾的分类管理，垃圾的资源化利用等等，都需要加强城市市容和环境卫生管理。第三，城市市民生活质量的日益提高，对城市市容和环境卫生管理的标准提出了更高的要求。

（二）城市市容和环境卫生管理的原则

城市市容和环境卫生工作，实行统一领导、分区负责、专业人员管理与群众管理相结合的原则。所谓"统一领导"，即由国务院城市建设行政主管部门主管全国城市市容和环境卫生工作。省、自治区人民政府城市建设行政主管部门负责本行政区域的城市市容和环境卫生管理工作。城市人民政府市容环境卫生行政主管部门负责本行政区域的城市市容和环境卫生管理工作。所谓"分区负责"，即分地区负责，要求建立和完善市容和环境卫生责任区制度，以明确管理部门、企业和个人在城市市容和环境卫生方面的权利义务关系。

城市市容和环境卫生管理涉及城市的每一个居民，必须采取专业人员管理和群众管理相结合的原则。城市人民政府应当重视市容和环境卫生管理专业人员的培养和发展，并结合本地的实际情况，积极推进环境卫生用工制度的改革，并采取措施，逐步提高环境卫生工作人员的工资福利待遇。

二、城市市容管理

城市市容管理，既包括对城市中的建筑物和设施的美观程度的管理，同时也包括城市中各种与市容有关活动的管理，如广告、运输、施工等活动。

（一）建筑物和城市设施的市容管理

城市中的建筑物和设施，应当符合国家规定的城市容貌标准。对外开放城市、风景旅游城市和有条件的其他城市，可以结合本地具体情况，制定严于国家规定的城市容貌标准；建制镇可以参照国家规定的城市容貌标准执行。

城市中的市政公用设施，应当与周围环境相协调，并维护和保持设施完好、整洁。

一切单位和个人都应当保持建筑物的整洁、美观。在城市人民政府规定的街道的临街建筑物的阳台和窗外，不得堆放、吊挂有碍市容的物品。搭建或者封闭阳台必须符合城市人民政府市容环境卫生行政主管部门的有关规定。

（二）户外广告等的市容管理

在城市中设置户外广告、标语牌、画廊、橱窗等，应当内容健康、外形美观，并定期维修、油饰或者拆除。大型户外广告的设置必须征得城市人民政府市容环境卫生行政主管部门同意后，按照有关规定办理审批手续。

有下列情形之一的，不得设置户外广告：①利用交通安全设施、交通标志的；②影响市政公共设施、交通安全设施、交通标志使用的；③妨碍生产或者人民生活，损害市容市貌的；④国家机关，文物保护单位和名胜风景点的建筑控制地带；⑤当地县级以上地方人民政府禁止设置户外广告的区域。

（三）街道两侧和公共场地的市容管理

主要街道两侧的建筑物前，应当根据需要与可能，选用透景、半透景的围墙、栅栏或者绿篱、花坛（池）、草坪等作为分界。临街树木、绿篱、花坛（池）、草坪等，应当保持整洁、美观。栽培、整修或者其他作业留下的渣土、枝叶等，管理单位、个人或者作业者应当及时清除。

任何单位和个人都不得在街道两侧和公共场地堆放物料，搭建建筑物、构筑物或者其他设施。因建设等特殊需要，在街道两侧和公共场地临时堆放物料，搭建非永久性建筑物、构筑物或者其他设施的，必须征得城市人民政府市容环境卫生行政主管部门同意后，按照有关规定办理审批手续。

（四）交通运输工具的市容管理

在市区运行的交通运输工具，应当保持外形完好、整洁，货运车辆运输的液体、散装货物，应当密封、包扎、覆盖，避免泄漏、遗撒。

（五）工程施工现场的市容管理

城市的工程施工现场的材料、机具应当堆放整齐，渣土应当及时清运；临街工地应当设置护栏或者围布遮挡；停工场地应当及时整理并作必要的覆盖；竣工后，应当及时清理和平整场地。

三、城市环境卫生管理

（一）城市环境卫生设施的建设和设置

城市中的环境卫生设施，应当符合国家规定的城市环境卫生标准。城市环境卫生设施包括公共厕所、化粪池、垃圾管道、垃圾容器、果皮箱、垃圾转运站、垃圾处理场、小区环卫专用车辆停放场地和工人休息室等。

城市人民政府在进行城市新区开发或者旧区改造时，应当依照国家有关规定，建设生活废弃物的清扫、收集、运输和处理等环境卫生设施，所需经费应当纳入建设工程概算。

（二）公共厕所的管理

公共厕所，是指供城市居民和流动人口共同使用的厕所，包括公共建筑（如车站、码头、商店、饭店、影剧院、体育场馆、展览馆、办公楼等）附设的公厕。

1. 公共厕所的规划

城市人民政府市容环境卫生行政主管部门，应当根据城市居住人口密度和流动人口数量以及公共场所等特定地区的需要，制定公共厕所建设规划。城市公厕应当按照"全面规划、全面布局、改建并重、卫生适用、方便群众、水厕为主、有利排运"的原则，进行规划建设。

城市公厕规划是城市环境卫生规划的组成部分，应当由城市人民政府环境卫生行政主管部门会同城市规划行政主管部门，依照《城市公厕规划和设计标准》及公共建筑设计规范进行编制。

下列城市公共场所应当设置公厕，并应当设立明显的标志或指路牌：①广场的主要干道两侧；②车站、码头、展览馆等公共建筑物附近。城市公厕应当修建在明显易找、便于粪便排放或机器抽运的地段。新修建的公厕外观应当与周围环境相协调。

2. 公共厕所的建设和维修管理

城市人民政府市容环境卫生行政主管部门，应当按照规定的标准，建设、改造或者支持有关单位建设、改造公共厕所。城市人民政府市容环境卫生行政主管部门，应当配备专业人员或者委托有关单位和个人负责公共厕所的保洁和管理；有关单位和个人也可以承包公共厕所的保洁和管理。公共厕所的管理者可以适当收费。对不符合规定标准的公共厕所，城市人民政府应当责令有关单位限期改造。

城市公厕的建设和维修管理，按照下列分工，分别由城市环境卫生单位和有关单位负责：①城市主次干道两侧的公厕由城市人民政府环境卫生行政主管部门制定的管理单位负责；②城市各类集贸市场的公厕由集贸市场经营管理单位负责；③新建、改建居民楼群和住宅小区的公厕由其管理单位负责；④风景名胜、旅游点的公厕由其主管部门或经营管理单位负责；⑤公共建筑附近附设的公厕由产权单位负责。

新建的公厕应当以水冲式厕所为主。对于原有不符合卫生标准的旱厕，应当逐步进行改造。影剧院、商店、饭店、车站等公共建筑没有附设公厕或者原有公厕及其卫生设施不足的，应当按照城市人民政府环境卫生行政主管部门的要求进行新建、扩建或者改造。公共建筑附设公厕及其卫生设施的设计和安装，应当符合国家和地方的有关标准。

3. 公共厕所的保洁和使用管理

城市公厕的保洁工作，应当分别由有关单位负责或者与城市环境卫生单位商签协议，委托代管。城市公厕的保洁，应当逐步做到规范化、标准化，保持公厕的清洁、卫生和设备、设施完好。城市人民政府环境卫生行政主管部门应当对公厕的卫生及设备、设施等进行检查，对于不符合规定的，应当予以纠正。

在旅游景点、车站、繁华商业区等公共场所独立设置的较高档次公厕，可以适当收费。具体收费办法由省、自治区人民政府主管部门和直辖市人民政府环境卫生行政主管部门提出方案，经同级人民政府物价、财政部门批准。所收费用专项用于公厕的维修和管理。

（三）公共场所和主要街道、广场、公共水域的环境卫生管理

1. 环境卫生责任制

公共场所、主要街道、广场、公共水域等涉及的单位多，人员杂，国家规定了环境责任制：

（1）按国家行政建制设立的市的主要街道、广场和公共水域的环境卫生，由环境卫生专业单位负责。

（2）居住区、街巷等地方，由街道办事处负责组织专人清扫保洁。

（3）飞机场、火车站、公共汽车始末站、港口、影剧院、博物馆、展览馆、纪念馆、体育馆（场）和公园等公共场所，由本单位负责清扫保洁。

（4）机关、团体、部队、企事业单位，应当按照城市人民政府市容环境卫生行政主管部门划分的卫生责任区负责清扫保洁。

（5）城市集贸市场，由主管部门负责组织专人清扫保洁。

（6）各种摊点，由从业者负责清扫保洁。

（7）城市港口客货码头作业范围内的水面，由港口客货码头经营单位责成作业者清理保洁。

（8）在市区水域行驶或者停泊的各类船舶上的垃圾、粪便，由船上负责人依照规定处理。

2. 城市道路和公共场所清扫保洁管理办法

城市道路和公共场所的清扫、保洁工作应当与城市道路和公共场所的建设，改造相协调。城市建设行政主管部门应当把城市道路和公共场所的清扫、保洁所需经费纳入城市维护建设资金使用计划，并根据需要，每年适当增加或调整。

城市人民政府市容环境卫生行政主管部门应当不断改善道路和公共场所清扫作业条件，积极开展机械化清扫，有条件的城市要对道路、公共场所地面实行水洗和建立进城车辆清洗站。在炎热季节，适时组织对重点道路实行洒水、降温、压尘。并与有关科研单位进行协作，对城市道路清扫、冲洗、除雪机械化等技术进行研究和开发。

负责清扫、保洁本责任区的道路和公共场所的单位，应当配备足够的垃圾容器和运输

工具。城市清扫的垃圾、冰雪，应当运到指定的堆放场地。凡从事城市道路和公共场所经营性清扫、保洁和进城车辆冲洗等经营性服务的单位和个人，必须向城市市容环境卫生行政主管部门申请资质审查，经批准后方可从事经营性服务。单位或者个人承担的责任区的清扫保洁工作，可以委托环境卫生专业单位或者经城市市容环境卫生行政主管部门资质审查批准的、从事城市道路和公共场所经营性清扫、保洁和进城车辆清洗等经营性服务的企业代办。企业代办双方应当签订协议，并认真履行各自的责任。

城市中的单位和个人，必须维护城市道路和公共场所的清洁，并严格遵守下列规定：①不随地吐痰、便溺，不乱丢烟蒂、纸屑、瓜果皮核及各类包装等废弃物；②不在道路和公共场所堆放杂物；③车辆运载散体、流体物资时，不准沿街撒落；④凡是在道路和公共场所作业产生的废弃物、渣土等，必须及时清除，并运到指定地点；⑤施工现场的运输车辆禁止夹带泥土，保持道路清洁。

城市人民政府市容环境卫生行政主管部门和监察队伍或检查人员，负责对各单位（包括环境卫生专业单位、服务经营单位）、个人分工负责的道路和公共场所清扫、保洁，进行监督和检查。

（四）城市生活垃圾的管理

1. 城市生活垃圾的治理原则

城市生活垃圾的治理，实行减量化、资源化、无害化和谁产生、谁依法负责的原则。国家采取有利于城市生活垃圾综合利用的经济、技术政策和措施，提高城市生活垃圾治理的科学技术水平，鼓励对城市生活垃圾实行充分回收和合理利用。

产生城市生活垃圾的单位和个人，应当按照城市人民政府确定的生活垃圾处理费收费标准和有关规定缴纳城市生活垃圾处理费。城市生活垃圾处理费应当专项用于城市生活垃圾收集、运输和处置，严禁挪作他用。

2. 城市生活垃圾的治理规划与设施建设

直辖市、市、县人民政府建设（环境卫生）主管部门应当会同城市规划等有关部门，依据城市总体规划和本地区国民经济和社会发展计划等，制定城市生活垃圾治理规划，统筹安排城市生活垃圾收集、处置设施的布局、用地和规模。制定城市生活垃圾治理规划，应当广泛征求公众意见。

城市生活垃圾收集、处置设施用地应当纳入城市黄线保护范围，任何单位和个人不得擅自占用或者改变其用途。城市生活垃圾收集、处置设施建设，应当符合城市生活垃圾治理规划和国家有关技术标准。从事新区开发、旧区改建和住宅小区开发建设的单位，以及机场、码头、车站、公园、商店等公共设施、场所的经营管理单位，应当按照城市生活垃圾治理规划和环境卫生设施的设置标准，配套建设城市生活垃圾收集设施。

城市生活垃圾收集、处置设施工程建设的勘察、设计、施工和监理，应当严格执行国家有关法律、法规和技术标准。城市生活垃圾收集、处置设施工程竣工后，建设单位应当依法组织竣工验收，并在竣工验收后三个月内，依法向当地人民政府建设主管部门和环境卫生主管部门报送建设工程项目档案。未经验收或者验收不合格的，不得交付使用。

3. 城市生活垃圾的清扫、收集、运输

城市生活垃圾应当逐步实行分类投放、收集和运输。单位和个人应当按照规定的地点、时间等要求，将生活垃圾投放到指定的垃圾容器或者收集场所。废旧家具等大件垃圾应当按规定时间投放在指定的收集场所。城市生活垃圾实行分类收集的地区，单位和个人应当按照规定的分类要求，将生活垃圾装入相应的垃圾袋内，投入指定的垃圾容器或者收集场所。

宾馆、饭店、餐馆以及机关、院校等单位应当按照规定单独收集、存放本单位产生的餐厨垃圾，并交符合相关办法要求的城市生活垃圾收集、运输企业运至规定的城市生活垃圾处理场所。

禁止随意倾倒、抛洒或者堆放城市生活垃圾。

从事城市生活垃圾经营性清扫、收集、运输的企业，应当取得城市生活垃圾经营性清扫、收集、运输服务许可证。未取得城市生活垃圾经营性清扫、收集、运输服务许可证的企业，不得从事城市生活垃圾经营性清扫、收集、运输活动。直辖市、市、县建设（环境卫生）主管部门应当通过招投标等公平竞争方式作出城市生活垃圾经营性清扫、收集、运输许可的决定，向中标人颁发城市生活垃圾经营性清扫、收集、运输服务许可证。直辖市、市、县建设（环境卫生）主管部门应当与中标人签订城市生活垃圾清扫、收集、运输经营协议。城市生活垃圾清扫、收集、运输经营协议应当明确约定经营期限、服务标准等内容，作为城市生活垃圾清扫、收集、运输服务许可证的附件。

从事城市生活垃圾经营性清扫、收集、运输服务的企业，应当具备以下条件：①具备企业法人资格，从事垃圾清扫、收集的企业注册资本不少于人民币100万元，从事垃圾运输的企业注册资本不少于人民币300万元；②机械清扫能力达到总清扫能力的20%以上，机械清扫车辆包括洒水车和清扫保洁车辆。机械清扫车辆应当具有自动洒水、防尘、防遗撒、安全警示功能，安装车辆行驶及清扫过程记录仪；③垃圾收集应当采用全密闭运输工具，并应当具有分类收集功能；④垃圾运输应当采用全密闭自动卸载车辆或船只，具有防臭味扩散、防遗撒、防渗沥液滴漏功能，安装行驶及装卸记录仪；⑤具有健全的技术、质量、安全和监测管理制度并得到有效执行；⑥具有合法的道路运输经营许可证、车辆行驶证；⑦具有固定的办公及机械、设备、车辆、船只停放场所。

从事城市生活垃圾经营性清扫、收集、运输的企业应当履行以下义务：①按照环境卫生作业标准和作业规范，在规定的时间内及时清扫、收运城市生活垃圾；②将收集的城市生活垃圾运到直辖市、市、县人民政府建设（环境卫生）主管部门认可的处理场所；③清扫、收运城市生活垃圾后，对生活垃圾收集设施及时保洁、复位，清理作业场地，保持生活垃圾收集设施和周边环境的干净整洁；④用于收集、运输城市生活垃圾的车辆、船舶应当做到密闭、完好和整洁。

从事城市生活垃圾经营性清扫、收集、运输的企业，禁止实施下列行为：①任意倾倒、抛洒或者堆放城市生活垃圾；②擅自停业、歇业；③在运输过程中沿途丢弃、遗撒生活垃圾。

4. 城市生活垃圾的处置

城市生活垃圾应当在城市生活垃圾转运站、处理厂（场）处置。任何单位和个人不得任意处置城市生活垃圾。城市生活垃圾处置所采用的技术、设备、材料，应当符合国家有关城市生活垃圾处理技术标准的要求，防止对环境造成污染。

从事城市生活垃圾经营性处置的企业，应当向所在地直辖市、市、县人民政府建设（环境卫生）主管部门取得城市生活垃圾经营性处置服务许可证。未取得城市生活垃圾经营性处置服务许可证，不得从事城市生活垃圾经营性处置活动。直辖市、市、县建设（环境卫生）主管部门应当通过招投标等公平竞争方式作出城市生活垃圾经营性处置许可的决定，向中标人颁发城市生活垃圾经营性处置服务许可证。直辖市、市、县建设（环境卫生）主管部门应当与中标人签订城市生活垃圾处置经营协议，明确约定经营期限、服务标准等内容，并作为城市生活垃圾经营性处置服务许可证的附件。

从事城市生活垃圾经营性处置服务的企业，应当具备以下条件：①具备企业法人资格，规模小于100吨/日的卫生填埋场和堆肥厂的注册资本不少于人民币500万元，规模大于100吨/日的卫生填埋场和堆肥厂的注册资本不少于人民币5000万元，焚烧厂的注册资本不少于人民币1亿元；②卫生填埋场、堆肥厂和焚烧厂的选址符合城乡规划，并取得规划许可文件；③采用的技术、工艺符合国家有关标准；④有至少5名具有初级以上专业技术职称的人员，其中包括环境工程、机械、环境监测等专业的技术人员。技术负责人具有5年以上垃圾处理工作经历，并具有中级以上专业技术职称；⑤具有完善的工艺运行、设备管理、环境监测与保护、财务管理、生产安全、计量统计等方面的管理制度并得到有效执行；⑥生活垃圾处理设施配备沼气检测仪器，配备环境监测设施如渗沥液监测井、尾气取样孔，安装在线监测系统等监测设备并与建设（环境卫生）主管部门联网；⑦具有完善的生活垃圾渗沥液、沼气的利用和处理技术方案，卫生填埋场对不同垃圾进行分区填埋方案、生活垃圾处理的渗沥液、沼气、焚烧烟气、残渣等处理残余物达标处理排放方案；⑧有控制污染和突发事件的预案。

从事城市生活垃圾经营性处置的企业应当履行以下义务：①严格按照国家有关规定和技术标准，处置城市生活垃圾；②按照规定处理处置过程中产生的污水、废气、废渣、粉尘等，防止二次污染；③按照所在地建设（环境卫生）主管部门规定的时间和要求接收生活垃圾；④按照要求配备城市生活垃圾处置设备、设施，保证设施、设备运行良好；⑤保证城市生活垃圾处置站、场（厂）环境整洁；⑥按照要求配备合格的管理人员及操作人员；⑦对每日收运、进出场站、处置的生活垃圾进行计量，按照要求将统计数据和报表报送所在地建设（环境卫生）主管部门；⑧按照要求定期进行水、气、土壤等环境影响监测，对生活垃圾处理设施的性能和环保指标进行检测、评价，向所在地建设（环境卫生）主管部门报告检测、评价结果。

5. 监督管理

国务院建设主管部门和省、自治区人民政府建设主管部门应当建立健全监督管理制度，对相关办法的执行情况进行监督检查。直辖市、市、县人民政府建设（环境卫生）主管部门应当对本行政区域内城市生活垃圾经营性清扫、收集、运输、处置企业执行相关办法的情况进行监督检查；根据需要，可以向城市生活垃圾经营性处置企业派驻监督员。

直辖市、市、县人民政府建设（环境卫生）主管部门实施监督检查时，有权采取下列措施：①查阅复制有关文件和资料；②要求被检查的单位和个人就有关问题做出说明；③进入现场开展检查；④责令有关单位和个人改正违法行为。有关单位和个人应当支持配合监督检查并提供工作方便，不得妨碍与阻挠监督检查人员依法执行职务。

直辖市、市、县人民政府建设（环境卫生）主管部门应当委托具有计量认证资格的机构，定期对城市生活垃圾处理场站的垃圾处置数量、质量和环境影响进行监测。

城市生活垃圾经营性清扫、收集、运输、处置服务许可有效期届满需要继续从事城市生活垃圾经营性清扫、收集、运输、处置活动的，应当在有效期届满30日前向原发证机关申请办理延续手续。准予延续的，直辖市、市、县建设（环境卫生）主管部门应当与城市生活垃圾经营性清扫、收集、运输、处置企业重新订立经营协议。

有下列情形之一的，可以依法撤销许可证书：①建设（环境卫生）主管部门工作人员滥用职权、玩忽职守作出准予城市生活垃圾清扫、收集、运输或者处置许可决定的；②超越法定职权作出准予城市生活垃圾清扫、收集、运输或者处置许可决定的；③违反法定程序作出准予城市生活垃圾清扫、收集、运输或者处置许可决定的；④对不符合许可条件的申请人作出准予许可的；⑤依法可以撤销许可的其他情形。申请人以欺骗、贿赂等不正当手段取得许可的，应当予以撤销。

有下列情形之一的，从事城市生活垃圾经营性清扫、收集、运输或者处置的企业应当向原许可机关提出注销许可证的申请，交回许可证书；原许可机关应当办理注销手续，公告其许可证书作废：①许可事项有效期届满，未依法申请延期的；②企业依法终止的；③许可证依法被撤回、撤销或者吊销的；④法律、法规规定的其他应当注销的情形。

从事城市生活垃圾经营性清扫、收集、运输、处置的企业需停业、歇业的，应当提前半年向所在地直辖市、市、县人民政府建设（环境卫生）主管部门报告，经同意后方可停业或者歇业。直辖市、市、县人民政府建设（环境卫生）主管部门应当在城市生活垃圾经营性清扫、收集、运输、处置企业停业或者歇业前，落实保障及时清扫、收集、运输、处置城市生活垃圾的措施。

直辖市、市、县人民政府建设（环境卫生）主管部门应当会同有关部门制定城市生活垃圾清扫、收集、运输和处置应急预案，建立城市生活垃圾应急处理系统，确保紧急或者特殊情况下城市生活垃圾的正常清扫、收集、运输和处置。从事城市生活垃圾经营性清扫、收集、运输和处置的企业，应当制定突发事件生活垃圾污染防范的应急方案，并报所在地直辖市、市、县人民政府建设（环境卫生）主管部门备案。

从事城市生活垃圾经营性清扫、收集、运输或者处置的企业应当按照国家劳动保护的要求和规定，改善职工的工作条件，采取有效措施，逐步提高职工的工资和福利待遇，做好职工的卫生保健和技术培训工作。

（五）城市建筑垃圾的管理

1. 城市建筑垃圾的概念和处置原则

城市建筑垃圾，是指建设单位、施工单位新建、改建、扩建和拆除各类建筑物、构筑物、管网等以及居民装饰装修房屋过程中所产生的弃土、弃料及其他废弃物。

建筑垃圾处置实行减量化、资源化、无害化和谁产生、谁承担处置责任的原则。国家鼓励建筑垃圾综合利用，鼓励建设单位、施工单位优先采用建筑垃圾综合利用产品。

2. 城市建筑垃圾处置计划

建筑垃圾消纳、综合利用等设施的设置，应当纳入城市市容环境卫生专业规划。城市人民政府市容环境卫生主管部门应当根据城市内的工程施工情况，制定建筑垃圾处置计划，合理安排各类建设工程需要回填的建筑垃圾。

3. 城市建筑垃圾处置的申请和核准

处置建筑垃圾的单位，应当向城市人民政府市容环境卫生主管部门提出申请，获得城市建筑垃圾处置核准后，方可处置。

城市人民政府市容环境卫生主管部门应当在接到申请后的 20 日内作出是否核准的决定。予以核准的，颁发核准文件；不予核准的，应当告知申请人，并说明理由。

禁止涂改、倒卖、出租、出借或者以其他形式非法转让城市建筑垃圾处置核准文件。

4. 城市建筑垃圾处置的要求

任何单位和个人不得将建筑垃圾混入生活垃圾，不得将危险废物混入建筑垃圾，不得擅自设立弃置场受纳建筑垃圾。建筑垃圾储运消纳场不得受纳工业垃圾、生活垃圾和有毒有害垃圾。

居民应当将装饰装修房屋过程中产生的建筑垃圾与生活垃圾分别收集，并堆放到指定地点。建筑垃圾中转站的设置应当方便居民。装饰装修施工单位应当按照城市人民政府市容环境卫生主管部门的有关规定处置建筑垃圾。施工单位应当及时清运工程施工过程中产生的建筑垃圾，并按照城市人民政府市容环境卫生主管部门的规定处置，防止污染环境。施工单位不得将建筑垃圾交给个人或者未经核准从事建筑垃圾运输的单位运输。

处置建筑垃圾的单位在运输建筑垃圾时，应当随车携带建筑垃圾处置核准文件，按照城市人民政府有关部门规定的运输路线、时间运行，不得丢弃、遗撒建筑垃圾，不得超出核准范围承运建筑垃圾。任何单位和个人不得随意倾倒、抛撒或者堆放建筑垃圾。

建筑垃圾处置实行收费制度，收费标准依据国家有关规定执行。

（六）环境卫生管理的社会化服务

随着市场经济的发展，环境卫生管理应当逐步实行社会化服务。环境卫生管理的社会化服务，有以下两个途径：

1. 成立环境卫生专业服务单位

有条件的城市，可以成立环境卫生服务公司。凡委托环境卫生专业单位清扫、收集、运输和处理废弃物的，应当交纳服务费。

2. 由物业管理公司提供环境卫生服务

目前物业管理是房地产管理中在推行的制度。物业管理公司需要对各类房屋建筑和附属配套设施及场地，以经营的方式进行管理。物业管理公司的管理涉及多个方面，环境卫生管理也是其重要的一个方面。

第五节　城市园林绿化法律制度

一、城市园林绿化概述

（一）城市园林绿化的作用

园林绿化泛指园林城市绿地和风景名胜区。园林绿化是为人们提供一个良好的休息、文化娱乐、亲近大自然、满足人们回归自然愿望的场所，是保护生态环境、改善城市生活环境的重要措施。

城市园林绿化有以下具体作用：

第一，美化环境。园林绿化是美化城市的一个重要手段。一个城市的美丽，除了在城市规划设计、施工上善于利用城市的地形、道路、河边、建筑配合环境，灵活巧妙地体现城市的美丽外，还可以运用树木花草不同的形状、颜色、用途和风格，配置出一年四季色彩丰富，乔木、灌木、花卉、草皮层层叠叠的绿地，镶嵌在城市、工厂的建筑群中。

第二，净化空气。园林植物对净化空气有独特的作用，它能吸滞烟灰和粉尘，能吸收有害气体，吸收二氧化碳并放出氧气，这些都对净化空气起了很好的作用。

第三，调节气候。树木具有吸热、遮荫和增加空气湿度的作用。树木能够提高空气湿度，树木能蒸腾水分，提高空气的相对湿度。树木还能够调节气温，绿化地区的气温常较建筑地区低，这是由于树木可以减少阳光对地面的直射，能消耗许多热量用以蒸腾从根部吸收来的水分和制造养分。

（二）城市园林绿化立法概述

国家十分重视城市园林绿化的立法工作。《宪法》第26条规定："国家组织和鼓励植树造林，保护林木。"《森林法》、《环境保护法》、《城乡规划法》等法律中也对城市绿化的规划、建设、保护和管理作出了规定。1992年6月22日国务院发布了《城市绿化条例》，对城市绿化作出了全面规定。1993年2月26日国务院发布《国务院关于进一步加强造林绿化工作的通知》。

住房和城乡建设部则对城市园林绿化的具体要求作出了详细的规定，如住房和城乡建设部发布的《城市园林绿化企业资质标准》，对城市园林绿化企业资质标准作出了具体规定。住房和城乡建设部发布的《国家园林城市申报与评审办法》、《国家园林城市标准》，对国家园林城市标准以及国家园林城市申报与评审办法作出了规定。住房和城乡建设部发布的《关于建设节约型城市园林绿化的意见》，充分论证了建设节约型城市园林绿化的重要意义，提出了建设节约型城市园林绿化的主要措施。

（三）城市园林绿化企业资质标准

1. 一级企业

资质标准：①注册资金2000万元以上。②6年以上的经营经历，获得二级企业资质3年以上，独立的专业的园林、绿化施工的法人企业。③近3年独立承担过不少于5个5万平方米且工程造价在450万元以上的已验收合格的园林绿化综合性工程。④苗圃生产培育基地在200亩以上，并具有一定规模的园林绿化苗木、花木、盆景、草坪的培育、生产、养护能力。⑤企业经理具有8年以上的从事园林绿化经营管理工作的资历或具有园林绿化专业高级技术职称，企业总工程师具有园林绿化专业高级技术职称，总会计师、总经济师具有中级以上技术职称。⑥园林绿化专业人员以及工程、管理、经济等相关专业类的专职管理和技术人员不少于30人。具有中级以上职称的人员不少于18人，其中林专业中级职称人员不少于8人，园林专业高级职称人员不少于2人；建筑、结构、水、电工程师各不少于1人。⑦企业中级以上专业技术工人30人以上，其中高级专业技术工人10人以上，包括绿化工、花卉工、瓦工、木工、电工等相关工种。⑧企业固定资产现值在2000万元以上，企业年工程产值在4000万元以上。

经营范围：可承揽各种规模以及类型的园林绿化工程。包括：综合性公园、植物园、动物园、主题公园、郊野公园等各类公园，单位附属绿地、居住区绿地、道路绿地、广场绿地、风景林地等各类绿地；可承揽园林绿化工程中的整地、栽植、建筑及小品、花坛、园路、水系、喷泉、假山、雕塑、广场铺装、驳岸、桥梁、码头等园林设施及设备安装项目；可承揽各种规模以及类型的园林绿化综合性养护管理工程；可从事园林绿化苗木、花卉、盆景、草坪的培育、生产和经营；可从事园林绿化技术咨询、培训和信息服务。

2. 二级企业

资质标准：①注册资金1000万元以上。②3年以上的经营经历，并获得三级企业资质3年以上，独立的专业的园林、绿化施工的法人企业。③近3年独立承担过不少于5个2万平方米以上且工程造价在200万元以上的已验收合格的园林绿化综合性工程。④苗圃生产培育基地在100亩以上，并具有一定规模的园林绿化苗木、花木、盆景、草坪的培育、生产、养护能力。⑤企业经理具有5年以上的从事园林绿化经营管理工作的资历或具有园林绿化专业高级技术职称，企业总工程师具有园林绿化专业高级技术职称，总会计师、经济师具有中级以上技术职称。⑥园林绿化专业人员以及工程、管理、经济等相关专业类的专职管理和技术人员不少于20人。具有中级以上职称的人员不少于12人，其中园林专业中级职称人员不少于5人，园林专业高级职称人员不少于1人；建筑、水、电工程师各不少于1人。⑦企业中级以上专业技术工人20人以上，其中高级专业技术工人6人以上，包括绿化工、花卉工、瓦工、木工、电工等相关工种。⑧企业固定资产现值在1000万元以上，企业年工程产值在2000万元以上。

经营范围：可承揽8万平方米且工程造价在800万元以下的园林绿化工程。包括：综合性公园、植物园、动物园、主题公园、郊野公园等各类公园，单位附属绿地、居住区绿地、道路绿地、广场绿地、风景林地等各类绿地；可承揽园林绿化工程中的整地、栽植、建筑及小品、花坛、园路、水系、喷泉、假山、雕塑、广场铺装、驳岸、桥梁、码头等园林设施及设备安装项目；可承揽20万平方米以下的园林绿化养护管理工程；可从事园林绿化苗木、花卉、盆景、草坪的培育、生产和经营，园林绿化技术咨询和信息服务。

3. 三级企业

资质标准：①注册资金200万元以上。②企业经理具有2年以上的从事园林绿化经营管理工作的资历或具有园林绿化专业中级以上技术职称，企业总工程师具有园林绿化专业中级以上技术职称，总会计师、经济师具有初级以上技术职称。③园林绿化专业人员以及工程、管理、经济等相关专业类的专职管理和技术人员不少于12人。具有中级以上职称的人员不少于8人，其中园林专业中级职称人员不少于3人，建筑工程师1人。④企业中级以上专业技术工人10人以上，其中高级专业技术工人3人以上。

经营范围：可承揽3万平方米且工程造价在300万元以下园林绿化工程。包括：单位附属绿地、居住区绿地、道路绿地、风景林地等各类绿地；可承揽园林绿化工程中的整地、栽植、建筑及小品、花坛、园路、水系、喷泉、假山、雕塑、广场铺装、驳岸、码头等园林设施及设备安装项目；可承揽10万平方米以下的园林绿化养护管理工程；可从事园林绿化苗木、花卉、草坪的培育、生产和经营。

（四）建设节约型城市园林绿化

建设节约型城市园林绿化是要按照自然资源和社会资源循环与合理利用的原则，在城市园林绿化规划设计、建设施工、养护管理、健康持续发展等各个环节中最大限度地节约各种资源，提高资源使用效率，减少资源消耗和浪费，获取最大的生态、社会和经济效益。建设节约型城市园林绿化是落实科学发展观的必然要求，是构筑资源节约型、环境友好型社会的重要载体，是城市可持续性发展的生态基础，是我国城市园林绿化事业必须长期坚持的发展方向。建设部于2007年8月30日发布了《关于建设节约型城市园林绿化的意见》，提出了建设节约型城市园林绿化的措施。

1. 严格保护现有绿化成果

保护现有绿地是建设节约型园林绿化的前提，要加强对城市所依托的山坡林地、河湖水系、湿地等自然生态敏感区域的保护，维持城市地域自然风貌，反对过分改变自然形态的人工化、城市化倾向。在城市开发建设中，要保护原有树木，特别要严格保护大树、古树；在道路改造过程中，反对盲目地大规模更换树种和绿地改造，禁止随意砍伐和移植行道树；坚决查处侵占、毁坏绿地和随意改变绿地性质等破坏城市绿化的行为。

2. 合理利用土地资源

土地资源是城市园林绿化的基础，要确保城市园林绿化用地，同时按照节约和集约利用土地的原则，合理规划园林绿化建设用地。在有效整合城市土地资源的前提下，尽最大可能满足城市绿化建设用地的需求；在建设中要尽可能保持原有的地形地貌特征，减少客土使用，反对盲目改变地形地貌、造成土壤浪费的建设行为；要通过合理配置绿化植物、改良土壤等措施，实现植物正常生长与土壤功效的提高。

3. 加强科学规划设计

要通过科学的植物配置，增加乔灌木、地被种植量，努力增加单位绿地生物量，充分利用有限的土地资源实现绿地生态效益的最大化。要适当降低草坪比例，减少雕塑等建筑小品和大型喷泉的使用。对现有草坪面积过大的绿地，要合理补植乔灌木、地被植物和宿根花卉。要加强城市绿化隔离带、城市道路分车带和行道树的绿化建设，增加隔离带上乔木种植的比重，建设林荫道路。要推广立体绿化，在一切可以利用的地方进行垂直绿化，有条件的地区要推广屋顶绿化。

4. 推动科技进步

要加大节约型园林绿化各项相关技术的攻关力度，针对不同地区建设节约型园林绿化的突出矛盾和优势，建设一批示范工程，对相关的新技术、新工艺、新设备、新材料等研究成果，进行广泛推广和应用。要加大对园林绿化科研工作的投入，落实科研经费，充实科研队伍，增强科研人员的素质，提高科学研究和成果推广能力，推动城市开展节约型园林绿化工作。

5. 积极提倡应用乡土植物

在城市园林绿地建设中，要优先使用成本低、适应性强、本地特色鲜明的乡土树种，积极利用自然植物群落和野生植被，大力推广宿根花卉和自播能力较强的地被植物，营造具有浓郁地方特色和郊野气息的自然景观。反对片面追求树种高档化、不必要的反季节种树，以及引种不适合本地生长的外来树种等倾向。要推进乡土树种和适生地被植物的选优、培育和应用，培养一批耐旱、耐碱、耐阴、耐污染的树种。

6. 大力推广节水型绿化技术

在水资源匮乏地区，推广节水型绿化技术是必然选择。要加快研究和推广使用节水耐旱的植物；推广使用微喷、滴灌、渗灌等先进节水技术，科学合理地调整灌溉方式；积极推广使用中水；注重雨水拦蓄利用，探索建立集雨型绿地。

7. 实施自然生态建设

要积极推进城市河道、景观水体护坡驳岸的生态化、自然化建设与修复。建设生态化广场和停车场，尽量减少硬质铺装的比例，植树造荫。铺装地面尽量采用透气透水的环保型材料，提高环境效益。鼓励利用城市湿地进行污水净化。通过堆肥、发展生物质燃料、有机营养基质和深加工等方式处理修剪的树枝，减少占用垃圾填埋库容，实现循环利用。

坚决纠正在绿地中过多使用高档材料、配置昂贵灯具、种植假树假花等不良倾向。

二、城市绿化管理

（一）概述

1. 国家促进城市绿化的措施

国家促进城市绿化的措施包括：

第一，城市人民政府应当把城市绿化建设纳入国民经济和社会发展计划。

第二，国家鼓励和加强城市绿化的科学研究，推广先进技术，提高城市绿化的科学技术和艺术水平。

第三，国家规定，城市中的单位和有劳动能力的公民，应当依照国家有关规定履行植树或者其他绿化义务。对在城市绿化工作中成绩显著的单位和个人，由人民政府给予表彰和奖励。

2. 城市绿化管理体制

国务院设立全国绿化委员会，统一组织领导全国城乡绿化工作，其办公室设在国务院林业行政主管部门。

国务院城市建设行政主管部门和国务院林业行政主管部门等，按照国务院规定的职权划分，负责全国城市绿化工作。

地方绿化管理体制，由省、自治区、直辖市人民政府根据本地实际情况规定。

城市人民政府城市绿化行政主管部门主管本行政区域内城市规划区的城市绿化工作。

在城市规划区内，有关法律、法规规定由林业行政主管部门等管理的绿化工作，依照有关法律法规执行。

（二）城市绿化的规划和建设

1. 城市绿化的规划

城市人民政府应当组织城市规划行政主管部门和城市绿化行政主管部门等共同编制城市绿化规划，并纳入城市总体规划。

城市绿化规划应当从实际出发，根据城市发展需要，合理安排同城市人口和城市面积相适应的城市绿化用地面积。

城市人均公共绿地面积和绿化覆盖率等规划指标，由国务院城市建设行政主管部门根据不同城市的性质、规模和自然条件等实际情况规定。

城市绿化规划应当根据当地的特点，利用原有的地形、地貌、水体、植被和历史文化遗址等自然、人文条件，以方便群众为原则，合理设置公共绿地、居住区绿地、防护绿地、生产绿地和风景林地等。

2. 城市绿化工程的设计

城市绿化工程的设计，应当委托持有相应资格证书的设计单位承担。工程建设项目的附属绿化工程设计方案，按照基本建设程序审批时，必须有城市人民政府城市绿化行政主管部门参加审查。城市的公共绿地、居住区绿地、风景林地和干道绿化带等绿化工程的设计方案，必须按照规定报城市人民政府城市绿化行政主管部门或者其上级行政主管部门审批。

城市绿化工程的设计，应当借鉴国内外先进经验，体现民族风格和地方特色。城市公共绿地和居住区绿地的建设，应当以植物造景为主，选用适合当地自然条件的树木花草，并适当配置泉、石、雕塑等景物。

3. 单位附属绿地的绿化规划和建设

城市绿化规划应当因地制宜地规划不同类型的防护绿地。各有关单位应当依照国家有关规定,负责本单位管理内防护绿地的绿化建设。

单位附属绿地的绿化规划和建设,由该单位自行负责,城市人民政府城市绿化行政主管部门应当监督检查,并给予技术指导。

4. 城市绿化工程的施工

建设单位必须按照批准的设计方案进行施工。设计方案确需改变时,须经原批准机关审批。

城市绿化工程的施工,应当委托持有相应资格证书的单位承担。绿化工程竣工后,应当经城市人民政府城市绿化行政主管部门或者该工程的主管部门验收合格后,方可交付使用。

城市新建、扩建、改建工程项目和开发住宅区项目,需要绿化的,其基本建设投资中应当包括配套的绿化建设投资,并统一安排绿化工程施工,在规定的期限内完成绿化任务。

(三)城市绿化的保护和管理

1. 城市绿化的责任单位

城市的公共绿地、风景林地、防护绿地、行道树及干道绿化带的绿化,由城市人民政府城市绿化行政主管部门管理;各单位管界内的防护绿地的绿化,由该单位按照国家有关规定管理;单位自建的公园和单位附属绿地的绿化,由该单位管理;居住区绿地的绿化,由城市人民政府城市绿化行政主管部门根据实际情况确定的单位管理;城市苗圃、草圃和花圃等,由其经营单位管理。

2. 城市绿地的保护

任何单位和个人都不得擅自改变城市绿化规划用地性质或者破坏绿化规划用地的地形、地貌、水体和植被。

任何单位和个人都不得擅自占用城市绿化用地;占用的城市绿化用地,应当限期归还。因建设或者其他特殊需要临时占用城市绿化用地,须经城市人民政府城市绿化行政主管部门同意,并按照有关规定办理临时用地手续。

在城市的公共绿地内开设商业、服务摊点的,必须向公共绿地管理单位提出申请,经城市人民政府城市绿化行政主管部门或者其授权的单位同意后,持工商行政管理部门批准的营业执照,在公共绿地管理单位指定的地点从事经营活动,并遵守公共绿地和工商行政管理的规定。

3. 城市树木花草和绿化设施的保护

任何单位和个人都不得损坏城市树木花草和绿化设施。砍伐城市树木,必须经城市人民政府城市绿化行政主管部门批准,并按照国家有关规定补植树木或者采取其他补救措施。

城市的绿地管理单位,应当建立、健全管理制度,保持树木花草繁茂及绿化设施完好。为保证管线的安全使用需要修剪树木时,必须经城市人民政府城市绿化行政主管部门批准,按照兼顾管线安全使用和树木正常长生的原则进行修剪。承担修剪费用的办法,由城市人民政府规定。

因不可抗力致使树木倾斜危及管线安全时，管线管理单位可以先行修剪、扶正或者砍伐树木，但是，应当及时报告城市人民政府城市绿化行政主管部门和绿地管理单位。

百年以上树龄的树木，稀有、珍贵树木，具有历史价值或者重要纪念意义的树木，均属古树名木。对城市古树名木实行统一管理，分别养护。城市人民政府城市绿化行政主管部门，应当建立古树名木的档案和标志，划定保护范围，加强养护管理。在单位管界内或者私人庭院内的古树名木，由该单位或者居民负责养护，城市人民政府城市绿化行政主管部门负责监督和技术指导。严禁砍伐或者迁移古树名木。因特殊需要迁移古树名木，必须经城市人民政府城市绿化行政主管部门审查同意，并经同级或者上级人民政府批准。

三、城市园林管理

（一）城市园林的概念和分类

城市园林是一种立体空间综合艺术品，是在城市通过人工构筑手段加以组合的具有树木、山水、建筑结构和多种功能的空间艺术实体。园林的结构主要由树木、山水和建筑三项要素所构成。而且三个要素呈有机的组合状态，构成完整的缺一不可的空间艺术境界。

从布置方式上说，园林可分为三大类：规则式、自然式、混合式。从开发方式上说，园林可分为两大类：一类是利用原有自然风致，去芜理乱，修整开发，开辟路径，布置园林建筑，不费人事之工就可形成的自然园林；另一类是人工园林，即在一定的地域范围内，为改善生态、美化环境、满足游憩和文化生活需要而创造的环境，如小游园、花园、公园等。

（二）城市园林的规划建设

城市园林规划是城市总体规划的组成部分，由城市规划部门会同城市园林部门共同编制，城市园林部门组织实施。城市园林规划要根据当地的特点和条件，合理布局，远、近期结合，点、线、面结合。

城市园林的建设，应当按照规划有计划地进行。园林建设所需资金应当纳入投资计划。城市园林的设计和施工应当由具备相应资质的单位承担。

（三）国家园林城市标准

国家园林城市应当具备以下标准：

1. 组织领导

（1）认真执行国务院《城市绿化条例》和国家有关方针、政策，认真落实《国务院关于加强城市绿化建设的通知》的要求；

（2）城市政府领导重视城市园林绿化工作，创建工作指导思想明确，组织保障，政策措施实施有力；

（3）结合城市园林绿化工作实际，创造出丰富经验，对全国有示范、推动作用；

（4）按照国务院职能分工的要求，建立健全城市园林绿化行政管理机构，职能明确，行业管理到位；

（5）近三年城市园林绿化建设资金逐年增加，园林绿化养护经费有保障，并随绿地增加逐年增长；

（6）管理法规和制度配套、齐全，执法严格有效，无非法侵占绿地、破坏绿化成果的严重事件；

(7) 园林绿化科研队伍和资金落实,科研成效显著。

2. 管理制度

(1) 城市绿地系统规划编制(修编)完成,并获批准纳入城市总体规划,严格实施,取得良好的生态、环境效益;

(2) 严格实施城市绿线管制制度,并向社会公布;

(3) 城市各类绿地布局合理、功能健全、形成科学合理的绿地系统;

(4) 各类工程建设项目符合住房和城乡建设部《城市绿化规划建设指标的规定》;

(5) 编制和实施城市规划区生物(植物)多样性保护规划,城市常用的园林植物以乡土物种为主,物种数量不低于150种(西北、东北地区80种)。

3. 景观保护

(1) 注重城市原有自然风貌的保护;

(2) 突出城市文化和民族特色,保护历史文化措施有力,效果明显,文物古迹及其所处环境得到保护;

(3) 城市布局合理,建筑和谐,容貌美观;

(4) 城市古树名木保护管理法规健全,古树名木保护建档立卡,责任落实,措施有力;

(5) 户外广告管理规范,制度健全完善,效果明显。

4. 绿化建设的指标要求

(1) 城市园林绿化工作成果达到全国先进水平,各项园林绿化指标近三年逐年增长;

(2) 经遥感技术鉴定核实,城市绿化覆盖率、建成区绿地率、人均公共绿地面积指标达到基本指标要求;

(3) 各城区间的绿化指标差距逐年缩小,城市绿化覆盖率、绿地率相差在5个百分点以内、人均绿地面积差距在2平方米以内;

(4) 城市中心区人均公共绿地达到5平方米以上。

5. 道路绿化

(1) 城市道路绿化符合《城市道路绿化规划与设计规范》,道路绿化普及率、达标率分别在95%和80%以上,市区干道绿化带面积不少于道路总用地面积的25%;

(2) 全市形成林荫路系统,道路绿化具有本地区特点。

6. 居住区绿化

(1) 新建居住小区绿化面积占总用地面积的30%以上,辟有休息活动园地,旧居住区改造,绿化面积不少于总用地面积的25%;

(2) 全市"园林小区"占60%以上;

(3) 居住区园林绿化养护管理资金落实,措施得当,绿化种植维护落实,设施保持完好。

7. 单位绿化

(1) 市内各单位重视庭院绿化美化,全市"园林单位"占60%以上;

(2) 城市主干道沿街单位90%以上实施拆墙透绿。

8. 苗圃建设

(1) 全市生产绿地总面积占城市建成区面积的2%以上;

（2）城市各项绿化美化工程所用苗木自给率达 80% 以上，出圃苗木规格、质量符合城市绿化工程需要；

（3）园林植物引种、育种工作成绩显著，培育和应用一批适应当地条件的具有特性、抗性优良品种。

9. 城市全民义务植树

（1）认真组织全民义务植树活动，实施义务植树登记卡制度，植树成活率和保存率均不低于 85%，尽责率在 80% 以上；

（2）组织开展城市绿地认建、认养、认管等群众性绿化活动，成效显著。

10. 立体绿化

（1）积极推广建筑物、屋顶、墙面、立交桥等立体绿化，取得良好的效果；

（2）立体绿化具有一定规模和较高水平的城市，其立体绿化可按一定比例折算成城市绿化面积。

11. 园林建设

（1）城市公共绿地布局合理，分布均匀，服务半径达到 500 米（1000 平方米以上公共绿地）的要求；

（2）公园设计符合《公园设计规范》的要求，突出植物景观，绿化面积应占陆地总面积的 70% 以上，植物配置合理，富有特色，规划建设管理具有较高水平；

（3）制定保护规划和实施计划，古典园林、历史名园得到有效保护；

（4）城市广场建设要突出以植物造景为主，绿地率达到 60% 以上，植物配置要乔灌草相结合，建筑小品、城市雕塑要突出城市特色，与周围环境协调美观，充分展示城市历史文化风貌；

（5）近三年，大城市新建综合性公园或植物园不少于 3 处，中小城市不少于 1 处。

12. 生态环境

（1）城市大环境绿化扎实开展，效果明显，形成城郊一体的优良环境；

（2）按照城市卫生、安全、防灾、环保等要求建设防护绿地，城市周边、城市功能分区交界处建有绿化隔离带，维护管理措施落实，城市热岛效应缓解，环境效益良好；

（3）城市环境综合治理工作扎实开展，效果明显。生活垃圾无害化处理率达 60% 以上，污水处理率达 55% 以上；

（4）城市大气污染指数小于 100 的天数达到 240 天以上，地表水环境质量标准达到三类以上；

（5）江、河、湖、海等水体沿岸绿化效果较好，注重自然生态保护，按照生态学原则进行驳岸和水底处理，生态效益和景观效果明显，形成城市特有的风光带；

（6）城市湿地资源得到有效保护，有条件的城市建有湿地公园；

（7）城市新建建筑按照国家标准普遍采用节能措施和节能材料，节能建筑和绿色建筑所占比例达到 50% 以上。

13. 市政设施

（1）燃气普及率 80% 以上；

（2）万人拥有公共交运车辆达 10 辆（标台）以上；

（3）公交出行比率大城市不低于 20%，中等城市不低于 15%；

(4) 实施城市照明工程，景观照明科学合理。城市道路照明装置率98%以上，城市道路亮灯率98%以上；

(5) 人均拥有道路面积9平方米以上；

(6) 用水普及率90%以上；水质综合合格率100%；

(7) 道路机械清扫率20%；每万人拥有公厕4座。

案 例 分 析

【案例1】 ××市××进出口公司××经营部，坐落于××市××区张贵庄路××号，该经营部将原有经营工艺品改为经营家电商品后，其临街门脸商业用房在原有基础上进行装饰粉刷，1996年3月进行外檐装修、更换牌匾。经核查，该经营部没有办理有关市容审批手续，属于无照施工。张贵庄路属于××市整修后道路。

鉴于以上情况，××城市建设管理监察河东中队决定对××市××进出口公司××经营部处以300元罚款，并限期将违章状况改正并补办市容审批手续，写出书面检查。

《城市市容和环境卫生管理条例》第10条规定："一切单位和个人都应当保持建筑物的整洁、美观。"第17条规定："一切单位和个人，都不得在城市建筑物、设施以及树木上涂写、刻画。单位和个人在城市建筑物、设施上张挂、张贴宣传品等，须经城市人民政府市容环境卫生行政主管部门或者其他有关部门批准。"第34条规定："有下列行为之一者，城市人民政府市容环境卫生行政主管部门或者其委托的单位除责令其纠正违法行为、采取补救措施外，可以并处警告、罚款：……（二）在城市建筑物、设施以及树木上涂写、刻画或者未经批准张挂、张贴宣传品等的；……"《××市市容管理处罚规定》第12条规定："对未经批准擅自拆改整修后的街道两侧建筑物、围墙，或改变建筑物、围墙的外檐结构造型、装饰、色调，以及损坏装饰、私开门脸的，责其停止违章行为、恢复原状、赔偿经济损失，并视情节处五百元以下罚款。"同时第3条规定："对违反市容环境管理制度的行为，除有关管理部门依法查处外，市市容卫生管理委员会可以责成城市建设管理监察队按本规定处罚。"

根据以上规定，××城市建设管理监察河东中队作出了处罚决定。

【案例2】 某市近年来经济发展较快，城市建设也随之加快。在现代化的高楼大厦日渐增多的同时，也带来了施工现场不文明不规范的负面效果，影响了城市形象。因此，建委决定集中七月份一个月的时间，开展全市建设工程施工现场文明施工管理和环境保护专项整治活动。着力整治外环线以内和各区县建成区的所有建筑工地、市政道路、桥梁、地下管线敷设及园林工程的施工现场。特别是对老百姓反映强烈的施工扰民、影响市容景观的施工现场和环境保护的建筑垃圾要进行重点治理。

此次专项整治的重点是：建筑工地、桥梁工程及地铁工程必须按市建委颁发的标准设置实体围挡，高度不得低于2.5米。市政道路及地下管线敷设等（供水、供热、供气、排水、通信、电力）施工现场，围挡高度不得低于1.8米。采用板材围挡的，横不留隙、竖不留缝，底部应砌筑高度大于20厘米的连续基座。断行施工的，现场四周全封闭；半幅施工的，在施工一侧现场四周全封闭；留有行人、车辆通道口的，通道两侧应封闭，通道口做硬路面。

这项活动以施工企业自查自改为主，各有关单位加强执法监督。采取边查边整改办法，对不符合施工现场环境标准要求的，立即责令停工整改，在验收时仍未能达到要求的，严格按有关建筑市场管理规定实施处罚。

思 考 题

1. 我国市政公用事业是如何分类的？
2. 参与市政公用事业特许经营权竞标者必须具备哪些条件？
3. 城市道路的养护和维修责任是如何规定的？
4. 城市排水有哪些禁止行为？
5. 哪些地方禁止设置户外广告？
6. 哪些地方应设置城市公共厕所，其保洁和维修责任是如何规定的？
7. 城市园林的种类是如何划分的？

第十四章 其他国家以及我国台湾和香港地区建设法律制度简介

各个国家的建设法律都有特定的历史、政治、文化、国情背景，因此不存在普遍适用于各国的法律制度。但通过对部分国家（地区）建设法律的介绍和比较，可以为完善我国建设立法、促进建设法治提供有益的借鉴。

第一节 美国建设法律制度简介

一、美国建设法规体系

美国是一个比较特别的国家，专门针对某一行业和某一市场领域的法规很少，企业行为的基本规则一般都受《合同法》、《公司法》、《劳动法》、《商业职业法》等综合性经济法规的制约。美国没有专门针对建筑业管理的法律，也没有专门管理建筑业的部门。建筑业的管理主要是通过综合性法规及行业技术标准和规范来进行管理，如图 14-1 所示。

美国行业组织颁布的技术标准和规范对各州的建筑立法起到指导作用。例如，《统一建筑示范法》（Uniform Building Code，简称 UBC）是由国际建筑工作者联合会、国际卫生工程和机械工程工作者协会及国际电气检查人员协会共同发起、联合制定的。该法规仅为各州立法的指南，本身不具备法律效力。

图 14-1 美国建设法律体系

美国各州都有规范建筑活动的立法。各州根据本地的实际情况，参考《统一建筑示范法》等，制定本州的建筑法规、技术标准和规范。

二、美国《统一建筑示范法》（节选）

美国《统一建筑示范法》第一版于 1994 年 5 月颁布。它的内容涵盖了建筑活动的行政管理、市场规则、合同规则等。由于资料有限，本节仅对美国《统一建筑示范法》的第一章"行政管理"中的主要条款进行介绍。我国建筑法也是关于建设工程参与主体、建筑活动、市场行为的行政管理法。因此，这两者是具有对比性的。

1. 立法目的和调整范围

立法目的和调整范围犹如一部法规的大脑，它决定了法规的法律效力和作用，也影响着法规中的各项具体条款。因此，掌握一部法规首先应准确理解其立法目的和调整范围。

该法规的立法目的是通过调节和控制本管辖范围内所有房屋或建筑物，或法规具体规定的设备、施工、材料质量、使用和占地、地点及维修,为保护人的生命及肢体、健康、财产及公益提供最低限度的标准。

该法规的条款适用于其管辖范围内任何建筑物的施工、改建、迁移、拆毁、维修、保护及使用,除了不在本法特别规定之内的优先公共工程、公共水塔和电线杆、机械设备以及防洪建筑以外。这一调整范围与我国现行《建筑法》的调整范围是相似的,主要局限于房屋建筑工程领域。

2. 不安全建筑物

美国《统一建筑示范法》将结构上不安全,或没有提供适当的出口,或存在隐患,或在其他方面对人的生命具有危险的任何建筑物,通称为不安全建筑物;而将维护不当、年久失修、常年不用、火灾、灾害、破坏或遗弃不用而对安全、卫生或公众福利造成危害的建筑物使用,通称为不安全使用;女儿墙、上檐柱、塔尖、水池、雕塑和其他附属建筑物或构件,若其在支撑、依附或者成为某建筑物的一部分时,毁坏或在其他方面不能承受设计荷载,通称为不安全附属建筑。

所有上述不安全建筑或附属建筑被统称为公害,应依据法定程序进行修理、还原和拆毁。

3. 违章行为

任何公司在装配、建筑、扩建、修理、迁移、改进、拆除、转变或者拆卸、安装、使用、占用和维护任何建筑物过程中不依照该法规的要求、程序实施的,都属于违章行为。建筑官员或其他在此范围内的管理机构指定的雇员或官员可以采取适当的行动来阻止、抑制、纠正或减少违章现象。

4. 组织和实施

(1) 主管机关。建筑主管机关接受政府和公众委托,指导和监督本法规的实施。它有权对法规内容进行解释,并有权为澄清法规条款的适用性制定和实施一些规则和附加规定。

(2) 监管职责。建筑主管机关依据法定程序,可以任命一定数量的技术官员、检查员及其他雇员,建筑官员可以向检查员或其他雇员分配必要的职责以履行法规实施机构的职能。

(3) 现场进入权。每当依据法规程序对建筑物进行检查,或者当建筑主管机关有正当理由认为在建造中的建筑或已建成的房屋内部存在着使这些建筑物或房屋不安全、危险或危害的,建筑主管机关可选择任何适当时间进入这些建筑物或房屋,进行现场检查或履行法规赋予的其他监督职责。

(4) 停工命令。每当任何工程的施工违反了有关建筑法律、法规,建筑主管机关可以书面通知任何从事这项工作或将造成违章工程的人,命令其停止工作,直至建筑主管机关批准继续工作时为止。

(5) 制止违法使用。每当依法管理的任何房屋、建筑物或设备的使用与本法规的条款相悖时,建筑主管机关可用书面通知使用人,命令其停止或部分停止对该房屋、建筑物的使用。

(6) 法律责任。建筑主管官员依法、忠实地和无恶意地履行其监督职责的,对可能造成生命或财产的损失不承担任何个人的法律责任。不论这些损失是他采取行动的结果,或者由于任何一种行动，或者是由于他履行职责时的疏忽，或在实施相关法规时疏忽而引起的诉讼案件，都应受到其管辖范围内的法院保护，直至终审。由此进行的任何判决都由其主管机关承担。

但是，这一规定不应解释为那些拥有、经营或支配任何房屋、建筑物或附属服务设施的人，减轻或为其开脱起由于存在各种缺陷造成人身或财产的损失应负的责任。

5. 申诉委员会

为了妥善处理建筑活动中的诉讼问题，保证市场公平、公正，设立了申诉委员会。委员会的成员都是具有丰富建筑施工技术和经验的人员，且不是当地管辖区的雇员。建筑主管官员是申诉委员会的当然成员，并应担任委员会的秘书，但在委员会召开的会议中没有投票权。

申诉委员会应依据有关规定组成办事机构，制定合理的规章和条例以进行其业务，并且将所有的决定和研究结果，以书面形式提交给建筑主管机关，并将副本交给申诉者。

6. 建筑执照

在美国对建筑物实施组装、建造、扩充、改造、修理、移动、改进、运走、调换或拆毁等活动，都需要领取建筑执照。任何没有事先从建筑主管机关处获得每个房屋的单独执照而进行的相关建筑活动，都是非法的。

美国建筑执照与我国《建筑法》规定的建筑工程许可是相似的。《统一建筑示范法》也详细规定了需要领取建筑执照的建筑物的范围，明确了建筑执照的领取程序、有效期限、终止和吊销等管理规定。

7. 监督和检查

所有领取了建筑执照的建筑工程项目，均需要接受建筑主管机关的监督和检查。执照申请人则应负责合理布置工程现场，使其易于接近和检查。为了满足检查的需要发生搬移或还原任何建筑材料的费用，既不能由建筑主管机关负担，也不能由本管辖范围内的其他机构承担。

（1）检查记录卡片。需要领取建筑执照的工程，在执照者或其代理人没有在明显位置贴出记录卡片以前，不得开始施工。粘贴卡片的位置应便于建筑主管机关在卡片上填写有关检查工作需要记载的事项。这张记录卡片应由持照者保持，直到建筑主管机关发给最后同意的批件为止。

（2）检查申请。接受执照委托进行建筑施工的单位，应做好接受检查的准备，并向建筑主管机关提出检查申请。

（3）检查验收。在接受建筑主管机关的验收之前，工程的任何部分不能超越接受检查所规定的界限。建筑主管机关在接到通知后应进行所要求的检查，并作出哪些部分令人满意、哪些地方不符合法律规定的判断。当房屋或建筑物全部完工，并已为移交和使用做好准备时，建筑主管机关应进行最后一次检查，并予以验收。

第二节 英国建设法律制度简介

一、英国建设法规体系

英国联邦机构规范建筑活动的法规数量多、分类细，构成了一套完整的法规体系，可分为三个层次：

第一层为国会通过的法律（Act），一般由议会制定或由议会授权政府或社团机构制定，最后由议会审议通过。在法律中，与建筑业密切相关的部分法规如下所示：

《健康安全法 1974》（Health and Safety at Work Act 1974）
《建筑法 1984》（Building Act 1984）
《住宅法 1996》（Housing Act 1996）
《建筑工程法 1998》（Construction Act 1998）
《仲裁法》（Arbitration Act）
《建筑师注册法》（Architects Registration Act）
《新城镇法》（New Towns Act）
《城镇规划法》（Town and Country Planning Act）
《消防法 1971》（Fire Precautions Act 1971）
《爆破法 1875 和 1923》（Explosives Acts 1875 and 1923）
《商品销售法 1979》（Sale of Goods Act 1979）
《建筑团体法 1997》（Building Societies Act 1997）

第二层为政府部门制定的实施条例（Statutory Instrument，简称 SI），是根据法律（Act）中的某些条款的授权制定的，对法律中的一些条款进行更加详细的规定，以便于法律的实施。例如，《建筑条例》（Building Regulation）是英国建筑业一项比较重要的条例，由环境、交通和区域部（DETER）下设的建筑条例处（BuildingRegulationDivision—BR）根据《建筑法》的授权条款制定。其目的是通过提供对设计与施工的要求，保证建设与使用建筑物者的健康与安全，其内容涉及与建筑业有关的安全、能源、环境问题，还涉及满足伤残人的要求。

英国建筑业相关的主要条例有：

《建造者遗漏条例 1984》（Builder's Skips Regulation SI 1984）
《建造条例 1991》（Building Regulation SI 1991）
《建筑总条例》（Construction Regulations generally）
《建筑（设计与管理）条例》［Construction (Design and Management) Regulations SI 1994］
《建筑基本规定条例 1961》［Construction (General Provision) Regulations SI 1961］
《建筑头部保护条例 1989》［Construction (Head Protections) Regulations SI 1989］
《建筑健康、安全、福利条例 1996》［Construction (Health, Safety and Welfare) Regulations SI 1996］
《建筑起重条例 1961》［Construction (Lift Operations) Regulations SI 1961］
《施工工作位置条例 1996》［Construction (Working Places) Regulations SI 1966］
《工作攀登控制条例 1987》（Control of Asbestos at Work Regulations SI 1987）
《有害健康控制条例 1994》（Control of Substances Hazardous to Health Regulations SI 1994）
《电起重机控制条例 1991》（Electrically Operated Lifts Regulations 1991）
《保证付款条例 1994》（Guarantee Payments SI 1994）

《健康安全实施当局条例 1989》［Health and Safety (Enforcing Authority) Regulations SI 1989］

《起重设备条例 1992》（Management of Health and Safety at Work Regulations SI 1992）

《健康安全管理工作条例 1992》（Management of Health and Safety at Work Regulations SI 1992）

《工作噪声条例 1989》（Noise at Work Regulations SI 1989）

《人员保护设备条例 1992》（Personal Protective Equipment Regulations SI 1992）

《眼睛保护条例 1974》（Protection of Eyes Regulations SI 1974）

《工作设备供应和使用条例 1992》（Provisions and Use Of Work Equipment Regulations SI 1992）

《公共安全条例 1995》（Public Offer of Securities Regulations SI 1995）

《伤害、病害和危险发生的报告条例 1996》（Reporting of Injuries, Diseases and Dangerous Occurrences Regulations SI 1996）

《有关工作位置的健康安全福利条例 1992》［Workplace (Health, Safety and welfare) Regulations SI 1992］

第三层次为地方立法（Bye Law），是由地方议会在国会授权范围内制定的地方法规。

此外，行业组织编制的技术规范与标准有些是强制性的，在中央和地方的法规中有明确规定；有些是指南性的，建筑业参与各方可以根据自己的具体情况和条件选择执行。

二、英国《建筑条例》

英国《建筑条例》根据英国《建筑法规 1984》和国务大臣的授权，在向建筑条例咨询委员会和其他类似机构咨询之后，于 2000 年颁布，并于 2001 年 1 月 1 日起实施。

该条例一共分为六章。第一章总则主要对条例中的各种名词作出了解释；第二章明确了建筑工程的含义、建筑施工相关要求、使用功能重大变更的含义及相关要求等；第三章是对免除公共机构在程序上要求的规定；第四章是对降低公共机构在程序上要求的规定；第五章主要是对建筑工程或使用功能重大调整应发出的通知及详细实施方案；第六章其他包括建筑工程检测、建材取样、违章建筑处理等。

该条例只是英国《建筑法规》及相关条例的解释和补充规定，它本身的内容是并不完整、不全面、不系统的。但是，条例的规定却非常细致，有着许多详细的技术、程序方面的限制措施，具有很强的可操作性。例如，条例对建筑工程的定义也就是条例的调整范围，明确如下：

（1）新建或扩建建筑物；

（2）在建筑物内或与建筑物相关联的受控设施或配置的安装或扩展；

（3）关于建筑物的重大改造、受控设施或配置的安装；

（4）使用功能重大变更的相应工作；

（5）在建筑物的空墙内嵌入的绝缘材料；

（6）建筑物基础加固。

再如，对建筑施工原料和工艺的要求为：

（1）具备充分适当的原材料，应适合所用的环境，应经过充分的搅拌和配置，还应被正确使用或安装以便充分发挥设计功能；

（2）要运用精湛的技术。

由此可见，英国的建筑活动相关条例的规定十分细致、可行，为上层的建筑法律形成了良好的补充。这也说明了建筑法律法规体系的完善，绝不仅仅是上层法律法规的完整和全面，还必须有下层条例、规则、办法的细致和周密。当前，我国建设法规体系在法律、法规一层已经比较全面，但是在规章、标准、规范的立法层面还有大量工作要做的。

第三节 德国建设法律制度简介

一、德国建设法规体系

德国的建筑法规体系可分为三个层次。

第一层是联邦法律，它具有最高法律效力，一般由联邦议会制定。在联邦法律中，与建筑业有关的法律如下所示：

《德国民法典》有关建筑活动的章节

《联邦房屋建筑法》（Federal Building Act）

《建筑产品法》

《建筑价格法》

《联邦环境保护法》（Federal emission Control Act）

《联邦土壤保护法》（Federal Soil Protection Act）

例如，《德国民法典》中有关建筑活动的章节主要对业主与承包方的权利义务进行约定。第631条"工程合同的基本义务"规定："（1）在工程合同中，承包方应按约定完成工程或提供服务，业主应按约定支付报酬；（2）工程合同的主要对象，可以为生产或加工的产品，也可以为劳务或服务的成果"。

第二层次是各州议会根据联邦议会制定的建筑法规为模本，制定的本州的建筑法规。这些条例制定的依据是由联邦议会制定的建筑条例规定的统一模本。与建筑业有关的部分条例包括：

《建筑技术审核条例》；

关于技术审核条例的管理条例；

由国家认可的专业人士或资深人士进行的特殊建筑物的技术装备和公共设施审核条例；

根据建筑产品法对检测、监督与发证机构的认可条例。

第三层为行业组织编制的技术标准或规范。德国的技术规范与标准的编制主要是由建筑行业协会或学会编制的，政府不直接制定技术规范与标准。比较重要的标准主要有以下三个：

DIN 标准（Deutsch Industrie Normen）；

欧洲标准（European Code）；

VDI 标准。

其中以 DIN 标准最为著名。联邦德国共有约4万本技术规则，本身都是自愿采用的。其中有19459本是由德国工业标准局（DIN）根据与联邦政府的协议代表政府制定的，属于国家标准；而其他 2 万多本则由各种专业协会制定。在全部 DIN 标准中约有 1800 本已被法律或行政规定引用，占 9%；而在 DIN 的 635 本建筑标准中，已有 179 本被法律引用，这些标准则具有强制采用的性质。在联邦德国，以感兴趣各方自愿参加的"圆桌会议"方式制定标准，政府部门不直接制定标准，只在"圆桌"上占有一席一位。

从以上层次可以看出，德国的建筑法规具有以下特点：

（1）许多建筑法规由联邦议会制定统一模本，各州根据模本和自己情况进一步制定实施细则，采用中央与地方相结合的方式。

（2）建筑技术规范与标准的制定由专业机构制定，政府不直接参与。

二、德国建筑法（主要条款）

德国建筑法典于 1986 年 12 月 8 日颁布，至今经过多次修订，其中最后一次修订时间未为 1994 年 11 月 23 日。其主要规定有：

（1）总体建筑规划的任务、概念，提出和审批的程序；

（2）制定总体建筑规划时，公众和代表公共利益人士的参与；

（3）场地使用计划的内容、批准和调整；

（4）房屋建筑计划的用途、批准、通告和生效的规定；

（5）临时变更禁令的内容、有效期和赔偿标准等；

（6）房屋、建筑物的一般优先购买权和特殊优先购买权；

（7）对于建造房屋等活动的许可制度；

（8）对失信引起损失赔偿的情形、程序及标准；

（9）建筑设施、园地和其他设施的分配、补偿及贴补平衡；

（10）地产的分配计划的制订和修改；

（11）有关诉讼的规定等。

第四节　日本建设法律制度简介

一、日本建设法规体系

日本调整建筑活动的法规有三个层次：法律、政令和省令。法律有《建设业法》、《建筑基准法》、《建筑师法》；相应的政令有《建设业法施行令》、《建筑基准法施行令》、《建筑师法施行令》。

日本《建设业法》于 1925 年 5 月 24 日以法律第 100 号颁布。其目的是该法的第一条"为提高建设业经营者的素质，谋求建设工程承包合同的合理化，在确保建设工程的顺利施工，保护发包者利益的同时，促进建设业的健康发展，增进社会公共福利。"它的主要内容包括建设业的许可、建设工程承包合同以及对建设业者经营事项的审查监督等。

《建筑基准法》是日本建筑法律制度的基本法律，于 1926 年制定颁布，共分 7 章 102 条，其中包括总则；建筑物的用地、结构及建筑设备；城市规划区内的建筑物的用地、结构及建筑设备；建筑协定；建筑审查会；杂则和罚则等内容。该法律的目的是通过规定有关建筑物的用地、构造、设备及用途的最低标准，实现保护国民生命健康及财产，从而有利于增进社会公共福利。

日本《建筑师法》于 1926 年 5 月 24 日颁布。其目的是通过规定从事建筑物设计、工程监理等技术人员的资格，保证其正当开展业务，促进提高建筑物质量。其内容主要包括总则、证书、考试、业务、建筑师事务所、建筑师审查会、杂则和罚则等。

二、日本建设业法

日本《建设业法》是关于建设行业内建筑主体、建筑活动的行政管理法，与我国《建筑法》的性质类似。其主要规定有：

1. 立法目的

该法是为提高建设业经营者的素质，谋求建设工程承包合同的公正化，在确保建设工程的正确施工，保护发包者的同时，促进建设业健康发展，增进社会福利为目的。

2. 调整范围

该法第 2 条规定："本法中的建设工程，是指有关土木建筑工程，由附表所列工程"。而其附表中所列工程为土木工程、建筑工程、电气工程、园林工程、钻井工程、给水设施工程、消防设施工程、管道工程等 28 种。

"建设业"是指以总包、分包或以其他名义承揽建设工程并完成建设工程的行业，建设业者是承担建设工程建筑活动的经营者。

3. 建设业的许可

日本建设业划分为一般建设业和特殊建设业。无论从事哪种建设业，都需要经过许可。

希望经营建设业者，拟于两个以上都道府县区域内设立营业所并开展业务的，须经建设大臣许可；只在一个都道府县区域内设立营业所并开展业务的，须经管辖该营业所所在地的都道府县知事的许可。但是，只以承包政令规定的小型工程为业的经营者，不受本规定限制。

希望取得一般建设业许可者，按建设省令规定，在两个以上都道府县区域内设立营业所并开展业务时，须向建设大臣提出许可的申请书，只在一个都道府县区域内设立营业所并开展业务时，须向管辖该营业所所在地的都道府县知事提出许可的申请书，申请书必须包括下列事项：

（1）商号或名称；
（2）营业所的名称及所在地；
（3）是法人时，其资本额（包括出资总额，下同）及负责人的姓名；
（4）是个人时，其姓名，有支配人时，其姓名；
（5）希望得到许可的建设业业种；
（6）进行其他营业时，其营业种类。

4. 建设工程承包合同

建设工程承包合同当事者，必须基于对等的立场，在双方一致的基础上，缔结公正的合同，必须信守合同，诚实地履行合同。

（1）合同内容

建设工程承包合同的当事者，遵照前条原则，在订立合同时，必须在合同书中明确下列事项并签名盖章，相互交换文本。

1）工程内容；
2）承包价款数额；

3）工程开工和完工时间；

4）承包价款的全部或部分以预付款或技工程形象进度进行支付时，其支付时间和支付方法；

5）确定因当事者中的一方，提出设计变更或开工时时间延期及工程部分或全部停建，而造成的整个工程工期变更，承包价款数额变更以及由此带来的经济损失和损失数额计算方法有关规定；

6）由于天灾及其他不可抗力造成的工期变更或经济损失的负担及损失数额的计算方法的有关规定；

7）由于价格等变动而造成的承包价款或工程内容的变更，由于工程施工而使第三者受到损害时赔偿金负担的有关规定，以及发包方提供工程所用材料或出租施工机械及其他机械时，其内容和方法的有关规定；

8）发包方为确认工程全部或部分完成，所需的检查时间、方法及交工时间；

9）工程完工后承包价款的支付日期和方法；

10）各当事者履行的推迟和其他债务的不履行时，延迟利息，违约金和其他损失金的规定；

11）关于合同纠纷的解决方法。

（2）合同禁止行为

发包方不得利用自己在交易上的有利地位，对其所发包工程通常施工所必需的价格，作为承包价款，签订承包合同。

发包方在承包合同订立后，不得利用自己在交易上的有利地位，使承包者购买自己指定的建设工程所需材料、机械器具或指定供应商，损害承包者的利益。

（3）建设工程报价

建设业者在签订建设工程承包合同时，应根据工程内容，对每一项工程业务的材料费、劳务费及其他经费的细目加以明确，必须做好建设工程的报价。

当建设工程发包者有所请求时，建设业者必须在签订合同前，向发包者提出建设工程的报价。

建设工程的发包者在签订承包合同前采取招标方式进行竞争时，在招标之前，应对有关尽可能具体地对其内容进行提示，必须从该提示开始到签订合同或进行招标为止，给建设业者按政令规定的必要的时间，进行该建设工程的报价。

（4）禁止一揽子分包的规定

建设业者无论以任何方法获取承包的建设工程，不得一揽子的转包给他人。相反建设业经营者，不得从其他建设业者手中一揽子地承包该建设业者承包的建设工程。但是，总包人事先得到发包方书面承诺的情况除外。

这一规定与我国《建筑法》禁止肢解分包的规定是相似的。

5. 总承包人的义务

（1）分包单位意见的听取

总承包人为对其承包的建设工程进行施工，在制定必要的工程细目、施工方法及其他由总承包人必须决定的事项时，必须事先听取分包人的意见。

（2）分包价款的支付

总承包人在按工程形象部分支付或完工后支付承包价款时，对已经开始施工的分包人必须按工程完成形象的比例支付工程价款和与该分包人已经完工部分相当的分包款，一个月内，而且在尽可能短的时间内支付。

总承包人在取得预付款后，必须适当考虑分包人购买材料、招募劳动者及其他工程开工所需要费用，支付预付款。

（3）特定建设业者对分包单位的指导

从发包者那里直接承包建设工程的特定建设业者，要努力做好对该项工程分包者的指导，以使其不违反在施工方面的有关法律规定及使用从事建设工程施工的劳动者的有关法令、政令的规定。

6. 建设工程承包合同纠纷的处理

为解决建设工程承包合同的纠纷，设立建设工程纠纷审查会。建设工程纠纷审查会根据本法律的规定，对建设工程承包合同纠纷有权进行斡旋、调停和仲裁。审查会分中央建设工程纠纷审查会和都道府县建设工程纠纷审查会，中央审查会设在建设省，都道府县审查会设在都道府县。

7. 施工技术的确保

建设业者必须努力确保施工技术。为有助于确保施工技术，建设大臣根据实际需要，应实施讲座、提供资料和采取其他措施。

建设业者在进行其所承包工程的施工时，必须在该建设工程的施工现场设置该建设工程主持施工技术的管理者（也称为主任技术者）。直接从发包者那里承包建设工程的特定建设业者，在为进行该建设工程施工而签订的分包合同价款超过该法规定的金额时，无论前项的规定如何，在该建设工程的施工现场，必须设置该建设工程主持施工技术的管理者（也称为监理技术者）。

主任技术者和监理技术者为保证工程现场工程施工的正确实施，必须对该建设工程制定施工计划，进行进度管理、质量管理及其他技术上的管理，以及对从事该建设工程施工人员进行技术上的指导监督，诚实地履行职务。

在施工现场从事施工的人员，必须服从主任技术者或监理技术者执行职务的指导。

8. 技术审定和考试

建设大臣为谋求施工技术的提高，可以根据政令规定，对从事或将要从事建设工程的施工者进行技术审定。技术审定按学科考试和实地考试进行。经审定合格者，由建设大臣发给合格证明书。

考试程序为：

（1）指定考试机关根据建设省令规定，对有关实施考试工作的事项，制定考试工作规程，并必须得到建设大臣的认可，在准备更改此规程时也必须得到建设大臣的认可。

（2）建设大臣认为按前项的规定已认可的考试工作规程在考试工作的公正性和确切实施上存在不适用时，可对指定考试机关发出必须对此变更的命令。

（3）建设大臣，根据前项规定认可的考试工作规程，如认为考试工作的公正、确实性有不适当时，可以命令指定的考试机关进行更改。

9. 对建设业者有关经营事项的审查

准备直接从发包者那里承包政令规定公共性设施或公共性工作设施建设工程建设业

者，根据建设省令的规定，必须就其有关经营的客观事项，接受授与其许可的建设大臣或都道府县知事的审查。审查必须认定其经营规模，分析经营状况，并且对上述认定及分析结果进行分析，以对客观事项的整体做出综合评定。

10. 建设业者团体

为了开展建设业有关的调查、研究和指导等项工作，确保工程施工的顺利进行，以促进建设业的健康发展为目的而设立的社会团体或财团（以下简称建设业者团体），必须按照建设省令的规定，向建设大臣或都道府县知事提出建设省令规定事项的报告。

建设大臣或都道府县知事可对提出申请的建设业者团体，要求其提供为确保工程的正确实施，为建设业健康发展所必要的有关事项的报告。

11. 监督

（1）处罚类型

建设大臣或都道府县知事在得知许可的建设业者违反法律规定时，可采取指示及停止营业、取消许可、禁止营业、公布监督处分、申报不正当事实、报告及检查、听取参考人意见等的其中一种处理方式。

（2）中央建设业审议会及都道府县建设业审议会

建设省设立中央建设业审议会，对建设大臣提供咨询，调查审议有关改善建设业的重要事项，并处理关于其他法律权限内的事项。

对建设业的有关事项，中央建设业审议会可向有关各厅提出建议。中央建设业审议会可制定建设工程标准承包合同条款，参加投标者的资格标准，以及除构成工程预定价款的材料费、劳务费以外的诸经费标准，并劝告建设业者按此标准实施。

为调查审议建设业有关的专业事项，中央建设业审议会内设置专业委员。

第五节 韩国建设法律制度简介

一、韩国建设法规体系

韩国调整建筑活动的有《建设业法》（Act of Construction Industry）、《建筑法》、《建筑师法》。

韩国《建设业法》规定，建设业是指承包《建设业法》适用对象的建设工程的营利业，建设业可以划分为一般建设业、特殊建设业和专门建设业。它的经营种类和内容由总统令规定。韩国《建设业法》对建设业的许可、建设业的转让、建设工程承包及契约、施工技术管理、经营管理合理化以及对建设业者的监督管理等方面作了具体规定。

《建筑法》是房屋建筑工程的技术性法，对有关建筑物的用地、构造、设备及用途的标准等都作出了规定。

《建筑师法》对建筑士的业务、建筑士的审批、建筑士的开业等作了具体规定。

二、韩国建设行业基本法规

《韩国建设行业基本法规》于1996年12月颁布，并经过了近十次修改。它也是规范建筑市场管理和主体行为的行政管理法，与我国《建筑法》的性质类似。该法共包括十二章，分别为：总则、建筑企业注册、承包及分包合同、施工及技术管理、合理化经营和对中小建筑企业的支援事项、建筑企业协会、与建筑企业相关的互助组织、建筑纠纷调解委员会、整改指示、附则、处罚和杂则。

（一）总则

1. 立法目的

该法规对建筑工程项目进行调查、施工、监理、日常管理以及技术管理方面的基本事项和建筑企业登记、建筑工程承包等事项进行规定，以便于谋求对建筑方面的合理化施工和建筑企业的健康发展为目的。

2. 调整范围

该法调整范围是"建筑工程"领域中"建筑企业"和"建筑服务企业"的市场经济行为。

"建筑工程"是指把土木工程、施工工程、工业设备工程、环境美化工程及环境设施工程等设施进行安装、维护、修理的工程（这里包括为了安装设施而进行的占地填平工程）和机器设备及其他构造物进行的安装及拆除工程。但不包括适用于电气工程的电器工程和适用于信息通信工程事业的信息通信工程。

"建筑企业"是指进行建筑工程的企业。"建筑服务企业"是指对建筑工程项目提供调查、设计、监理、现场管理、支援管理等建筑工程业务和相关服务的企业。

3. 建筑施工企业的振兴计划

为了建筑施工企业的培养、建筑技术的开发、建筑施工工程的安全及质量保证等事项，建设交通部每五年要制定和实施建筑施工企业振兴基本计划。该法对韩国建筑施工企业的振兴计划作了明文规定，体现了政府对扶持建筑业、培育有竞争力的建筑施工企业的重视。

建筑施工企业振兴基本计划必须包括如下几个方面内容：

(1) 建筑施工企业振兴决策的基本方向；

(2) 在建筑技术开发及建筑技术人力培养方面的对策；

(3) 建筑施工企业国际化和国外发展方面的支援；

(4) 建筑施工工程中的安全、环境及质量保证对策；

(5) 中小建筑施工企业和中小建筑施工服务行业的培养对策；

(6) 其他根据国家发布的法令的规定事项。

（二）建筑施工企业的注册

1. 建筑施工企业的种类

建筑施工企业一般分为普通建筑施工企业和特殊建筑施工企业。普通建筑施工企业是在综合计划、管理及调整下，对建筑物进行施工的建筑施工企业的种类是根据国家有关法令来制定。特殊建筑施工企业是对建筑物的一部分或者特殊行业进行施工的建筑施工企业，其种类是根据国家有关法令来制定。

2. 建筑施工企业的注册

(1) 建筑施工企业的自然人要申请普通建筑施工企业时，要向建设交通部提出申请，申请特殊建筑施工企业时，要向直辖市市长、计划单列市市长和道知事（以下简称为市政府、道政府）按着国家有关法令的行业种类进行登记注册。但是根据从事国家有关法令进行轻微建筑施工工程时，可以不用按照上述的程序申请。

(2) 根据第一项的规定，拟申请建筑施工企业登记注册的单位和个人要根据建设交通部的指示向建设交通部或者市政府、道政府提出申请。

(3) 对国家或者地方自治团体出资百分之五十以上资本金的，非营利为目的的法人或者盈利为目的的法人除了在其他法律条款上特别规定之外，根据第一项规定不允许申请建筑施工企业登记注册。

3. 建筑施工企业的经营限制

除了国家有关法令上规定之外，申请普通建筑施工企业登记注册的单位和个人（简称普通建筑施工企业者）不允许登记注册特殊建筑施工企业。

4. 建筑施工企业的经营范围

不允许普通建筑施工企业承包应该由特殊建筑施工企业来施工的工程项目（简称特殊工程）。但是，如果这是普通建筑施工企业已经承包而施工的工程或者普通施工项目中附带的工程，而性质上是应该由普通建筑施工企业承包时，由特殊建筑施工企业来施工的除外。

不允许特殊建筑施工企业承包应该由普通建筑施工企业承包的工程项目。但是如果符合如下情况时除外：

(1) 由普通建筑施工企业进行综合计划、管理及调整的工程中，以由特殊建筑施工企业进行施工的条件来共同承包时；

(2) 同时承包特殊工程及其附带工程时；

(3) 同时注册两个行业以上的特殊建筑施工企业承包符合当年行业的有关施工工程来组成复合工程时；

(4) 根据第二项和第三项第二款规定的附带工程范围是以国家有关法令来规定（1999年4月15日修改）。

(三) 承包及分包合同

1. 与建筑施工工程相关的承包合同原则

与建筑施工工程相关的承包合同（包括分包合同），当事人应该在平等互利立场上公正地签订合同，并以守信的原则来诚实地履行合同。

2. 施工能力的评价及发布

为了让项目建设单位认真选定建筑施工企业，项目建设单位申请建筑施工企业时，建设交通部按照建筑施工企业的建筑施工工程实绩、资本金、建筑施工安全、环境及质量管理层次来评价施工能力而予以发布。

接受施工能力评价和发布的建筑施工企业，按照建设交通部的有关办法把建筑施工工程实绩、技术力量拥有状况、财务状况以及其他建设交通部有关办法上所要求的事项上报给建设交通部。施工能力评价方法上报资料的具体事项、发布顺序和必要的其他事项由建设交通部制定有关办法。

韩国施工能力的评价与发布制度，与我国建设业从业单位资质等级制度在本质上是类似的。

3. 建筑工程监理业务的委托

有必要时，项目建设单位可以把建筑施工监理业务的全部或者部分业务委托给具有专业知识和技术能力的相关单位。

在项目建设单位的委托之下，执行建筑施工工程监理的企业（以下简称为建筑施工工程监理单位)对建筑施工工程监理的业务内容根据该法规或者相关法规需要办理申报、登记注册时,如果没有按照当年的法规申报或者登记注册就不允许履行此业务。

建筑施工工程监理单位必须以善意的监理工作职业道德来为项目建设单位履行所委托的任务。禁止建筑施工工程监理单位为让自己所属公司承包当年的建筑施工工程而进行劝告或游说。

建筑施工工程监理单位在建筑施工工程监理工作中,因故意或者过失给项目建设单位造成财产损失必须如实进行赔偿。

4. 建筑工程施工企业的质量担保责任

承包施工企业为项目建设单位建设的建筑施工工程标的物是砖瓦结构、钢筋混凝土结构、钢骨架结构、钢骨架钢筋混凝土结构和其他类似结构时,从建筑施工工程完工日开始十年之内,其他结构来施工的建筑施工完工日开始五年之内,按照工程种类在国家有关法令上所规定的期限内出现的质量问题有质量保证责任。

对承包施工企业在如下各个原因发生的质量问题,无论第一项上怎么规定都不承担质量保证责任。

(1) 由项目建设单位所提供的材料的质量或者规格未达到标准而引起质量问题时;
(2) 根据项目建设单位的指示进行施工时;
(3) 项目建设单位对建筑施工工程施工标的物的使用超过相关法规设计年限或者超过设计构造的结构限度使用时。

5. 建筑工程的分包限制

禁止建筑施工企业把自己所承包的全部或者国家有关法令上所规定的主要建筑部分的大部分施工任务分包给其他建筑施工企业。

承包方要把自己承包的有关建筑工程进行分包时,要把工程分包给能够进行当年特殊工程的特殊工程施工企业。但是,特殊工程施工企业的承包施工企业把所承包的一部分工程再分包给施工参与者进行施工时除外。

承包施工企业不允许把自己承包的建筑施工工程的一部分分包给普通建筑施工企业。但是,项目建设单位为了提高工程质量或施工效率而有必要并以书面形式承诺时除外。

工程分包企业不允许把自己分包的建筑施工工程再分包给其他人。

把工程进行分包时根据国家有关法令必须把有关情况通知给项目建设单位。

6. 分包企业的地位

分包企业在他们所分包的建筑施工工程施工上,对项目建设单位具有与承包施工企业一样的义务。

承包施工企业对自己所承包的建筑施工工程进行施工时,有分包企业时,对建筑施工工程的施工方法及工程其他有必要确认的事项要听取分包企业的意见。

(四) 施工及技术管理

1. 建筑技术人员的安排

为了实施对建筑施工工程施工方面的施工管理及其他技术上的管理,根据国家有关规定,在建设工程现场必须安排一人以上的建筑技术人员。被安排在建筑施工现场的建筑施工技术人员在没有获得项目建设单位的同意下不允许擅自离开建筑施工现场。

2. 建筑施工企业的损害赔偿责任

(1) 建筑施工企业因故意或者过失而发生建筑施工质量问题而造成损害时，必须进行赔偿。

(2) 根据第一项规定，项目建设单位的重大过错而发生损失时，建筑施工企业可对项目建设单位行使赔偿的权力。

(3) 承包施工企业因为分包企业的故意或者过失而分包的建筑工程上存在质量问题而给别人造成损害时，具有分包企业的连带责任。

(4) 承包人根据第三项规定进行赔偿时，对有赔偿责任的分包企业可以行使赔偿的权力。

（五）合理化经营和对中小企业的支援

1. 合理化经营方面的努力

建筑施工企业必须尽最大努力确立承包次序、合理进行建筑施工、健全财务管理等合理化经营和开发建筑技术。

2. 对中小建筑企业的支援措施

为了实施中小建筑施工企业支援工作，有必要时，建设交通部和进行招标的国家机关、地方自治团体或者政府投资机关进行协商，采取措施扩大中小建筑施工企业的参与机会。

中小建筑施工企业支援事项上建设交通部认为有必要时，根据国家有关法令，可以降低只有大型建筑施工企业才能承包的建筑施工工程的工程限额标准。

（六）建筑企业协会

1. 协会的成立

为了树立建筑施工企业的品位和形象，建筑技术的开发和其他建筑业的健全发展，建筑施工企业可以成立建筑施工企业团体。

需要成立协会时，必须由互助会员资格的五个以上的建筑施工企业来发起，在具有互助会员资格的建筑施工企业中得到半数以上的同意并在创立总会编制章程后，再向建设交通部申请批准。

2. 协会的职能

(1) 协会可以向政府提出建筑行业相关的建议，也必须回应与建筑行业相关的政府的咨询。

(2) 协会发现互助会员或者具有互助会员资格的建筑施工企业违反该法规的事实时，可进行调查情况，也可以向建设交通部汇报。

（七）与建筑相关的互助组织

1. 互助组织的成立

为了通过建筑施工企业相互之间的协助组织来谋求自律性的经济活动，建筑施工企业享受所必要的各种保证和融资活动，建筑施工企业可成立互助组织。

要成立互助组织时，必须至少由拥有互助会员资格的二百个建筑施工企业来发起，在具有互助会员资格的建筑施工企业中获得国家有关法令的半数以上同意，并在筹备会上编制章程后，方可向建设交通部申请批准。

2. 互助组织的工作

韩国建筑业的互助组织，对我国具有很强的借鉴意义。

(1) 互助会员在建筑施工企业享受所必要的投标担保、合同担保（包括工程履行担保）、损失赔偿担保、质量问题维修担保、定金担保、分包担保和在国家有关法令上的其他担保；

(2) 互助会员在建筑施工上可享受必要的资金融资；

(3) 作为互助会员在建筑施工工程定金的汇票贴现；

(4) 互助会员工程用材料采购业务的推荐；

(5) 被互助会员雇佣的人员的福利待遇和工作上的各种损害而提供补偿的互助事业；

(6) 关于建筑施工企业经营及建筑技术方面的改善，提高和相关研究及教育方面的事业；

(7) 参加与建筑施工相关的活动；

(8) 互助会员共享设施并向其他互助会员提供方便；

(9) 提供对互助会员的信息处理及电脑运用方面的相关服务；

(10) 为了达到组织的相关目的而进行投资；

(11) 国家、地方自治团体和章程上所规定的公共团体所委托的事业；

(12) 作为第一项或第十一项事业的附带事业，在章程上所规定的事业。

(八) 建筑纠纷调解委员会

1. 建筑纠纷调解委员会的设立

为了调解建筑施工企业和建筑施工服务企业的纠纷，在建设交通部所属下设置中央建筑施工纠纷调解委员会（简称为中央委员会），在市政府、道政府所属下设置地方建筑施工纠纷调解委员会（简称为地方委员会）。

2. 调解纠纷的范围

中央委员会和地方委员会根据当事人的单方或者双方的申请，审查和调解如下纠纷：

(1) 设计、施工、监理等与建设工程相关的单位之间责任方面的纠纷；

(2) 项目建设单位和承包施工企业关于建筑施工工程的纠纷；但是，把国家当作当事人的有关合同法规的解释和相关方面的纠纷除外；

(3) 承包施工企业和分包企业之间有关建设工程方面的分包相关的纠纷；但是，这里与分包往来工程相关的法规上适用的事项除外；

(4) 承包施工企业和第三者之间有关施工责任方面的纠纷；

(5) 建设工程承包合同当事人和担保人之间担保责任方面的纠纷；

(6) 其他按着国家有关法令的事项方面的纠纷。

(九) 整改指示

1. 处罚类型

根据建筑施工企业违法法律规定的性质和后果严重程度，建设交通部或者市政府、道政府可给予整改指示、罚款、停业、注销企业登记证等处罚。

2. 整改指示

建设交通部或者市政府、道政府发现建筑施工企业存在如下情况时，必须在规定时间内提出整改命令或者下达其他指示。

(1) 无故对已经承包的建筑施工工程不进行施工时；无故情况下，不按规定进行上报时；

（2）没有按规定履行质量担保责任时；

（3）承包建筑施工工程时，分包合同当事人中的一方无故拒绝签订应该按照预算内容执行的分包合同时；

（4）没有承担建筑施工企业的义务时；

（5）不把建筑施工技术人员安排在建筑施工现场或者认为所安排的建筑施工技术人员在工程的施工管理上不适合时；

（6）无故情况下，不申报该法第四十九条第一项规定的情况时；

（7）不按规定进行施工而担心在施工上存在质量问题时。

（十）建筑工人退职互助制度的施行

1. 建筑施工劳动者退职互助制度

根据国家有关法令，进行建筑施工的建筑施工企业必须依照建筑施工劳动者雇佣改善方面的有关法规制定和实行建筑施工劳动者退职互助制度。

2. 禁止行为

禁止建筑施工企业扣押所承包的建筑施工工程承保金额中相当于当年进行施工工程（包括分包工程）劳务费部分的工人薪水。

除了特殊规定之外禁止在工作过程中所接触和知道的建筑施工企业的财产及业务状况泄露给企业外部。

第六节 台湾地区建设法律制度简介

一、台湾地区建设法规体系

1. 法规体系

台湾地区建筑法规体系大致可划分为三个部分。

第一部分为建筑法及其相关法规，主要用于对工程建设中用地、开发、营造、拆除等建筑活动进行管理，具体包括：

《建筑法》

《台湾省建筑管理条例》

《台北市建筑管理条例》

《高雄市建筑管理自治条例》

《台湾省畸零地使用规则》

《台北市畸零地使用规则》

《高雄市畸零地使用自治条例》

《建筑基地法定空地分割办法》

《实施区域计划地区建筑管理办法》

《山坡地开发建筑管理办法》

《建造执照预审办法》

《建筑物部分使用执照核发办法》

《营造业管理规则》

《违章建筑处理办法》

《台湾省违章建筑拆除认定基准》
《台北市拆除违章建筑认定基准》
《高雄市旧有违章建筑处理办法》
《建筑技术规则子法》（如：台北市九二一地震灾后合法建筑物重建审查作业要点、内政部建筑技术审议委员会设置要点、台北市现有巷道废止或改道申请办法、高雄市现有巷道申请改道或废止自治条例、未实施容积管制地区综合设计鼓励办法、实施都市计划地区建筑基地综合设计鼓励办法、基隆市都市计划区骑楼设置标准、台北县骑楼及无遮檐人行道设置标准等）。

第二部分为建筑师法及其相关法规，主要对建筑业从业人员许可管理作出规定，具体包括：
《建筑师法》
《建筑师法施行细则》
《省市建筑师公会建筑师业务章则》
《建筑师雇佣外国技术人员许可及管理办法》等

第三部分为与建筑业相关的城市规划、区域规划等方面的法规，具体包括：
《区域计划法及其相关法规》
《都市计划法及其相关法规》
《国家公园法及其相关法规》等。

2. 台湾地区建筑法规的种类

台湾地区建设法规可按不同标准，划分为不同的种类。

(1) 依适用之地区范围不同，可将建设法规划分为最高行政主管机构建设法规和地方法规。

(2) 依法规的命名情形，分为法、条例、规则、办法、细则、规程等。

(3) 依法规的体系分为母法（如建筑法）、子法（如建筑技师法）以及姐妹法。

(4) 依法规的性质可分为救济性法规、永久性法规、临时性法规、限制性法规等。

(5) 依法规内容的不同，可将建设法规分为实质上的规定和制度上的规定。

实质上的规定可分为个别规定、集体规定，是对建筑物数字上的规定。

个别规定又可称单体规定。本项规定应视国家社会的经济状况及生活水准、建筑技术及施工技术水准、建筑材料等现实条件，制定建筑物本身的安全、防火、环境通风、卫生等基准事项、基地构造及有关建筑设计等规定。包括基地、建筑物的构造材料、结构等规定。

集体规定又称国体规定，是基于都市计划及整个都市发展的观点，制定建筑物基地构造、建筑设计应配合的都市建设及道路等公共设施的有关事项。主要包括使用分区限制的规定；道路限制的规定；空地限制的规定；高度和容积限制的规定；防火、防空限制的规定；美观地区和保护地区限制的规定。

制度上的规定是要确保实质上规定的内容均能收到预期的效果，而使用行政措施以确立管理制度。其内容包括有关建筑许可申报的手段及说明书等，均有统一规定，以利申表人有所遵循，例如：

(1) 有关主管建筑机关的审查人员资格及施工中管理的规定，严格限制设计人、监造人、起造人及使用人等都能按照实质上规定办理。

（2）有关使用上罚则的规定，令凡不依照手续办理者停工、修改、拆除，不予营业登记，勒令禁止使用，甚至采取罚金、强制拆除或恢复原状。

具体来说，一方面，建筑法中对建筑许可、建筑基地使用限制、建筑物设计准则、防火及消防措施、防空及避难设备、特定建筑物及限制、建筑物工程管理中的工程期限管理、变更申报管理、工程勘验管理、监造人监造之责任以及建筑物使用与拆迁管理等方面作出了具体规定。另一方面，我国台湾地区于1971年12月27日制定的《建筑师法》对建筑师资格、建筑师的主管机关、建筑师资格的撤销、建筑师的开业、建筑师的业务与责任、建筑师公会以及建筑师的奖惩等方面都作出了具体规定。

二、台湾地区《建筑法》

台湾地区《建筑法》共分为九章，分别为总则、建筑许可、建筑基地、建筑界限、施工管理、使用管理、拆除管理、罚则和附则。

（一）总则

1. 立法目的

为实施建筑管理，以维护公共安全、公共交通、公共卫生及增进市容观瞻特制定该法。

2. 主管建筑机关

主管建筑机关，最高为"内政主管部门"在"直辖市"为"直辖市政府"；在县（市）为县（市）政府。

3. 调整范围

台湾地区《建筑法》的调整对象为建筑物，因此建筑物的含义也就是该法的调整范围。

建筑物，是指定着于土地上或地面下具有顶盖、梁柱或墙壁，供个人或公众使用之构造物或杂项工作物。其中，供公众使用之建筑物，是指供公众工作、营业、居住、游览、娱乐及其他供公众使用之建筑物。公有建筑物，是指政府机关、公营事业机构、自治团体及具有纪念性之建筑物。杂项工作物，是指营业炉、水塔、瞭望台、招牌广告、树立广告、散装仓、广播塔、烟囱、围墙、机械游乐设施、游泳池、地下储藏库、建筑所需驳、挖填土石方等工程及建筑物兴建完成后增设之中央系统空气调节设备、升降设备、机械停车设备、防空避难设备、污物处理设施等。建筑物之主要构造，是指基础、主要梁柱、承重墙壁、楼地板及屋顶之构造。

4. 建造类型

（1）新建：为新建造之建筑物或将原建筑物全部拆除而重行建筑者。

（2）增建：于原建筑物增加其面积或高度者。但以过廊与原建筑物连接者，应视为新建。

（3）改建：将建筑物之一部分拆除，于原建筑基地范围内改造，而不增高或扩大面积者。

（4）修建建筑物之基础、梁柱、承重墙壁、楼地板、屋架或屋顶，其中任何一种有过半之修理或变更者。

（二）建筑执照

1. 公有建物之领照

公有建筑应由起造机关将核定或决定之建筑计划、工程图样及说明书，向"直辖市"、县（市）（局）主管建筑机关请领建筑执照。

2. 建筑执照种类

建筑执照分下列四种：

（1）建造执照：建筑物之新建、增建、改建及修建，应请领建造执照。

（2）杂项执照：杂项工作物之建筑，应请领杂项执照。

（3）使用执照：建筑物建造完成后之使用或变更使用，应请领使用执照。

（4）拆除执照：建筑物之拆除，应请领拆除执照。

（三）建筑基地

建筑基地与建筑线应相连接，其接连部分之最小宽度，由直辖市、县（市）主管建筑机关统一规定。但因该建筑物周围有广场或永久性之空地等情形，经直辖市、县（市）主管建筑机关认为安全上无碍者，其宽度得不受限制。

（四）建筑界线

1. 建筑界限

"直辖市"、县（市、局）主管建筑机关，应指定已经公告道路之境界线为建筑线。但都市细部计划规定须退缩建筑时，从其规定。

前项以外之现有巷道，直辖市、县（市、局）主管建筑机关，认为有必要时得另定建筑线；其办法于建筑管理规则中定之。

2. 建筑界线退让

在依法公布尚未辟筑或拓宽之道路线两旁建造建筑物，应依照直辖市、县（市、局）主管建筑机关指定之建筑线退让。

直辖市、县（市）主管建筑机关基于维护交通安全、景致观瞻或其他需要，对于道路交叉口及面临河湖、广场等地带之申请建筑，得订定退让办法令其退让。

（五）施工管理

1. 开工期限

直辖市、县（市）主管建筑机关，于发给建造执照或杂项执照时，应依照建筑期限基准之规定，核定其建筑期限。

起造人自领得建造执照或杂项执照之日起，应于六个月内开工；并应于开工前，会同承造人及监造人将开工日期，连同姓名或名称、住址、证书字号及承造人施工计划书，申请该管主管建筑机关备查。

起造人因故不能于前项期限内开工时，应叙明原因，申请展期一次，期限为三个月。未依规定申请展期，或已逾展期期限仍未开工者，其建造执照或杂项执照自规定得展期之期限届满之日起，失其效力。

2. 变更之备案

起造人领得建造执照或杂项执照后，如有下列各款情事之一者，应即申报该管主管建筑机关备案：

（1）变更起造人。

（2）变更承造人。

(3) 变更监造人。

(4) 工程中止或废止。

3. 停工、修改、强制拆除

建筑物在施工中,直辖市、县(市、局)主管建筑机关认有必要时,得随时加以勘验,发现下列情事之一者,应以书面通知承造人或起造人或监造人,勒令停工或修改;必要时,得强制拆除:

(1) 妨碍都市计划者。

(2) 妨碍区域计划者。

(3) 危害公共安全者。

(4) 妨碍公共交通者。

(5) 妨碍公共卫生者。

(6) 主要构造或位置或高度或面积与核定工程图样及说明书不符者。

(7) 违反本法其他规定或基于本法所发布之命令者。

4. 赔偿责任

建筑物由监造人负责监造,其施工不合规定或肇致起造人蒙受损失时,赔偿责任,依下列规定:

(1) 监造人认为不合规定或承造人擅自施工,致必须修改、拆除、重建或予补强,经主管建筑机关认定者,由承造人负赔偿责任。

(2) 承造人未按核准图说施工,而监造人认为合格经直辖市、县(市、局)主管建筑机关勘验不合规定,必须修改、拆除、重建或补强者,由承造人负赔偿责任,承造人之专任工程人员及监造人负连带责任。

5. 安全、环境管理

建筑物施工场所,应有维护安全、防范危险及预防火灾之适当设备或措施。

建筑物施工时,其建筑材料及机具之堆放,不得妨碍交通及公共安全。

二层以上建筑物施工时,其施工部分距离道路境界线或基地境界线不足两公尺半者,或五层以上建筑物施工时,应设置防止物体坠落之适当围篱。

主管建筑机关对于建筑工程施工方法或施工设备,发生激烈振动或噪声及灰尘散播,有妨碍附近之安全或安宁者,得令其作必要之措施或限制其作业时间。

建筑物在施工中,邻接其他建筑物施行挖土工程时,对该邻接建筑物应视需要作防护其倾斜或倒坏之措施。挖土深度在一公尺半以上者,其防护措施之设计图样及说明书,应于申请建造执照或杂项执照时一并送审。

6. 施工注意事项

承造人在建筑物施工中,不得损及道路、沟渠等公共设施;如必须损坏时,应先申报各该主管机关核准,并规定施工期间之维护标准与责任,及损坏原因消失后之修复责任与期限,始得进行该部分工程。

前项损坏部分,应在损坏原因消失后即予修复。

(六) 使用管理

1. 竣工查验

建筑工程完竣后,应由起造人会同承造人及监造人申请使用执照。直辖市、县(市、局）主管建筑机关应自接到申请之日起，十日内派员查验完竣。其主要构造、室内隔间及建筑物主要设备等与设计图样相符者，发给使用执照，并得核发誊本；不相符者，一次通知其修改后，再报请查验。但供公众使用建筑物之查验期限，得展延为二十日。建筑物无承造人或监造人，或承造人、监造人无正当理由，经建筑争议事件评审委员会评审后而拒不会同或无法会同者，由起造人单独申请之。

2. 使用执照申请

申请使用执照，应备具申请书，并检附下列各件：

(1) 原领之建造执照或杂项执照。

(2) 筑物竣工平面图及立面图。

建筑物与核定工程图样完全相符者，免附竣工平面图及立面图。

供公众使用之建筑物，依第七十条之规定申请使用执照时，直辖市、县（市、局）主管建筑机关应会同消防主管机关检查其消防设备，合格后方得发给使用执照。

申请变更使用执照，应备具申请书并检附左列各件：

(1) 建筑物之原使用执照或誊本。

(2) 变更用途之说明书。

(3) 变更供公众使用者，其结构计算书与建筑物室内装修及设备图说。

3. 建筑物使用检查

非供公众使用建筑物变更为供公众使用，或原供公众使用建筑物变更为他种公众使用时，直辖市、县（市、局）主管建筑机关应检查其构造、设备及室内装修。其有关消防安全设备部分应会同消防主管机关检查。

建筑物所有权人、使用人应维护建筑物合法使用与其构造及设备安全。

"直辖市"、县（市、局）主管建筑机关对于建筑物得随时派员检查其有关公共安全与公共卫生之构造与设备。

供公众使用之建筑物，应由建筑物所有权人、使用人定期委托中央主管建筑机关认可之专业机构或人员检查签证，其检查签证结果应向当地主管建筑机关申报。非供公众使用之建筑物，经内政部认有必要时亦同。

前项检查签证结果，主管建筑机关得随时派员或定期会同各有关机关复查。

检查签证事项、检查期间、申报方式及施行日期，由内政部定之。

4. 对室内装修的限制

建筑物室内装修应遵守左列规定：

(1) 供公众使用建筑物之室内装修应申请审查许可，非供公众使用建筑物，经内政部认有必要时，亦同。但中央主管机关得授权建筑师公会或其他相关专业技术团体审查。

(2) 装修材料应合于建筑技术规则之规定。

(3) 不得妨害或破坏防火避难设施、消防设备、防火区划及主要构造。

(4) 不得妨害或破坏保护民众隐私权设施。

前项建筑物室内装修应由经内政部登记许可之室内装修从业者办理。

室内装修从业者应经内政部登记许可，并依其业务范围及责任执行业务。

前三项室内装修申请审查许可程序、室内装修从业者资格、申请登记许可程序、业务范围及责任，由内政部定之。

（七）拆除管理

1. 拆除执照之请领

建筑物之拆除应先请领拆除执照。但左列各款之建筑物，无第八十三条规定情形者不在此限：

（1）第十六条规定之建筑物及杂项工作物。

（2）因实施都市计划或拓辟道路等经主管建筑机关通知限期拆除之建筑物。

（3）倾颓或朽坏有危险之虞必须立即拆除之建筑物。

（4）违反本法或基于本法所发布之命令规定，经主管建筑机关通知限期拆除或由主管建筑机关强制拆除之建筑物。

2. 停止使用及拆除

"直辖市"、县（市、局）主管建筑机关对倾颓或朽坏而有危害公共安全之建筑物，应通知所有人或占有人停止使用，并限期命所有人拆除；逾期未拆者，得强制拆除之。

前项建筑物所有人住址不明无法通知者，得径予公告强制拆除。

三、台湾地区《营造业法》

台湾地区《营造业法》是对营造业中营造活动实施管理的法律。台湾的营造业类似于我国的建筑施工行业。该法的主要规定有：

1. 立法目的

为提高营造业技术水准，确保营缮工程施工品质，促进营造业健全发展，增进公共福祉，特制定本法。

2. 主管机关

主管机关：最高为"内政主管部门"；在"直辖市"为"直辖市政府"；在县（市）为县（市）政府。

3. 调整范围

该法的调整对象是营造业，范围是营缮工程，因此，这两个名次的含义也就是该法的调整范围。

营缮工程，是指土木、建筑工程及其相关业务。营造业，是指经向中央或直辖市、县（市）主管机关办理许可、登记，承揽营缮工程之厂商。

4. 重要名词

台湾地区《营造业法》中规定的综合营造业、专业营造业等，与我国总承包商、专业承包商等概念是对应的，具有相似含义。

综合营造业，系指经向最高主管机关办理许可、登记，综理营缮工程施工及管理等整体性工作之厂商。专业营造业，系指经向最高主管机关办理许可、登记，从事专业工程之厂商。土木包工业，系指经向"直辖市"、县（市）主管机关办理许可、登记，在当地或毗邻地区承揽小型综合营缮工程之厂商。统包，系指基于工程特性，将工程规划、设计、施工及安装等部分或全部合并办理招标。联合承揽，系指二家以上之综合营造业共同承揽同一工程之契约行为。

5. 营造业许可制度

营造业非经许可，领有登记证书，并加入营造业公会，不得营业。前项入会之申请，营造业公会不得拒绝。

营造业公会无故拒绝营造业入会者,营造业经最高人民团体主管机关核准后,视同已入会。

6. 营造业的产业序列

营造业分综合营造业、专业营造业及土木包工业。

综合营造业分为甲、乙、丙三等。

专业营造业分为钢构工程、挡土支撑及土方工程、基础工程等十三个专业工程项目。

7. 营造业的资格条件

综合营造业、专业营造业、土木包工业都需具备一定的条件,才能取得承揽业务的资格,例如专业营造业应具下列条件:

(1) 有符合各专业工程项目规定之专任工程人员。

(2) 资本额在一定金额以上;选择登记两项以上专业工程项目者,其资本额以金额较高者为准。

8. 营造业登记证书

营造业应于办妥公司或商业登记后六个月内,检附相关文件,向最高主管机关或"直辖市"、县(市)主管机关申请营造业登记、领取营造业登记证书及承揽工程手册,始得营业;届期未办妥者,由最高主管机关或"直辖市"、县(市)主管机关废止其许可。

9. 营造业资格复查

营造业自领得营造业登记证书之日起,每满五年应申请复查,最高主管机关或"直辖市"、县(市)主管机关并得随时抽查之;受抽查者,不得拒绝、妨碍或规避。

前项复查之申请,应于期限届满三个月前六十日内,检附营造业登记证书及承揽工程手册或相关证明文件,向最高主管机关或"直辖市"、县(市)主管机关提出。

第一项复查及抽查项目,包括营造业负责人、专任工程人员之相关证明文件、财务状况、资本额及承揽工程手册之内容。

10. 承揽工程的规模限制

营造业承揽工程,应依其承揽造价限额及工程规模范围办理;其一定期间承揽总额,不得超过净值二十倍。

前项承揽造价限额之计算方式、工程规模范围及一定期间之认定等相关事项之办法,由中央主管机关定之。

11. 总承包

综合营造业应结合依法具有规划、设计资格者,始得以统包方式承揽。

综合营造业承揽之营缮工程或专业工程项目,除与定作人约定需自行施工者外,得交由专业营造业承揽,其转交工程之施工责任,由原承揽之综合营造业负责,受转交之专业营造业并就转交部分,负连带责任。

12. 联合承包

营造业联合承揽工程时,应共同具名签约,并检附联合承揽协议书,共负工程契约之责。

前项联合承揽协议书内容包括如下:

(1) 工作范围。

(2) 出资比率。

(3) 权利义务。

参与联合承揽之营造业，其承揽限额之计算，应受前条之限制。

13. 对营造业项目管理人员的限制

营造业负责人不得为其他营造业之负责人、专任工程人员或工地主任。

技术士应于工地现场依其专长技能及作业规范进行施工操作或品质控管。

工地主任应符合该法规定的有关条件，并经最高主管机关会同最高劳工主管机关评定合格，领有最高主管机关核发之执业证者，始得担任。在项目中，工地主任负责办理依施工计划书执行按图施工、按日填报施工日志等工作。

营造业之专任工程人员，应为继续性之从业人员，不得为定期契约劳工，并不得兼任其他业务或职务。专任工程人员负责办理查核施工计划书并于认可后签名或盖章，开工、竣工报告文件及工程查报表签名或盖章等工作。

14. 承揽工程手册登记

台湾地区的承揽工程手册登记制度，有利于记录施工承包商的履约行为，实施对它的制约。

营造业于承揽工程开工时，应将该工程登记于承揽工程手册，由定作人签章证明；并于工程竣工后，检同工程契约、竣工证件及承揽工程手册，送交工程所在地之"直辖市"或县（市）主管机关注记后发还之。

15. 营造业的定期评鉴

最高主管机关对综合营造业及认有必要之专业营造业得就其工程实绩、施工品质、组织规模、管理能力、专业技术研究发展及财务状况等，定期予以评鉴，评鉴结果分为三级。

16. 营造业公会

营造业公会分综合营造业公会、专业营造业公会及土木包工业公会。前项专业营造业公会，得依第八条所定专业工程项目，分别设立之。专业营造业公会未设立前，专业营造业得暂加入综合营造业公会。

营造业公会得受委托，办理对营造业之调查、分析、评选、研究及其他相关业务。

17. 最高主管机关的职责

最高主管机关为改善营造业经营能力，提升其技术水准，得协调相关主管机关就下列事项，采取辅导措施：

(1) 市场调查及开发。

(2) 改善产业环境。

(3) 强化技术研发及信息整合。

(4) 提升产业国际竞争力。

(5) 健全人力培训机制。

(6) 其他经最高主管机关指定之辅导事项。

第七节　香港特区建设法律制度简介

一、香港特区建设法规体系

由于特定的历史情况和经济地理位置，香港对建筑市场的监管，发端于英国的管理模式,后在长期的实践和探索中形成了一套有别于英国模式的独具特色的管理模式。

根据投资来源的不同,香港把建设工程分为政府工程和私营工程两大类,对其实施不同的管理。政府投资工程实行由政府直接组织实施的管理体制,从工程项目立项、建设、到竣工验收,都有一套严格的约束规则。私营工程主要由香港特区政府颁发的《建筑物条例》及其一系列附属规则调整。

香港特区建筑法规体系主要有以下作用:

(1) 建筑工程专业人员的资格管制,有关建筑工程专业人员的注册登记制度。

(2) 对建设工程项目的规制。

(3) 对有关建筑物的具体技术限制。

这方面是大量技术性的要求,体现在《建筑物(设计)规程》、《建筑物(建造)规例》、《建筑物(卫生设施、水管、水渠及厕所标准)规例》等一系列的规例当中。主要包括如下几个方面:①建筑物的规划及设计;②房屋结构标准;③对各种用途的房屋供水;④其他具体规定,如电梯、自动扶梯以及与此相关的工程等。

香港特区具体有关建筑物方面的主要技术立法如下所示:

(1)《建筑物条例》,其中包括:

《建筑物(设计)规程》

《建筑物(管理)规例》

《建筑物(建造)规例》

《建筑物(拆卸工程)规例》

《建筑物(电梯)规例》

《建筑物(升降机)规例》

《建筑物(专用街道及道路)规例》

《建筑物(垃圾槽)规例》

《建筑物(卫生设施、水管、水渠及厕所标准)规例》

《建筑物(通风系统)规例》

《建筑物(储油装置)规例》

《建筑物(上诉)规例》

《建筑物(能源效率)规例》

(2)《建筑物(新界适用)条例》

(3)《已拆卸建筑物(原地重新发展条例)》。本条例对破损楼房的审查、拆除、重建、赔偿及其他缮后工作等有关问题作出规定。

二、香港特区《建筑物条例》

香港特区《建筑物条例》于 1997 年 6 月颁行,共包括 55 条,长达七万余字,规定十分详尽。其中的主要规定有:

1. 立法目的

旨在就建筑物及相关工程的规划、设计和建造订定条文,就使危险建筑物及危险土地安全订定条文,以及就相关事宜订定条文。

2. 调整范围

《建筑物条例》的调整对象是建筑工程和建筑物,因此"建筑工程"、"建筑物"的含义就是该条例的调整范围。

"建筑工程"（buildingworks）包括任何种类的建筑物建造工程、地盘平整工程、附表所列地区内的土地勘测、基础工程、修葺、拆卸、改动、加建，以及各类建筑作业，此外，亦包括排水工程。

"建筑物"（building）包括任何住用或公共建筑物或经建造或改装作公众娱乐用途的建筑物、拱门、桥梁，经改装或建造以用作贮存石油产品的洞穴、烟囱、厨房、牛棚、船坞、工厂、车房、飞机库、围板、厕所、茅棚、办公室、贮油装置、外屋、码头、遮蔽处、店铺、马厩、楼梯、墙壁、仓库、货运码头、工场或塔、海堤、防波堤、突堤式码头、突堤、埠头，经改装或建造以供占用或作任何用途的洞穴或任何地下空间，包括相关的隧道通道及竖井通道、塔架或其他相类似的用以承托架空缆车设施的构筑物，以及建筑事务监督藉宪报公告宣布为建筑物的其他构筑物的全部或任何部分。

可见，香港《建筑物条例》的调整范围很广，包括了房屋建筑工程、水利、交通、港口、码头等专业类型。

3. 认可人士及结构工程师的名册

建筑事务监督须备存一份所有按照本条例有资格执行认可人士职责及职能的人的名册（简称为"认可人士名册"）。认可人士名册包含：

(1) 建筑师名单；

(2) 工程师名单；

(3) 测量师名单。

《条例》还对认可人士及结构工程师的申请、注册、登记等作了详细规定。

4. 认可人士或注册结构工程师的委任及职责

(1) 每一名将由他人代为进行建筑工程或街道工程的人须委任一名认可人士，作为有关的建筑工程或街道工程的统筹人；还必须就该建筑工程或街道工程中关于结构的部分，委任一名注册结构工程师。

(2) 任何获委任或指定的认可人士及注册结构工程师，须：

1) 按照监工计划书监督建筑工程或街道工程（视属何情况而定）的进行；

2) 就以下情况向建筑事务监督作出通知：建筑事务监督就该建筑工程或街道工程批准的任何图则所显示的任何工程，如予进行会导致违反规例；

3) 全面遵从本条例的规定。

5. 纪律委员会的委出及权力

为监督认可人士或注册结构工程师的行为，房屋及规划地政局局长可不时委出纪律委员会。

纪律委员会主席须委任一名法律顾问，协助纪律处分程序聆讯的进行，并就聆讯中产生的法律问题向纪律委员会提供意见。纪律委员会可在聆讯完结之后及宣布决定之前，与法律顾问商议，但须事先给予聆讯的标的及其法律代表（如有的话）权利，使其可于法律顾问向纪律委员会提供意见时在场，和就法律顾问向纪律委员会提出的事项表示意见。

纪律处分程序所针对的认可人士或注册结构工程师，有权在纪律处分程序中由法律执业者代表。

6. 就认可人士或注册结构工程师进行的纪律处分

建筑事务监督根据认可人士或注册结构工程师违法的程度,可给与下列处罚:

(1) 命令将该人的姓名永久地或在一段委员会认为适合的期间内——从认可人士名册或结构工程师名册(视属何情况而定)中删除;或从该两份名册中删除;

(2) 命令谴责该人,并对该认可人士或注册结构工程师处以不超过25万港币的罚款,款项可作为欠政府的债项而追讨;

(3) 命令将委员会的裁断及命令刊登于宪报。

7. 承建商注册事务委员会

建筑事务监督须设立一个有足够成员的委员团,并从该委员团委出委员会,称为承建商注册事务委员会。建筑事务监督可在同一时间委出多于一个注册事务委员会。承建商注册事务委员会的职能是进行以下事宜:

(1) 审查申请人的资格;

(2) 作出有关的注册事务委员会认为需要的查讯,以确定申请人是否具备有关的经验;

(3) 与申请人进行面试;

(4) 就接受、押后或拒绝要求名列于有关名册的申请,向建筑事务监督提供意见。

8. 注册承建商的委任及职责

(1) 注册承建商的委任

任何人须委任注册一般建筑承建商代为进行非专门工程的建筑工程或街道工程。

任何人须委任注册专门承建商代为进行该承建商的注册所属类别的专门工程。

如任何人就非专门工程的建筑工程或街道工程委任的注册一般建筑承建商不愿意或不能行事,则该人须委任另一名注册一般建筑承建商继续代为进行工程。

如任何人就专门工程委任的注册专门承建商不愿意或不能行事,则该人须委任另一名注册专门承建商继续代为进行该承建商的注册所属类别的专门工程。

(2) 注册承建商的职责

获委任进行非专门工程的建筑工程或街道工程的注册一般建筑承建商,须:

(1) 按照其监工计划书不断监督工程的进行;

(2) 就以下情况向建筑事务监督作出通知:建筑事务监督就工程批准的任何图则所显示的工程,如予进行即会导致违反规例;

(3) 全面遵从本条例的条文。

获委任进行专门工程的注册专门承建商,须:

(1) 按照其监工计划书不断监督工程的进行;

(2) 如予进行即会导致违反规例;

(3) 全面遵从本条例的条文。

9. 承建商的纪律处分程序

如经适当研讯后,纪律委员会信纳该承建商、董事、高级人员或由注册承建商就本条例而委任以代其行事的其他人已就该罪行被定罪,在建筑工程或街道工程方面曾犯有疏忽或行为不当,或曾无合理因由而严重偏离监工计划书,或曾拟定不符合本条例各项重要规定的监工计划书，或屡次拟定不符合本条例各项规定的监工计划书，则委员会可：

（1）命令将该承建商、董事、高级人员或其他人的姓名或名称永久地或在一段委员会认为适合的期间内，从有关名册中删除；

（2）命令对该承建商、董事、高级人员或其他人处以不超过25万港币的罚款，款项可作为欠政府的债项而追讨；

（3）命令谴责该承建商、董事、高级人员或其他人；

（4）命令将委员会的裁断及命令刊登于宪报。

10. 建筑管制

除非另有规定，否则任何人未事先获得建筑事务监督下述的批准及同意，不得展开或进行任何建筑工程或街道工程：

（1）对按规例向他呈交的文件的书面批准；

（2）经批准的图则所显示的建筑工程或街道工程的展开的书面同意。

凡有申请以指明的表格提出，要求建筑事务监督批准图则或同意建筑工程或街道工程的展开，除非建筑事务监督在规例订明的期限内发出他拒绝给予批准或同意（视属何情况而定）的书面通知，并列出拒绝的理由，否则须当作他已给予批准或同意（视属何情况而定）。

《条例》对拒绝给予批准或同意可根据的理由给予了详细的规定。

11. 有关紧急工程的规定

凡因任何意外或紧急情况而需要将任何现有建筑物或任何天然、经平整或人工建筑的土地予以承托、托换基础、拆卸或以其他方式使其安全，或因该情况而需要立即进行任何街道工程，以及该建筑物拥有人或该土地的拥有人，或根据政府租契条款有义务保养该土地的其他人，或该名正由他人或将由他人代为进行该街道工程的人，在他授权进行该项工程之前或该项工程展开后48小时内（两者以较早者为准），以指明的表格将该项工程及导致需要进行该项工程的意外或紧急情况向建筑事务监督发出通知，则该项工程可无须得到建筑事务监督的同意而展开。

建筑事务监督如认为紧急情况已不存在，可借此向该建筑物拥有人或该土地拥有人或第（1）款所提述的其他人或该名现正由他人代为进行该街道工程的人送达的书面命令，规定停止建筑工程，直至获得同意为止。

12. 恢复暂停工程

如得到建筑事务监督同意任何建筑工程或街道工程的展开或进行后3个月内，工程仍未展开，或如工程已展开，而暂停3个月，则须当作该项同意已被撤销。

建筑事务监督可应以指明的表格提出的申请，重新给予该项同意，并借书面命令施加他认为因延迟展开工程或暂停工程而需要施加的条件。

13. 建筑事务监督的权力

建筑事务监督或获他就此以书面授权的任何公职人员，可在任何时间进入任何处所或土地，如有需要，可在有警务人员在场的情况下，破门进入任何处所，以：

（1）确定任何建筑物、构筑物、街道或天然、经平整或人工建筑的土地是否构成危险或可变得危险；

（2）检查或测试任何地下水排水工程、排水工程或排水系统（由1959年第44号第8

条修订)；

(3) 确定本条例的条文或根据本条例所发出的通知、所作出的命令或所订立的规例的条文是否获得遵从；

(4) 进行或安排进行他根据本条例获授权进行的任何工程。

14. 拆卸、移去或改动建筑物、建筑工程或街道工程的命令

凡有任何建筑物在违反本条例任何条文的情况下建成，或有任何建筑工程或街道工程曾经或正在于违反本条例任何条文的情况下进行，建筑事务监督可借书面命令规定：

(1) 拆卸该建筑物、建筑工程或街道工程；

(2) 对该建筑物、建筑工程或街道工程作出所需的改动，使其符合本条例条文，或以其他方式使违反本条例条文的情况得以终止，并就每一个案，指明须展开和完成命令所规定进行的拆卸、改动或工程的期限。

15. 建筑物用途的更改

如建筑物的用途拟有重大更改，则拟作出该项更改或授权作出该项更改的人，须以指明的表格给予建筑事务监督一个月通知。

凡建筑事务监督认为任何建筑物的建造令该建筑物不适合用作现行或拟作的用途，他可：

(1) 在接获根据第（1）款发出的通知后1个月内，借此向拥有人或占用人送达的书面命令，禁止将该建筑物用作该拟作的用途；

(2) 藉向拥有人或占用人送达的书面命令，规定拥有人或占用人在命令送达后1个月内，中止将该建筑物用作现行的用途；但建筑事务监督可借书面通知，准许进行他认为为使该建筑物适合用作现行或拟作的用途而需要的建筑工程。

16. 危险建筑物

凡建筑事务监督认为任何建筑物因火、风、雨、破旧、使用、缺乏走火通道或任何其他因由而变得危险或可变得危险，建筑事务监督可借此向拥有人送达的书面命令，宣布该建筑物构成危险或可变得危险（由1993年第68号第15条修订）。

该命令可：

(1) 规定拆卸整幢建筑物或其中部分；

(2) 规定使该建筑物一般而言是安全的；

(3) 指明为使该建筑物安全而必须进行的工程；

(4) 规定竖设柱，并可指明竖设方式及地点；

(5) 规定设置围栏或围板使公众受到保护；

(6) 规定将该建筑物封闭；

(7) 指明须展开和完成命令所规定的拆卸、竖设柱、竖设围栏或围板、封闭建筑物或其他工程或事项的期限。

17. 欠妥的建筑物

凡建筑事务监督在进行检查时，发现任何建筑物有任何破旧或欠妥之处，他可借此向该建筑物的拥有人送达的书面命令，规定在命令所指明的期限之内：

(1) 进行命令指明的工程；

(2) 委任一名认可人士进行如此指明的关于该建筑物的勘测；

(3) 将根据勘测结果所提出就破旧或欠妥之处进行补救工程的建议，呈交建筑事务监督批准。

18. 封闭令

当前任何建筑物构成危险或可变得危险；或任何建筑物应予封闭，使它根据本部获赋权进行或安排进行的任何工程得以进行而不对占用人或公众构成危险，建筑事务监督可依据拥有人的申请或自行决定下达封闭令。

19. 安全方面的规定

《条例》十分重视建筑物、建筑工程的安全性，对危险山坡、从水井抽取地下水对建筑物造成的危险、在斜坡等敷设的水管、排水渠或污水渠、地下水排水工程等都作了规定。例如，对危险山坡的规定为：

凡建筑事务监督认为任何天然、经平整或人工建筑的土地或任何挡土构筑物由于任何因由而变得危险或可变得危险，以致会或相当可能会整体或局部坍塌，因而会导致或相当可能会导致任何人受伤或任何财产损毁的危险，建筑事务监督可借此向该土地或构筑物的拥有人或根据政府租契条款有义务保养该土地或构筑物的人送达的书面命令，宣布该土地或构筑物构成危险或可变得危险。

20. 修复损毁的义务及损毁的补偿

如因有关工程的进行或保养而导致或造成被人进入的土地或其上的任何物业（不论在地面之上或之下）遭损毁，则获授权的人须在切实可行范围内尽快将损毁修复。

任何人如因有关工程的进行或保养，有人进入、穿过或干扰土地或物业而蒙受任何损失或损害，则有权向与有关工程的进行或保养相关的建筑工程所属的人或其任何继承人（视属何情况而定）追讨补偿。

21. 一些特殊建筑物的管理

(1) 私家街道及通路的建造及保养

每条私家街道及通路须由临街处所拥有人铺设路面、敷设渠道、污水渠及排水渠，而达致建筑事务监督满意的程度和符合规例，以及须由临街处所拥有人加以照明和妥善保养，而达致建筑事务监督满意的程度。

(2) 街道的出入口

任何人不得进行任何街道的任何进出途径或出入口的建造、平整、铺设或改动工程，除非建筑事务监督已根据本条给予同意，或已同意展开的建筑工程或街道工程包括该等工程。

22. 由建筑事务监督追讨工程费用

凡建筑事务监督根据本条例获授权追讨由他进行或安排进行的工程的费用，或追讨由他提供或安排提供的服务的费用，或追讨他前往施工未遂的费用，他可签署证明书，证明到期须付的费用以及有法律责任支付该费用的人的姓名或名称，并可借该证明书规定各人如何分摊该费用。

该费用可包括建筑事务监督为进行该等工程而供应的物料的费用和监督费。

23. 公职人员的法律责任的限制

(1) 政府或任何公职人员均不会因任何建筑工程按照本条例条文进行，或该等建筑工程或其图则或其所需物料须经公职人员检查或批准而负上法律责任；本条例亦不规定建筑事务监督有义务检查任何建筑物、建筑工程或物料或任何拟建建筑物的地盘以确定本条例条文获得遵从或确定任何向他呈交的图则、证明书及通知乃属准确。

(2) 建筑事务监督或按其指示行事的公职人员所进行的任何事宜或事情，如属为执行本条例条文而真诚地进行的，则不会令建筑事务监督或该公职人员个人承受任何诉讼、法律责任、申索或要求。

(3) 除非有条文明确制定，否则本条例并不豁免任何人于任何履行义务令、强制令、禁止令或其他命令的法律程序之外。

24. 就建筑事务监督的决定提出上诉

除本条例另有规定外，任何人因建筑事务监督行使根据本条例赋予他的酌情决定权所作的任何决定而感到受屈，可按照本部及根据第38（1B）条订立的规例，就该项决定提出上诉。

思 考 题

1. 美国建设法规体系是什么结构？《统一建筑示范法》是什么性质的法规？
2. 英国建设法律法规分为哪几个层次，分别包括哪些主要法规？
3. 德国建设法律法规分为哪几个层次，分别包括哪些主要法规？
4. 日本建设法律法规分为哪几个层次，分别包括哪些主要法规？
5. 日本《建设业法》是什么性质的法？其调整范围是什么？
6. 韩国关于建设活动有哪些主要的法律法规？其主要内容分别是什么？
7. 台湾地区建设法规体系可分为哪几个主要部分？
8. 香港对政府工程和私人工程的立法有什么不同？

参 考 文 献

[1] 建设部人事教育司，政策法规司编．建设法规教程[M]．北京：中国建筑工业出版社，2002．
[2] 国务院法制局农业城建司，建设部体改法规司，建筑业司编著．中华人民共和国建筑法释义[M]．北京：中国建筑工业出版社，1997．
[3] 国务院法制办工业资源环保司，建设部政策法规司，建设部住宅与房地产业司编著．城市房屋拆迁管理条例释义[M]．北京：知识产权出版社，2001．
[4] 朱宏亮主编．建设法规(第二版)[M]．武汉：武汉工业大学出版社，2004．
[5] 杨紫烜主编．经济法(第二版)[M]．北京：北京大学出版社、高等教育出版社，2006．
[6] 何伯森主编．工程项目管理的国际惯例[M]．北京：中国建筑工业出版社，2007．
[7] 何红锋主编．建设工程合同签订与风险控制[M]．北京：人民法院出版社，2007．

尊敬的读者：

感谢您选购我社图书！建工版图书按图书销售分类在卖场上架，共设22个一级分类及43个二级分类，根据图书销售分类选购建筑类图书会节省您的大量时间。现将建工版图书销售分类及与我社联系方式介绍给您，欢迎随时与我们联系。

★ 建工版图书销售分类表（详见下表）。

★ 欢迎登陆中国建筑工业出版社网站www.cabp.com.cn，本网站为您提供建工版图书信息查询，网上留言、购书服务，并邀请您加入网上读者俱乐部。

★ 中国建筑工业出版社总编室　　电　话：010—58934845
　　　　　　　　　　　　　　　　传　真：010—68321361

★ 中国建筑工业出版社发行部　　电　话：010—58933865
　　　　　　　　　　　　　　　　传　真：010—68325420
　　　　　　　　　　　　　　　　E-mail：hbw@cabp.com.cn

建工版图书销售分类表

一级分类名称（代码）	二级分类名称（代码）	一级分类名称（代码）	二级分类名称（代码）
建筑学（A）	建筑历史与理论（A10）	园林景观（G）	园林史与园林景观理论（G10）
	建筑设计（A20）		园林景观规划与设计（G20）
	建筑技术（A30）		环境艺术设计（G30）
	建筑表现·建筑制图（A40）		园林景观施工（G40）
	建筑艺术（A50）		园林植物与应用（G50）
建筑设备·建筑材料（F）	暖通空调（F10）	城乡建设·市政工程·环境工程（B）	城镇与乡（村）建设（B10）
	建筑给水排水（F20）		道路桥梁工程（B20）
	建筑电气与建筑智能化技术（F30）		市政给水排水工程（B30）
	建筑节能·建筑防火（F40）		市政供热、供燃气工程（B40）
	建筑材料（F50）		环境工程（B50）
城市规划·城市设计（P）	城市史与城市规划理论（P10）	建筑结构与岩土工程（S）	建筑结构（S10）
	城市规划与城市设计（P20）		岩土工程（S20）
室内设计·装饰装修（D）	室内设计与表现（D10）	建筑施工·设备安装技术（C）	施工技术（C10）
	家具与装饰（D20）		设备安装技术（C20）
	装修材料与施工（D30）		工程质量与安全（C30）
建筑工程经济与管理（M）	施工管理（M10）	房地产开发管理（E）	房地产开发与经营（E10）
	工程管理（M20）		物业管理（E20）
	工程监理（M30）	辞典·连续出版物（Z）	辞典（Z10）
	工程经济与造价（M40）		连续出版物（Z20）
艺术·设计（K）	艺术（K10）	旅游·其他（Q）	旅游（Q10）
	工业设计（K20）		其他（Q20）
	平面设计（K30）	土木建筑计算机应用系列（J）	
执业资格考试用书（R）		法律法规与标准规范单行本（T）	
高校教材（V）		法律法规与标准规范汇编/大全（U）	
高职高专教材（X）		培训教材（Y）	
中职中专教材（W）		电子出版物（H）	

注：建工版图书销售分类已标注于图书封底。